U0943163

■ 国家社会科学基金重大项目成果

文化如风

中国文化软实力发展战略论纲

董晓萍　王一川　主编

中国社会科学出版社

图书在版编目(CIP)数据

文化如风：中国文化软实力发展战略论纲／董晓萍，王一川主编．—北京：中国社会科学出版社，2013.10

ISBN 978－7－5161－3555－6

Ⅰ.①文…　Ⅱ.①董…②王…　Ⅲ.①文化事业－文化发展－研究－中国　Ⅳ.①G12

中国版本图书馆 CIP 数据核字(2013)第 264056 号

出 版 人　赵剑英
责任编辑　任　明
责任校对　罗洪楠
责任印制　李　建

出　　版　中国社会科学出版社
社　　址　北京鼓楼西大街甲 158 号（邮编 100720）
网　　址　http：//www.csspw.cn
　　　　　中文域名：中国社科网　　010－64070619
发 行 部　010－84083685
门 市 部　010－84029450
经　　销　新华书店及其他书店

印刷装订　北京市兴怀印刷厂
版　　次　2013 年 10 月第 1 版
印　　次　2013 年 10 月第 1 次印刷

开　　本　710×1000　1/16
印　　张　23
插　　页　2
字　　数　383 千字
定　　价　68.00 元

凡购买中国社会科学出版社图书，如有质量问题请与本社联系调换
电话：010－64009791

目　录

中编　现象与对策

下编 实践与调研

引　言

谈到文化，人们总会想到人类生活中的那些美好的事物，恰如英国思想家阿诺德所说："我们需要的是更充分、和谐地造就人性，让思想自由地作用于习以为常的观念，我们需要意识的自发性，需要美好与光明。文化所产生的所培育的正是这些。"文化的宗旨在于培育和造就人性的完美状态，让人臻于"美好与光明"的境界。它让我们"通过阅读、观察、思考等手段，得到当前世界上所能了解的最优秀的知识和思想，使我们能做到尽最大的可能接近事物之坚实的可知的规律，从而使我们的行动有根基，不至于那么混乱，使我们能达到比现在更全面的完美境界"。[①] 简要地说，文化的作用在于让人变得完美！

如果这样的表述过于严肃和庄重，那么，更多的时候，文化则常常被人们想象为那些与坚硬、沉重、固态的物质相对应的东西——宛如柔软、轻灵、流动的物质，也就是风。它自由自在地畅行于宇宙天地之间，给栖居与行走在大地上的人们送去季节更替、冷暖变换的意义，提供人生需要的不同物质、气温、湿度及景色等馈赠活动。文化的形象及含义当然远不止此，其实际构成的形态更是多姿多彩，但文化如风这一颇为感性的联想，很难被改变。

文化如点彩之风，给世界涂抹上姿态万千的样态。它总是依季节更替而变换色彩，分别给大地送去春暖、夏雨、秋色、冬寒，调节自然的节律和韵味，使人生宛如节气变化，成为有节律、有韵味之人生。想想叶绍翁的"春色满园关不住，一枝红杏出墙来"（《游园不值》）对"春色满园"的称道，就不得不感慨王安石心中对"春风"的期盼了："春风又绿江南

---

① ［英］阿诺德：《文化与无政府状态——政治与社会批评》，韩敏中译，生活·读书·新知三联书店2002年版，第147页。

岸，明月何时照我还。”（《泊船瓜洲》）当然，风也会有无情的另一面：“夜来风雨声，花落知多少。”（孟浩然《春晓》）风会适时吹落那些盛期已过的色彩，变换主导色彩，绝无怜惜之情。

文化如本真之风，吹拂掉人类生活中那些虚假之物，导引人们返回生活的本真状态。它告诉人们，真正的人生价值其实是去掉伪善或虚饰，返回生活原生态，恰如李白和元好问先后想象的“清水出芙蓉，天然去雕饰”（《经离乱后天恩流夜郎忆旧游书怀赠江夏韦太守良宰》）和“一语天然万古新，豪华落尽见真淳”（《论诗绝句》之四）一样。

文化如自然之风，其作用于人的方式恰恰不在于人为建构，而在于平易或自然生成。正如杜甫的“随风潜入夜，润物细无声”（《春夜喜雨》）所说，让人在非强制中受到熏染。

这样的如风的文化，当是人生中尤其重要的东西：人无文化不兴，人以文化而立。正因为如此，文化的功能向来为人称道。

文化如风，在于它可以无形地吹拂、感荡生活于世的人们，正如雨露涵濡万物一般。在林语堂的长篇小说《京华烟云》里，可以见到，故都北京的城市文化，无一不在滋润着主人公姚木兰：“她是在黄琉璃瓦宫殿与紫绿琉璃瓦寺院的光彩气氛中长大的。她是在宽广的林荫路，长曲的胡同，繁华的街道，宁静如田园的地方长大的。”在那座洋溢着厚重的历史韵味的城市里，石榴树、金鱼缸、露天茶座、松柏树下、藤椅子、茶馆儿、戏院、饭馆子、市场、灯笼街、古玩街，等等，都给她无穷的滋养。吃热腾腾的葱爆羊肉，喝白干儿酒，逛每月按期的庙会，“看见旗装的满洲女人和来自塞外沙漠的骆驼队，以及雍和宫的喇嘛，佛教的和尚，变戏法儿中的吞剑的，叫街的，与数来宝的唱莲花落的乞丐”，各色人等个个“各安其业，各自遵守数百年不成文的传统规矩”。北京城打动她的，还有“街巷小贩各式各样唱歌般动听的叫卖声，串街串巷的剃头理发匠的钢叉震动悦耳的响声，还有串街串到各家收买旧货的清脆的打鼓声，卖冰镇酸梅汤的一双小铜盘子的敲振声，每一种声音都节奏美妙”。

正是在这样的如风如雨如露的文化氛围中，姚木兰被形塑成了：“木兰是在北京长大的，陶醉在北京城内丰富的生活里，那种丰富的生活，对当地的居民就犹如伟大的慈母，对儿女的请求，温和而仁厚，对儿女的愿望，无不有求必应，对儿女的任性，无不宽容包涵，又像一棵千年老树，虫子在各枝丫上做巢居住，各自安居，对于其他各枝丫上居民的生活情况，茫然无所知。从北京，木兰学到了容忍宽大，学到了亲切和蔼，学到了温文尔雅，就像我们童年时在故乡生活里学到的东西一样。”北京城的文化是通过北京城市生活的方方面面，仿佛如春风拂面似地渗透进姚木兰内心的，从而以不知不觉而又有力的方式影响她，直到形塑她的外貌和内心世界。温和仁厚、宽容包涵、温文尔雅等性格与品质，正是北京城对她的恩惠。

北京城的文化给予姚木兰的，不仅有这些美德，而且还有想象力：“木兰的想象就深受幼年在北京生活的影响。”而想象力的来源并不神秘，恰恰就在北京城的看似平常的日常生活过程中：“她学会了北京的摇篮曲，摇篮曲中对人生聪敏微妙的看法也影响了她。她年幼时，身后拉着美丽的兔儿爷灯笼车，全神贯注的看放烟火，看走马灯，看傀儡戏。她听过瞎子唱曲子，说古代的英雄好汉，古代的才子佳人的风流韵事，听把北京话的声韵节奏提高到美妙极点的大鼓书。从那些说白的朗诵歌唱，她体会出语言之美，从每天的说话，她不知不觉学会了北京话平静自然舒服悦耳的腔调儿。”从摇篮曲到唱曲子，从大鼓书到北京话，这些北京地域文化形式都在塑造着她。

当然，给予姚木兰以深刻影响的，还少不了古都北京特有的皇家氛围：“北京的紫禁城，古代的学府、佛教、道教、西藏喇嘛、回教的寺院及其典礼，孔庙、天坛；社会上及富有之家的宴会酬酢，礼品的馈赠；古代宝塔、桥梁、楼阁、牌坊、皇后的陵寝，诗人的庭园，这些地方的每块砖，每片瓦，都充满了传闻、历史、神秘。这些地方的光怪陆离之气，雄壮典丽之美，都已沁入她的心肺。”可以说，北京城市文化的方方面面，宛如轻柔的和风，无形地“沁入她的心肺”，潜移默化地形塑着姚木兰的外貌与内心，情感与思想，认知与想象。

问题在于，当人以文化而立时，文化又以何物为自身的生长范型呢？有意思的是，《京华烟云》写道，就连北京城的节日，也在默默地塑造着姚木兰的内心：“由一年的节日，她知道了春夏秋冬的特性，这一年的节日就像日历一样由始至终调节人的生活，并且使人在生活上能贴近大自然的运行节奏。”① 这些节日的设置，并非为了证明人可以凭借文化而高于自然、凌驾于自然之上，而恰恰相反，是为了“人在生活上能贴近大自

① 林语堂：《京华烟云》，张振玉译，陕西师范大学出版社 2005 年版，第 127 页。

然的运行节奏”。可见，像节日这类文化仪式之所以被人创造出，终究还是为了能让人回归于自然的本来节奏！真正的臻于至高境界的文化，并非胜于自然，而是归于自然，顺其自然。原来，文化以自然而美！

谈到这里，不禁令人联想到鲁迅笔下的“旋风”：“朔方的雪花在纷飞之后，却永远如粉，如沙，他们决不粘连，撒在屋上，地上，枯草上，就是这样。屋上的雪是早已就有消化了的，因为屋里居人的火的温热。别的，在晴天之下，旋风忽来，便蓬勃地奋飞，在日光中灿灿地生光，如包藏火焰的大雾，旋转而且升腾，弥漫太空，使太空旋转而且升腾地闪烁。”[①] 这里的旋风具有运动雪花，使其呈现出“如粉”、“如沙”等不同形状的神奇功能。同时，这旋风还能让万物“蓬勃地奋飞、在日光中灿灿地生光”，并且“使太空旋转而且升腾地闪烁”。显然，在鲁迅眼里，“旋风”不仅是赋予万物以形体的形塑的力量，而且还是使万物旋转、升腾和发光的强大动力。这样的“旋风”，不正相当于人们眼中的文化么？文化如风，可以化育万物，也可以化育人类。

在一位当代作家的想象中，也可以看到：“一小股旋风从石堆里拔身而起，带起了许多的尘埃，在废墟上旋转。在土司们统治的河谷，在天气晴朗，阳光强烈的正午，处处都可以跟到这种陡然而起的小小旋风，裹挟着尘埃和枯枝败叶在晴空下舞蹈。”神奇的是，这种“旋风”居然具有甄别高下的力量：“旋风越旋越高，最后，在很高的地方炸开了。里面，看不见的东西上到了天界，看得见的是尘埃，又从半空里跌落下来，罩住了那些累累的乱石。但尘埃毕竟是尘埃，最后还是重新落进了石头缝里，只剩寂静的阳光在废墟上闪烁了。”[②] 这样的“旋风”令人想到文化之力或文化力：它可以帮助人们分清“看不见的”与“看得见的”，区分轻盈、空灵的东西与笨重、板滞的东西。正是如风的文化，让人能够区分人生境界之高低。

这样的奇异如旋风的文化，确实可以化成天下。对一个民族及其他民族而言，文化可以强化人类共同体内部的凝聚力，也可以向外部其他共同体释放出吸引力，从而产生“内凝外吸”的效果。正在建设文化软实力

---

① 鲁迅：《雪》、《野草》，载《鲁迅全集》第2卷，人民文学出版社1981年版，第180—181页。

② 阿来：《尘埃落定》，人民文学出版社1998年版，第401页。

的中国，既需要内凝，也需要外吸，形成内凝与外吸的良性循环。

文化如风，其实也正契合“文化”这个词的本义。在汉语中，“文”的本义是自然中原本存在的各色交错的纹理，引申而指人为的创造物，如语言文字等符号表意形式，及其具体化而成的文物典籍、礼乐制度等，还有人的品德修养，以及与美、善、德行等词语相近之义。而“化”的本义为改易、生成及造化，是指事物形态或性质发生改变，引申而指代人的内在德性的改变。当“文”与“化”合并使用时，“文化”代表了“以文教化”这一动态过程，表示对人的内在品德、德性的涵养。值得注意的是，这个结合词语本身就包含从自然之文到人为之文、再回返自然之文的循环互动之意。古往今来，汉语中的“文化”一词的古今内涵固然曾经发生颇大的变化，但其如下意义当是古今贯通的：文化来自自然，还得回归于自然。回归于自然，正意味着人回归于自然本身的生生不息的节奏。说文化如风，也如同说文化如雨、如露、如水、如雪一样，或者说，真正的文化当如自然一样。

文化如风，人以文化而立，文化以自然而美。这，或许正是今天谈论文化软实力的部分内涵之所在吧！

上　编

理论与动态

第一章

理解中国国家文化软实力

如何理解中国的“国家文化软实力”？这是自从党的十七大提出“提高国家文化软实力”决策以来，人们谈论得越来越多的热门话题。从这些林林总总的谈论中，可以梳理出大致两种文化软实力概念：一是对文化软实力作广义或宽泛的理解，把政治、经济、军事、外交、环境保护等统统纳入文化软实力范畴中；二是对它仅仅作狭义的理解，认为文化软实力其实就只是属于艺术范畴的，不宜扩大化。到底哪种理解更契合其原意？鉴于这种理解不仅牵涉到国家文化软实力的理论表述，而且更牵涉到对它的持续的调查研究乃至政府决策，因此，有必要在此首先就中国国家文化软实力的理论内涵作一初步的分析和阐释（当然，谈论“国家文化软实力”同谈论普通的“文化软实力”之间，还是存在国家视角与个体视角、国家利益与个人关怀之间的不同的）。

一　文化软实力概念的来源

文化软实力理论不是突然间产生的，而是经历了漫长的孕育过程。实际上，在中外都可找到其悠久的历史渊源。在西方，韦伯关于“卡里斯马”（Charisma）及其统治类型的社会学研究、葛兰西的“霸权”论及阿尔都塞的“意识形态与意识形态国家机器”论等，实际上都为“软实力”的提出和发挥影响作了理论铺垫。我国古代老子就主张“柔弱胜过刚强”、“天下之至柔驰骋天下之至坚”、“天下莫柔弱于水，而功坚强者莫之能胜，以其无以易之”、“弱之胜强，柔之胜刚，天下莫不知，莫能行”，这些思想恰是文化软实力研究的宝贵的中国本土资源，值得在与西方思想的对话中予以认真总结和传承。

不过，文化软实力理论的较为直接的理论生长点，可以说在于20世纪90年代初冷战后国际政治新格局下的战略对策需要。1993年是一个标志性的年份：美国国际政治学家塞缪尔·亨廷顿（Samuel P. Huntington，1927—2008）在论文《文明的冲突?》中提出了国际政治的“文明冲突论”，表明文明或文化问题在国际冲突中的重要性越来越受到关注。“在后冷战的世界中，人民之间最重要的区别不是意识形态的、政治的或经济的，而是文化的区别。……人们用祖先、宗教、语言、历史、价值、习俗和体制来界定自己。他们认同于部落、种族集团、宗教社团、民族，以及在最广泛的层面上认同文明。……对国家最重要的分类不再是冷战中的三个集团，而是世界上的七八个主要文明。”① 亨廷顿正是根据这一观察，得出了一个判断：“冷战后时代的世界形势是一个包含了七个或八个文明的世界。文化的共性和差异影响了国家的利益、对抗和联合。世界上最重要的国家绝大多数来自不同的文明。最可能逐步升级为更大规模战争的地区冲突是那些来自不同文明的集团和国家之间的冲突。”由于如此，“全球政治已变成多极的和多文明的。”② 这种以“文明冲突论”取代原有的“政治冲突论”的观点，已经内在地孕育着一种文化软实力视野：国际间的政治、经济及军事实力的硬性较量正在逐步让位于文化与文明的软性实力较量。

但真正明确的“软实力”（soft power）理论概念是曾任美国助理国防部长的哈佛大学教授约瑟夫·奈（Joseph S. Nye，Jr.，1937— ）首先提出来的。他在1990年《外交政策》杂志发表《软实力》一文，首次将国家综合国力划分为两种实力，即硬实力和软实力，并认为由资源、经济、军事和科技四大实力元素构成的硬实力始终是有限的，而真正具有无限力量的动力元素是软实力。2004年，他在新著《软实力——国际政治的制胜之道》中较为完整地阐述了“软实力”概念：“软实力是通过吸引而非强迫或收买的手段来达己所愿的能力。它源于一个国家的文化、政治观念和政策的吸引力。如果我国的政策在他人看来是合理的，我们的软实力就自然以增强。”③ 在他这里，软实力被归结为一个国家由文化、政治观念

---

① ［美］亨廷顿：《文明的冲突与世界秩序的重建》，周琪等译，新华出版社2002年版，第6页。

② 同上书，第8—9页。

③ ［美］约瑟夫·奈：《软力量——世界政坛成功之道》，吴晓辉、钱程译，东方出版社2005年版，第2页。文中“软力量”一律改译为“软实力”。

和政策的吸引力而在国际社会产生的感染效果。与硬实力（经济、军事）通常依靠直接的“施压”、惩罚或收买而迫使他国非自愿地接受不同，软实力则通常是依靠间接的“吸引”而得到他国的自愿认同的。“软实力”作为国家综合国力的重要组成部分，特指一个国家依靠文化价值的感召力、政治制度的吸引力和政府政策的合理性等释放出来的无形影响力，它会深刻地影响其他国家人们对这个国家、民族或群体的整体看法。

这一软实力概念可以说是当今世界各界学者理解和运用软实力理论的一个共同理论源头，尽管实际上人们由此引申出的结论会各不相同，甚至大相径庭。

二　中国国家战略中的文化软实力

要研究我国文化软实力发展战略，首先需要明确这种研究的理论依据何在。这种直接的权威依据显然就在胡锦涛总书记于2007年在党的十七大所作的报告中。该报告第七部分题为“推动社会主义文化大发展大繁荣”，其中首次以国家战略的方式明确提出了“提高国家文化软实力”：“当今时代，文化越来越成为民族凝聚力和创造力的重要源泉、越来越成为综合国力竞争的重要因素，丰富精神文化生活越来越成为我国人民的热切愿望。要坚持社会主义先进文化前进方向，兴起社会主义文化建设新高潮，激发全民族文化创造活力，提高国家文化软实力，使人民基本文化权益得到更好保障，使社会文化生活更加丰富多彩，使人民精神风貌更加昂扬向上。”可以看到，这个国家战略决策的理论依据，是“文化越来越成为民族凝聚力和创造力的重要源泉、越来越成为综合国力竞争的重要因素”。文化可以对内增强“民族凝聚力和创造力”，对外提升“综合国力”。可见，提出“国家文化软实力”战略，其效果就在于首次明确了文化是国家的一种软实力，是国家综合实力的重要组成部分。这种文化软实力的功能集中表现在两方面：对内凝聚和创造，对外吸引和感染。这可以简称为“内凝外吸”。

这里的“内凝外吸”之说，突出的是对文化的功能的新理解，但对文化本身的内涵没有明确界说。而在由中共中央宣传部理论局组织编写的《理论热点面对面·2008》第14部分“软实力也是硬道理——为什么要推进文化创新和深化文化体制改革”中，软实力和文化软实力获得了如下界说：“‘软实力’这一概念是相对于‘硬实力’而言的。一般来说，‘硬实力’指经济、科技、军事等有形力量，‘软实力’指文化、意识形态等无形力量。文化软实力主要是指一个国家或地区基于文化而具有的凝聚力、生命力、创新力和传播力，以及由此而产生的感召力和影响力。文化虽然是一种无形的力量，但它蕴含巨大的潜能，就像电脑的软件与硬件同等重要一样。”① 尽管这里明确地把“文化软实力”看作国家基于文化而具有的六种力，即凝聚力、生命力、创新力、传播力、感召力和影响力，但在具体阐述力的构成时，同样没有对文化本身作出界说。

三　文化软实力中的文化

这样，要理解“文化软实力”，就需要对其中的“文化”一词做出理解。事实上，对文化软实力概念的界说和阐释，迄今为止已经多种多样，可谓众说纷纭、莫衷一是。尽管没必要求得公认一致的唯一正确结论，但出于进一步调研的需要，我们还是应当对文化概念作出一种较为明确的操作性界说。

最先面对的问题是理解“文化”概念，以便在此基础上进而思索文化软实力的内涵。“文化”（culture）在西文中最初指土地的开垦及植物的栽培，后来指对人的身体、精神、特别是艺术和道德能力及天赋的培养，也指人类通过劳作创造的物质、精神和知识财富的总和。不过，按英国文化批评家雷蒙·威廉斯（Raymond Williams，1921—1988）的归纳，文化往往具有三种定义：第一是理想性定义，指人类的完美理想状态或过程；第二是文献性定义，指人类的理智性的和想象性的作品记录；第三是社会性定义，指人类的特定生活方式的描述。②

而美国当代文化批评家贝尔（Daniel Bell，1919—　）则采取了略有不同的三分法：“我在书中使用的‘文化’一词，其含义略小于人类学涵

① 中共中央宣传部理论局：《理论热点面对面：2008》，学习出版社、人民出版社 2008 年版，第 146 页。

② ［英］雷蒙·威廉斯：《漫长的革命》，企鹅出版社 1961 年版，第 100—103 页（Raymond Williams, *The Long Revolution*, London: Penguin, 1961, pp. 100 - 103）。

盖一切‘生活方式’的宽大定义，又稍大于贵族传统对精妙形式和高雅艺术的狭窄限定。对我来说，文化本身正是为人类生命过程提供阐释系统，帮助他们对付生存困境的一种努力。”第一种文化指“特定人类的生活方式”，这是人类学家提出的较为宽泛的文化；第二种文化以英国贵族学者阿诺德（Matthew Arnold，1822—1888）等的文化观为代表，指“个人完美成就”，这对贝尔来说显得过于狭窄了；第三种文化是贝尔追随德国哲学家卡西尔（Ernst Cassier，1874—1945）的结果，指由人类创造和运用的“象征形式的领域”（包括神话、宗教、语言、艺术、历史和科学等），它“试图以想象形式去开挖并表达人类生存的意义”。[①] 贝尔采取了与人类学家的宽泛文化和贵族学者的狭窄文化都不相同的居中或居间的策略：把文化视为表达或阐释人类生存意义的象征形式的领域。贝尔明确指出：“文化领域是意义的领域（realm of meanings）。它通过艺术与仪式，以想象的表现方法诠释世界的意义，尤其是展示那些从生存困境中产生的、人人都无法回避的所谓‘不可理喻性问题’，诸如悲剧与死亡。”[②]

美国当代文化批评家杰姆逊（Fredric Jameson，1934—　）虽然也认为存在三种文化定义，但在具体理解时与威廉斯和贝尔有同有异。其一，文化是指“个性的形成或个人的培养”，这大致对应于威廉斯的第一种定义和贝尔的第二种定义，即阿诺德代表的狭窄的贵族文化观。其二，文化是指与自然相对的“文明化了的人类所进行的一切活动”，属于人类学概念，这显然又与威廉斯的第三种定义和贝尔的第一种定义大体相同。其三，文化是指与贸易、金钱、工业和工作相对的“日常生活中的吟诗、绘画、看戏、看电影之类”娱乐活动。第三种文化概念尤其能体现杰姆逊自己专注于其中的后现代社会或消费社会的时代特点——文化是指以大众文化为主流的消除了雅俗文化界限的日常闲暇中的娱乐活动。这确实体现了杰姆逊的特殊立场和关注的焦点：后现代文化或消费文化其实就是以日常感性愉悦为主的大众文化[③]。西方学者的论述自有其针对性，不能简单照搬，但这并不妨碍我们略加参照，借用其来分析文化软实力状况及其

---

① ［美］贝尔：《资本主义文化矛盾》，赵一凡等译，生活·读书·新知三联书店 1989 年版，第 24、58 页。

② 同上书，第 30 页。

③ ［美］杰姆逊：《后现代主义与文化理论》，唐小兵译，陕西师范大学出版社 1986 年版，第 2—3 页。

特点。

比较再三，我在这里倾向于采纳小于人类一切活动和大于日常娱乐生活的中间含量的文化概念：文化是构成特定人类共同体生活的价值系统及其象征形式，包括制度系统、行为系统、知识与观念系统等，以及更为具体的象征形式领域如神话、宗教、语言、历史、科学和艺术等。就本文开头提出的有关文化软实力的广义和狭义两种不同概念来说，这里的文化概念体现了某种居中或折中的意味，既要顾及宽广而深厚的制度系统和行为系统等的深层影响力，又要考虑艺术等象征系统领域的符号感染效果，可以说体现了把上述两者融合起来的思路。

四　国家文化软实力概念及其层面

可以说，文化软实力，是指特定人类共同体生活的价值系统及其象征形式所呈现的柔性吸引力。从我国国家战略决策出发、并为这种决策的实施提供咨询服务，是我们理解和探讨文化软实力概念内涵的一个基本出发点。而实际上，上文界定的文化软实力概念，同十七大报告所规定的具有特定语境内涵的“国家文化软实力”概念又恰恰是基本一致的。这样，根据我们的理解，国家文化软实力是指：特定国家的各种价值系统及其象征形式向外部释放的、柔性而又厚实的吸引力和感染力。

这种含义的国家文化软实力有哪些具体内涵？仔细解读可以发现，正是在胡锦涛总书记的十七大报告第七部分的特定语境里，“国家文化软实力”主要体现为四层含义。稍作整理，就可以获得中国国家文化软实力的四个层面：

第一层为核心价值系统的吸引力。其具体内涵即是“建设社会主义核心价值体系，增强社会主义意识形态的吸引力和凝聚力”。这一核心价值体系有四大基本内容：马克思主义指导思想，中国特色社会主义共同理想，以爱国主义为核心的民族精神和以改革创新为核心的时代精神、社会主义荣辱观。

第二层为社会行为模式的凝聚力。其具体内涵为“建设和谐文化，培育文明风尚”。和谐文化是全体人民团结进步的重要精神支撑，需要通过新闻出版、广播影视、文学艺术事业去加以弘扬，包括社会正气、爱国主义、集体主义和社会主义思想、诚信意识、社会公德、职业道德、家庭美德、个人品德等。形成男女平等、尊老爱幼、互爱互助、见义勇为的社会风尚。弘扬科学精神，普及科学知识。

第三层为传统典范及遗产的影响力。其具体内涵为“弘扬中华文化，建设中华民族共有精神家园”。这一层主要涉及中华文化传统如何与当代社会相适应、与现代文明相协调的问题。如何保持民族性又体现时代性。中华优秀文化传统教育、开发利用民族文化丰厚资源。重视文物和非物质文化遗产保护，做好文化典籍整理工作。加强对外文化交流，吸收各国优秀文明成果，增强中华文化国际影响力。

第四层为文化传播机制的感染力。其内涵为“推进文化创新，增强文化发展活力”。这一层要求大力推动文化创新和传播。主要包括文化内容形式、体制机制、传播手段创新，解放和发展文化生产力等。

上述四个层面代表了中国国家文化软实力的主要层面，当然还可以增列一些层面，但主要的不外乎这四层。显然，谈论中国国家文化软实力并从事调研，是不能脱离这四个主要层面的。过分广义的和过度狭义的理解，都不能完整地涵盖中国国家文化软实力的内涵。

（王一川）

第二章

后形而上学视域中的中国发展模式建构

经过六十年的国家建设和三十余年的改革开放，中国取得了举世瞩目的成就，但是依然面临着层出不穷的新情况、新问题。马克思曾经说过：问题“是公开的、无所顾忌的、支配一切个人的时代声音。问题是时代的格言，是表现自己内心状态的最实际的呼声”。“一个时代的迫切问题，有着和任何在内容上有根据的因而也是合理的问题共同的命运：主要的困难不是答案，而是问题。”① 立足于今天去把握中国目前面临的总体性问题，我们就将发现：自1840年以来的“中国向何处去”的诘问，依然是这个时代的“迫切问题”。事实上，对这个问题的慎思明辨和公共性批判，已经成为中国发展模式不断演进、建构的反思性动力。当然，只要对现实的世界、中国状况作出比较深入的考察，我们就将认同如下观点：中国发展模式的问题实质上是一个现代性问题，而当今的现代性是后形而上学的现代性。洞察如斯，将对我们建构中国发展模式有着十分重要的启示。

一　续接现代性的中国谱系与现代性的“中国困境”

中国目下的时代坐标是：在全球化的背景下追求着现代化。人们大多同意吉登斯的观点：全球化不过是现代性在全球扩展的“后果”，全球化不过是高度现代性的体现。就现代化而言，它是从传统社会中解放出来，全方面不断合理化的进程。就其实质而言，现代化不过是人们追求现代性的结果。或者说，现代化就是一个社会不断地获得现代性特征的过程

---

① 《马克思恩格斯全集》第1卷，人民出版社2005年版，第203页。

（当然，也有一种观点认为，现代性是对现代化特征的事后归纳与抽象）。可见，无论是对全球化，还是对现代化的把握，关键的问题都在于对现代性（Modernity）的把握。中国目前所面临的问题实际上是现代性的问题，中国是在现代性的世界中追求着自己的现代性，其发展模式的建构本质上是一种现代性模式的探索。

对于什么是现代性，学界也存在诸多争论。笔者以为，现代性事实上是描述了一种与传统、古代、前现代断裂的人类总体生存样式。这一总体生存样式有两点是最为重要的：一是一种后传统的社会生活或组织模式，行为制度是其钢骨，外在体现为一种社会秩序。这些行为制度、模式或秩序最早出现在欧洲，后来程度不同地在世界范围产生着影响。吉登斯明确认为，现代性是后封建的持续，甚至可以说就是“现代社会或工业社会的缩略语”①。二是一种与过去决裂、注重现在的观念与态度，这种观念既包括对历史事实的陈述性反映，也具有价值判断和规范的意味，它建立在对人的智识能力（包括修正性的反思能力）的信任的基础上，是完整的意识形态性世界观，反映的是一个时代的精神气质。在此意义上，现代性是一种理想，一种时代意识的觉醒，一种新的历史意识。由这两个要点来观照中国现实，不同的人会得出不同，甚至相反的结论。而且，十分有趣的是，这样一些立场已经历久弥“新”，形成了相对稳定的范式，事实上是围绕“中国向何处去”这一现代性总体问题形成的典型话语格局。

一种观点认为，我们应该坚决抵制所谓现代性，只能从自身文化民族主义中寻求发展的意识。有学者指出：“纵观八十多年来的‘现代’中国，尤其静思一番前苏联‘民主化’带来的结局，理智一点的中国人都应该醒悟：文化本体上的西化（‘现代化’），无论是左还是右的，都是乌托邦。‘现代’中国人的头脑委实一直在发烧，发‘世界主义’（实为欧洲主义）的高烧。”② 这种观点针对中国人自卑地崇拜西方，认为西方与东方是一种“差距”而非差异，坚持重申：“中西文化是本质的差异，而非时间的差距。”③ “中国不是太封建，而是太‘现代’，太‘现代’了！”

---

① ［英］安东尼·吉登斯、克里斯多弗·皮尔：《现代性——吉登斯访谈录》，尹弘毅译，新华出版社2001年版，第69页。

② 河清：《现代，太现代了！中国——比照西方现代与后现代文化艺术》，中国人民大学出版社2004年版，第379页。

③ 同上书，第371页。

因而必须“重新回归到中华五千年文化的本根，用中国文化的理论为自己正名”①。因此，“提倡一种‘文化民族主义’是当今中国的当务之急”②。这种观点的实质是一种文化相对主义，否认任何不同的共通性与可公度性。

另一种观点则认为，“中华性”就是中国的“现代性”。“中华性”论者认为，当谈及中国的现代性问题时，不必将强调“西方化”当成走向现代的必由之路。在世界文化共在互动的语境中，我们完全可以通过求索“中华性”而获得现代性。“它是一个力图跨出‘他者化’的新的时代，也是一个重审‘现代性’的时代。”“与现代性主要用西方的眼光看世界不同，中华性意味着多角度的审视，其中特别是要用中国的眼光看世界，与现代性把世界仅看成一个由前现代、现代、后现代的时间差距的高低等级不同，中华性在承认这种时间和等级框架有其合理性的同时，更强调把世界看成有多种差异，可以多次划分的世界，如发展中国家与发达国家的划分，地域集团的划分，宗教和文化圈的划分等等，看成多种多重对立统一的共时现象。”③ 这种观点，将现代性理解为西方文化主导下的走向统一世界史（全球化）的特性，并且以此强调不同民族走向现代化的不同道路。这种观点并不反对现代性，而是强调突出现代性的民族主体性。

还有一种观点认为，现代性就是西方道路，中国追求现代性就是全盘西化。引领“全盘西化”思潮的首倡者是陈序经，他认为，“现在世界的趋势，既不容许我们复返古代的文化，也不容许我们应用折中调和的办法；那么，今后中国文化的出路，唯有努力去跑彻底西化的途径”④。胡适也认为：“我很明白的指出文化折中论的不可能，我是主张全盘西化的。”“文化折中”、“中国本位”、“都是空谈”，唯一的选择就是“努力全盘接受这个新世界的新文明”。⑤ 其中缘由，正如冯友兰先生所说：“从

---

① 河清：《现代，太现代了！中国——比照西方现代与后现代文化艺术》，中国人民大学出版社 2004 年版，第 377 页。

② 同上书，第 351 页。

③ 张法等：《从“现代性”到“中华性”——新知识型的探寻》，《文艺争鸣》1994 年第 2 期。

④ 参考陈序经《中国文化之出路》，载罗荣渠主编《从“西化”到现代化》，黄山书社 2008 年版，第 384 页。

⑤ 胡适：《编辑后记》，载《独立评论》1935 年 3 月第 142 号，岳麓书社 1998 年影印版，第 22 页。

前人常说我们要西洋化，现在人常说我们要近代化或现代化。这并不是专有名词上的改变，这表示近来人的一种见解的改变，这表示一般人已觉得以前所谓西洋文化之所以是优越的，并不是因为它是西洋的，而是因为他是近代底或现代底。"[①] 这已经表明，西方与东方在"西化"论者看来，实质上是一个时序的差距，我们的落差就在于别人走在"前面"。现今鼓吹全盘西化的观点，亦不在少数，不过它们自身内部也出现了新自由主义、民主社会主义、第三条道路等的论争。

最后，中国学术界还提出了一种充满悖论的"反现代性的现代性"理论。他们认为，"当代中国的现代化问题不仅是由中国马克思主义者提出来的，而且中国的马克思主义本身就是一种现代化的意识形态"，由此，"中国语境的现代化概念"已经"包含了以社会主义意识形态为内容的价值取向"。[②] "反现代性的现代性"理论指明了"中国对现代性的寻求是在殖民主义时代条件下开始的，这种寻求包含着抵抗殖民主义和批判资本主义的历史"，"但是，这种抵抗和批判并没有使得这些后起的民族国家摆脱现代性的逻辑"。应该看到的是，现代性自身存在着内部冲突的结构，其实，追求现代性和对现代性批判是同时发生的。[③] 主张反对西方的现代性，同时建构"中国的现代性"。这一理论被解释为必须在西方的理性主义范畴之外"寻找中国社会和文化的现代同一性"，是由于认识到"以西方的理性化过程为研究对象的（西方的）社会学方法已经无力对中国的现代性问题作出恰当的分析"。[④]

上述的话语在一定程度上都体现了一种学术的真诚，因为它们都能在中国大地上找到论据和拥趸，其视角和结论都给我们以很好的启示。但是，它们都存在着两个方面的问题：一方面对高度复杂性的中国现状的总体性认识不充分，或者说，都只是立基于中国现状的某个方面、部分。因此，它们之间的矛盾不过是基于某个方面对其他方面的反对。事实上，中国目前的复杂情况是：现代、前现代、后现代的诸多因素，共时而程度不

---

① 冯友兰：《新事论》，载《三松堂全集》第 4 卷，河南人民出版社 2000 年版，第 205 页。

② 汪晖：《当代中国的思想状况与现代性问题》，载《死火重温》，人民文学出版社 2000 年版，第 49 页。

③ 同上书，第 11—14 页。

④ 汪晖：《韦伯与中国的现代性问题》，载《汪晖自选集》，广西师范大学出版社 1997 年版，第 25 页。

等地存在于不同区域、行业，目下中国的自然环境危机，贪腐、贫富分化等社会危机，非道德化、单向度的个体存在危机等，都不能简单归结为现代、前现代或后现代的后果，而应该看作是一种耦合性的总体后果。另一方面，它们都对现代性作了凝固化的理解，没有认识到现代性自身是流动的和不断进化的。那么它们无论是对现代性的辩护，还是对现代性的抨击，都有些不及全体和要害。从广义的角度说，无论是对于中国，还是对于世界而言，确如哈贝马斯所言："现代性依然是未竟的事业。"因此，对于中国而言，问题的关键在于，对现代性做一个内在反思，汲取有益中国发展模式建构的启示。

二 现代性主导模式之内在机制的前提批判

现代性诞生不久，对它的反思和批判就开始了。一般认为，最早对现代性进行反思性批判的是卢梭，而马克思以及20世纪西方哲学和社会学的主要流派，包括现象学、存在主义、解释学、法兰克福学派等，直至所谓的后现代主义的思想，都可以理解为对现代性的反思。无论激进与否，这些对现代性的反思都有助于对现代性进行前提性的辨明。在这其中，后现代主义对现代性理念和对现代化运动展开了最为激烈的颠覆性批判，以至于有人认为，现代性已经终结。而笔者以为，后现代性的批判使我们真正进入一个哈贝马斯所谓的后形而上学时代，但是，所谓的后现代性并没有构成对现代性的根本超越，后现代性帮助现代性完成了对自己的前提性批判认识，它只是辩证地推动了现代性自身的进化。①

考察现代性的发生与发展，我们会发现，现代性自身就具有解构和重构的双重取向，以批判和自我批判的方式进化正是现代性累积的方式。在后现代思潮中贯穿的怀疑原则，恰恰是现代性思维的核心原则，后现代思潮在淋漓尽致地发挥这一原则的时候，恰恰严重低估了现代性自身的反思性。我们甚至可以说，后现代性的根源就在于现代性的内在矛盾性，就其思想渊源而言，后现代性思想的内容与现代性一样古老，后现代性不过是现代性的寄生胎，因此，所谓的"后现代性"是以一种激烈而辩证的方

① 沈湘平：《公共性：后现代性之后的现代性主题》，《江海学刊》2008年第4期。

式从属于现代性的。诚如吉登斯指出的："我们实际上并没有迈进所谓的后现代性时期，而是正在进入这样一个阶段，现代性的后果比从前任何一个时期都更加剧烈化、更加普遍化了。"①

不仅如此，后现代思潮的革命意义也正在丧失，转而沦落为一种辩护性意识形态。无中心、反权威的后现代性思想将我们带入一个断裂、碎片的扁平世界：偶然、混乱、表面被宣布为全部的真实，生活在联系的阙如中缺少了纵深感，感性的当下不仅意味着对现代性所崇尚的未来观念的颠覆，也表征了一种生存意义上的孤独。总的结果是人们并没有真正收获一种质量上的自由与幸福。就个人而言，后现代性正以一种超级"人性化"（人性，太人性了！）的时尚言行、符号、情趣占领大众文化和青年领地。后现代主义的一种意想不到的独特功能，就是把当代一些贪图享乐的人统统包装成为自命不凡的先锋派！更为重要的是，后现代性对于公共秩序与其说是乏善可陈，不如说是在它们的视野之外，因为秩序与它们所反对的理性、权威总是连在一起的。对多元和差异的崇拜，最终导致相对主义甚至机会主义和虚无主义的盛行——这些即使不能说是后现代性的全部后果，但确实也起到了火上浇油的作用。在吁求共同体秩序重建中，"怎么都行"的后现代性思想其实就扮演着一种消极甚至反动的角色。就中国的现实而言，我们固然有"太不现代"的忧虑，但同时也有"后现代，太后现代"的危险！

当然，这决不是说后现代性思潮一无是处。后现代性不仅揭示了现代社会生活在某些方面有异于以往现代性的独一无二的特征，而且进一步激活了现代性反思的动力机制，事实上，后现代性帮助现代性完成了自己的改写或重写，经过后现代性之后，现代性终于成年了！经过后现代性的现代性，或者说被后现代性重写过的现代性，发生了脱胎换骨式的变化。今天，我们对现代性的规定性也有了全新的认识。

首先，现代性是一源而多元的。后现代性尽管最初没有主动观照东方性，但其思想的一度风靡，也标志着传统现代性或西方世界观的危机，这促使西方更多地关注东方。如果说通过萨义德等人的努力揭示了西方在建构现代性时是以东方世界为他者的话，后现代性的兴起则首次让（西方）现代性尝到了被定位于"他者"的滋味。这使得西方不得不接受这样的

① ［英］安东尼·吉登斯：《现代性的后果》，田禾译，译林出版社2000年版，第3页。

一个事实：现代性是流动的现代性（鲍曼），是可选择的现代性（芬伯格）。在全球化的推动下，现代性在包括东方在内的世界生根，但是任何一个国家在追求现代性时都会程度不同地同时作出两种努力：普遍的特殊化和特殊的普遍化。这样的结果就是，现代性中的地方性、文化价值因素被动员起来重塑了现代性，现代性模式成为了复数的，各种现代性之间所具有的，只是一种“家族相似”性而已。

其次，现代性是主体多元的。这种源自欧洲的主体性，至少表现在一体同构的三个层面：一是个人相对于他人的主体性；二是欧洲相对于东方世界的主体性；三是人类相对于自然的主体性。事实上，经过后现代性对现代性主体中心的批判，促使人们不仅重新发现了东方，而且承认了一个简单却并不容易被接受的事实，即东西方是平等的。同样，在一个社会中，后现代性阐发的去中心、去权威的努力，也大大促进了个人之间的平等。在传统的现代性看来，自然界是一个被人类征服、改造的对象与客体，而后现代性对主体性的批判，事实上包含着对人类中心主义（这种意义上的人类中心主义与欧洲中心主义是同构的）的否定。经过后现代性的现代性，让人从自身的角度反思了人与自然的关系，基本上确认了一个在马克思那里早就被清楚地表达过了的观念：人与自然的关系受制于人与人的关系。也就是说，主体的多元化中蕴含人与自然紧张关系的某种消解。

最后，理性被历史化、实践化。理性是现代性的核心，追求和实现现代性的现代化过程也被称为社会历史的理性化过程。在很大程度上，后现代性可以被理解为是对理性化问题的极端揭示与批判。在后现代性看来，理性的扩张不仅意味着世界的“祛魅”，而且理性秩序是依靠一种权力机制来实现的，理性就意味着统治和压制。正是在后现代性的批判与现代性的自我反思中，在哲学从形而上学转向实践、语言、交往和生活世界的过程中，近代以来的理性观发生了深刻变化。理性在使世界理性化的过程中，自身被历史化、实践化了，变成了历史的、实践的、有人身的理性。

除了上述从在现代性之内的“现代”与“后现代”张力的视角来反思现代性以外，另一前提性分析则在于现代性哲学之外的社会存在，即“政治经济学批判”这一马克思的历史反思维度。在当今时代，资本如“普照的光”成为了事物之所以如其所是的标准、根据与尺度，资本逻辑成为了主宰世界的“绝对精神”。在展开现代性批判的路径上，马克思剖析了现代性的存在论基础，即立足于资本原则乃现代性的基本建制这一“批判范式”，这样一来，就逆转了原先“观念副本”意义上的工具理性等“抽象批判”。马克思认为，现代性的根本逻辑并不是主体性和理性主义，而是资本。只要资本依然存在，资本逻辑就一刻也不会停止对于价值增值的贪婪。深入资本逻辑批判，是彻底将人达至社会历史根基处。“资产阶级除非对生产工具，从而对生产关系，从而对全部社会关系不断地进行革命，否则就不能生存下去。反之，原封不动地保持旧的生产方式，却是过去的一切工业阶级生存的首要条件。生产的不断变革，一切社会状况不停地动荡，永远的不安定和变动，这就是资产阶级时代不同于过去一切时代的地方。一切固定的僵化的关系以及与之相适应的素被尊崇的观念和见解都被消除了，一切新形成的关系等不到固定下来就陈旧了。一切登记的和固定的东西都烟消云散了，一切神圣的东西都被亵渎了。人们终于不得不用冷静的眼光来看他们的生活地位、他们的相互关系。”① 这就是资本逻辑支配下的高度现代性情景，对它的揭示本身，就蕴含革命性的吁求。

现代性既因资本逻辑的获得而不断跃进，但也因它而逐渐走向自己的极限，如果所谓反思现代性不能找到对资本的制约办法，那么文明的悲剧就是难以避免的。迈克尔·哈特和安东尼奥·奈格里在《帝国》一书中就认为：“资本为了满足实现剩余价值对其外界、非资本主义的环境的依赖与非资本主义的环境的内化相冲突，后者满足了使实现了的剩余价值资本化的需要。从历史的角度说，这两种进程经常相继发生。一片地域和人口首先作为交换与实现资本的一处外界相接触，随后就被带入资本主义生产自身的领域范围。然而，重要的一点在于，一旦环境中的一个分割块已被‘文明化’，一旦它也被有机地整合到资本主义生产范畴的新扩展的边界里之后，它就不再可能是必然实现资本剩余价值的那种外界了。在这个意义上，资本化构成资本实现的一个限制，反之亦然。或者更明确地说，内在化同对外界的依赖相抵触。资本的饥渴必须由新鲜血液来平息，它必须不断地寻找新的领地。”“可以有逻辑地推测出，会有一天在积累、实现和资本化这

① 《马克思恩格斯选集》第1卷，人民出版社1995年版，第275页。

一循环中这两种情况会直接碰撞，埋葬彼此。”[①] 后现代性之后的现代性和之前的现代性、后现代性一样，内蕴资本的逻辑，这一逻辑也正是其最深层的问题所在。

三 现代性重审之后的中国发展模式建构

真正将一种纯粹的理论叙事还原为描述中国人的生存体验的发展智慧，这一旨归是理论有效性的检验标准。经过对后形而上学时代的现代性本性的一番“逼近”，至少对于我们建构中国发展模式可以作出如下的基本判断。

首先，现代性是多元模式的，中国发展模式理应是世界现代性“家族相似”中的一员。以色列著名的现代性问题专家 S. N. 艾森斯塔特认为：“现代性确实蔓延到了世界的大部分地区，但却没有产生出一种单一的文明，或一种制度模式，而是产生出了多种文明的模式，产生出了多种社会和文明发展，它们具有共同的特征，但依然趋向迥异的意识形态动态和制度发展。此外，超出了现代性最初前提的意义深远的变化，也一直在西方社会中发生。”在他看来，即使在经济发展方面相似的社会，如主要的工业资本主义社会——欧洲社会、美国和日本也“突出了现代社会极为丰富的多样性”。[②] 客观地讲，发展模式是一个复杂的多元函数，包括政治制度、经济制度、文化传统、社会结构与一系列相关政策的总和。其中，最核心的内容是政治制度与经济制度。就中国而言，在政治制度与经济制度层面上本身就呈现出与世界发展模式不同的特性。特别是利用“后发”的独特优势，不断地试验、总结和汲取自己和别人的经验教训，不断进行大胆而又谨慎的制度创新，这就能使中国避免很多其他发展中国家和转型经济国家盲目采用西方模式而带来的发展困境。中国模式—北京共识的相对成功，对世界一些学者鼓噪的“历史终结论”、现代化道路只有西方政治制度的说法给予了有力的回击，同时也在现代性的多元模式中

---

① ［美］迈克尔·哈特、［意］安东尼奥·奈格里：《帝国——全球化的政治秩序》，杨建国、范一亭译，江苏人民出版社 2005 年版，第 265 页。

② ［以色列］S. N. 艾森斯塔特：《反思现代性·导言》，旷新年、王爱松译，《国外理论动态》2006 年第 4 期。

成为了一种颇具魅力的发展模式。

其次，现代性是以资本逻辑为基本建制的，中国发展模式应该在发展社会主义资本的同时有着一种超越资本逻辑的意识，对资本逻辑的限度保持高度的警醒。日本哲学家梅原猛曾经感慨："明治时代的日本人还受到过从前一时代继承下来的儒教、佛教的伦理的强烈影响，但到了战后，这种影响就逐渐地消失了。近代日本人在道德上还保存了儒教、佛教的遗产，现在已经把这种遗产吃光了。""我觉得伦理慢慢地消失了，剩下的只有赚钱了。"① 在中国何尝不是如此！在中国目前的市场经济建设中，资本逻辑在所难免。资本逻辑导致了许多问题：生产粗放，只顾速度、数量，不顾质量、效益、环境、能源与资源浪费；盲目追求生活水准的提高；在发展短视症的情况下，假冒伪劣产品泛滥成灾；对外贸易与国民经济脱节；政治体制滞后、官员腐败、资源配置劣化与经济发展背离、环境污染严重、社会分配不公等等。但是，与西方社会寻求现代性不同的是，中国的现代性发展模式一开始就将市场经济置于社会主义之内，是用社会主义来"化"资本逻辑的方法，就是我们始终坚持共产党的领导，坚持社会主义制度，坚持公有制的主体地位，强调平等、公平和社会主义精神文明的发展，防止西方模式导致的道德败坏和两极分化。要超越对内掠夺资源、对外扩张的西方现代性发展模式，并超越市场化的消极影响，解决经济与社会的关系问题、东西部关系问题、环境问题、城乡问题、人与自然的关系问题、中国的发展与世界的发展的问题、效率与公平问题，就必须走新型工业化道路，构建社会主义和谐社会。"构建社会主义和谐社会"并不仅仅是一个新概念，而是科学发展观指导下发展模式的转变，是中国特色社会主义道路的创新和发展，是应对国内国际新形势、新挑战的必然选择，是对国际国内发展经验和教训的总结，是对西方现代性模式的超越，是对西方现代性病症的一种矫正——尽管其要走的路还很长很长。

再次，现代性本身具有生成性，理性的历史化已经清晰地指明了这一点，中国发展模式的选择理应奠基于此，寻求在生成中不断反思与推进。中国在追求现代化的过程中，面临着前所未有的复杂问题，不少反对现代

① ［日］稻盛和夫、梅原猛：《回归哲学：探求资本主义的新精神》，卞立强译，学林出版社 1996 年版，第 35、23 页。

性、现代化追求的人们极有可能是被这些问题所吓倒的。但是，现代性自身是不断进化的，是区分为不同阶段的，至少在目前所见，现代性的问题在自己的进化中能得到不断的修正。换而言之，发展中遇到的问题，只有靠发展来解决。为了使中国的现代化发展始终保持自我修正和进化的动力与活力，整个社会应该建构一种反思监控的机制，使一些溢出的创新思想能及时地积蓄起来，成为自我修正的营养。进而，为了保证这些创新的源源不断，我们就必须不断地解放思想。不仅从过去的老教条中解放出来，也要从洋教条中解放出来，还要从改革开放以来形成的新教条中解放出来。以人为本，各尽其能，中国就因人们而改变，世界也将因中国而改变。我们不仅要追问世界经验对于中国的启示，还将要追问中国经验的世界价值。我们不仅要追索现代性之到中国，而且还要讨论因中国而改变的现代性——现代性因经过中国而有所不同。

最后，现代性是主体多元的，后形而上学时代追求的主题正是一种“和而不同”，主体之间出于一种“和谐”的“共在”，这与中国发展模式的“和谐理念”相契合。和谐与过于强调主体的哲学思维是正相对立的，中国古代思想中“乾道变化，各正性命。保合太和，乃利贞”的说法，就已经道出了“太和”的观念，它蕴含人与自然的和谐、人与社会的和谐、人与人的和谐以及人自我身心内外的和谐等四个方面，基本构成了“普遍和谐”观念的雏形。其实，马克思也表达过这样的观点：“共产主义，作为完成了的自然主义，等于人道主义，而作为完成了的人道主义，等于自然主义，它是人和自然之间，人和人之间矛盾的真正解决。”① 除此之外，中国“天下为公”的世界理论，也意味着全球在差异中寻求共识、在和谐中谋求发展，即“和谐世界”的基本准则。在西方社会，特别是以资本为核心的全球化过程中，“西方中心论”明显是从自我本位思维出发的，它必然生发出一种蔑视“他者”的对抗意识，这样的思维模式又会导致世界二分，激起一些人为的战争。同时，西方社会的发展又以一种“适者生存”的丛林法则为基础，这明显与中国“天下为公”所暗含的人与自然、人与人、身心以及民族国家之间的和谐道德思维区别开来。“和谐社会”与“和谐世界”不是一种乌托邦的理想追求，也不是对现实社会和现实世界的特征描述，

① 《马克思恩格斯全集》第42卷，人民出版社1979年版，第120页。

更不是中国对其他国际行为体提出的道德和行为标准，而是中国发展战略在新的历史阶段上的目标定位，是中国作为一个负责任的大国，对自己的国际行为提出的价值取向。

（沈湘平　孙　亮）

第三章

中国发展模式的探索及其对建构国家软实力的启示

1840年的鸦片战争开启了中华民族一百多年屈辱、苦难、探索、斗争的历程。直至新中国成立前，中国一直饱受外国的蹂躏，国内政局动荡不安，国力衰败，民生凋敝。然而，由于中国自1949年起，特别是改革开放三十年来所取得举世瞩目的成就，在新中国成立前后的鲜明对比中，国际视野作为一个局外的“他者”，立足中国发展的基本事实基础，已经认同中国社会发展的道路是一种独特的“发展模式”，并且认为在现存的世界格局下，“中国经验”可资成为一种可选择性的“方案”。中国的国家软实力从而有力地提升了。

回顾新中国成立六十年的沧桑巨变，我们如何能够以客观的态度审视历史的进程，探求出中国社会发展的规律，从深层次挖掘这样一些问题：中国发展模式探索的历史进程中，总体的成功经验是什么？中国发展模式的内在逻辑又到底是什么？中国发展模式本身作为一种规律性的提升，能够为国家软实力的建构提供哪些启示？只有依此发问，我们才能够实现真正意义上的“走进历史”与“开启历史”。

一　中国发展模式探索的“沧桑历程”

“东亚病夫”作为整个中华民族的“国家形象”的屈辱历史，已经十分久远了。回顾历史，我们会发现，从鸦片战争开始，无论是从太平天国农民运动到洋务运动，还是从戊戌变法再到义和团远动，都在试图“医治”“重病”的苦难中国。走上民族独立与国家富强的道路这一历史使命，在旧有的君主专制体制中，根本不可能完成。1911年，以孙中山先生领导的辛亥革命，给予封建专制制度致命的一击。它推翻了统治中国二百六十多年的清王朝，结束了中国两千多年的封建君主专制制度，建立起资产阶级共和国，推动了历史的前进。但是，它最终以袁世凯镇压“二次革命”后的复辟帝制活动而宣布失败。

客观地讲，中国发展模式的探索起点，应该从中国走上社会主义道路算起，至今已经走过了六十年的历史征程。六十年来，中国共产党一直在追问一个重大的问题，那就是，中国到底应该走什么样的发展道路？从而在几代领导集体的努力下，形成了关于社会主义政治、经济、文化、党建等一系列重要思想、方针与政策，回顾中国发展模式的探索过程，对于进一步发展有着重要意义。

首先，发展模式的奠定基础阶段。这一阶段，主要时间段为 1949 年至改革开放。以毛泽东为代表的中国共产党人，将马克思主义与中国具体实际相结合，通过艰苦卓绝的革命斗争，取得了全国的解放。在新中国诞生前夕，党的七届二中全会上，毛泽东同志庄严宣告：“我们不但善于破坏一个旧世界，我们还将善于建设一个新世界。”① 1949 年新中国的成立，真正意义上开启了这一文明古国的新的发展历程。美国学者莫里·梅斯纳曾这样评述：“1949 年 10 月 1 日在中国和世界历史上都是一个具有象征意义的重要日子。如果说革命涉入的是让一个新社会出现、对一种政治制度给以强有力的摧毁的话，那么，中国共产党人在 10 月 1 日所庆祝的革命，其意义不亚于 1789 年法国大革命和 1917 年俄国十月革命。”②

“建设社会主义是一项前无古人的事业。”对于从马克思主义与西方经典文本的词句中抠出一些“教条”的做法，中国共产党人早有“言必称希腊”的反讽。但刚刚新中国成立时，中国的发展模式始终存在复制“苏联模式”的问题。这既有国际上以美国为首的资本主义阵营对新中国采取孤立、封锁、禁运等遏制战略的原因，也由于与此同时苏联产生的强大吸引力：苏联在 1950 年与中国建立外交关系之后，在经济与技术上帮助中国建设，并以其强劲的社会主义发展势头，吸引着中国共产党和中国人民。还由于新中国建立在“一穷二白”的基础之上，毛泽东为首的中

① 《毛泽东选集》第 4 卷，人民出版社 1991 年版，第 1439 页。

② ［美］莫里斯·梅斯纳：《毛泽东的中国及其发展》，张瑛等译，社会科学文献出版社 1992 年版，第 3 页。

国共产党人急于快速改变当时的中国面貌，在“什么是社会主义”和“如何建设社会主义”上，存在以教条主义对待马克思主义思想的态度。当时的苏联成为了唯一的正统的马克思主义当代形态，在苏联模式中存在的高度集中统一的计划管理体制、生产资料所有制结构的单一化等弊病，均在中国以“正统”的姿态出现，并未受到根本上的质疑。

但是，在苏联模式的局限下，以毛泽东为代表的第一代领导集体在中国发展模式上依旧作出了如下贡献：首先，从总体上对中国社会主义发展模式进行了定位：中国的社会主义建设至少分为两个阶段，即不发达与发达的阶段；社会主义社会的基本矛盾是生产关系与生产力之间的矛盾、上层建筑与经济基础之间的矛盾；我国社会主义建设的总体目标是：经过100年，建设一个工业现代化、农业现代化、科学文化现代化以及国防现代化的社会主义现代化强国。其次，认为社会主义的根本任务就是促进生产力的快速发展，并提出了新民主主义的经济形态的看法，实行了经济体制方面的新措施。再次，毛泽东在汲取“苏东”社会主义国家建设经验的基础之上，提出了探索符合自己国情的中国工业化的道路。最后，在文化建设上，提出了“双百方针”；在对外关系上，批判与借鉴相结合。

但是，从总体上来讲，这一阶段对什么是社会主义的理解还存在一定的偏差，后来再加上“文化大革命”的爆发，一度中断了对中国发展模式的探索。

其次，发展模式的初步形成阶段。这一阶段，主要时间段为改革开放至1992年。结束“文革”之后的中国，百废待兴。“中国向何处去”的问题引发了人们的思考。当时的整个政治局面，是“一个混乱状态，就整个经济情况来讲，实际上是出于缓慢发展和停滞的状态”①。邓小平同志对此还有一些总结性的判断，他认为，“中国过去就是犯了性急的错误”②，“过去我们搬用别国的模式，结果阻碍了生产力的发展，在思想上导致僵化，妨碍人民和基层积极性的发挥”③，因而，“必须把马克思主义的普遍真理同我国的具体实际结合起来，走自己的道路，建设有中国特色的社会主义”④。

① 《邓小平选集》第3卷，人民出版社1993年版，第264页。

② 同上书，第140页。

③ 同上书，第261页。

④ 同上书，第2—3页。

那么，中国的发展模式到底怎么搞？邓小平同志以“什么是社会主义，怎样建设社会主义”的问题开始了破冰的改革征程。1982 年在党的十二大上提出“走自己的道路，建设有中国特色的社会主义”这一指导思想，1992 年在党的十四大上又系统论述了“建设有中国特色社会主义”的主要内容，这一概括，标志着中国发展模式的初步形成。这些具体的道路，从中国共产党的宗旨出发，在分析国际国内的环境背景下，全面地剖析了社会主义初级阶段的根本任务、战略目标和战略步骤、初级阶段，以及党的基本路线、基本纲领、基本经济制度、个人收入分配制度和社会保障制度、“一国两制”与祖国和平统一等重大的现实问题。邓小平同志作为改革开放的总设计师，为中国的发展模式勾画了一幅具有中国特色的基本框架，比较完备地阐释了中国发展的方方面面。

再次，继续发展阶段。这一阶段，主要时间段为从 1992 年至 2002 年。从改革开放到 1992 年的中国，经过了 20 多年的改革开放，经济稳步发展，综合国力得到了很大提高。以江泽民同志为代表的第三代领导集体，始终关注党的建设工作，提出了“建设一个什么样的党、怎样建设党”的重大问题①，并形成了“三个代表”的重要思想。这一阶段，在坚持完善生产资料所有制、分配体制、经济结构的战略性调整、西部大开发、区域协调发展、社会主义的政治文明建设、建设法治国家、推进祖国和平统一等方面，继续推进社会主义建设各项事业，实现了香港、澳门的顺利回归，全面推进了党的建设工程，使得社会主义物质文明、政治文明、精神文明建设取得了令世人瞩目的新进展。

最后，稳步深化阶段。这一阶段，主要时间段为从 2002 年至现在。有学者将这一阶段称之为“后改革开放时代”。这个阶段，中国的发展模式从原先“摸着石头过河”的“闯”，转变为一种成熟的科学发展观。②从一种单纯的经济增长，转向了“以人为本”的经济、社会协调可持续发展的战略。充分利用战略机遇期，抓好党执政兴国第一要务，抓住经济建设这一中心不动摇，发挥市场资源配置中的基础作用，同时厘清发展思路，推进社会主义政治体制建设。保证人民依法实行民主选举、民主决策、民主管理、民主监督。2005 年十届人大三次会议又提出，建设“民

① 江泽民：《论党的建设》，中央文献出版社 2001 年版，第 1 页。

② 胡锦涛：《十七大报告》，人民出版社 2007 年版。

主法治、公平正义、诚信友爱、充满活力、安定有序、人与自然的和谐相处的社会主义和谐社会”。2008 年，在遭遇了罕见的自然灾害之后，我们成功地举办了奥林匹克运动会，更加引起了世界对中国发展模式的高度关注。

从以上的中国发展模式的历史征程的探索之中，我们能够汲取些什么呢？回答这一问题之前，必须要做的理论工作是：从发展历程中寻求内在的发展逻辑，找出其中的富有成效的经验。这是进一步发展的当务之急。

二　中国发展模式的“内涵逻辑”与“历史成效”

中国之所以被国际称之为“中国模式”，它的起因是什么？其经济基础、社会基础、文化基础、政治基础又是什么？这些问题与中国进一步发展以及建构国家软实力的探讨有着直接的关联。现代历史学家的任务在于把握整个中国发展模式的“历史事实”，从“历史编撰学”意义上讲，这可能是正确的，但是真正有意义的是，如何从哲学上对这些“历史事实”加以再解读，从中提炼出发展的“内涵逻辑”。这才能在“历史成效”上，推进这一模式的创新与发展。

第一个问题是，中国发展模式的“内涵逻辑”。

首先，发展模式的总体定位。“中国发展模式”首先是一种中国特色社会主义模式。近年来国内有一些论调，鼓吹只有民主社会主义才能救中国，认为中国发展必然的方向是资本主义私有制，从本质上讲，这没有从国家与历史的高度看待这场改革。是否坚持生产资料公有制的主体性地位，是否坚持中国共产党领导，是否坚持马克思主义理论指导，是否坚持四项基本原则，这些是理解“中国发展模式”的基本原则。其次，理解“中国发展模式”还要与发达国家的发展模式进行比较，认识到我们还处于“后发展国家”，中国发展的高速期开始才仅仅 30 年，就完成了西方国家 100 多年的历史成就。“后发展”的特点已经决定，中国在谋求发展的进程中，不能亦步亦趋地照搬别人的发展模式，而只能在汲取国外优点的基础上，加以中国特色的探索。中国模式的核心是建设社会主义市场经济。它将市场经济高效率的资源配置引入到社会主义制度中来，是一种用社会主义“化”市场经济的方式来增强社会主义制度优越性的方法，同时又将社会主义的正义维度引入市场经济，来保证公平与效率的统一。

其次，发展模式的前提背景。与世界上其他国家相比，中国的发展背景有着自身的独特性，“中国的发展经验是独一无二的”①。因为中国的发展取决于以下几个方面：中国人口规模巨大，经济规模、政治体制规模以及消费规模都是其他国家所不能比拟的，而且发展极其不平衡，东西部地区差异、城市与农村差异等一直是中国发展中遇到的大问题。中国社会的发展可以在“改革是一场革命”的意义上被称之为“社会革命”，社会变迁巨大，制度改革、社会转型期的不稳定因素的激增等等，均成为了中国发展的制约因素。

再次，发展模式的基本理念。简要地说，在自主发展的原则下，实事求是的实践理念为发展模式理念的首要原则。“社会生活在本质上是实践的。”② 在实践中创造性地探索中国发展模式，并在实践中检验与修正自我发展模式，这是中国共产党人的一条宝贵经验。同时，人类在改造世界的实践活动中，同时也创造了“为我”的活动，这就是“价值尺度”。因此，我们党始终坚持把全心全意为人民服务作为根本宗旨，从“三个代表”中“始终代表最广大人民群众的根本利益”，到科学发展中“以人为本”的观点，均体现了党的“执政为民”发展理念。同时，中国的发展理念还体现在科学发展观上，坚持以人为本，树立全面、协调、可持续的发展观，促进经济社会和人的全面发展，按照“统筹城乡发展、统筹区域发展、统筹经济社会发展、统筹人与自然和谐发展、统筹国内发展和对外开放”的要求，推进各项事业的改革和发展。

然后，在发展模式步骤上，采取渐进式的改革。改革开放是中国发展的关键“事件”，这是一段令中国人为之自豪的历程。中国的改革是在对国际环境的科学判断下作出的正确选择。改革成为了推动社会发展的生产力，但是我们应该看到的事实是：中国改革涉及面广，30 年的改革开放，30 年的风云激荡，带来了中国 30 年的沧桑巨变。从农村到城市，从经济领域到政治、社会和文化等各个领域，改革的浪潮汹涌澎湃；从沿海到内地，从东部到中部、西部，对外开放的步伐矫健向前。这场中国历史上从

---

① ［美］迈克尔·斯彭斯：《中国经济发展模式独一无二》，载《信报》（香港）2005 年 2 月 3 日第 2 版。

② 《马克思恩格斯选集》第 1 卷，人民出版社 1995 年版，第 60 页。

未有过的大改革大开放，使中国成功实现了从高度集中的计划经济体制到充满生机与活力的社会主义市场经济体制、从封闭半封闭到全方位、多层次、宽领域对外开放的伟大历史转折。这其中重要的原因就是中国采取了渐进式的改革。这指由计划经济体制向市场经济体制过渡时，采取循序渐进的、有步骤、分阶段的方式推进改革，或者说采取累积性的边际演进的转换模式。

最后，在发展模式前景上，是和谐发展的模式。当代中国社会提出了科学发展观与社会主义和谐社会建构两者相统一的和谐发展理念，倡导一种人与自然、人与人、人与社会、身心和谐的社会和谐观。两者统一可以称之为“和谐发展观”。它的目标是建构社会主义的和谐社会，是在坚持科学发展观和社会主义和谐社会理论指导下，充分将马克思主义运用到中国社会主义建设的实际中去，发挥中国古代至今一直延续的和谐思想传统，同时学习西方社会理论传统中的科学发展之道，在综合创新的基础上，推进对于发展中的一些难点的理解与认识。“和谐”的发展理念在古代早已有之，如“天人合一”、“合而不同”、“协和万邦”等。而在西方，则有佩鲁曾提出的以人为中心的“新发展观”等，总之，和谐发展模式“其根本宗旨在于谋求和谐发展的方式实现以人为本的发展理念，正在创建者真正体现中华民族特色与全球时代的人和和谐发展理论”①。

第二个问题，中国发展模式的“历史成效”。

首先，中国社会的发展“实践成效”。目前中国的发展收获了良好的政治经济环境。中国的近现代史是一个“苦难的奋斗史”，自从 1949 年建立新中国以来，社会才获得了稳定发展的基础，但是其中仍旧出现过一些波折，比如 1966 年到 1976 年的“文化大革命”十年，使得中国一度陷入停滞发展的状态。1978 年以后，中国在正确的发展模式下，实现了政治和经济上的长期平稳发展，即使在最近，西方的金融危机爆发之后，中国的经济发展依旧保持着健康发展的良好势头，这充分验证了中国发展模式的“巨大成效”。

其次，国内对社会发展成就的“认可”。“中国模式”是理论界对改

---

① 漆思：《现代性的命运：现代社会发展理念批判与创新》，中国社会科学出版社 2005 年版，第 268 页。

革开放30年来中国经验的一种概括，那么民众是否认可“中国模式”的提法呢?《人民论坛》的问卷调查结果显示，74.55%的受调查者认为有“中国模式”，其中认为“‘中国模式’还是在探索中的发展模式”的占受调查者的60.25%（3110票），认为“‘中国模式’已经成型”的占受调查者的14.3%（738票）。同时，调查结果显示，“中国模式”取得成功的主要原因，排在前四位的分别是：“保持了长期政治稳定”（2865票，58.71%）、“强调发展是硬道理，从经济领域突破”（2545票，52.15%）、“始终坚持了中国特色，强调一切从实际出发”（2390票，48.98%）、“采取了渐进式改革的战略”（1918票，39.3%）。①

最后，国际对中国发展状况的“广泛认可”。中国改革开放30年来的成就举世瞩目，尤其是在国际金融危机的考验面前，中国的地位与作用日益突出。“中国模式”为何能够取得如此成就，引起了西方理论界的广泛关注。布鲁塞尔当代中国研究所研究主任乔纳森·霍尔斯拉格认为：“中国模式毫无疑问是上个世纪以来最为成功的。世界银行曾经作过统计，自1978年以来，已有6.3亿中国人脱贫。即使经过30年的快速工业化，中国人民仍然坚信，持续的经济增长将继续改善他们的生活。正是这种期待使中国创造了第二个令人瞩目的成就：中国社会正享受着历史上最为稳定与和平的时期。”②

三　在发展模式的“历史启示”中“提升”国家软实力

美国学者约瑟夫·奈在1990年出版的《注定领导世界：美国权力性质的变迁》一书及同年在《对外政策》杂志上发表的题为《软实力》的文章中，提出了使用“软实力”这一概念。其大致含义为：“软实力”（Soft Power，又译作“软力量”或“软权力”）最初是一个政治学领域的概念，主要用来概括性地描述综合国力中的无形要素和非物质要素，即通

① 许晓平：《74.55%民众认可“中国模式”——民众如何看待“中国模式”调查》，《人民论坛》2008年第24期。

② 《中国模式是上个世纪以来最为成功的》，人民网国际频道［DB/OL］，2009年5月7日。（http：//world.people.com.cn/GB/57506/9259278.html，2009-05-09查阅）

常认为的文化、意识形态和制度模式的吸引力。[①] 随后，我国对“国家软实力”展开了理论上的研究，在党的十七大报告中提出“要坚持社会主义先进文化前进方向，兴起社会主义文化建设新高潮，激发全民族文化创造活力，提高国家文化软实力”以后，理论界真正展开了集中讨论。由于对国家软实力进行评估主要在于内省，即对自己的战略路径进行反思[②]，因此，通过上述中国发展模式的探索的历史征程，我们是否应当反思，从中能够汲取哪些历史的“启示”呢？

不管国内学术界在中国模式问题上存在多少争议，如担忧中国模式本身是否存在深层次的问题，或者是站在一种正面积极肯定的立场上，认为中国模式就是中国软实力，总之，我们都应该理性地对其反思，而不是仅仅为雷默的报告而沾沾自喜[③]。中国模式是一个未竟的模式，其本身还存在诸多问题，这是当前国内理论界必须加以清醒认知的。提升国家软实力，重审中国模式，如下的经验值得高度重视：

首先，从本国国情出发，在自主发展的理念下，寻求科学发展。如果从哲学视角来观照中国社会的发展模式的话，我们可以说，中国模式的发展战略就是一条中国特色社会主义现代化的自主发展道路。特别是改革开放以来，中国在自身国情与时代特征的双重要求下，在学习西方的同时，努力将马克思主义具体运用到中国的社会主义建设中来。“共产主义不是教义，而是运动，它不是从原则出发，而是从事实出发。”[④] 党的十七大在理论上的最大亮点，就是提出了中国特色社会主义理论体系，坚持和发展了马克思列宁主义、毛泽东思想，凝结了几代共产党人在经济文化比较落后的中国带领人民艰辛探索建设社会主义的智慧和心血，是党最可宝贵的政治和精神财富，是全国各族人民共同奋斗的思想基础，是马克思主义中国化的最新成果，其重大理论创新意义和实践指导意义，随着时间的推移将愈加显示出来。一部中国共产党的历史，就是一部马克思主义中国化的光辉历史。实现马克思主义中国化，不仅是夺取中国革命伟大胜利的根

① ［美］约瑟夫·S. 奈：《硬权力与软权力》，门洪华译，北京大学出版社 2005 年版，第 79 页。

② 门洪华主编：《中国软实力方略》，浙江大学出版社 2007 年版，第 160 页。

③ 参见俞可平等主编《中国模式与“北京共识”》，社会科学文献出版社 2006 年版，第 174—176 页。

④ 《马克思恩格斯选集》第 1 卷，人民出版社 1995 年版，第 210—211 页。

本法宝，而且成为了在新的历史条件下不断推进中国改革和建设事业的根本选择。

其次，以经济建设为中心，坚持发展为第一要务。中国软实力之所以被提出来，客观地讲，是基于中国经济建设的腾飞，人民的安居乐业，社会发展的健康有序。这就是说，经济建设的成功与否，是中国软实力建构的“强硬根据”。自鸦片战争到1949年中华人民共和国的成立，中国内忧外患，何谈发展。1949年新中国成立后，又面临着许多困难，但是，以毛泽东为首的第一代领导人仍旧为中国发展模式的探索作出了巨大贡献。1978年之后，党将工作重心转移到经济建设上来，以邓小平同志为首的第二代领导人审时度势，为中国的进一步发展赢得了相对有利的外部环境。中国这样一个后发展中国家，出路只能在发展，诸多问题只有靠发展才能进一步解决。可以说，香港、澳门的回归，以及奥运会的成功举办，自然灾害面前祖国人民的齐心协力，都根源于中国的发展。

再次，以人为本，坚持人民的利益高于一切的发展理念。胡锦涛总书记曾在美国耶鲁大学的讲演中说过：“中华民族历来注重以民为本，尊重人的尊严和价值。早在千百年前，中国人就提出，‘民惟邦本，本固邦宁’、‘天地之间，莫贵于人’，强调要利民、裕民、养民、惠民。今天，我们坚持以人为本，就是要坚持发展为了人民、发展依靠人民、发展成果由人民共享，关注人的价值、权益和自由，关注人的生活质量、发展潜能和幸福指数，最终是为了实现人的全面发展。”① 应该看到，在目前的中国发展过程中，“中国模式”是一种正在生成、正在积极探索与建构、尚未成熟的社会发展模式。其中贫富两极分化、东西部差距、城乡差距依然存在，坚持以人为本，倡导全面、协调、可持续的发展战略，让中国改革开放的成果能够惠及全体中国人民，从“以物为本”的发展转型到“以人为本”，继续“解放思想”，拓展一条中国特色的社会主义发展道路，是解决中国问题的唯一路径。

复次，推行渐进改革与正确处理稳定、改革和发展三者的关系。在坚持稳定的前提下，大力推动改革开放和经济发展，实现了中国近代史上从未有过的连续近30年的长时期、大跨度的发展，为中国走向一个真正的世界强国奠定了良好的基础。推动经济结构的战略性调整、走新型工业化

① 胡锦涛：《在美国耶鲁大学的演讲》，《人民日报》2006年4月23日第1版。

道路，总之，新型工业化道路就是要充分运用最新科学技术和依靠科技进步的工业化，是走可持续发展道路的工业化，是能够发挥我国人力资源优势的工业化。同时，高度重视农业问题，“解决好三农问题作为全党工作的重中之重，实行工业反哺农业、城市支援农村，推进社会主义新农村建设、促进城镇化健康发展”①。在发展步骤上，拒绝“休克疗法”，推行渐进改革。这种做法比较接近英国历史上的经验主义传统，英国人相信一个民族约定俗成的文化习俗和文化判断的相对稳定性，提倡埃德蒙·伯克所说的“有保留的改革”，并坚持一个国家的政治体制如果要有生命力，就应该主要从自己的传统中逐渐衍生而来，而不是通过追求某种纯而又纯的理想模式而来。并且通过确立比较正确的优先顺序，中国改革开放大致展现了一个清晰的格局：改革的顺序是先易后难；先农村改革，后城市改革；先沿海后内地；先经济改革为主，后政治改革。这种做法的好处是，第一阶段的改革为第二阶段的改革创造了条件。改革不求一步到位，但求持续渐进、分轻重缓急，最后通过逐步积累而完成。实践证明这是一条务实有效的成功之路，对中国的政治改革也有启迪。

最后，坚持构建“和谐社会”与“和谐世界”。“软实力”本身在西方被提出来的本意，就含有在世界建立“霸权”地位的意味。当这一术语被翻译引介到国内学术界的时候，就已经被“中国化”了，被赋予了一种“和谐”的维度。西方一些学者提出“中国威胁论”的本质，其实是不理解中国发展的“和谐世界”这一“内核”。国内曾有学者提出，“天下观念”系统地论证了一种“天下为公”的世界理论②。天下为公，则意味着全球在差异中寻求共识，在和谐中谋求发展，即“和谐世界”的基本准则。在西方社会，特别是以资本为核心的全球化过程中，“西方中心论”明显从自我本位思维出发，必然生发出一种蔑视“他者”的对抗意识，这样的思维模式又会导致世界二分，激起一些人为的战争。同时，西方社会的发展又以一种“适者生存”的丛林法则为基础，这明显与中国“天下为公”所暗含的人与自然、人与人、身心以及民族国家之间的和谐道德思维相区别开来。“和谐社会”与“和谐世界”不是一种乌

① 中共中央文献研究室编：《十六大以来重要文献选编》，中央文献出版社2006年版，第1064页。

② 赵汀阳：《天下体系：世界制度哲学导论》，江苏教育出版社2005年版，第4页。

托邦的理想追求，也不是对现实社会和现实世界的特征描述，更不是中国对其他国际行为体提出的道德和行为标准，而是中国发展战略在新的历史阶段上的目标定位，是中国作为一个负责任的大国，对自己的国际行为提出的价值取向。因此，从理论、文化、战略上阐明“和谐”核心概念的内涵，对于推进中国特色社会主义的实践与提升中国国家软实力具有重大的、深远的意义。

建构中国软实力，已经被提到了国家战略的高度。而作为其核心要素的中国发展模式，六十年来虽然取得了伟大成就，但依旧处于一种待生成、待发展的探索阶段。所以，“中国发展模式”必须在谋求健康、稳定、有序的发展的过程中，不断推进这一模式的创新。立足本国国情，追求中华民族的伟大复兴，并自觉协调国家利益与人类共同利益、民族要求与全人类文明之间的复杂关系，参与全球化，推动中国现代化建设的进程，在展现“中国发展模式”的快速发展中，提升中国国家软实力。

（孙　亮）

第四章

民俗"实力化"的现代思想

20世纪初，许多国家进入了现代国家民族化的进程，世界发生了多极化的互动，各种连锁反应此起彼伏，其中一个重要的变化是，统治者与被统治者的话语权位置发生了逆转，并产生了以国别民俗成果较量各国文化实力的理论假设；人们还通过搜集、出版或翻译异邦民俗的途径，获得了多元文化间互相阅读和欣赏的新经验，产生了比较研究的新倾向，研究民俗的国际思潮兴起。在各国进步学者的参与下，对国别民俗的存量评估和学术研究的理论储备，成为衡量国家民族进步的一种现代尺度，民俗本身也成为了国家民族的光荣历史和现代形象的共同标志。在这一过程中，民俗的"实力化"思想，从无到有，逐渐步入了专业化建设和社会主义文化元素构建的轨道，国别文化的叙事能力也得到提升。尽管后来还有种种曲折，以往学术界对此也较少讨论，但这一开端的作用是至关重要的，值得研究。

我国的"五四"运动正是在这一过程中发生的。它要寻找改革封建正统文化和正统文学的共同"替身"，改变当时中国社会的内外窘境，民俗正好充任了"替身"的角色。不少"五四"先驱都投入这项工作中，征集民俗，作文化解释，造成了前所未有的"民俗热"的声势，各种学术活动几与世界进程同步。但是，与国际同行相比，我国的这种开端的性质，还不等于民俗学的专业化，它还不具备西方和日本民俗学者那种自我专业认同的特点。它是国内多行精英一齐下手、共同造势的社会效应。这批精英来自文学、历史学、语言学、考古学和外国文学等多个学门，为文化反思和新建设而聚集，其中大多数人始终也没有改行成为民俗学者，唯兼业而已。以往学界也主要讨论他们的兼业治绩，同时视之为"杂学"，或者是缺乏民俗学的正规训练，但这种说法并不全面，也不够准确。

在中国这样一个封建社会历史悠久的文学大国和文化大国中，正统文化和正统文学长期居于统治地位，已形成了滋养和衡量国民精神与行为的传统规范。在20世纪初，民俗这一非正统的、被统治的文化，在各国政治、经济和叙事策略的现代转型中，突然纷纷崛起，乃国际时势使然。但仅有国际环境还不行，正是因为有了这种国际环境，国家民族间的现代文化传输与知识互补的新需求也随之产生，这时民俗被选择为载体，更需要加强构建，还要产生有存量规模、有对外叙事能力、有语言翻译和跨文化沟通条件的国别代表作，才能形成相互阅读和借鉴的经验。对任何国家包括中国的学者来说，这种民俗工作的结果，都是内部民俗的高等增值，也是对国别文化的升级传播。它与以往国家内部的雅俗文化之争不可同日而语。它是现代新思想的产物，能驱动现代学术精英参与，并运用自己的古今中外知识，去壮大民俗的对外影响。

本文重点讨论三位学者：周作人、安德鲁·朗（Andrew Lang）和钟敬文。他们在20世纪初的民俗实力化进程中有密切的联系，其深刻影响也促成了后来的民俗学专业化。在中国现代学术史上，正是通过他们和其他精英学者的努力，才让世界不仅从书面典籍上了解了中国，也从民俗本身了解了中国，转变了对中国历史文明延续能力的偏见，认识到中国整体文化的丰富蕴藏与伟大价值。

一　建立多元文化间互相阅读和欣赏的新经验

我国20世纪初参与民俗活动的“五四”精英，与以往采集民俗的历代文人，有三点不同：一是接受了20世纪初最先进的人文学说，追求现代国家民族新思想；二是在世界视野内，在中国与西方和日本发达国家之间，进行新旧文化比较，对本国封建正统文化持扬弃态度；三是借鉴西方人类学和民俗学理论，改造国学，对本国民俗进行搜集和阐释。总之，他们是从对中国封建社会文化整体改革的角度，而不是单纯从对某类文体、某阶层观念或某种不良社会现象作局部改革的角度，颠覆传统，建设国别民俗。这些都是此前的历代文人做不到的。

周作人是懂英语和用英语的学者，学问领域广泛，古今中外靡不涉猎，在外文翻译、国学传统、日本文学、欧洲文学、人类学和民俗学等诸多领域，都有超人的才气。他又有接近民俗的性格和气质，这使他成为最早介入中国民俗实力化过程的代表人物。安德鲁·朗，英国治文史哲、人类学和民俗学的全才，19世纪末20世纪初英国著名人类学家和民俗学家，享誉世界的童话学家。1906年，周作人在日本留学时接触到安德鲁·朗的书①，从此对其人的追随一发而不可收。两人的相遇是心灵的神遇，不是实际发生的历史事件，周作人从未去过英国，安德鲁·朗也从未到过中国，但他们却是“一见如故”的思想者。早在北京大学歌谣研究会成立前的12年，周作人已把安德鲁·朗介绍到中国。中国学者和作家纷纷欣赏和引用安德鲁·朗的论著。周作人通过介绍安德鲁·朗的个人实践和社会影响，在国内建立了中西阅读和吸收的经验。

（一）杂学博览的深处是整体改革

周作人与安德鲁·朗都是“杂家”，在多面手、高产、文采斐然和发现民俗的创造性上，十分相似。在同时代的学者中，他们还都拥有多项学术文化成就与社会影响力，这使他们的学说容易被普遍接受。不同的是，周作人比安德鲁·朗后起，更靠近国家民族现代化的转型期，也更贴近现代学术文化的建设。此外，周作人虽然追随安德鲁·朗，但他的起点和终点还都是中国问题，这是两人的区别所在。

周作人年轻时便以杂家自嘲，曾经专门写了《国粹与欧化》一文申明观点，说自己借鉴外来先进学说而不模仿，吸收传统国学而不做奴隶：

> 在《学衡》上的一篇文章里，梅光迪说，“实则模仿西人与模仿古人，其所模仿者不同，其为奴隶则一也。况彼模仿西人，仅得糟粕，国人之模仿古人者，时多得其神髓乎”。……梅君以为模仿都是奴隶，但模仿而能得其神髓，也是可取的。我的意见则以为模仿都是奴隶，但影响却是可以的；国粹只是趣味的遗传，无所用其模仿，欧

① 1906年，周作人在东京收到了鲁迅订购的一包书，里面有《英国文学中的古典神话》和《英国文学史》（四卷）。其中，《英国文学中的古典神话》一书，不仅对英国神话介绍得相当详细，而且还涉猎了希腊神话。正是在这部书中，他第一次接触到安德鲁·朗的名字。他接着买了安德鲁·朗的《习俗与神话》和《神话、仪式与宗教》，以后又相继阅读了弗克思（W. S. Fox）、罗斯（H. J. Rose）和哈里森（Jane Harrison）的原著，结果他发现，他更容易接受安德鲁·朗的思想。他开始把安德鲁·朗的著作《世界之欲》译成中文，名为《红星佚史》。

化是一种外缘，可以尽量地容受他的影响，当然不以模仿了事。①

我们能看出，他的所谓“杂学”，是有叛逆封建正统思想内核的、有跨文化兼容原则的、有弃旧图新目标的自觉选择，但要做这种学者，需要博通古今中外的学问底气，更需要勇气。这时距他“尽量地容受”安德鲁·朗已有17年，他心志已决。下面的文字，表明他对梅光迪所指的“模仿古人者，时多得其神髓”的观点已思考得很通透，他认为这种中外先进思想的互相渗透是必要的。

> 我们反对模仿古人，同时也就反对模仿西人；所反对的是一切的模仿，并不是中外古今的区别与成见。模仿杜少陵或太戈尔，模仿苏东坡或胡适之，都不是我们所赞成的，但是受他们的影响是可以的，也是有益的。这便是我对于欧化问题的态度。我们欢迎欧化是喜得有一种新空气，可以供我们享用，造成新的活力，并不是注射到血管里去，就代替血液之用。向来有一种乡愿的调合说，主张中学为体西学为用，或者有人要疑我的反对模仿欢迎影响说和他有点相似，但其间有这一个差异：他们有一种国粹优胜的偏见，我却以遗传的国民性为素地，尽他本质上的可能的量去承受各方面的影响，使其融和沁透，合为一体，连续变化下去，造成一个永久而常新的国民性，正如人的遗传之逐代增入异分子而不失其根本的性格。②

在这场与学衡派的论争中，周作人提出要作中外古今文化的打通思考。他把杜甫和泰戈尔、苏轼和胡适都放到20世纪初时空交叉点的变迁中看，要求以“内服外用”的双视角，去呼吸欧洲学说的“新空气”，给中国文化“造成新的活力”达到“合为一体，连续变化下去，造成一个永久而常新的国民性”的目标，这正是一种现代国家民族进程中的新思想，过去我们对此注意太少，但到20世纪末，这个问题又回来了。它不可能没有对立面，也不可能没有新载体就自生自长，周作人正是在这个环

① 周作人：《国粹与欧化》，载《自己的园地》，北京晨报社1923年版，岳麓书社1987年重印本，第11页。

② 同上书，第12—13页。

节上，提到了民俗，其中有两篇文章很有名，即《平民的文学》和《贵族的与平民的》。他并不赞成“平民的最好，贵族的是全坏的”①，他从不简单地夸奖民俗，而是立足封建文化改革的整体观。数年后，他撰文纪念北大歌谣学会的挚友刘半农说：“有人或者嫌他杂，我觉得这正是好处，方面广，理解多，于处世和治学都有用，不过在思想统一的时代自然有点不合适。”②

关于杂学的构成，他自我描述说：“我的新旧教育都不全，我所有的除国文和三四种外国文的粗浅知识以外，只有一点‘生物学的知识’”，此外还有蔼理斯的心理学和弗雷泽的社会人类学，它们“尽够妨碍我做某一家的忠实的信徒”。③ 在周作人的概念中，“杂学”其实是一种现代思想新学，是与封建正统较劲的一种学说。他批判地对待新旧教育，大胆地吸收外来学说，向往着现代国家民族的强盛。周作人有深厚的杂学“底气”。他正是在这种“底气”之上，使用他的“非正宗的别择法”，构筑中国民俗的实力化成分，对此，他详细地解释说：

> 这个非正宗的别择法一直维持下来，成为我搜书看书的准则。这大要有八类：一是关于《诗经》、《论语》之类；二是小学书，即《说文》、《尔雅》、《方言》之类；三是文化史料类，非志书的地志，特别是关于岁时风土物产者，如《梦忆》、《清嘉录》，又关于乱事如《思痛录》，关于倡优如《板桥杂记》等；四是年谱日记游记家训尺牍类，最著名的如《颜氏家训》、《入蜀记》等；五是博物书类，即《农书》《本草》、《诗疏》、《尔雅》，各本亦与此有关系；六是笔记类，范围甚广，子部杂家大部分在内；七是佛经之一部，特别是旧译《譬喻》、《因缘》、《本生》各经，大小乘戒律，代表的语录；八是乡贤著作。我以前常说看闲书代纸烟，这是一句半真半假的话。我说闲书，是对于旧式各式的八股文而言，世间尊重八股文是正经文章，

① 周作人：《国粹与欧化》，载《自己的园地》，北京晨报社 1923 年版，岳麓书社 1987 年重印本，第 14、16 页。

② 周作人：《半农纪念》，载《苦茶随笔》，北新书局 1936 年版，岳麓书社 1987 年重印本，第 99 页。

③ 周作人：《重刊袁中郎集》，载《苦茶随笔》，北新书局 1936 年版，岳麓书社 1987 年重印本，第 62 页。

那么我的这些当然是闲书罢了。我顺应世人这样客气的话，其实在我看来原都是很重要极严肃的东西。重复地说一句，我的读书是非正统的，因此常为世人所嫌憎，但是我自己相信其所以有意义处亦在于此。①

周作人终其一生都坚持杂学的益处，他还强调这是学者的责任，认为“中国的学人对于几方面的文化应该相当地注意，自然更应该有人去特别地研究。这是希腊、印度、亚剌伯与日本”，“希望中国学术界慢慢地来着手”②。从民俗学的角度说，这种批评理性、跨文化、多学科、坚持的态度和博学的特点，正是民俗实力化的过程要素，借用周作人的话说：“我自己相信其所以有意义处亦在于此。”

（二）反思童年是提升民俗价值的杠杆

一般认为，周作人是“儿童文学”概念的引进者，这方面的研究也较多，从民俗实力化的角度看，还要强调他对童年文化的建设。童年史是民俗建设的动力。拥有童话的童年，是周作人与安德鲁·朗的共同特点。周作人出生在一个多子女的家庭，保姆会讲故事，祖父允许孩子们看闲书，这给了他享受童话的氛围。成年后，他到南京和北京读书，又到日本留学，通过旅行，对比不同地域的文化，很容易在差异中从童话里发现美丽的民俗。安德鲁·朗兄弟姐妹八人，奶妈每天晚上给他们讲苏格兰的传说和民间故事，这奠定了他从事人类学和民俗学的基础。安德鲁·朗成年以后，走遍了苏格兰各地，在高原、森林和湖泊中体验童年的童话印象，领悟到民俗是人类记忆自然和历史的现实符号。周作人之接受安德鲁·朗和热衷民俗，在童年史方面，有相当的基础，但这要等他学问成熟后，通过文化反思来完成。因此，我们讨论童年文化，主要不是观察童年经历，而是观察他把童年民俗价值化的过程。

民俗是一种人生价值文化，在这种文化中，日常经历、社会关系、年

① 周作人：《我的杂学》，原载《华北新报》1944 年 5 月至 9 月，载《周作人民俗学论集》，上海文艺出版社 1999 年版，第 5—6 页。

② 周作人：《北大的支路》，载《苦竹杂记》，良友图书公司 1936 年版，岳麓书社 1987 年重印本，第 212—213 页。参见周作人《我的杂学》，原载《华北新报》1944 年 5 月至 9 月，载《周作人民俗学论集》，上海文艺出版社 1999 年版，《代序》第 1—2 页。

节庆典和宗教仪式等，都是人类世代传承的社会教育，它与现代学校教育并行不悖，却更为亲近自然、顺乎人性，符合人伦秩序，适应地方社会传统，能够嵌入文化空间的约束，潜移默化地塑造人的情感倾向和价值观。周作人对民俗价值的觉悟，得益于安德鲁·朗的童话观。有一次，他意外地看到《天方夜谭》的英文本，产生了这方面的兴趣。但安德鲁·朗让周作人确信，在童话、神话和民俗之间，因为原初的创造性思维和叙述方式的相同而存在着天然联系。安德鲁·朗在他的著作中这样写道：

> 它们的历史均可追溯到原始初民的幻想时代，就好像我们现代依然存在着落后民族的思维方式，或者人类的昨天一样。①

周作人承认，他受到了安德鲁·朗的童话观的启发，重视童年文化。但安德鲁·朗使用人类学的方法，在童年文化的建设上，比较注重通过人类的童年心理描写，再构建成人的童年体验表述。周作人则略有不同。他根据中国国学的实际，发展出了民俗学的方法，在安德鲁·朗的童年文化描述框架上，注入了童年文化对人生与社会的整体文化选择的价值化作用。兹以童年阅读为例，观察他的观点和方法：

> 关于道德思想将来再说，现在只说读书，即是看了纸上的文字懂得所表现的意思，这种本领是怎么学来的呢。简单说，这是从小说看来的。大概在十三岁至十五岁，读了不少的小说，好的坏的都有，这样便学会了看书。由《镜花缘》、《儒林外史》、《西游记》、《水浒传》等渐至《三国演义》，转到《聊斋志异》，这是从白话转入文言的径路。教我懂文言，并略知文言的趣味者，实在是这《聊斋》，并非什么经书或是《古文析义》之流。《聊斋志异》之后，自然是那些《夜读随录》、《淞隐漫录》等的“假聊斋”，一变而转入《阅微草堂笔记》，这样，旧派文言小说的两派都已经入门，便自然而然地跑到“唐代丛书”里边去了。
>
> ……

① Andrew Lang, Introduction to Marian Roalfe Cox, ed., *Cinderella*, London: The Folklore Society, 1893, p. xiv.

> 小时候看见过的书，虽本是偶然的事，往往留下很深的印象，发生很大的影响……说是幼年的书全有如此力量吗，也并不见得，可知这里也是有别择的。《聊斋》与《阅微草堂笔记》是引导我读古文的书，可是后来对于前者我不喜欢他的词章，对于后者讨嫌它的义理，大有得鱼忘筌之意。①

周作人的反思观点是有相当的学术批评精神的，他在方法上的特点是使用童年关系、童年阅读、童年游戏和童年记忆的资料，恢复中国文化中的另一种文化形态——不经意留传的文化，指出它的特点是“本是偶然的事，往往留下很深的印象，发生很大的影响”，这正是人人都会经历的童年文化的核心价值。在20世纪初的历史条件下，他对这种人类群体文化的价值予以充分肯定，将之与上层儒学礼教道德思想的刻意而为的人为文化相比较，摒弃礼教文化，指出童年文化代表了人性文化的方向，这正是他在透视中国文化遗产的多样性后，对童年价值文化的一种新构建。

周作人还由此注意到儿歌②，并努力开掘中国的儿童文学资源，这是他的又一贡献。他认识到，童话和民俗都有一个口头传统，都有一个广阔的远古空间。童话除了它与生俱来的人生文化价值，本身也是民俗的“遗留物”，在童话和民俗之间可以进行文化性的转化，塑造封建社会用以临水自照的一面清新世界的镜子。具体有两点：

第一，儿童文学与世界影响。安德鲁·朗曾利用手边的大量民间文学资料，创作了《十二色童话集》，专供儿童阅读欣赏③，书中收录了安徒生、格林兄弟等人的著名童话，如《魔镜》、《七个小矮人》、《五月花公主》、《美女与野兽》、《森林王子》、《阿拉丁神灯》、《铁手杖》等，全套十二册，出版后大受欢迎，产生了广泛的世界影响。周作人起而从之，也

---

① 周作人：《我的杂学》，原载《华北新报》1944年5月至9月，载《周作人民俗学论集》，上海文艺出版社1999年版，第4—5页。

② 周启明：《一点回忆》，《民间文学》1962年第6期。

③ 安德鲁·朗的十二色童话书包括《蓝色童话书》、《红色童话书》、《绿色童话书》、《黄色童话书》、《紫色童话书》、《灰色童话书》、《紫罗兰色童话书》、《深红色童话书》、《褐色童话书》等等。这套书已由中国发展出版社2003年出版，命名为“安德鲁·朗童话系列”。

动手创作起《儿歌》来①，但他终究不是文学家，能够效仿安德鲁·朗编写煌煌童话；他是用译介的方式，介绍安德鲁·朗的童话创作对他的多方面影响，包括这种欧化的新思想和新方法：

> 去年买到英国新出的《安特路阑的动物故事》，系选自阑氏两本故事集中，共五十二篇，小引云："编这册书的时候，将全部动物故事凡百十一篇都交给一个十岁的小姑娘，请她读过之后每篇给一个分数，表示她喜欢的程度，总数算是十分，凡是她所打分数在七分半以上者才选录在这里边。"这个办法我觉得顶好。②
>
> 我只想检查一下，小时候读了好些的圣经贤传，也看了好些猫狗说话的书，可是现在想起来，一样的于我没有影响。……以我自己的经验来说，圣贤讲话从头就听不进去，对于猫狗讲话当时很是爱听，但是年纪稍大有了一点生物学知识，自然就不再相信。后来年纪更大，得到一点人类学知识，关于猫狗说话的童话却又感兴趣以来了。……我想我们如为儿童的福利计，则童话仍应该积极的提倡也。研究，编写，应用，都应该有许多的人。③

在上文中，最重要的观点，是周作人谈到的安德鲁·朗的人类学理论，这让他明白儿童作品是一种人类遗产，也是人类共有的民俗。周作人在国内推介儿童文学的做法是，把现代人的思维与古人的思维连接起来，引导现代人认识那些在现代理性看来不可思议的娱兴故事，"在古代原始社会里却有重大的意义"。他也把中国童话与世界其他国家的童话比较，指出，与中国童话相似，"在英国的民间叙事歌中间，也有许多谜语和抗答歌（Fly-things）"④。此外，他还介绍了意大利的威大利（Baron Guido

---

① 周作人：《儿歌》，载《过去的生命》，北新书局 1929 年版，岳麓书社 1987 年据 1930 年第二版重印本，第 19、35、37—38、47—50 页。此书还收录周作人儿歌作品数首。

② 周作人：《〈儿童故事〉序》，载《苦茶随笔》，北新书局 1936 年版，岳麓书社 1987 年重印本，第 80 页。

③ 周作人：《〈儿童故事〉序》，载《苦茶随笔》，北新书局 1936 年版，岳麓书社 1987 年重印本，第 79 页。引文中所说"安特路阑"或"阑氏"，是作者当时的音译，指本文所讨论的安德鲁·朗。

④ 周作人：《谜语》，载《自己的园地》，北京晨报社 1923 年版，岳麓书社 1987 年重印本，第 40 页。

Vitale）搜集的北京儿歌[①]，美国的何德兰德所编《孺子歌图》[②]，德国的格林童话[③]，法国法布耳的《昆虫记》[④]，法国贝洛尔的《鹅母亲的故事》[⑤]，日本学者高岛平三郎、竹久梦二的《歌咏儿童的文学》和小林一茶的《俺的春天》等。他对中国学者穆木天翻译的王尔德童话[⑥]和郑振铎、李长之、翟显亭等有关儿童文学著作，均给予了高度评价。

周作人的儿童作品的范围，包括儿歌、童谣、童话、带有变形情节的神话，有时也包括为“老妪小儿”所钟爱的叙事性谜语和民间叙事歌，这种范围的界定十分宽泛，但也为他赢得了儿童文学创作和发行的社会规模。他强调儿童文学的影响，远不止儿童，还有全社会，乃至世界各国人民。他这种着眼多元文化影响的讨论，均属发他人之所未发，在当时产生了很大的号召力。

第二，童年文化与人文研究的理论奠基。安德鲁·朗让周作人把从幼年产生的改变儿童读物的志向，从理论上发酵，后来借助歌谣学运动，开辟成新学问，奠定了中国人文研究的一块科学基石。他曾在谈到李长之时说，李给自己“留下印象最深的一点是他对儿童文学的关切”，他转而跟西方比较，说：“据人家传闻，西洋在十六世纪发现了人，十八世纪发现了妇女，十九世纪发现了儿童，于是人类的自觉逐渐有了眉目，我听了真不胜歆羡之至。中国现在已到了那个阶段，我不能确说，但至少儿童总尚未发现，而且也未从西洋学了过来。”他又跟日本比较，说：“在日本这情形便很不相同，学者文人都来给儿童写作或编述。”他感到这件事需要由学术精英来做，而且要当作人学、人文研究来做，认为“要了解儿童问题，同时对于人和妇女也非有了解不可，这须得先有学问的根据，随后思想才能正确”。[⑦] 可以说，周作人发现了儿童，就发现了现代国家民族建设的一种人文要素。他还从童年文化中，获得了对中外多元文化的认同

---

① 周作人：《王尔德童话》，载《自己的园地》，北京晨报社 1923 年版，岳麓书社 1987 年重印本，第 64 页。“威大利”，又译成“韦大列”。

② 周作人：《歌咏儿童的文学》、《俺的春天》，同上书，第 95、99—102 页。

③ 周作人：《王尔德童话》，同上书，第 64 页。

④ 周作人：《法布尔的〈昆虫记〉》，同上书，第 80—82 页。

⑤ 周作人：《王尔德童话》，同上书，第 65 页。

⑥ 同上，第 64—67 页。

⑦ 周作人：《〈长之文学论文集〉跋》，载《苦茶随笔》，北新书局 1936 年版，岳麓书社 1987 年重印本，第 68—71 页。

性，获得了对国家民族内部上、下层文化冲突与渗透关系的整体认识。在此基础上，他获得了对民俗研究深刻性的认识。

第三，用童话文化评估现代国家民族的民俗藏量。周作人发动搜集口头歌谣，也重新搜集和介绍从前不大关注的中国历史文献中的童年民俗描述，有些史料还相当重要，至今被国内民俗学者所反复使用，如吕坤《演小儿语》、范寅《越谚》、郑旭旦《天籁集》、杜文澜编辑《古谣谚》和舒白香《游山日记》等①。通过大批童年文化资料的搜集、编辑和出版，传统民俗被重新构建，并达到了有规模、可评估的现代藏量。中国童话和外来童话则通过翻译和对照，阅读了别人，也了解了自己，并开始建立相互阅读和启发的经验。

二 对国别民俗进行现代比较研究的理论储备

周作人接受安德鲁·朗的影响和关心其他西方学者与日本学者的现代学说，本身就是一个理论储备的过程。他的探索、实践和号召力，对当时国内开展民俗研究起到引领作用。在各项现代研究的起步阶段，国别民俗的比较研究，是现代思想与传统观念的分野。国家民族内部的民俗要经过跨文化的比较和交流，才能提升自我叙事能力，建立新的生长点和价值系统。在这方面，周作人同样是开拓者。他运用自己的古今中外知识，投身东西方民俗的搜集和比较研究中，乃至与世界对话。在他的带动下，一批同时代学者积极参与民俗活动，拓展本国民俗的现代内涵，壮大了民俗的文化实力。

（一）小学的视角与国学传统

周作人起初并不仅仅迷恋安德鲁·朗，他也注意小学，关心传统国学的命运，并与社会改造联系起来。1906 年，就在他最初读到安德鲁·朗的著作时，他同时也见到了章太炎，并主动去听章太炎在日本讲授《说文解

① 周作人：《洗斋病草学》，载《苦茶随笔》，北新书局 1936 年版，岳麓书社 1987 年重印本，第21—24 页。周作人《儿时的回忆》，载《苦竹杂记》，良友图书公司1936 年版，岳麓书社 1987 年重印本，第 86—88 页。

字》的课程。这种双向观察，使他始终用安德鲁·朗做比较，而落脚于自己国家民族的现代进程。这种经历，还使他注意比较西学和传统国学，从小学的视角，思考民俗被国学经典记载也被西方人类学重视的超文化性。对此，他称为“边沿的一部分”①。在这方面，周作人的贡献有两点。

第一，通过小学视角，建立了国学与比较的民俗词语的“接触点”。他在听课四年后回忆说：

> （我）曾在东京《民报》社从太炎先生听讲《说文解字》，那时我的志愿只是想懂点“小学”罢了，而且兴趣也在形体训诂一方面。……因此我与文字之学不是全无情分的，不过我的兴味盖多在其与民俗学接触的边沿一部分，与纯正的文字学故不甚相近也。日本《言语志丛刊》的发刊趣旨中云，在言语的发达与变迁里反映出民族的生活，我所喜欢的就只是这一点。②

他后来在《知堂回想录》中又提及此事，说章太炎先生“一个字一个字的讲上去，有的沿用旧说，有的发挥新义，干燥的材料却运用说来很有趣味”。时章太炎因宣传革命、发表反清言论遭到迫害，后经同盟会营救到达日本，周作人前往听讲，他还与钱玄同、朱希祖合作记录了章太炎的全部讲稿③，他肯定是满怀革命敬意的。有了这个学习经历，他发现自己更倾向于借助小学的方法，愿意通过寻找民俗词语的社会历史变迁透镜，在国学与民俗学结合的比较研究中，认识“民族的生活”。他坦率地承认：“我最爱丛刊中柳田国男氏的《蜗牛考》。”④ 我们知道，后来柳田这部书受到很多批评，但从周作人当时的情况看，他之“最爱”柳田的主要原因是，柳田国男使用的比较民俗词语方法暗合他自己的思路。

---

① 周作人：《〈古音系研究〉序》，载《苦茶随笔》，北新书局1936年版，岳麓书社1987年重印本，第83页。

② 同上书，第82—83页。

③ 关于周作人从章太炎学小学和记录章太炎的讲稿之事，参见王宁《国学传播与社会改造：章太炎讲〈说文解字〉》，载《书品》2009年第1辑，中华书局2009年版，第4—12页。该讲稿已于近期出版，详见章太炎《章太炎说文解字授课笔记》，钱玄同、朱希祖、周作人记述，中华书局2008年版。

④ 周作人：《〈古音系研究〉序》，载《苦茶随笔》，北新书局1936年版，岳麓书社1987年重印本，第83页。

第二，小学启发现代学者重视语言学。周作人对新学说的敏感、接受能力和变革兴趣都很突出。他学小学，除了增加国学素养，还能把自己对比较民俗方法论的看法放进去，加入新的思想发明，主要是对社会语言学和语义学的重视。他对《蜗牛考》的研究方法的结论是："不过要弄这一类学问也是很不容易，不但是对于民俗的兴趣，还要有言语学的知识，这才能够求其转变流衍，从里边去看出国民生活的反映"，他希望中国学者产生自己的理论，"则于文字学、民俗学二者同受其惠施矣"。[①]

（二）文化翻译与中外民俗比较

在获得了多元文化阅读和多元方法比较的经验后，还要产生以国别民俗成果较量各国文化实力的理论假设，产生了比较研究的新倾向，才能为研究民俗打下基础。周作人的英文其实不够好，但有强势的中文背景和国学修养，这使他对安德鲁·朗的翻译不是以对象国的语言翻译为主，而是以接受国所需求的文化翻译为主。对此，我的看法是，由于缺乏外文的文化背景和实际交流机会，翻译误读是难免的，但文化翻译是普遍事实，即便精通外语，也必然存在一定程度的差异，而这也是外来理论成为接受国的直接思想来源的一种途径。安德鲁·朗的成名也有文化翻译的背景，他的轰动一时的《中国歌谣》就没有多少中国文献依据，而他的误读又恰恰成为了他的创造性写作的副产品。[②] 我们对周作人的考察，也应该主要集中于他的文化翻译及其对民俗实力化的影响。

安德鲁·朗对英语文化翻译和中西民俗比较，把文学与民俗学结合的理论与方法，及其丰厚的著作，鼓舞了周作人的多样治学兴趣，为他送来了精神食粮。周作人对安德鲁·朗的翻译和中西比较阐述，主要有两方面：

首先，是文学文化翻译成果，主要有三点：1）站在创新而保守的立场，用好奇而批评的眼光，通过文学与民俗关联的史料，解释古老民俗与现代国家民族文化的统一性，倡建一个新思想的空间：民间文学；2）将文学和语言文字学（小学）结合，使不同社会、不同历史时期和不同地域的历史资料得到连续注释，建立一个文学化的学术空间：民俗学；

---

① 周作人：《〈古音系研究〉序》，载《苦茶随笔》，北新书局 1936 年版，岳麓书社 1987 年重印本，第 83—84 页。

② 董晓萍：《现代民间文艺学讲演录》，广西师范大学出版社 2008 年版，第 92—111 页。

3）在语言翻译中增加个人评论，用神话构架思维建立编述体，表达革命性观念，既能产生巨大影响，又有安全感。

其次，是以民俗阐释改变人文研究的导向，主要有四点：1）不是从自然科学角度解释社会，而是从文学的视角解剖社会，这与晚清思潮有所不同，周作人因此特别赞赏公安派“对正统文学的打击”[①]，鼓吹冯梦龙对《笑府》的编刊与“道学和八股”相对，“跟了新文学新思想的运动”，“在俗文学与民俗学的研究上是极有价值的”[②]；2）不用正史解释神话，而是用野史解释神话，增加了解释思想的叛逆性，也扩大了解释的范围，周作人曾感叹说，使用了这方面的人类学知识，“才有去鉴赏文学上的神话的资格”[③]；3）不用散文而用歌谣韵文，鼓励非主流的情感文本登上现代学坛，周作人接受蔼理斯的观点，也欣赏拉伯雷和左拉，把发展猥亵歌谣研究作为反封建道学之举[④]；4）不用成人作品，而用儿童文学，承认好奇、怪诞的价值和对创新的启发，周作人概括说，在这个问题上，正是安德鲁·朗“以人类学法解释，才能豁然贯通，为现代民俗学家所采用”[⑤]。

日语文化翻译和中日民俗比较。周作人不仅接受西方人类学和民俗学，也受到日本文学和民俗学的影响。他擅长日文，最早把柳田国男的民俗学著作《民间传承论》和故事、俗曲研究成果介绍到中国，发展了中国的民俗和俗曲搜集研究。他还发现了日本儿童文学与安德鲁·朗的童话的差别，日本儿童文学写家庭内部的亲子之情，安德鲁·朗的童话则写其他国家的儿童浪漫故事，在这点上，周作人从内心上接受日本的儿童文学观，再用肯定安德鲁·朗的观点表述出来[⑥]，比如他说：“我们对儿童文

① 周作人：《重刊〈袁中郎集〉序》，载《苦茶随笔》，北新书局1936年版，岳麓书社1987年重印本，第57页。

② 周作人：《墨憨斋编〈山歌〉跋》，载《苦茶随笔》，北新书局1936年版，岳麓书社1987年重印本，第75、77页。

③ 周作人：《神话与传说》，载《自己的园地》，北京晨报社1923年版，岳麓书社1987年重印本，第33页。

④ 周作人：《猥亵论》、《文艺与道德》，载《苦茶随笔》，北新书局1936年版，岳麓书社1987年重印本，第83—94页。

⑤ 周作人：《神话与传说》，载《苦茶随笔》，北新书局1936年版，岳麓书社1987年重印本，第32页。

⑥ 周作人：《儿时的回忆》，载《苦竹杂记》，良友图书公司1936年版，岳麓书社1987年重印本，第89页。

学的有些兴趣，这问题差不多可以说是从人类学延续下来的。”[①] 柳田国男强调对民俗进行科学研究的重要性，也强调必须严肃地、客观地搜集整理民间文学素材，这与安德鲁·朗是一致的，周作人十分赞同，但柳田国男过分强调本土意识，并由此热情地投身于民间文学搜集和民俗学运动，周作人却没有这种学术冲动。他还是坚守他的文学情趣与现代民俗思想追求，他说：“对于现今的中国，因了多年的专制与科举的重压，人心里充满着丑恶与恐怖而日就萎靡，这种一阵清风似的禊除力是不可少，也是大有益的。”[②] 他的目标使他反对柳田国男式的内向的民俗，主张跨文化的民俗沟通，乃至与世界对话。他曾专门撰文写“世界主义者”盲诗人爱罗先珂，说他“怀着对人类的爱”，但这并不妨碍“他的乡愁却又是特别的深”。[③]

“五四”时期，周作人担任北京大学“新潮社”的主任编辑，《新青年》编辑和《语丝》主编，参与发起北京大学歌谣研究会，出任《歌谣》周刊的负责人。在这些重要社团和杂志中，他发表了很多民俗意见，在学术圈内展开了不少争论。他个人的著述也大都涉及民俗，包括上面提到的学术文集《知堂文集》和回忆录《知堂回想录》，散文集《自己的园地》、《雨天的书》、《泽泻集》、《夜读抄》、《苦茶随笔》、《苦口甘口》和《过去的工作》与诗集《过去的生命》等。他的中外民俗比较言论还见于他的文学评论集《艺术与生活》与文学史《中国新文学的源流》和《欧洲文学史》等。在这些方面，他都是公认的主将。

周作人的时代和他本人的因素，都将他推到一个社会思想改革者的位置上。中年以后，他总结接受安德鲁·朗的学术历程说：“到东京又见西书易得，起手买一点来看，从这里得到了不少的益处。不过我所读的却不是英文学，只是借了这文字的媒介杂乱的读一些书……中国革命运动正在发达，我们也受了民族思想的影响，对于所谓被损害与侮辱的国民的文学更比强国的表示尊重与亲近。这里边，波兰、芬兰、匈牙利、新希腊等最是重要，俄国其时也正在反抗专制，虽非

① 周作人：《我的杂学》，原载《华北日报》1944 年 5 月至 9 月，载《周作人民俗学论集》，上海文艺出版社 1999 年版，“代序”第 17 页。

② 同上书，第 11 页。

③ 周作人：《爱罗先珂君》，载《泽泻集》，北新书局 1927 年版，岳麓书社 1987 年重印本，第 33、35 页。

弱小而亦被列入。"① 可以看出，他对安德鲁·朗和其他各国文化学说的公开追随态度，同时也是一种整合现代先进文化资源和比较、对话的社会姿态。

三　民俗实力化的思想构成

以下简要分析周作人民俗实力化思想的几个组成部分。

（一）以民俗学方法代替医学和自然科学、分析中国人的灵魂、疗救传统社会

鲁迅、郭沫若都曾弃医从文，认为文学比医学更适合解剖人类灵魂，能治疗社会病。周作人大概从安德鲁·朗的人类学著作中对习俗、初民思维、宗教、仪式的解释受到了启发，当然也有他自己的分析，最终放弃了用医学或生物学的方法解决中国社会问题的途径，找到了使用民俗学的另一条出路。他说："科学的医学从西洋传了进去，玄学的汉法医随即倒地，再也爬不起来，枪炮替代了弓箭大炮，拳术也只退到练习手眼的地位。"② "医疗或是生物的本能……总之是人类文化之一特色。"③ 但他不是一味赞成古老的民俗内容和行为方式，而是要选择一种封建正统思想以外的自由价值观取向，他更称赞的是民俗思维中的无意识之意识，这正是他所向往的，他相信："无论其内容与外形如何奇异，但在表现自己这一点上与现代人的著作并无什么距离。"④ 他要在儿童文学中建立这种自由价值观还有一种假设，因为在当时的中国社会中，这种儿童价值观并不存在；但囊括童话的民俗却是一种历史存在，绝不是虚无缥缈的东西，周作

---

① 周作人：《我的杂学》，原载《华北日报》1944 年 5 月至 9 月，载《周作人民俗学论集》，上海文艺出版社 1999 年版，"代序"第 9 页。

② 周作人：《〈现代散文选〉序》，载《苦茶随笔》，北新书局 1936 年版，岳麓书社 1987 年重印本，第 65 页。

③ 周作人：《我的杂学》，原载《华北日报》1944 年 5 月至 9 月，载《周作人民俗学论集》，上海文艺出版社 1999 年版，"代序"第 23 页。

④ 周作人：《神话与传说》，载《自己的园地》，北京晨报社 1923 年版，岳麓书社 1987 年重印本，第 33 页。

人就更热衷于解释它和抬举它了。①

（二）安德鲁·朗的学说早于西方“民俗学”的概念被介绍到中国，使安德鲁·朗本身成为一种比较的途径，提前左右了中国学者的现代学术取向

在笔者看来，中国20世纪初的民俗搜集活动与“五四”新文化运动相遇一处，有周作人这个人物出现的原因。而周作人要遇上安德鲁·朗，才能把自己的变革思想纳入国际化的大问题，并在现代国家民族进程中产生影响。

英国考古学者威廉·汤姆森（William John Thomson）于1846年首次提出“民俗学”的概念后，经过半个多世纪，直到1928年，广州中山大学创办《民俗》周刊，才正式使用这个概念，作为现代学术词语的“民俗学”才被中国学者所接受。当时还有其他英国民俗学理论被介绍到中国②，包括我国民俗学者接受了英国民俗学会副主席班恩（Charlotte S. Burne）《民俗学手册》，将其部分章节译成中文，于1931年在上海发表③，但在班恩的书中，把民俗分成“信仰与仪式”、“习俗与故事”、“民歌与谣谚”的分类法，在安德鲁·朗的著作中早已创用了，后来这种民俗范畴分法长期在中国学术界占主导地位，还是安德鲁·朗先入为主地打下了基础。安德鲁·朗的《习俗与神话》和《神话、仪式与宗教》两本书，在中国曾风靡一时，茅盾的许多神话观点多源于此④。在20世纪初，还有其他西方人类学和民俗学的理论被介绍到中国，但都敌不过安德鲁·朗的影响。

（三）历史精神与民俗关怀的结合的两个结果

一方面，周作人和安德鲁·朗共有的历史精神，启发周作人像安德鲁·朗一样，从历史文献和古典文学史两者中寻找本国的民俗史料，同时呼吁正统文化的改革。另一方面，外国学者在这方面的一批著作开风气之先，也给怀着强烈民族自尊心的中国学者带来了苦恼。当时不少中国学者

① ［美］洪长泰：《到民间去》，董晓萍译，上海文艺出版社1993年版，第202—203页。

② 钟敬文：《数年来民俗学工作的小结账》，《民俗》周刊第1期，1928年3月21日。

③ ［英］班恩：《民俗学是什么?》，陈锡襄译，载《民俗学集镌》，开明书店1931年版，第1—8页。

④ 参见玄珠（茅盾）《中国神话研究ABC》，世界书局1929年版。

认为，中国的民俗搜集本该由中国人自己来做，却让外国人占了先，这不能不说是一种耻辱[①]。但当周作人和哥哥鲁迅翻检史籍时，惊讶地感叹，原来历代政府搜集歌谣已先走了一步。顾颉刚和钟敬文后来也发现，中国历史上早有文人学士编纂过民间文学书籍，而且还为数不少！明代的杨慎、冯梦龙和清代的李调元都是这样。这一发现是相当重要的，它使中国学者恢复了民族自尊心和自豪感。将历史精神与民俗关怀相结合的一个结果，是促使中国学者进行城乡社会比较。周作人否定被光怪陆离的城市生活方式包围的氛围，描写城里人充满了令人作呕的“上海气”[②]。茅盾也对“城市文学”表示过反感。很多学者都把城市看成是帝国主义殖民统治的产物和工具。一个结果是把平民界定为农民，把农村界定为搜集民间文学和民俗资料的第一现场，这与中国是长期的农业国家有关。在周作人看来，“平民”即指农民人口占绝大多数的地区[③]。当时中国学者对农民的认识是充满浪漫色彩的。他们尚未透彻地看到，农民来自社会最底层，具有与困难生活相抗争的观念和行为。

四　对民俗学专业化的影响

钟敬文先生晚年谈到周作人和安德鲁·朗对民俗学专业化的影响时说：

> 这派理论，在我国当时新起的民俗学（特别是民间文艺学）界占据着主导地位（虽然我们后来知道，它在欧洲学界已经退潮了）。像周作人、茅盾、黄石等学者，都是它的信奉者及宣传者。平心而论，这一派的理论，现在我们看来，尽管有些缺点，但是，它还是有一定的解释能力的。比起语言学派或极端的传播学派来，它的科学价值还可能要高一些。[④]

① 参见赵景深《蒙古民间故事》（序言），台北东方文化供应社1979年重印本。

② 周作人：《上海气》，载《谈龙集》，开明书店1927年版，第157—160页。

③ 周作人：《中国民歌的价值》，《歌谣》周刊第6期，1923年1月21日。

④ 钟敬文：《我与中国民俗学》，载张世林主编《学林春秋》，中华书局1998年版，第37页。

钟敬文先生是中国第一位专业民俗学研究者，同时对安德鲁·朗和周作人的学说有着透彻的理解。他后来经过近一生的努力奋斗，终于在中国建成了民俗学与民间文艺学两门学科，使民俗学成为反映和解释中国文化实力的一部分的人文科学。纵观钟敬文先生与前人的学术历程，可见周作人和安德鲁·朗对后来的民俗专业化的深刻影响，大体可归纳为三点。

（一）对安德鲁·朗的了解和引用成为中国民俗学者的研究资格和理论素养

由于周作人的先导，对安德鲁·朗的了解和引用，成为了中国民俗学者基本的研究资格和理论素养。理论素养问题是当时学者十分看重的。北京大学歌谣学会成员常惠指出，研究者务必具备良好的文学修养和民众心理学知识，熟悉所有有关民间文学的资料，才能具备研究民间歌谣的资格。① 这就证明，当时歌谣研究会的部分成员已经认识到拓宽理论视野对于深入了解歌谣的重要。但是，歌谣研究会究竟应该强调歌谣自身研究为主，还是应该扩展到相关其他学科的研究呢？对这个接踵而来的问题，周作人在1924年1月30日的一次研究会会议上，提出了自己的看法。他建议，应将歌谣研究会改为“民俗学会”，将学会的搜集资料范围相应地扩大到神话传说、故事与童话。这完全是仿造安德鲁·朗的做法提出的。但他的提议没有通过，会议决定将“歌谣研究会”的名称保留，而将与歌谣有关的民俗资料都纳入研究范畴②。不过这件事让我们了解到一个现象，即对安德鲁·朗理论的了解和认可已成了一种潜规则，被用来衡量当时民俗学者的理论素养和学者资格。

（二）周作人的安德鲁·朗取向对中国民俗学专业化结构的影响

周作人的安德鲁·朗取向，对中国民俗学专业化结构产生了影响：首先，是在人类学和民俗学之外开展多学科方法研究；其次，在对民间文艺学性质的认识上，不再局限于对文化内部民族或有过历史接触的民族的思考，而是开始中外比较；在对民间文艺学对象的认识上，也开始使用先民文化的概念，把现实调查资料与历史文献自由地衔接，打破了这两种文献

① 常惠：《谈北京的歌谣》，《歌谣》周刊第43期，1924年1月27日。

② 参见《歌谣》周刊第45期，1924年3月2日。

之间的时空界限，开始克服历史上的种种偏见，强调凡是有历史凭证的、现在还可以调查的民间文学，都有研究价值；在对民间文艺学结构的认识上，主要以民俗连续性的视角，观察民间文学与社会生活的联系，并在精神文化、物质技术和社会组织诸方面，做了关联性的探索，并将之纳入研究结构；在对民间文艺学方法论的认识上，采用了实证主义的方法，以亲历资料为证，进行民俗学研究。如周作人使用自己回忆童年的资料，顾颉刚使用故乡歌谣的资料，刘半农使用个人旅行的资料，钟敬文使用家族成员讲故事的资料等。他们使用自己的资料，建立自己的理论解释，进行具体观点的论证；在对民间文艺学学术争论的认识上，不是像西方学者那样，用自然现象、语言疾病、识字程度和考古谱系等方法，对待和解释民间文学，而是用地域文化、乡土情感、社会思想、民族信仰和风俗等观点分析民间文学，发掘其中蕴含的中国文化基础和思想价值体系，这也使民俗学者能够在当时的历史条件下，提出自己的独立见解。

（三）农村民俗和农业民俗观

钟敬文和中国其他民俗学者，都在很大程度上接受了将平民等同于农民的概念，这同中国的国情有关。中国是一个农业国家，学者很自然地把“农村”、“农民”与民俗联系在一起去思考。在这个框架下，在民间文学的范畴上，也基本沿用了周作人对神话、传说、故事、歌谣、谜语、谚语、民间叙事诗和戏曲的分类的开创，不过又发展出了史诗和曲艺研究。后来的民俗学者还沿用了周作人肯定地方文学的观点，周作人曾把歌谣称作“方言的诗歌”①。后来的民俗学者认为，只有了解方言，才能领会民歌和歌谣的深层底蕴，20 世纪 40 年代，钟敬文发起了华南方言文学运动，并组织开展方言文学研究。对农村民俗和农业民俗的搜集与研究，使现代学者获得了社会改革的动力。国别文化叙事能力得到了提升。在这一过程中，民俗本身逐渐成为国家民族光荣历史和现代形象的新标志，民俗的“实力化”的思想，后来还步入了社会主义新文化元素构建的轨道。

（董晓萍）

① 周作人:《歌谣与方言调查》,《歌谣》周刊第 31 期，1923 年 11 月 4 日。

第五章

文化战略视野中的中国电影文化软实力建设研究

一　电影作为文化产品的现代生长机遇

当创意经济和文化发展成为迅猛跃进的中国社会前行的重要观念时，对于逾百年历史的电影的认知有了更为积极的论定，国家更为重视电影文化的价值，出台多项政策鼓励支持电影事业发展和强化电影产业跃升。电影不因电视更为大众性而自惭形秽，也不因为网络的横行而担心失去影响力。相反，电影作为文化软实力的重要表征，越来越成为在市场上得意，在国家代表形象上高扬，在文化内涵表现上凸显魅力的文明标牌。电影发展的重要机遇期已经到来。电影成为文化软实力的核心形象代表，不仅因为好莱坞成功宣扬美国文化的经验而得到了印证，还因为电影文化的确满足着文化软实力的诸多要素，包括社会影响力、文化大众渗透性、观察社会变迁的透射对象、传达意识形态和思想形态的文化媒介公信力、传扬精神情感感召性的无形影响、传播接受的最小阻碍和最大影响文化产品，以及作为国家文化实质投射和社会体制构成折射等诸多因素。

其一，电影的社会影响力自其诞生以来就基本确定了，随着现代社会的不断发展而更为凸显。这些都强调了电影所形象表现的社会影像和认知社会的价值，也都说明其社会影响力不可忽视，而其要义就是其文化性质的支撑。其二，文化的大众渗透性，由电影的本性——大众文化产品所决定，作为形象展示的艺术创作，电影对于大众趣味的认同也是第一要务，由此，对于现代社会而言，大众文化的影响力越来越显著，电影对于大众文化的认同、表现大众文化的受众要求也日渐明显。其三，电影作为观察社会变迁的透射对象，在不同时期，都自觉不自觉地成为了传达意识形态和思想形态的对象，电影所折射的社会，是从角色的衣着、生活趣味、居住环境到工作任务、人际纠葛、社会阶级争斗情态等多重角度显现的。而政权和意识形态要求在影像中也逼真地呈现出来。其四，文化媒介公信力使得电影在大众心目中依然具有文化符号的含义，对于电影逼真的影像奇观的惊异感，并没有因为电视的盛行而减弱，反而因为3D影像的到来而格外增加。不仅大众看重电影传媒，国家意识形态对它的倚重也同样明显。其五，传扬精神情感感召性的无形影响是电影的魅力所在，宽阔银幕上的巨大影像，对于世界各国的观众都有极大的诱惑力和感染力，其投射出的衣着穿戴、生活方式、探险奇遇、情感表现等，都可能影响一代人的审美与思想。其六，电影作为传播接受阻碍最小的文化产品，具有全种族、性别和年龄接受的无障碍优势，在跨越国界和种族的文化传播中，电影语言的共通性使其受众不受知识层次的限制。其七，电影无疑成为了具有最大影响力的文化产品，在国家电影文化传播中，以及电影作为国家文化实质投射和社会体制构成折射等诸多因素的汇聚，电影对于异域文化传播具有其他形态难以达到的效果。

上述阐释意在说明，把电影作为文化产品来对待，就会在文化影响力上产生实际上的效应。中国电影曾经造就过许多文化精品，中国的电影经典，无论是20世纪三四十年代的现实主义创作，还是80年代第五代导演的民族影像美学创作，都作为文化符号为世界所重视，在文化传播上取得了独特的影响力，尤其在20世纪80年代，以文化为旗帜的中国电影，无论在国际电影节还是文化评论界，都取得了前所未有的知名度，也得到了赞誉。文化软实力的价值得到了实现。

二　电影作为文化软实力体现的现实图景

中国电影的文化发展受制于诸多因素，研究其文化软实力也不能忽略这些背景对于电影的影响作用。首先是网络社会的电影发展。谈论电影不能忽略的一个事实是：我们已经进入了网络时代。根据中国互联网络信息中心（CNNIC）发布的《第26次中国互联网络发展状况统计报告》：截至2010年6月底，我国的网民人数已经突破4亿大关，用手机上网的人数更是达到2.77亿之多。较2009年底增加4334万人，手机网民在整体手机用户和总体网民中的比例也都进一步提高。网络下载相当程度上影响了青年人对于电影观看和感受的认知，对于电影创作的微妙影响也不可忽视。但尽管网络越来越具有大众性，成为了大众喧嚣驰骋的场域，电影在21世纪依旧是文化软实力的集中体现。虽然中国电影在中国GDP中所占份额不大，但是从今后的发展，或者以美国作为参照，或者以电影被世人所公认的这样一种文化领头羊的样式来说，电影都会是文化产业发展的核心部分。在国家经济刚开始走向发达的时候，电影作为文化软实力的象征，也会日益为国家所重视。但电影所处的文化环境的确发生了巨大变化，在文化背景上，根据马诺、伪娘刘著、小沈阳等娱乐明星的走红，我们可以对当下的文化现状作出这样的判断：这是一个没有英雄、草根崛起的时代；是一个淡化审美、娱乐盛行的时代；是一个艺术退位、庸碌弥漫的时代。而与之相对的，则是“引导失常、专业推诿”的出现，因为在互联网时代，学术界和专家的公信力在百姓心中不断降低。一个更突出的事实是，在《阿凡达》之前，《无极》之类大片的盛行，体现了当下时代的另一个特质：技术理性盛行，艺术认知模糊。但在此背景下，电影的文化影响力并没有减弱，仍因为其独特的文化含量，在传播中充满着特殊的社会影响力。

其次是社会经济因素下的电影发展。中国经济对电影的发展促进作用显而易见。近几年电影产业的高速增长都和经济发展的动因有关。在经济背景上，2009年北京人均GDP已达68788元，按年均汇率折算为10070美元，突破一万元大关。按照世界银行的划分标准，目前北京属于中等富裕的城市；中国在2010年底，人均GDP将达到4000美元，但人均GDP仍在世界排名百位之后，和发达国家相比仍属中低收入；以美元计价的中国人均GDP发展速度惊人，2006年超过了2000美元，2008年超过了3000美元。有预测称，按照当下经济发展的趋势，2030年世界GDP的前四位将为：中国、美国、日本、印度。简言之，中国经济的高速发展，是当下社会背景最不能忽略的事实。而这也是中国电影发展的一个大背景。

由此，电影文化产业依存于文化产业的发展，2010—2015年《中国文化产业投资分析及前景预测报告》显示：2009年，文化产业成为我国经济新经济增长点的态势愈加明显，动漫产业、电影电视、演出市场、新闻出版等亮点频现。新闻出版产业总产值增长20%左右；网络出版、手机出版、动漫出版、网络游戏出版和数字印刷等数字出版产业，总产值超过750亿元，比上年增长72%。而电影行业是其中的一个金矿。

在以上背景中，中国电影进入了一个黄金机遇期，同时也是怀抱大国梦、追逐技术潮流和引发人文忧虑的阶段。最近几年，电影的产值在以匪夷所思的速度发展。中央政府也相应地提出了要成为“电影强国”的口号，电影“大国”抑或“强国”的提法，是国家对于电影文化重视的体现。由于《阿凡达》的走红，造就了世界票房17亿美元、中国市场收益13亿元以上人民币的纪录，在国内业界掀起了一股追逐3D技术的潮流。外在的技术追逐已经越来越明显，那么如何来判断技术对文化产品的影响？这是不能回避的问题。中国电影的整体概观的确喜人：2010年，中国电影进入了值得骄傲的21世纪第一个10年，而但凡转折的时期，都令人产生无限的期待；2009年的确是中国电影的跃进年，电影产量达到了456部的新高，位居全球第三，票房已超62亿，同比上扬42%。仅2010年1月一个月的票房就突破了10亿。于是，2010年初，国务院出台了《关于促进电影产业繁荣发展的指导意见》，显示出国家层面支持电影发展的态势。而据相关统计数据显示，今年上半年票房总额超过48亿。国家广电总局电影局局长童刚预测，2010年全国影片产量有望达到500部，全国城市电影票房收入有望突破100亿元，全国新增银幕将突破1000块。观察既往的电影发展，创作数量创新高，市场反响猛增，观影热情高涨，主流走向市场（如《建国大业》），大片占据主导，档期主宰江山（比如贺岁档与暑期档），国家支持凸显（国家对文化产业的支持）……这些都是明显的事实。

可以确定，中国电影的基本景观是：已经超常规发展，跃动非常；已经成为国家文化发展战略的重要组成部分；已经成为大众感兴趣的文化娱乐对象；已经具有了产业确立的规模。

三　中国电影文化软实力的实现条件

于是，我们的确遇到了增进本土电影大发展的判断和方向确认的关键性问题：如何认知中国电影发展方略的基础？主观上期望中国电影成为实现强国梦的落脚之地，固然鼓舞人心，但作出这种正确判断，仍需要扎实的现实依据。

中国电影发展迅猛，但就综合指标而言，要称作电影“强国”还有些差强人意。产业的步伐和正确的措施使得中国电影快速发展，在产量上位居全球第三，值得称赞。但就“强国”的指标而言，还涉及票房排名、人均观赏片量、影院与银幕数、创作质量与特色以及电影的文化影响力。就票房排名而言，以美元计算，2008 年，中国电影票房位列全球第十二位，难以成为大国。比较而言，当年印度电影产量位居全球第二，但票房总数却是我们的三倍，及至 2009 年，中国电影票房排名进入前十。再拿世界电影票房来比较，2009 年，全球票房排名第一名的《阿凡达》票房，是中国全年票房的 3 倍，全球第四名的《变形金刚 2》票房，等于中国 2009 年全年 456 部电影的票房总和。在人均观影量上，2008 年美国人均观影 4. 46 次，英国 2. 67 次，日本 1. 3 次，而中国人均观影次数仅为 0. 28 次。在影院和银幕数上，2009 年全年，主流市场新增影院 626 个，影院多达 1680 多座。全国主流院线银幕数已经超过 5000 块，平均每天增长 1. 7 块。与之同步发展的，则是电影放映数字化的全面提升，在 2009 年新建的电影院中，数字影厅达 500 多个，约占新增影厅的 80%。另一个事实是，中国人均银幕数极低，2008 年，中国平均 100 万城镇人口享有 6. 75 块银幕，而美国平均 100 万人享有 131. 56 块银幕。横向比较，就 2002 年而论，美国拥有 6050 家影院，有 35280 块银幕，法国有 2167 家电影院，5280 块银幕，印度有 9000 多家影院，是世界上影院最多的国家。截至 2010 年 4 月底，内地银幕数总计 5105 块，已超过德国，位居世界第三，今年有望超过法国（5280 块），成为世界第二。但国家广播电影电视管理总局电影局局长童刚则说：“从全国整体市场看，国内影院数量依然存在很大缺口。按城市人口测算，我国约每 13. 5 万人才有一块银幕，远远低于世界主要电影市场的人均银幕数量。”在 2010 年初《关于促进电影产业繁荣发展的指导意见》中，则要求 1. 3 和 2K 数字电影放映的市场服务和技术监管系统要得到加强（美国 3K 的普及和向 4K 的迈进则警示我们要看到其中的差距）。

但借助《阿凡达》所激发的 3D 技术热，中国电影业开始了新的 3D 建设热潮。2007 年 9 月，中国引进第一部好莱坞 3D 电影《地心历险记》，此时，国内只有 83 块 3D 银幕。2009 年底，为了迎接《阿凡达》，在 12 月 31 日之前，国内 3D 银幕已有 600 多块，而当时全亚洲的 3D 银幕数才 1000 多块。截至 2009 年底，全球 3D 银幕总数在 7000 块左右，美国有 2000 多块，占全世界 2/3；中国现有 970 块，占全球 1/7。相比起来，中国的银幕总数还不足，大约只相当于美国（40000 块）的 1/8，全世界（140 万多块）的 1/30。中国目前有 970 多块 3D 银幕，仅次于美国，居全球第二，但它占据了全亚洲（目前大约有 1500 块 3D 银幕）的 2/3。据业内预计，到 2010 年底，中国的 3D 银幕总数将达到 1300 块左右，进一步逼近美国。

总之，实现电影强国梦的意义，更多是出于民族文化建设的责任驱使，简单地确立产业目标也许很容易实现，然而只有根源于国家文化意识的建设，才能既突进产业规模，又从根本上建设高端的精神文化，实现物质和精神的双重目标。从某种意义上看，后者是更为迫切的任务，在电影大国梦的背后，显然不能忽略文化软实力的要素。我们需要确立的电影强国意识，还包括本土大国气度和大国实力，以及文化软实力的感召力。

四 中国电影软实力培育发展的必要举措：艺术内涵和产业建设双轨互进

中国电影遭遇的难题，是产业发展的强悍动机和薄弱的艺术内容这两个环节之间仍然存在差距。因此不能不进一步探讨电影艺术的质量问题。日本丰田汽车曾经因为质量问题而发生全球大规模召回事件，电影产业更不能放松对质量的要求，更何况电影还是文化产品，必须把精神文化的内在要求放在重要的位置。文化软实力包含了影响力、传播力、感召力等，站在这一基点上，显然不能只谈论产业规模如何，同时也更需要紧密把握艺术创作的质量。

回到电影“大国”和“强国”的概念上，更需要明确这其中的微妙区别：（1）大国是数量，强国是质量，数量跃进自然需要努力，但也相对容易达到，但质量提高却不是简单的数据可以实现的；（2）中国制造可以为大国，中国创造才谈得上强国，我们已经在仿效大片和娱乐制造上有了很大进步，但具有本土民族特色的创作却委实不够，创造拥有我们本土文化优长的电影文化，既是为强大的国家确立文化自信心，也是为世界电影增添色彩的需要。电影强国就应当是文化软实力强国，考量 2009—2010 年的电影，总体而言，数量庞大，似乎归入大国行列，但制作质量不甚理想，很难说具有强盛的气度。中国电影的文化建设热度值得欣喜，但提高本土创作的艺术质量，却成为了一个日益凸显的难题。近年来电影创作中呈现的下述问题日渐明显：娱乐文化消减了艺术追求，技术炫耀淡漠了本土特色，媚俗大张旗鼓而人文内涵遭到忽视。无须列举太多实例，只在《三枪拍案惊奇》中，我们就足以看到，一个大导演如何在仿效国外类型、追随时尚娱乐的潮流中，获得了市场追捧却丧失了其本来应有的文化积淀。一种电影文化单纯以市场得宠为追求方向不能算错，但一个国家的电影普遍缺乏文化意味，那绝对有问题！

站在中国电影强国梦如何实现的问题的基础上，自然应当考虑关乎文化建设的本源问题，包括：（1）中国电影本土特色如何坚持？（2）现实关怀怎样得到体现？（3）电影中的人文情感如何得到强化？（4）电影的艺术精神怎样凸显？以上问题在某种程度上都是当下中国电影的缺憾，为了真正实现中国电影的强国梦，需要把它们提到重要的位置上来思辨。在娱乐大潮的催生下，许多曾经因为具有本土鲜明特色而获得世界影响力的重要导演，难以抵挡屈就市场获取票房的诱惑，而制造出市场得利却普遍显露文化低能的作品，缺乏现实意义，自然更谈不上创造。而反观冯小刚导演，从《天下无贼》、《集结号》以及近年上映的《唐山大地震》，都显露出独步的艺术创作才华。这种双向反差证明了十分重要的问题：在注重市场的同时，不能失却文化意味；注意思想性、艺术性的创造，同样可以获得市场回报。而在文化影响力与成就评估上，电影显然需要饱满的内涵和市场票房支持的双向确认。我们应该看到，在大众文化盛行、大片获取市场的同时，艺术探索和实验性作品的生存可能会成为问题，而多样的生存才应是“强国”电影的正常状态。中国电影需要改变被票房诱惑、被功利驱使、被市场左右而导致的创作单一趋向，才有利于电影文化的长远进步。

进一步说，电影强国的基础是对于文化的高度重视和政策引导，而其在创作上的体现，应当是艺术文化把持和大众艺术感知水平的普遍提升，在汹汹涌来的娱乐浪潮中，不断跌落的艺术品格显然难以令人满意。强国电影的创造性已经凸显成为一个重要的问题。面对以《阿凡达》为标志的3D影像，我们不能一方面在技术上望洋兴叹，同时又在创造性上也失去信心。可以肯定的是，技术可以借鉴乃至跃进，但创造性更需要自我寻找，而人文坚持更不可淡漠。中国电影不应该媚俗，而应该尽量引导市场。艺术实践不应取巧，而应当积累和思考。从绝对意义上看，如果没有对于人类问题的思考，缺乏意味和情感的创造，不顾本土文化的优长，放弃对于艺术的坚持，商业也罢，受众也好，都难能长久。其实就以高票房的《阿凡达》在奥斯卡的遭遇为例证，还能说明更为深入的问题：在奥斯卡奖上谁笑到最后？几乎没有收回成本的《拆弹部队》横扫奥斯卡最佳影片、最佳原创剧本、最佳导演等六项重要大奖；而《阿凡达》仅仅获得最佳视觉效果、最佳摄影以及最佳艺术指导等三项大奖。票房较低的《拆弹部队》打败了全球票房冠军《阿凡达》，这说明：（1）技术自有天地，但人文还占上风。比起3D高技术所创造的瑰丽景象来，《拆弹部队》朴实严酷，更充盈了人文情感的意味。（2）关注切近远比关注辽远更有优势。《阿凡达》的潘多拉星球尽管也包含了人类问题的隐喻，但毕竟是远在天边的虚幻世界，而《拆弹部队》的风沙弹雨中，却满是美国子弟兵生死一线的残酷生活，切近的世界和真实的人伦故事自然更符合美国人的情感律动。（3）温情设计不敌残酷表现。在《阿凡达》中，主线包含了男女主人公的情感牵扯，更有潘多拉星球的美丽景色以及人们和睦的生活，与这种童话式的乌托邦相比，《拆弹部队》的严酷环境和残酷战斗，却反而具有真切的现实意义，在情感判断的天平上自然超过了《阿凡达》的温情表面。

他方借鉴似乎提醒我们，从艺术表现上看，中国电影在许多时候还无颜抗衡这二者：无论是幻梦的温厚蕴藉还是残酷的人生揭示。前者在中国电影中逐渐失落，狂欢化的娱乐不能给人美好的慰藉，对于现实问题的轻描淡写，也失却了电影表现的思想深度。而中国电影不可能像美国电影那样随意嘲弄政治，调侃公众人物，我们需要端正的电影表现，需要树立理想的目标。但另一方面，中国电影更多时候充满了苦情，如20世纪三四十年代电影的那种完善的悲喜剧风格，却稀少出现。这个问题的关键还在于观念形态上。就此而言，《阿凡达》的启示在于构想力和现实感知。《阿凡达》充满了对地球的忧虑，对人类贪婪本性的表现。尽管表现的是遥远的潘多拉星球，但其实依旧暗喻着人类身边的邪恶争夺、利益巧取、对于生命的蔑视以及对于情感的期待等，借助了“阿凡达”的寓意来延展对人类境遇的深刻关切。这与那些国产无聊的小品电影、无厘头喜剧等，有何等之大的差别？《阿凡达》的突破在于，将一个神性的哲学思考变成了我们可以触及的远端臆想，超越了现实，却依然是可以想象、可以感知的世界。这一点和蝇营狗苟的娱乐片有天壤之别。我们需要借鉴的是：如果不能实现有想象力，至少不要丢弃现实感，不能丢掉对中国现实问题的思考这一本土电影兴盛期的成功经验。看着《阿凡达》，其实还能联想到对美国凭借强大的军事力量入侵小国的批判，乃至有人会从中看出强权对于弱小的本土性的压迫，一个“强制拆迁”的问题。

建立电影强国、增强软实力不能没有借鉴比照，以近几年在内地获得观众拥戴的外国电影为参照，我们需要正视自身的不足，比如《变形金刚2》，反映出技术绝非目前我国所长；《功夫熊猫》的技术背后，还有对我们自己忽略的宝贵文化遗产的观念把握；《2012》除了大制作外，卖点还在于对世界的认识和对于人情世故的技术性表现；《阿凡达》一切“技术”的终点，都是对于人的精神、情感、情怀的突破。由此，中国的导演应该突破狭隘的境界，真正强化市场意识和文化优势缺一不可的认识。与美国电影相比，我们还有较大的技术差距，更有在艺术追求和人文视野上的差别。有强烈的艺术追求才有技术的推动，正如卡梅隆致力于用自己研制的摄像技术来实现艺术想象，我们的导演能不能超越市场功利，潜心创作自己艺术理想中的作品，进而确立文化影响力？《阿凡达》的出现标志着电影进入了3D时代，我们无须效仿技术，因为普通电影并不意味着就是味同嚼蜡。关键在于作品有没有对人类问题的思考，缺乏意味和情感的创作，哪怕是“8D”的技术水平也枉然。

要超越技术主义，实现人文愿景，才能满足大众的喜好。票房数据显示：仅仅在2010年的贺岁档，中国电影就已狂收30亿，但《阿凡达》和《2012》就占了20亿。从2010年上半年票房的百分比来看，上半年进口片票房为26亿元，占了59%，国产片票房为18亿元，占了41%。除了《叶问2》、《越光宝盒》之外，再没有任何国产片获得过上半年周票房的冠军。实际上，我们本土创作的基础还需要夯实。据报道，由于世贸组织的裁决，2011年初，我们将要更大规模地放开电影、音像业的大门，好莱坞电影的强势进入势不可当，中国电影艺术的本土创作也应该有更为出色的作品，来增强自身的市场影响力。希望正如拿破仑所说：中国这头沉睡的雄狮一旦醒来，世界将会震荡。这也许预示了中国强大的威力。中国电影一旦强盛，也将影响文化传播，而且是建立在艺术内涵的丰满之上的。在21世纪第一个十年过去，2010年代到来的时候，中国电影必须做到：本土特色寻求；现实关怀加强；人文情感鼓励；艺术精神提升。希望有朝一日我们走出影院，一切感官的刺激消散，难以遗忘的依然是那些美好的情感和人物，艺术文化给予人们的不仅是惊讶，而是情感魅力。

（周　星）

第六章

“软实力”与“硬道理”

——对当前中国文化软实力讨论的观察

一 国家形象与硬道理

毫无疑问，中国的文化软实力研究和将外国受众作为潜在的诉说对象，将展示中国作为文化古国的吸引力作为重点，是有它的历史合理性和现实针对性的，但我们有必要追问的是，如果我们仅仅将文化软实力研究的意义界定为向世界“说明”中国，这种潜在的辩解姿态是否有利于我们研究的深入开展？此外，更重要的是，这种方式能否从根本上建构起更为强大的中国国家文化？很明显，外国受众并不是静态的被动的接受者、倾听者，而是有一整套思维方式、价值标准和现实权力的对象。对于外国受众，特别是西方民主国家的受众，是否一味展示东方文化的“异样魅力”就总能构成“吸引力”？他们目前对我们最大的困惑可能还在现实的一些人类“普世价值”（如基本人权保护）的差异上。如果我们不能从精神文化上展示我们自己对这些“普世价值”的真正重视，单单以文化的“特殊性”取得魅力的可能性是相当渺茫的。更为关键的是，我们认为，如果一个国家的国际形象能建构成功，那么，这个看似“软性”的国家形象的背后，一定有着坚实的“硬道理”的支撑。

什么是“硬道理”？就是我们国家民族自身社会文化建设的坚实成果，它包括社会文化良性结构的建立、新的文化价值观念的吸引力等，一句话，是在单纯作为“技术”手段加以宣传的种种技巧之外，国家民族主体的实际性的发展和成就。

所以，我们在当今讨论文化软实力，从本质上说，不是要以辩解的姿态，放弃自己的本位追求，为了一时地对外宣传、美化中国的形象，而自以为是地一味“展览”并放大中国的“异样魅力”，去盲目迎合、追赶人家的文化口味，而应该重拾我们的文化自觉性，从建构我们自身的文化正当性出发，找到“不去教堂，不念圣经”却能让中国人凝聚在一起的那个文化纽结。在这一过程中，我们也许会有偏重于宣传自我形象的阶段，但从长远来说，这种形象宣传只有与我们对中国真正的社会文化的关注与积极建构有机结合起来，才能最终有助于增强我们国家的文化力量，提高中国作为文化大国的地位。也就是说，中国真正的社会文化的建设，中国真正的文化凝聚力的形成，这才应该是我们研究文化软实力的目的，这才是文化软实力研究的“硬道理”。只有考虑到了这个“硬道理”的“软实力”才是具有长久生命力的真“实力”；只有这样的文化软实力研究，才是有根的研究，建基于这个宏大地基之上的文化展示，才是有说服力和吸引力的。

二 “软”中如何“硬”？

只有“软”中有“硬”的国家文化建设才是有效的。那么，中国的文化软实力背后的“硬道理”如何才能真正“硬”起来呢？

第一是立足点的问题。研究文化软实力，应该立足于我们今天的历史实际，而不是立足于西方尤其是美国的文化历史，或者立足于中国传统文化以及中国现代文化中有关的诸多表述。所以，仔细梳理“软实力”概念在西方发生发展的来龙去脉，以及从中国的历代文化典籍中寻找类似的表达与传承，只具有有限的意义。我们更应该重视的是，从今日我们面临的问题出发，将古与今、中与外的有关文化资源统统纳入视野，在“拿来”的基础上进行仔细的甄别、择取，这样我们的研究才会更有现实针对性，也才能获得更切实的成果。

第二是我们文化软实力建设的“资源”问题。“在既有文化传统的基础上进行文化创新”几乎是国家决策者和学者们的共识，这一点毋庸置疑。但是，什么是“既有的文化传统”？对这一问题的思考和回答，关系到我们对新文化在特质、内涵、目标等方面的考量，关系到对我们既往历史中形成的文化传统的全面认识与评价，也关系到我们今日研究的心态、方法以及视野的广与狭，所以，在考察目前对文化软实力的思考成果是否有效以及在多大程度上有效时，我们非常有必要重点探讨一下“既有的文化传统”的所指问题。

我们认为，中国古代的文化传统不足以提供我们重构新文化传统的依据和资源。在今日中国，我们非但不能忽视、省略掉中国近代尤其是现代形成的文化传统，反而应该特别重视对中国现代文化传统的当代价值的考量。

如果我们认同软实力研究的“硬道理”在于中国文化内部的真正发展，那么，我们就不能一厢情愿地一味宣传中国古代。试想，当我们试图表明中国文化的“魅力”的时候，我们只能反复请国人以及外国受众去欣赏我们过去的文化，尽管对方也许都同意那段文化的灿烂与辉煌，但问题是，我们现在还能回到那个时代吗？我们现在赖以安身立命的文化又有什么特征？如果我们不考虑这些问题，只能说明我们与当今时代存在巨大的隔膜，而我们这些当代文化人，并没有将我们优秀的古代文化传统继承下来并发扬光大，从根本上说，这足以证明我们文化创新能力的薄弱和当代意识的极度欠缺。我们应该改变老是述说“我先前比你阔得多啦”的阿Q形象和心态，踏踏实实立足当下，面对当下的文化问题发言。如果真是这样，那么，我们更有必要关注的恰恰是被一些学者忽略的现代中国的“新文化传统”。

其实，中国现代文化和中国现代文学一样，其诞生时的反叛姿态以及随后形成的诸多特质是有其历史合理性的。“假若传统或传递的唯一形式只是跟随我们前一代人的步伐，盲目地或胆怯地遵循他们的成功诀窍，这样的‘传统’肯定是应该加以制止的。我们曾多次观察到涓涓细流消失在沙砾之中，而新颖总是胜过老调重弹。”① 当我们跳出古代文化传统先赋的崇高地位，立足于从新文化运动以来的中国现代文化，去仔细考察中国现代文化与传统文化的关系，我们可以发现，这近百年里形成的中国文化，绝非能用一个“激烈否定传统”就能认定。那种说法尽管是一种非常流行的“知识”，但是它不仅遮蔽了中国现代文化本身的丰富与复杂，更重要的是还导致了一种“文化断裂论”的出现与流行，使得中国现代文化的出身和立世之本显得晦暗不明，使得一些从事现代文学研究的学者

① ［英］艾略特：《传统与个人才能》，载《艾略特文学论文集》，李赋宁译，百花洲文艺出版社1994年版，第2页。

“常常”“带着一种莫名其妙的类似原罪感的心情”①，更使得我们感觉失去了文化之根，而失语于西方文化的强势入侵和自身生存体验的日益钝化。所以这种流行的“知识”洞见了中国现代文化的激进特质，却也使一味跟风的人们盲视于中国现代文化与古代传统文化的复杂纠缠关系。现在，我们有必要强化这种认识：中国现代文化传统不仅不是建基于全盘推翻中国古代文化传统之上，而且还是后者的现代延续，在修正与被修正中，中国文化传统依然延续着生机，体现出活力。

在这个意义上，我们认为，从中国的文化实际出发，我们有必要重视中国古代文化传统，尤其是并未割裂传统的中国现代文化传统。我们对中国古代文化传统的洞见，可以为当前国家软实力建设提供丰富的古代经验，而在对现代中国文化史、社会史、政治史、伦理发展史的梳理和分析的基础上，我们可以总结出具有当代启示意义的“现代文化遗产”，为当前国家的软实力建设提供丰富的现代经验。古代经验和现代经验二者同样重要，不可偏废。

此外还有一个西方文化传统的问题。中国现代文化的创立者们，在择取与继承中国古代文化传统和传统文化的同时，沿着16世纪以来的先行者的足迹，继续“开眼看世界”，各自以独特的姿态“走向”各自所认同的“世界”，而其目的，从文化层面来说，无非是与中西方的文化传统进行对话，介入这两种传统，并对之进行整合，以探讨在当时建设中国文化的路径。在这种艰难的探讨过程中，他们与作为对象的中国古代文化传统以及近代西方文化传统在视界上实现了融合，并在事实上产生了新的文化传统：从纵的方面来说，他们为传统这个“流动的、开放的过程”增加了新的元素；从横的方面来说，他们为“多元因素建构而成的”传统增加了融合于新传统的西方文化传统因素。

因此，今日的我们研究文化软实力，不仅要努力发掘现代传统中具有世界普适意义的那些文化的魅力，而且更重要的是，我们没有必要采取与外部世界的“对抗”姿态，而应该在反思近现代以来中西、古今文化传统的对话方式、对话效果的基础上，积极建设开展“友善的对话”的平台，将古今、中西的文化传统都纳入建构中国文化软实力的资源体系，建构适合当今世界情势的软实力理论以及评价体系。

① 王富仁：《“新国学”与中国现代文学研究》，《文艺研究》2007年第3期。

三　我们如何讨论“软实力”？

除了前述“软实力”的种种“硬”资源外，还必须检讨我们讨论中常常面临的三种关系，它们从根本上也影响着我们的国家软实力：究竟是只有“软”还是真有“实力”？首先是“软实力”的内向性与外向性关系。由于“软实力”问题是在“大国崛起”的今天提出来的，因此在很多时候自觉不自觉地主要思考我们的国际影响和对外实力问题。但是，一个文化的价值如果不首先在内部族群中体现出来，或者说一个民族自己都缺乏凝聚力，缺乏认同性，没有幸福感，其实也就没有任何“力量”。因此，在研讨国家对外形象、国家对外的文化征服力的同时，我们也需要特别研讨提高国民自我认同度、提高幸福感等基本的内部问题，并且不是一般意义的涉及，应该被置于相当重要的位置（甚至“前提”）。

其次是我们研究当中“填加式”与“辩难式”的关系。今天，我们的研究很容易被理解为一种“填加式”，或者说是“正面建设”式。即假定目前的文化观念、制度建设中缺少这方面的东西，等待我们的思考和努力予以补充，但现实很可能还有它复杂的一面，即我们所设想的不少理论范畴已经存在于目前的国家体制当中（如社会主义民主与法制建设问题，前面所说的“和谐文化”问题），正在被目前的体制作消极性地运用。那么，我们的研讨就不能仅仅局限于单方向的“建言献策”，而应该深入地（当然是策略性很强地）与之辨析和讨论。

最后我们还有必要处理决策者与知识者在共同的文化活动中的关系问题。今天，国家软实力课题的提出无疑与决策者的政治设计有密切关系，而参与这一理论活动的主体却是知识者，两者之间显然有需要我们加以协调的关系。

（李　怡　杨华丽）

第七章

文化软实力之道与作为人文教育的文艺美学

一 人文教育潮与“素养论转向”

在新的历史基点回首30年人文知识界的轨迹，理解人文教育在当代文化重建中的紧迫性和可能性，就会发现文艺美学的文化承担和未来空间。1980年出现“美学热”，社会启蒙和文艺审美大行其道。到1990年，经济学话语独霸天下，文学、艺术、历史、哲学等不得不退至学科内，零星的人文精神大讨论在社会上也显得不合时宜。21世纪开始，随着经济、社会和文化形势的消长变化，人们逐渐发现当今世界需要的不仅是经济实力、政治改革和各种制度，民族国家的建设还需要有文化作为精神底蕴，社会中的群体或人们需要思想、文学、艺术、审美、精神等方面的沟通，形成真正的历史文化共同体。知识界逐渐意识到这个问题的紧迫性。当代中国社会全面现代化进程，以及步步进逼的市场化浪潮，迫使人们向着当代人文重建的思想与现实的结合部掘进和深化。

大学人文教育是当代文化重建或人文建设事业中间的一个非常重要的维度。学者们提出了各种各样可能的取向。关于人文教育，目前学界建设性的思路不少。有的推崇国学和传统教育，主张从传统文化中汲取有用的思想和价值（如当前成为热潮的“国学班”），有的发明普世价值，主张通过借鉴西方现代价值，改造中国文化传统（如当代不少“人文读本”），有的重视古典学问的专识教育，突出中西经典、古典诗学及其政治维度，注意培养文化精英（如刘小枫），有的强调大学本科通识教育，沟通古今中外，把大学生塑造成有文化、重教养的公民（如甘阳）。虽然思路上各有差异，但都突出“人文教育”，强调大学不应该仅仅是知识的学校或职业培训机构，大学教育的宗旨不应仅仅是外在知识体系、抽象能力指标或纯粹职业训练，而应在包含知识、能力和职业训练的前提下，立意更厚远一些，大学教育应以文化共同体中的人文素养、价值沟通和文化认同为共通底蕴。在笔者看来，人文教育其实就是在新的时代推进真正的素质教育，人文教育与素质教育是相通的。素质教育在1990年以来也喊了很多年，但在大学大扩招、教育产业化等实利至上和大众化的浪潮中一再失去准则，也一直没有获得很好的思路，当然更谈不上好的贯彻。如何在经济发展、利益分化的新形势下，从内涵上充实素质教育，使大学教育真正成为人文教育，是当代文化建设、素质教育和文化软实力发展的关键点。此中的重大意义，其实即如鲁迅在《文化偏至论》（1908）中所期望的："外之既不后于世界之思潮，内之仍弗失固有之血脉，取今复古，别立新宗，人生意义，致之深邃，则国人之自觉至，个性张，沙聚之邦，由是转为人国。"① 百年来这是桩大事业，仁人志士用心不少；在新的历史时期，这项未竟的工程应该继续下去。

怎样才能真正充实素质教育，使大学成为"大学"呢？一些学者提出沟通人文学科，推进美学、文学、艺术学的"素养论转向"②。至少在文学、美学和艺术学等人文学科（为行文方便，以下简称"文艺美学"），笔者以为是一个值得扩而充之、切实推进的路径。之所以讨论素养论转向，其实是因为这一径路在总体上既兼容20世纪八九十年代以来的知识界，尤其是各人文学科的精神意向和成果，又突破80年代启蒙主义姿态和90年代的专业主义路数，力图在当代文化重建和价值共识中有所作为。踏实一点说，就是要充分利用当代大学中业已建制的人文学科，适当沟通文学、史学、哲学、艺术、文化等学科，使人文学科在各自求真务实、充分发展的同时，回复到一个面对大学生培养的基本立意上，即人文素养。所谓人文素养，就是要培养有文化、有教养、有承担的现代公民及其文化精英。人文教育下的有人文素养的公民，以及他们的精英代表，应该能够在一定程度和范围内超越实利，能够促进人文沟通，能够重建公共价值，推进世界文化间交流。在这个意义上理解文艺美学及其教学，才能抓住它们本来的文化承担，才能开掘它们未来的发展空间。概括而言，即：立足

① 《鲁迅全集》第1卷，人民文学出版社2005年版，第57页。

② 参见王一川《从启蒙思想者到素养教育者——改革开放30年文艺理论的三次转向》，《当代文坛》2008年第3期；《论艺术公赏力——艺术学与美学的一个新关键词》，《当代文坛》2009年第4期。

于近30年来知识界的科研教学现状，提出“素养论转向”，符合当代人文教育的总体向度，有利于回到基本面上理解作为人文教育的文艺美学，从而开放当代大学中的文艺美学，推进当代审美共识和人文沟通，促进公共价值和文化共同体的形成。

二　分工主义与“人的整体性”

关键是“素养论转向”的具体内涵是怎样的？首先，素养论转向意味着“面向人”。当代人文教育应立足于人，面向人，面向人的整体性，是基于人的整体性的人文教育。推进人文教育，其要害在于使各种知识真正地面对人，重视人的整体性。所谓“人文”，应当是“为‘人’的‘文’”，人文学科的各种“文”的内在统一性必须得到加强，就是面向人，重视人的整体性；人文教育应该是基于人的、为人服务的文化习得和养成教育。

这里存在一个如何看待当代学术和教育的分工主义的问题。当代中国的分工主义至少有两个面相，一是价值论与知识论的分割，就人文学科而言，这个危险显得尤其突出。学术和教育的根本弊病，就在于把知识的生产和传授，与人的精神文化需求分割开来。科研上，追求所谓纯粹真理或完全体系而无视所有的真理或知识都应该是关切于人的；教育上，仅仅是在知识论的层面上进行知识传授，与人的生存和精神没有关系。这些容易带来知识的异化和人的异化。在这一点上，不少新的、老的人文主义者对现代大学人文学科中盛行的自然主义、实证主义和历史主义的批判至今仍不缺少启发意义①。当代不少学者甚至激进地提出取消“概论、原理加通史”的模式，主张转变为在研读中西原典的过程中熏陶修养的方式。分工主义的另一面相就是学科分工导致的壁垒。利奥塔所谓“宏大叙事”消失后的“知识状况”，虽有偏颇，却独具针砭：本来为“人”的各种知识和学科的内在统一性在当下消失了，“科学”都有各自的游戏规则，它既不管社会实践的规定游戏，也不管审美领域的游戏，自然科学、社会科学和人文学科的各学科甚至各学科内部子学科、子子学科各自为政，沉浮

① 参见［美］白璧德《文学与美国的大学》，张沛、张源译，北京大学出版社2004年版，第61—165页。

升降，专家只在圈子内游戏和增加权力，本该具有整体使命的学者变成了具体知识的专家①。利奥塔本人并不以丢失西方中心主义的启蒙、解放和整体等宏大叙事为憾，可中国学人却不容易放弃学术和教育本身所着意的人和人的整体性。素养论转向中的人文学科和人文教育应当追求合理“分化”基础上的“去分化”，面向“人的整体性”，把握人文学科的总体态势。当然也要适当警醒这种人文学科总体意识的“根隐喻”所可能带来的僵化和固执。

学科和人文教育中的分工主义相当严重，甚至对文艺美学这样的整体性人文活动，不少研究和理解仍存有严重的本质主义取向。这些取向其实即由分工主义所致，它们切割“人”的整体，形成人文学科的壁垒，形成对文化的片面诉求以及主体间性理解的缺失。譬如，不少人认为，艺术和审美完全系于感性，而艺术教育的核心纯粹在于感性素质的培养。这种命题在80年代有新意，体现了对此前僵化了的革命和教化传统的冲击；在90年代仍有其合理性，基于西来“知”、“情”、“意”三分的现代学科分工，区别于某种理性知识和道德教化，而独标某种艺术本体论或艺术自律论，强调敏感的体验、玄妙的想象、独特的表达或语言。到新世纪即可以发现，这种命题在突出某种据说“审美”的直接的感性特征的时候，其实忽略了作为其背景的思理机制和文化脉络，尤其是就艺术教育而言，这种命题其实遗忘或取消了人文沟通和公共价值重建的维度。回首看这种命题的产生，往往与文化分化和学科分工密切相关；虽则基于时代变化或有合理性，但从人文学术的跨际整合和人文教育的去分化趋势来看，其缺陷是显而易见的。

三　人文学科与“人文沟通”

其次，素养论转向意味着追求“人文沟通”。人文教育和文艺美学应突破现代人为分工而着眼于整体的人。对“人”的理解也要有相应的扩展。这里所说的“人”的建设不仅仅是占有性个人主义的、孤立的主体建构，而且也是立足于具体社群的、现实在世的、处于特定文化共同体中

① 参见［法］让-弗朗索瓦·利奥塔《后现代状态：关于知识的报告》，车槿山译，生活·读书·新知三联书店1997年版。

的间性主体。在当代中国，人们已经意识到，如果说中国在20世纪的中心问题是要建立一个现代“民族—国家”，但在最后30年中其中心问题的实质是在建构与解构“民族—国家”的逻辑中展开，而在21世纪则要自觉地走向重建中国作为一个“文明—国家”的格局。就当代文化重建而言，无论是在民族文化内部的沟通，还是在民族间文化交流，乃至在合理展现中华文化软实力的诸方面，都需要培养间性交往和人文沟通的意识，从而达成民族的历史—文化共同体，并且善于同其他民族文化打交道，相互沟通，和平相处①。“素养论转向”标示着“人文沟通”的目标，人文教育在这方面当多有措意。

就当代各人文学科而言，就是要通过现有的人文学科达成人文沟通和文化养成，充分意识人文学科在其基本立意上的间性交往取向。这其实是大学人文学科和人文教育的本来立意所在。现代大学不仅学科林立、壁垒森严，而且，很多社会科学、甚至不少人文学科业已忘却本来立意上的“人文沟通”，这非常可惜。譬如，文学是什么？文学为什么？文学教育为什么？许多学人执着于本质主义追问而忘却学科立意所宗。从人文角度看，文学无非是通过文辞而实现交往的手段和过程，而文学和文教从本意看无非是启悟和履践“修辞立其诚”的古训。文学是一种修辞，文学为的是通过修辞“鼓天下之动”。文学教育就是实施文教，一方面是学习“辞”的各种品类（文体）和各种技术（修辞），另一方面明确行文达意必须“自明而诚”的原则，因为这是文化共同体内实现人文交往的基本智慧。人文学科的立意本在“人文沟通”，其他如史学、哲学、教育学的本意中也大抵相似，心理学、政治学、法学、社会学、人类学部分也如此相关。

再譬如沟通文学艺术与哲学思考的美学而言，如果执着于本质主义思路，无论是美的本质论、美的存在论，还是美的认识论，乃至美的语言论，都不能探及美及美学的根本。当代学人已逐步认识到，美学归根到底是在探究人类如何通过沟通、交流或分享的符号活动，而美学本身就是通过对美的探讨确定社会或人生目标，而进一步通过美的化育实现人文交往、构筑美的公共性的过程。在这方面，一些学者提出“审美沟通”说颇有人文教育的内涵和新意：美或审美其实是一种通过对符号形式的认识

① 参见费孝通《文化自觉——传统与现代文明的接榫》、《“美美与共”和人类文明》，载《费孝通在2003：世纪学人遗稿》，中国社会科学出版社2005年版。

或体验而实现审美沟通的过程。所谓审美，其实是“异趣沟通”的过程；所谓“异趣沟通”，意味着不同的民族与民族之间，同一民族中的不同群体之间及不同个人之间，需要在承认多元趣味共存的前提下，寻求彼此差异中的平等对话和理解。今天早已不再是趣味一律的时代，多元趣味之间的共存及其争鸣是不争的事实。重要的是，不同趣味之间能够平等对话和通达。如果说，对异趣沟通可以做适当的层次划分的话，那么，其初级层次可以有对话、仲裁、阐释等，其高级层次则可以有认同、体验等。异趣沟通既是美学，也是美育，既是人们所说的人文沟通的过程，也是人文素养的习得过程。美学作为探美的慧眼，可以帮我们练就透视审美现象的理解力和沟通能力，美学作为臻美的心灵得以养成的摇篮，也可为我们培育出爱美与求美的情感与理智、想象与幻想、认识与体验等思维与行为结构，使我们懂得并实际地追求深远的人生境界。审美能力和人文素养的获得终究在于个体在人生旅途上的社会养成和自我养成，这种养成意味着社会各种力量的长期熏陶与自我的主动涵养的高度融会。这样看来，美学的本来立意即在人文的“沟通”，而这也意味着人文“素养”的过程。

在这里，可以看到，过去高高在上以理论自尊而陷溺于本质主义知识学的美学，通过公共化、过程化、对话化，以及教与学的辩证，而转化为当代人文沟通和美学化育的活动。这种“审美沟通”的观点，将美学回复到人文沟通，这使得文艺美学能够上升到人文教育的立意。从审美沟通的角度理解美学问题，固然为的是理解审美与艺术现象本身，但更重要的是，通过审美活动或可理解和沟通那在当代社会、人生、艺术与审美中的人及其心灵，使人们可能通过艺术审美活动推进人文沟通和价值共享。从这种符号论和交往论的角度同样可以扩展到“文学”、“艺术”、“史传”、“哲思”、“道学”，彰显各学科本有的人文向度，使这些学科与教育正相吻合，互为表里。这种明确“人文沟通”向度的努力是可贵的，在当代人文学术和人文教育上，显得尤其迫切。

四　文艺素养与“文艺美学”

再次，素养论转向意味着重视“文”。“文”其实就是符号，所谓“人文”，其实就是人发明符号、利用符号、善用符号实现人文沟通和价值交换的能力或素养。古往今来人类所发明的符号已经形成庞大的网络，构成“人文世界”。而所谓“文学”、“美学”、“艺术”、“史传”、“哲思”、“道学”，则是每个人在相应的共同体体制中获得人文素养、臻及各自境界的不同途径。这些途径虽各有不同，但都是符号性的空间和世界，都需要人来善加利用和发明创造，从而实现真正的交往；人文教育也终究要落实到“文学”、“美学”、“艺术”、“史传”、“哲思”、“道学”等各种途径上。所以，人文教育要重视“文”的路径、角度、方式，亦即重视“人文”之“文”。

这里仅以文艺美学而言，其实亦即文学和艺术学科的本来立意所在。美学、文学、艺术学等人文学科，都应该在坚持人文交往这一根本指向的同时，尊重“文”的各具特色的符号性及其内在规律，并且根据每一个体的个性特点和差异，通过行之有效的人文传承，把握形形色色的“文”的机制和技术，形成相应的文艺素养。所谓人文素养，主要就是通过各种文艺样式和审美样式的感受、领悟、把握和习得而获得的能力和素质。过去一般理解是某种审美感受的能力和素质，但在这里，更应该强调它指向的是：对特定文艺样式及其符号表意的理解能力、把握能力和表达能力，以及善用符号以实现人文沟通和价值交换的能力。

重视和尊重“文”的各具特色的符号性及其内在规律，以当代文艺美学的教学而言，就是去追究人文学科和教育如何措意和上手的地方。如何使素养论转向得以落实，每位学人和文化参与者在感受民族文化和人文艺术时感到“不隔”，在欣赏其他民族文艺和趣味时得以交流和沟通，面对古来传统及其魅力时有所理解、沟通？关键在于“文艺美学”，在于找到各种文艺的体式、类型及其特点，学习和掌握各种新兴艺术样式、审美文化的内在修辞命意。各种文艺的体式、类型及其特点，譬如王国维所言的“古雅”之美。王国维在《古雅之在美学上之位置》中云：“古雅之能力，能由修养得之，故可为美育普及之津梁。虽中智以下之人，不能创造优美及宏壮之物者，亦得由修养而有古雅之创造力；又虽不能喻优美及宏壮之价值者，亦得于优美宏壮中之古雅之原质，或于古雅之制作物中得其直接之慰藉。故古雅之价值自美学上观之，诚不能及优美及宏壮，然自其教育之效言之，则虽谓其范围较大成效较著可也。”[①] 王国维所谓的“古

① 《王国维文集》第3卷，中国文史出版社1997年版，第35页。

雅”其实是较为稳定亦有相当内涵的传统文化符号在当代文化的遗存，它能够为一般人通过艺术修养而获得。一者古久，二者雅正，并且古来文艺作品丰富之极，恰好说明“古雅”之美可以成为当代文艺美学及其教学的内容。

各种新兴艺术样式、审美文化及其内在修辞命意，譬如桑塔格所谓的“艺术色情学”。桑塔格的《反对阐释》其实恰恰不是反对阐释，她反对的是长期以来英美中产阶级与传统人文主义合流之趣味的枯淡，及其在阐释各种新兴的“声光电化”的艺术时所表现出的愚钝或烦琐。她鼓吹“艺术色情学”其实是强调“批评的功能应该是显示它如何是这样”①，即在新奇艺术品层出不穷的时代里要通过把握艺术作品的文体、形式、语言而理解和阐释其背后的新意蕴。把握所谓的“艺术色情学”是必要的；因为就人文教育而言，在这样一个新兴艺术产品以及先锋派不断涌现、艺术生产极度繁荣的现代世界里，无论中外，都要学会“执正而驭奇”，理解和把握包括摄影、电影、纪录片等在内的新兴艺术形式。只有通过对各种新兴艺术样式、审美文化及其内在修辞命意的把握，才能在不断的碰撞、对话和沟通中，推动当代艺术公共性的生成，同时提高主体在世的艺术敏感和审美品位。“艺术色情学”的研究和教学，其实也正是人文化育之“育”、人文素养之“养”的意思。

素养论转向中的文艺美学，在人文教育方面应该大有作为。比如就中文专业而言，大学四年的教育应该是中小学教育基础上的、更强化、更精进的人文教育。大学阶段的文艺美学应该在这三个方面使大学生的素养和能力得到提升：其一，可以在物化时代中习得较好的人文趣味和修养，尤其是获得对经典的意识和终身阅读的功夫，这样可使人的一生有可能突破简单意识形态，寻找有效的文化认同。其二，可以更为深入地理解古今中外各类文化和修辞，各种形式的文选阅读和文本阐释的功夫可以使人们看清古今文体，领会各种阅读法，造就较为精微的审美欣赏和深致的文化理解。其三，还可以初步练就一点写作代言（represent）的技术，只有通过相应文类写作和文化参与的实践，人们才可能突破审美主义的被动感受，把自己培养成为有思想、有情操、会表达的文化公民。

中国传统文教的最高境界，基本上体现为人人皆知的一副对联：“风

---

① ［美］桑塔格：《反对阐释》，程巍译，上海译文出版社 2003 年版，第 3—17 页。

声、雨声、读书声，声声入耳；家事、国事、天下事，事事关心。”有人认为，这里第一句讲个人的身心修养问题，第二句讲的是公共关怀问题；这两个方面会有张力，但人文教育追求的是实现个人修养与公共关怀的统一。在笔者看来，“声声入耳”即是一种境界，不仅包含“事事关心”，而且意趣更为高远。素养论转向中的文艺美学，追求的重点也就是那“声声入耳”的境界。古之“音”“声”就是当代所谓的符号，就是“文”，“人”之“文”；“声声入耳”就是对各种声音（包括风声、雨声、读书声）、各种“文”、各种“艺”、各种“美”的感知、辨析和领会。从单纯的“音”“声”接受，到“声声入耳”的人生境界，意味着不仅是人生发展的过程，更意味着人文素养和高尚情操的修习过程。引申一点说，所谓文艺美学及其教学就是要求我们每个人都修养成一种素质和能力：不仅明辨各种声音，感知到并准确辨认来自古今中外各方面、甚至各种幽微地带的声音，而且要使这些声音都能入耳，能够沟通、兼摄和协调这些声音，使它们在个人情操的养成中不仅不成为障碍，反而成为高尚情操的助力和催化。这样的“音”“声”和人文，其实就是完善自我、能够与世界优秀文化和伟大心灵实现沟通与互动的精神土壤和文化空气。当代大学和文艺美学应该就是这样的一些“音”“声”和人文。当此全球金融危机和大学生难以就业之际，讨论“素养论转向”似乎不合时宜，但其实卑之无甚高论，不过是试图重申大学人文教育和文艺美学的本来含义。

（陈雪虎）

第八章

软实力视野下的中国文艺传统

当代媒介社会的艺术呈现出纯泛审美互渗的显著特征，在此时代，提升民族文化艺术水平，需要有新的理论范式对当代艺术独特表征和发展趋势作正确的理论回应。当代国民文艺素养学的提出，正是一种新的研究范式选择和理论概括。国民文艺素养的提高，关乎我国良好民族素质的养成和文化活力的激发，国家文化软实力固然是当代社会多元要素合力作用的结果，然而“此在”本身包含着历史的因子，中国有丰厚的艺术史资源，有独特的艺术传统，它们广泛渗透入今天复杂多样的艺术活动中。立足于今日特定的国民艺术素养学的研究理论，在当代文化软实力宏观视野下，我们认为，中国艺术传统经过现代性的转换，有三个方面的艺术传统可以梳理出来，作为建构中国艺术史的支撑性的结构线索。

一　中国艺术传统的“以我观物”、“天人合一”的探求精神

古典时期的中国艺术，相对地独立于古希腊和古罗马以来的西方艺术源流，形成了自己独特的风格特点，尽管在中间发展的过程中，受到了印度、波斯等地区的艺术的少许影响，但从根本上仍坚持了自己的艺术传统，这一传统在整个古典时期是一以贯之、连绵不绝的。这不仅体现于在创作方式上重视艺术的主体表现性，重视人内心情感抒发和心理意象，不重视对于客观事物的描摹和刻画，更重要的是在艺术追求上，重视以艺术的特定形式去追问天道，去感悟人生，去修身养性，从而求得艺术化的生存，近似于海德格尔所引用的荷尔德林的诗句：“充满劳绩，但人诗意

地/栖居于这片大地之上。"① 这是一种人生的境界和追求，从《周易》诗化的语言，到老子和孔子等先秦诸子百家的诗意表述，再到唐宋时期文人墨客吟诗作赋，流连于琴棋书画，都可以明显地看到这个一以贯之的进程。

中国古典艺术当然也重视对于"天道"的追问，人们也不可避免地徘徊于"物"与"我"（用西方话语体系讲述，即"客体"与"主体"）所构筑的迷宫中，苦苦追寻人的生存本质，在这一点上，中西方的艺术关注的问题是一致的。但所不同的是，西方艺术传统走向了"以物观我"、"物我分离"的道路，而中国艺术传统走向了"以我观物"、"天人合一"的道路。对于这一问题，宗白华先生在他的《论中西画法的渊源与基础》一文中有过深刻的论述。他说："中画、西画各有传统的宇宙观点，造成中、西两大独立的绘画系统。""一为写实的，一为虚灵的；一为物我对立的，一为物我浑融的。""西洋画虽有古典与近代两种绘画的不同，植根于中西两种不同的文化精神。"②

中国古典艺术的"意境说"，与古代哲学中的"天人合一"思想有着内在的联系，或者可以说就是由"天人合一"思想派生出来的艺术观念。在中国古代的文艺理论中，意境是指作者的主观情意与客观物境相互融会而形成的艺术境界。刘勰在《文心雕龙·神思篇》中说："故思理为妙，神与物游。神居胸臆，而志气统其关键；物沿耳目，而辞令管其枢机。"所谓的"神与物游"，也就是指艺术家的主观情意与客观物境的契合交融。王昌龄的《诗格》中说："夫置意作诗，即须凝心；目击其物，便以心击之，深穿其境。"其中讲到心与境的关系问题，一般地被认为这是意境说的第一次明确提出。此后，唐末的司空图、宋代的苏轼、明代的王世贞等人都继续对"意境"进行了深入的阐述，到近代王国维，吸收了德国的康德、叔本华的观点并加以综合，把西方的美丽、崇高理论同中国古代文论结合起来诠释、界定"意境"（有时他又称"境界"），大力标举意境，并且深入探讨了意境多层含义，经他提倡，"意境"一词更是大为流行。王国维对

① ［德］M. 海德格尔：《诗·语言·思》，彭富春译，文化艺术出版社 1991 年版，第 188 页。

② 宗白华：《艺境》，北京大学出版社 1987 年版，第 113、118 页。

“意境”所做的条目化的处理方式，固然对于我们深入理解中国古代艺术有着重要帮助，然而“有我之境”和“无我之境”的明确对立，也带有强烈的西方二元论的哲学思辨特征。在王国维之前，意境并非“有我”与“无我”的明确区别状态，意境是“物”、“我”混一而交融的状态，无法明确区隔。

为什么中国古典艺术能够如此自信地认为可以“以我观物”、“物我交融”呢？这根本的缘由在于，我们的古人从世界观上，认为世界诞生于混沌状态，是天人合一、物我交融的形态，这是世界最本初的状态，也是最本质的状态。不分主体和客体，不分外物与自我。因此艺术的根本精神就是回到原初的本质状态，在本质状态中充分吸收天地的精气，创造出惊世骇俗的艺术杰作来。作为最早的哲学著作，《周易》中谈到物质的本原时说：“是故，易有太极，是生两仪，两仪生四象，四象生八卦。”（《系辞传上》）老子在《道德经》中也说：“道生一，一生二，二生三，三生万物，万物负阴而抱阳，冲气以为和。”《周易》中生出万象之“易”，和老子所讲的生出万物的“道”，都是发源于中国原始先民认识世界的一种原初观念。三国时期徐整的《三五历记》记述当时流传的盘古开天辟地神话：“天地混沌如鸡子。盘古生在其中。万八千岁。天地开辟。阳清为天。阴浊为地。盘古在其中。”这则神话所反映出来的也正是原初世界是混沌未凿初始状态的观念，而古典艺术所追求的最高境界就是要回到这个状态中。

在此原初观念上，中国与西方可能就有了重要区别，产生了中西文化相独立而发展的原初动力根源。中国古典的文学、绘画、音乐无不受到这种传统的深刻影响，到明代的著名画家石涛更是提出了“一画之法”，他说：“夫一画含万物于中。”“心即是画，画即是心，心画如一。一画之法，即一心之法。法自我立，故‘吾道一以贯之’。”依照石涛的观念，所谓的“一画法”，就是一种将万事万物的形态混合于自我的心中，万物与我同一，故我所作之画就传达出了万物的精神。

天人合一的哲学命题，反映在艺术观上，就是一种“循本尽心”的追求，力图在物与我之间建立起一种精神联系，打破物与我之间的阻隔，贯通物与我的边界，从而达到物与我的统一，艺术成为达到这种追求的桥梁，或者说，艺术为这种精神追求建立了平台，提供了实现这种精神追求的可能性。艺术因此也就成为了作为中国人生存的精神家园。

在当今主体与客体严重分离对立的世界观下，艺术本身充满了离乱和纷扰，这已是一种常态，有观点认为这是文明现代性的根本表现，人们只能接受这样的“艺术现实”，然而既然允许有的艺术追求怪异，可不可以也允许有的艺术追求平和？人们有权在艺术中体味自然的美好，感受人与外界的和谐，这也是普通百姓的本真需求，这些不会随着一小部分怪异的“现代艺术”的甚嚣尘上而产生根本的动摇，中国的百姓倾向于不去理解这样的艺术形式，他们有着自己的艺术化的生活之道。如果我们承认清晨在公园里随着音乐而挥动“太极剑”，以及在小区的马路边上用自制的大刷子书写中国书法的人从事的也是一种广义上的艺术活动，那么，我们就不得不承认中国艺术的传统不会轻易断绝。宗白华先生认为，中国的古典艺术有一种“飞动”之美，具有“舞”的精神，他说：“中国的绘画、戏剧和中国另一特殊的艺术——书法，具有着共同的特点，这就是它们里面都是贯穿着舞蹈精神（也就是音乐精神）。”[①] 又说：“在汉代，不但舞蹈、杂技等艺术十分发达，就是绘画、雕刻，也无一不呈现一种飞舞的状态。……这种飞动之美，也成为中国古代建筑艺术的一个重要特点。”[②] 根据宗白华先生的提示，我们发现，在中国古典艺术里，杂技、绘画、书法、建筑、雕刻等都有“舞”的精神。因此，是不是可以这样认为，清晨在公园中舞动太极剑术的人们，也正是在表演着一场传承久远的集体舞蹈，是一种艺术化的健身之道。2008 年奥运会开幕式文艺表演中的太极武术，与其说是一种功夫，不如说更像是舞蹈，而在长长的画卷上舞蹈的舞者，脚下也正画出一幅自然山水。舞蹈和绘画在这里浑然一体，这就是一种中国古典艺术精神，追求艺术的融会贯通，在生活中“舞蹈”，体味生命之美，艺术之美。国民的艺术素养应该在这种艺术化的生活中逐步养成，人们可以用艺术方式体会自我与世界的共同呼吸，感受生命的美丽，欣赏人世间的美好。艺术公赏力的视野下，需要艺术具有满足公众鉴赏的可赏质，而如何在艺术表现中融入民族艺术特质，让艺术具备公众分赏或合赏的品

① 宗白华：《中国艺术表现里的虚与实》，载《艺境》，北京大学出版社 1987 年版，第 272 页。

② 宗白华：《中国美学史中重要问题的初步探索》，载《艺境》，北京大学出版社 1987 年版，第 338 页。

质无疑是一个值得思索和探究的课题。

二 中国艺术传统的阐明道德，经世致用的思想意识

在以《周易》、《老子》为哲学根源而滋生出来追求“以我观物”、“天人合一”的艺术境界的同时，源于《尚书》、《礼记》、《论语》的另外一个艺术传统也在发芽、生长。这一传统就是艺术追求“协和大同”的社会理想和以艺术阐明道德，经世致用的文艺功能观。《尚书》是我国最早的散文总集。这些散文，用今天的标准来看，绝大部分应属于当时官府处理国家大事的公务文书，准确地讲，它应是一部体例比较完备的公文总集。孔子不太喜欢讲述“天道”，他所推崇的春秋时代的郑国政治家子产认为：“天道远，人道迩，非所及也。”（《左传·昭十八年》）孔子也说过类似的意思，他更重视现实生活中的社会伦理，因此对《尚书》特别重视，花费了大量的时间和精力去整理这部著作。《尚书》的很多篇章讲到了理想社会的状况，比如《尧典》中：“克明俊德，以亲九族。九族既睦，平章百姓。百姓昭明，协和万邦。”这是一种国家意志和它的人民诉求在道德上达成高度一致、社会和谐发展的理想状态，与这种社会理想相统一，艺术也就要进行整合而成为其中的组成部分。在《尚书·皋陶谟》中，提出通过“六律”（黄钟、大蔟、姑洗、蕤宾、夷则、无射）、“五声”（宫、商、角、徵、羽）、“八音”（金、石、土、革、丝、木、匏、竹）等音乐的形式而明察治乱、经世致用的思想。中国古代的统治阶层一般都是重视艺术的，特例如秦始皇，也保留秦国原有的庙堂之乐，这是因为从上古时代，艺术就与礼仪在道德标准上被统一了起来，形成了一个重要的传统。而中国古代称为“礼乐社会”，艺术与礼仪一样也被内在地结构在了社会理想中。

艺术是建立“协和大同”社会理想的手段，也是一条现实的道路。为实现艺术这一功用，首先就是要提倡“明德经世”的艺术追求，认为艺术要培养人的道德情操，要树立社会道德的标准，促进社会的发展。《尚书·舜典》中记载名为“夔”的官吏来管理艺术，夔用音乐艺术（包括诗、乐、舞）来教后代，使他们正直而温和，宽厚而威严，刚毅而不残暴，简洁而不傲慢。金、石、土、革、丝、木、匏、竹八音

和谐，不杂乱无序、相互侵扰，神与人自然能够和睦相处。夔敲击着石制乐器，连百兽也跟着起舞。孔子强调艺术的社会政治的功用，特别强调艺术在积累知识、阐明伦理、修养道德方面的巨大功用，他认为，文艺既可以激发内心情志，使人们互相切磋，交流思想感情，又具有观察民情，帮助政治教化的作用。最高的政治理想，具有一种审美的意蕴，与人内心是统一的。“志于道，据于德，依于仁，游于艺。”道、德、仁、艺，这四者的统一，是至高的人生追求，也是“协和大同”社会理想下人的自然状态，而这四者统一的原则则是它们本质上都有着向善的德性，因此孔子在“性善”或“性恶”二者之间，自然会主张“性善说”。

在“协和大同”、“明德经世”的艺术传统和审美语境下，产生了中国艺术的“风骨”论、“比德观”、“中和美”等特定的文艺观。文学、绘画、音乐中都有“四君子”和“岁寒三友”等形象，形成了中国诗赋和绘画中道德化了的自然美意象系列，如梅、兰、竹、菊、松、莲、山水等。白居易在《与元九书》中说：“风雪花草之物，《三百篇》中岂舍之乎？顾所用何如耳。设如‘北风其凉’，假风以刺虐也；‘雨雪霏霏’，因雪以愍征役也；‘棠棣之华’，感华以讽兄弟也；……”《诗经》中对于普通的花草的感兴，在白居易看来是一种托物比附的艺术手法，这和他提出的“新乐府运动”的主张是相契合的，这正是中国古典艺术“比德”观的一个具体体现。在中国古典艺术中，白居易的文艺观并不孤立，与之相呼应的文艺主张比比皆是。甚至可以说，中国二十世纪的现实主义的文艺观，从历史渊源上讲，也与此有着内在的关联。这一艺术传统已经深深地扎根在中国文化中，也是可继承的宝贵财富。

国民艺术素养，并不仅是个人闲来时的歌咏吟唱、寄兴遣怀，其实也有深远的对现实的关怀之意灌注其间，文艺是为了使人在现实生存中更加美好，而个人的现实生存又怎能脱离群体性的社会性生存呢？艺术公赏力概念的核心目标是不同的美或审美价值观在社会共同体中和谐共生，促成艺术公共伦理的生成，我国相对较为凸显的艺术的社会伦理价值追求倾向，在当代社会仍未见减弱或消退的迹象，这一倾向无疑也会对艺术公共伦理的建立和发展产生深远的影响。

三　中国艺术传统的“感兴言志”、“达情畅意”的人生追求

国民艺术素养学关注国民丰富多彩的精神文化生活，要求艺术具有“可感、可思、可玩、可信、可悲、可想象、可幻想、可同情、可实行”的公赏力①。艺术是情感的诗意表现形式。中国古典艺术从其基本倾向而言，是重视表现性的，这是《诗经》以来形成的另一个重要的艺术传统。《尚书·虞夏书》中说：“诗言志，歌永言，声依永，律和声。”《毛诗序》中总结《诗经》的创作经验指出：“诗者，志之所之也。在心为志，发言为诗，情动于中而形于言。”这些重要的论断表明在上古时代中国艺术开始了“感兴言志”、“达情畅意”的一个传统，这一传统在此后的年代里得到不断地发展和升华。司马迁有著名的“文艺发愤说”，在《报任安书》书中，他说：“《诗》三百篇，大底圣贤发愤之所为作也。此人皆意有所郁结，不得通其道，故述往事、思来者。乃如左丘明无目，孙子断足，终不可用，退而论书策，以舒其愤，思垂空文以自见。”西晋陆机《文赋》指出：“诗缘情而绮靡。”“言寡情而鲜爱。”刘勰更是一个重视文艺情感性的文论家，在《文心雕龙》的大量篇章中都论及情感的重要性，在《情采》篇中他说：“文采所以饰言，而辨丽本于情性。”“繁采寡情，味之必厌。”刘勰还从创作发生、作品文本、审美欣赏等整个过程论述了情感的地位和作用。

明代更是推崇“情感”至上并以此对抗理法的时代。袁宏道说：“大概情至之语，自能感人。”（《小修诗叙》）李贽说：“《水浒传》文字，原是假的，只为他描写得真情出，所以便可以与天地相始终。”（《水浒传回评》）黄宗羲说：“凡情之至者，其文未有不至者也。”（《明文案序》上）王夫之说：“情之所至，诗无不至；诗之所至，情以之至。”（《古诗评选》卷四）汤显祖更是将情上升到人的本质的高度，人生是为了情，因此作为人的创造物的文艺也是为了情，他说：“情不知所起，一往而深。生者

① 这一观点来自王一川教授的文章《建国60年艺术学重心位移及国民艺术素养研究》，《天津社会科学》2009年第3期。

可以死，死可以生。生而不可与死，死而不可复生者，皆非情之至也。”（《牡丹亭题词》）这是不受礼教束缚、不合纲常规范的自然真情，明清时代文艺家从当时思想界的启蒙主义观念出发，把情提升到人生本体论和宇宙本体论的高度，认为人世间的一切理性和道德，均应由真情而产生。这是情感美学的一次飞跃发展。中国古典艺术不断拓展着以“情”为美的艺术思想，在当代以情感体验为中心的艺术潮流中仍然具有可资借鉴的丰富的理论资源。

文化软实力是出于适应当代艺术活动的新方式而提出的。今天的艺术活动的新方式应扎根于国民日常生活中的多样趣味和个体亲身体验，艺术不仅作为高雅的精神享受而存在，而且也融入平常的物质生活过程中。中国古典时期的艺术也正是在满足民众欣赏新需求和创造艺术活动新方式中不断演进的，古人同样拥有丰富多彩的艺术生活，体现在衣食住行的各个方面，其文艺观念也在不断变化之中。在当今推进文化软实力建设的背景下，总结中国古典艺术传统，一方面可以使我们更加了解我国的文化艺术资源，另一方面也可以拓展我们的精神生活视野，这些都是十分有益的。

（郭必恒）

第九章

文化软实力指标体系的建构原则与构成要素

审度“世界历史”进程中的动力学机制，毫无疑问成为了“后发”意义上民族国家的“政治问题”。这使世人深刻地认识到，任何国家的崛起都不只是经济上的，在最终的意义上更应该有文化的崛起作为基础。正如塞缪尔·亨廷顿在阐释“文明的冲突”模式时所说：“这一模式强调文化在塑造全球政治中的主要作用，它唤起了人们对文化因素的注意，而它长期以来曾一直为西方的国际关系学者所忽视；同时在全世界，人们正在根据文化因素来重新界定自己的认同。”① 那么，基于文化的重要意义，如何按照文化的内在本质要求，积累与激发出作为中国国家发展战略的一种软实力资源，促进中华民族的伟大复兴，并提高其在世界格局中的地位和作用，成为了“我们”的问题。

一 “文化软实力”概念的一般理解与“内在矛盾”

全球化的影响使得很多词汇被到处标榜，诸如民主、自由之类堪称“普世价值”的诱人“学说”。但是，“意识在任何时候只能是被意识到了的存在，而人们的存在就是他们的实际生活过程。”② 依此之理，“文化软实力”这一概念的频频出镜，无论如何也不能依照原教旨主义那样剥离掉理论原初的存在根源，而径直地取之为用。从语言哲学来讲，作为语词的“文化软实力”能够“指涉”的内容一定是生发在特定的语境中的，

---

① ［美］塞缪尔·亨廷顿：《文明的冲突与世界秩序的重建》，周琪等译，新华出版社 1998 年版，第 1 页。

② 《马克思恩格斯全集》第 3 卷，人民出版社 1960 年版，第 29—30 页。

这一社会存在的整体复制显然是不可能的。一个缺乏反思性的概念挪用在任何意义上都是一种语词暴力。有了这样的自觉意识之后，寻求一种合理的解释座架，并予以恰当的反思，是一条较为妥当的做法。回到语境中，我们看到，如果说现代性动摇了所有的思想传统的话，全球化正是人类关于“空间观念”与“时间观念”的转变，这一点直接颠覆了人类原有的生存方式，正是如此，世界各种文化在“消融”与“丧失”中获得涅槃性的“重生”，从这个意义上讲，文化软实力是一种实实在在的“身份政治学”。

首先剖析一下文化软实力发生学机制。最早明确提出并系统阐述了“soft power”概念的是美国学者约瑟夫·奈。但在不同时期，约瑟夫·奈对“soft power”作出了多种不同的界定。其内涵集中体现在他2006年发表的“Think Again：Soft Power”一文中，他将这一概念简单地定义为“通过吸引而非强制或者利诱的方式改变他方的行为，从而使己方得偿所愿的能力”。从本质上来说，约瑟夫·奈讲的的确是一种权力，而非实力。“软权力”不能包含非政府组织、民间组织、跨国组织的作用和力量。用“软权力”翻译约瑟夫·奈的“soft power”概念，符合约瑟夫·奈本人对权力“行为说”和“资源说”的分析。这里清晰可见的是，软实力是一种资本扩张的动力：“资本的力量现在是如此令人意气消沉地放肆、如此令人崇敬地无限权威和无处不在。”① 文化与资本逻辑共舞，无非是为其霸权寻找到一种软着陆的载体而已，在这一点上，我们同意威廉·罗宾逊在分析从本国阶级到全球阶级时所叙述的看法：“过去那种将国际化视为不同的资本国家集团相互竞争的观点，如今只是作了稍微的修改，以适应新的全球化时代的相互勾结。”②

透析“soft power”隐喻背后，可见该词实际上正是对权力概念的拓展，其目的是针对要求降低对于文化软实力的乐观主义，坚持资本的征服力量而言的。这一点上，他们从相反的一面读懂了历史唯物主义的教诲：“资产阶级，由于一切生产工具的迅速改进，由于交通的极其便利，把一切民族甚至最野蛮的民族都卷到文明中来了。它的商品的低廉价格，是它

---

① ［英］伊格尔顿：《后现代主义的幻象》，华明译，商务印书馆2000年版，第23页。

② ［美］威廉·罗宾逊：《全球资本主义论》，高明秀译，社会科学文献出版社2009年版，第48页。

用来摧毁一切万里长城、征服野蛮人最顽强的仇外心理的重炮。它迫使一切民族——如果它们不想灭亡的话——采用资产阶级的生产方式；它迫使它们在自己那里推行所谓的文明，即变成资产者。一句话，它按照自己的面貌为自己创造出一个世界。”①

当然，我们无意于着力渲染其霸权的内涵，只不过由于资本逻辑所裹挟的文化软实力已经毫无悬念地向我们展示了这一点。幸好，当约瑟夫·奈的“soft power”当其被转译为各个国家的语汇时，均成为了一种“国别性”的概念。在中国学术界，译为“软实力”的则意味着从原先的“软权力”一种强调“控制”“他者”的视野（虽然是一种吸引而非强迫）下行到一种强调自身“实力”而与“他者”“共生”的理念转换，从而具有中国特色气派。在明确上述概念背后的意识形态的语境警觉之后，“软实力”这一概念其实已经被广为使用，我们至少会发现，如果按照“软实力”的本意来讲，它至少产生了以下矛盾：

首先，软实力与和谐社会、和谐世界的提法相矛盾。党的十六届六中全会提出了建设“社会主义和谐社会”的纲领性文件，深入探讨和认识了“和谐社会”与“和谐世界”。“和谐社会”是对社会主义市场经济条件下的中国经济、政治、社会、文化诸结构的总体概括。特别是中国社会经济结构在现代化、市场化、民主化、国际化的过程中，以“和谐”作为协调各种利益、平衡各种关系、缓解各种矛盾的总方法。构建“和谐世界”，应是形成、维护和扩大各国之间的共同利益，致力于应对人类面临的各种共同威胁和挑战、以和平的方式解决各种国际争端，通过对话的途径缩小分歧、形成共识，在各种不同的文化和社会制度之间求同存异、共同发展。这些显然与“称霸”的本意相距甚远。

其次，软实力的含义被局限于文化上来理解。试图界定文化确实相当为难，正如学者维克多·埃尔所说：“企图或者声称给文化概念确定范围是徒劳的。”② 故而，我们理解的文化“软实力”不能仅仅将“文化”一词锁定于“狭义的文化”，应该尽量将“文化”扩展开来，避免造成一种短视，即仅仅是一种文化培育，而看不到是一个国力间的提升以及建设和

---

① 《马克思恩格斯选集》第1卷，人民出版社1995年版，第276页。

② ［法］维克多·埃尔：《文化概念》，康新文、晓文译，上海人民出版社1988年版，第8页。

谐世界的重任。要跳出文化，从国家战略的高度来理解文化“软实力”。文化“软实力”的基础是价值观，渗透于经济、政治、文化、外交、军事和社会生活的其他各个领域，文化“软实力”必然要通过这些领域来表现。这样，“文化软实力”就不仅仅是文化领域所能解决的，它应该是一个复杂的系统工程。

因此，赋义“软实力”的“中国化”内涵，即应该从中国的传统文化与当代发展需要这一中国现实出发，来赋予软实力“中国向度”的一般理解。

二　历史唯物主义：考量文化软实力的“基本理论资源”

对西方文化软实力作了一次批判之旅之后，我们切实地领悟了福柯的如下说法：“在试图揭示出西方文化的最深地层的过程中，我使它的种种断裂、它的不稳定性和它的流动性重新回归我们那寂静的、貌似静止不动的土地，正是这同一块土地在我们的脚下在一次涌动起来。”① 是的，正是理解了西方文化软实力的资本逻辑的“空间扩张”特质，才使得建构中国文化软实力能够在超越资本逻辑下得以观照，真正地“在我们的脚下涌动起来了”。那么，如何准确地获得一个较高理论视域，来观照文化软实力对于一个民族发展的重要作用？我们有没有自身的理论资源可供获取？或者进一步说，我们还能在什么样的背景下来进行理解？这些问题都将我们带进了一个较为深层的理论追问中。

将它们置放在历史唯物主义语境中，我们才能获得历史的高度视野。在对马克思主义经典作家的文化理解之文本的梳理过程中，我们会发现，其实“文化”一词在马克思遗留的文本中具有不同的指称。诸如在《1844年经济学哲学手稿》中论及“对整个文化和文明的世界的抽象否定”② 的说法则表明文化的“文明”含义、在《资本论》中论及“简单

① 转引自［美］肯迪斯、方坦纳编《后现代主义与社会研究》，周晓亮等译，重庆出版社2006年版，第1页。

② 《马克思恩格斯全集》第3卷，人民出版社2002年版，第296页。

平均劳动虽然在不同的国家和不同的文化时代具有不同的性质，但在一定的社会里是一定的”①。这里的文化则指的是某一民族在历史进程中由人们长期的社会实践所积累并记载的经验。当然，还有仅仅指涉文化程度的含义：“普通农民、贫贱农民是不被马克思主义者赏识的，而且是文化程度最低的，他们大概要受城市工厂无产阶级统治。”② 当然，在文本的疏解过程中，我们获知的启示主要有两点：

第一，关于文化观念史意义上对于文化认知的历史唯物主义批判，这决定着我们理解文化软实力的限度问题。在马克思的早期学术语境中，在他经受斯密、李嘉图的古典经济学的洗礼之前，更为重要的是，马克思本人的阅读与思考的语境都是在一种文化观念史的氛围熏陶中，铺开自己的理论奠基工作的。这样一来我们看到，诸如鲍威尔《十九世纪政治、文化和启蒙的历史》以及施蒂纳的《唯一者及其所有物》这些著作，在马克思的早期文本中不断出现。但是，在《德意志意识形态》中，马克思对这样一种观念史给予了批判：“德国人认为，凡是在他们缺乏实证材料的地方，凡是在神学、政治和文学的谬论不能立足的地方，就没有任何历史，那里只有‘史前时期’；至于如何从这个荒谬的‘史前历史’过渡到真正的历史，他们却没有对我们作任何解释。不过另一方面，他们的历史思辨所以特别热衷于这个‘史前历史’，是因为他们认为在这里他们不会受到‘粗暴事实’的干预，而且还可以让他们的思辨欲望得到充分的自由，创立和推翻成千上万的假说。”③ 对于观念史的写作的根本错误，马克思指出，正在于历史唯物主义实现的对于“原本批判”的思考路径，那种文化意义上的写作方式、批判方式的“副本批判”则应该“退场了”。“直接的物质的生活资料的生产，因而一个民族或一个时代的一定的经济发展阶段，便构成为基础，人们的国家制度、法的观点，艺术以及宗教观念，就是从这个基础上发展起来的，因而，也必须由这个基础来解释，而不是像过去那样做得相反。”④ 这是马克思主义对于理解文化问题的基本方法论界定。

第二，“文化软实力”的民族推动作用历史唯物资源疏解。虽然在马

① 《马克思恩格斯选集》第 2 卷，人民出版社 1995 年版，第 296 页。

② 《马克思恩格斯选集》第 3 卷，人民出版社 1995 年版，第 286 页。

③ 《马克思恩格斯选集》第 1 卷，人民出版社 1995 年版，第 79—80 页。

④ 《马克思恩格斯全集》第 25 卷，人民出版社 2001 年版，第 594—595 页。

克思恩格斯的经典文本中，没有直接使用“文化软实力”这一概念，但实质上他们多次表达过与此相类似的含义。首先，在文化对于经济发展的反作用上，马克思告诫人们在把经济条件看作归根到底制约着历史发展的东西的时候，指出：“不应当忽视：政治、法、哲学、宗教、文学、艺术等的发展是以经济发展为基础的。但是，它们又都互相作用并对经济基础发生作用。并非只有经济状况才是原因，才是积极的，其余一切都不过是消极的结果。”① 其次，文化对于一个民族具有自我认同及整合的功能。在世界历史进程中，“不断扩大产品销路的需要，驱使资产阶级奔走于全球各地。它必须到处落户，到处开发，到处建立联系”，“资产阶级，由于开拓了世界市场，使一切国家的生产和消费都成为世界性的了。”② 各个民族国家在文化的碰撞过程中，更加注重民族文化的自我认同问题，“认同自身的关系只有通过他同他人的关系，才成为对他来说是对象性的、现实的关系”③。再次，文化也是人类自我解放的一个根本领域。未来共产主义社会不仅要在建立社会主义公有制的基础上大力发展生产力，达到消灭阶级和阶级差别，而且需要“才能得到全面发展”的人。马克思认为：“它不仅是提高社会生产的一种方法，而且是造就全面发展的人的唯一方法。”最后，文化本身作为一种生产力，集中表现在马克思的精神生产理论中。马克思在《德意志意识形态》中提出了“表现在某一民族的政治、法律、道德、宗教、形而上学等的语言中的精神生产”④ 的“精神生产”概念，认为精神生产是人类全部社会生产的重要组成部分。与物质生产相对应，精神生产是第二性和被决定的。但是精神生产还有其相对独立性和对物质生产的反作用性。

三　功能呈现：中国文化软实力建构的“三重关系”

正如上文我们所思考的，“文化软实力”概念是在资本逻辑的诱引下所进行的，是一种文化霸权，最终无非是想达到福山之流“历史的终结”

① 《马克思恩格斯选集》第4卷，人民出版社1995年版，第732页。

② 《马克思恩格斯选集》第1卷，人民出版社1995年版，第276页。

③ 《马克思恩格斯全集》第42卷，人民出版社1972年版，第99页。

④ 《马克思恩格斯选集》第1卷，人民出版社1995年版，第72页。

之类的狂妄幻象罢了①。中国文化软实力是基于社会主义的本质来思考的，它的目的不是一种霸权性的强加于人，而是能够发展文化，完成中华民族伟大复兴的使命，在这一点上，它是追求“自足性”的，而绝非霸权。这是中国文化软实力建构必须牢记的核心本质，它构成了文化软实力问题的前提。

首先，文化软实力与中华民族的文化自觉。西方哲学家罗蒂在《筑就我们的国家——20世界美国左派思想》一书中，对于一个民族的文化自觉的意义有过这么一个说法：“每个公民都应该在感情上同自己的国家休戚与共，只有在民族自豪感压倒民族耻辱感的时候，这个国家才能在政治上有所作为。”② 回首中国百年发展历程，在任何乱象丛生的时候，始终能够推动整个民族往前走的根本性力量，就在于中华民族自我认同的聚合力量。而这需要文化软实力的提升来凝聚民族的文化认同。然而，后现代主义思潮以嵌入人们神经末梢的方式，使得人们不再可能达成文化认同所要求的一个本质性的共识。同时，在以资本为基本建制的西方现代性的“空间化”以后，人们往往在文化上面对西方文明的“他者”与中华民族的“自我”碰撞，会产生出亨廷顿的“我们是谁”的问题，如果说，当整个西方的“他者”文化形成为一种意识形态，成为我们的文化认同的话，这样必然会丧失掉对于“自我”的认同感。这一点，在当前的国内思潮涌动中，尤为值得关注。

其次，文化软实力与国家意识形态建设问题。统治的合法性进行内涵界定的话，那么，正如哈贝马斯所指认的，合法性意味着某种政治秩序被认可的价值以及事实上的被承认③。统治能够得到被统治者的承认，是因为统治得以建立的规则或基础是被统治者可以接受的乃至认可、同意的。那么，这种合法性如何能够以一种思想观念的形式对于这种合法性进行一种思想上的认同与说服，这便是意识形态，这与文化软实力息息相关。在唯物史观的“总括”中，说出了一种隐喻，即“经济基础—上层建筑”的社会构架的工程模式。似乎，人们一直认为这一决定与反作用的历史辩

① ［美］福山：《历史的终结及最后之人》，黄胜强、许铭原译，中国社会科学出版社2003年版，第1页。

② ［美］理查德·罗蒂：《筑就我们的国家——20世纪美国左派思想》，黄宗英译，生活·读书·新知三联书店2006年版，第1页。

③ ［德］哈贝马斯：《交往与社会进化》，张博树译，重庆出版社1989年版，第184页。

证法是具有一种“似自然性”的。但是，对于这一隐喻更为深层的问题多少有些把握不清，那就是，意识形态自身在某种意义上具有根本性的作用，当然，承认这一点也不能远离上述隐喻的历史唯物主义的基本理论立场。正是在上述说法中，我们有理由相信一种说法，第一个提出文化软实力并系统地论证它的，当属意大利的西方马克思主义开创者葛兰西，并且，在他那里，文化软实力就是意识形态。葛兰西在《狱中札记》中认为，意识形态是“含蓄地表现于艺术、法律、经济活动和个人与集体生活的一切表现之中”的世界观，意识形态包括哲学、宗教、常识和民间传说等，它能“‘组织’人民群众，并创造出这样的领域——人们在其中进行活动并获得对其所处地位的意识，从而进行斗争”。这给予当下的理论启示是，发挥意识形态的理论功能，途径就在于文化软实力的建设。

最后，文化软实力的功能展示为一种社会要素的“优化剂”。社会的系统性的功能是否得以正常的运作，一个根本的测定就在于是否能够有效地整合该社会中的经济、政治、社会各种资源，而这种力量的来源就是文化。政治本身就是一种文化，“政治，如我们所言，是在文化的地面上面的一幅图画”①。如果说，政治是一种如何生活的技巧，那么，文化则是为这些技巧的领域提供了基于现实的语境。文化在经济上的优化则表现为，特有的文化软实力建设内涵，诸如坚持历史唯物主义立场来分析对待文化软实力的基本原则，那么对于就应该尽量超越简单的现代性视野，能够既为经济建设提供文化支撑，又能够以一种文化批判的态度对待经济问题，这一点，在当下毫无原则地拥抱“市场经济”、为“资本逻辑”而欢呼的整个全球化与现代性语境中，进行马克思主义文化批判是现实向理论的召唤。文化，对于整个社会来讲，其中一个核心的问题就是为建构公民社会培育出合格的“公民”。这一点集中体现在公民文化上，它为政治文化、经济文化、科学文化、艺术文化的蓬勃发展塑造出一个基本的主体力量，而且还能够提供知识学视野、生存论关照、价值目标和导向系统。

（孙　亮）

① ［英］英格利斯：《文化》，韩启群等译，南京大学出版社2008年版，第44页。

中　编

现象与对策

第十章

中式大片软实力现状及其问题

2010年年初，当中国大陆电影业在盘点2009年全年故事片产量456部、票房攀升到创纪录的62.06亿元、综合效益高达106.5亿元等突出业绩，并迈入“黄金机遇期”时①，来自好莱坞的大片《阿凡达》却以其空前的全球票房奇迹，给我们以巨大的震惊。这种既喜又惊、喜惊交集的复杂情形，促使我们对中国大陆电影的软实力现状及其未来，作一些初步的分析和思考。为使论述更加集中，这里不妨聚焦于近年迅速发展的中国大陆大片、也即中式大片上，尝试为中国大陆电影软实力的提升提供一些切实可行的对策建议。

一　中式大片及其软实力状况

电影中的“大片”一词，英文为blockbuster，最初为军事术语，指一种重磅炸弹，现在这个词被引申来指某个人或某件事取得很大的成功或引发巨大的轰动，特别是指文艺界一些引起轰动的电影、歌曲、剧本等。汉语领域中的“大片”概念，大约源于1994年首部进口分账影片《亡命天涯》。其后，1997年卡梅隆执导的《泰坦尼克号》（该导演即是后来《阿凡达》的导演）在中国产生了大片特有的巨大轰动效应。而随着台湾导演李安的华语电影《卧虎藏龙》（2000）获得奥斯卡金像奖并在全球引发华语大片轰动，“大片”的概念在中国电影界和观众中逐渐流行开来。

电影中的“大片”概念，并没有一个恒定的标准界说，一般指那种

① 李春利、李蕾：《中国电影产业昂首迈入“黄金机遇期”》，《光明日报》2010年1月8日，第1版。

通过大投入、大明星、大制作、大营销等手段制作出来并获取高票房的影片。需要注意的是，由于电影资金投入在逐年增长，因而大投入的资金标准也在上升，从而是否属于大片也是相比较而言的。中国电影中的大片或中式大片概念，有时又称中式主流大片，并不完全是从商业或市场上着眼的，而是倾向于思想性、艺术性与观赏性的综合，是指那种通过大投入、大明星、大制作、大营销等手段制作出来并获取高票房的传达中国主流文化的审美维度的影片。首部自觉的和真正意义上的中国内地大片或中式大片，当推张艺谋执导的古装戏《英雄》（2002）。随后几年间，中式古装大片创作一度成为热潮，2007 年，冯小刚执导《集结号》给中式大片创作带来转折，从古装戏转向现代戏，从古典题材转向现实题材，标志着中式大片创作走向理性和成熟。随后有冯小刚的《非诚勿扰》、宁浩的《疯狂的赛车》、陆川的《南京！南京!》、韩三平和黄建新的《建国大业》等问世。

考察中式大片的软实力现状，固然要看中式大片在国内观众中的效果，但更为重要的毕竟要看在国外观众中的效果，因为国家文化软实力概念主要是针对他国而言的。自 2003 年以来，中式大片呈现出良好的发展势头。一方面，中式大片在产量和社会效果两方面都越来越好，重新赢得国内观众的信任；另一方面，它在海外市场的拓展也出现持续上升趋势，对于推广我国文化价值体系及其软实力起到积极作用。据国家广播电影电视总局统计，2009 年共有 48 部国产影片外销，海外票房和销售收入达 27.7 亿元（人民币），较 2008 年增加了 2.42 亿元，增长近 10%；全年累计有 315 部次中国电影参加了境外 119 个国际电影节，其中 68 部次在 26 个电影节上获得 80 个奖项。① 中式大片的国际影响力不断增强，受到外国观众的欢迎，国际市场有新的开拓，商业价值也趋于提高。

但是，应当看到，中国电影在国际贸易中处于逆差状态，影片的海外竞争力仍然偏弱，与中国贸易大国和文化大国的地位很不相称。从贸易统计数据来看，据国家商务部服务贸易司 2008 年统计报告，2007 年，中国电影、音像出口金额达到 3.16 亿美元，较 2000 年增长 3.05 亿美元。虽然中国电影、音像出口增长幅度很快，但总体而言，其在国家整个服务贸

① 佘颖：《中国去年电影票房收入逾 62 亿　同比增幅 42.96%》，《经济日报》2010 年 1 月 24 日。

易中所占的比重相当有限，2007 年中国服务贸易出口金额为 1216.54 亿美元，其中电影、音像出口所占的比重仅为 0.3%。[①] 另外，从贸易收支差额来看，2000 年到 2006 年间，中国电影、音像的出口金额一直低于进口金额，贸易收支很不平衡，贸易逆差现象相当严重。[②] 从衡量电影业绩的风向标——票房收入来看，近年来，全球电影票房总额中，九成以上属于美国好莱坞大片及好莱坞与欧美合拍片。2008 年美国电影全球票房收入达到 281 亿美元，其中国外市场票房收入达到 183 亿美元。[③] 与之相比，虽然国产影片海外电影市场的票房收入逐年上升，但在全球电影票房总额所占份额连百分之一都不到，与美国等影视强国的差距很大。另外，由于渠道控制和市场经验方面的不足，很多中国影片是以低价卖断版权的方式，交由国外发行中介企业代理销售影片，产品出口的盈利能力并不理想。[④] 2008 年、2009 年中国电影获得了持续的丰收，上述局面有所好转，但并没有发生质的变化。

二　中式大片的经验与教训

目前的中式大片发展战略在赢得社会公众方面成效显著，逐渐扭转了《泰坦尼克号》以来唯外国大片是从、消极观看国产片等不利局面，把我国公众成功地请回影院，重新树立起对国产大片的自信心，这也等于是重新树立起对我国文化产业和文化价值体系的自信心，这样的局面对于我国文化软实力的保障和提升是积极的。

简要归纳，近年来中式大片的成功经验有几条：第一，从创作上看，中式大片已经摸索出一条主旋律片、艺术片和商业片三型互渗的电影美学道路，特别是在主旋律应当具有观赏性和艺术性方面取得了共识。《集结

---

① 商务部服务贸易司：《1997—2007 年中国服务贸易出口分项目表》，http：//tradeinservices. mofcom. gov. cn/index. shtml？method = view&id = 62535。

② 参考商务部服务贸易司《1997—2007 年中国服务贸易进出口分项目表》综合数据，http：//tradeinservices. mofcom. gov. cn/newsSearch. do。

③ 美国电影协会，http：//www. mpaa. org。

④ 以上论述引自尹鸿、唐建英《中国电影产品在国际贸易市场中的适应性策略》，《对外传播》2008 年第 3 期。本报告依据最新统计数据有所修改。

号》、《梅兰芳》和《建国大业》是其中的成功范例。第二，从在观众中的社会效果看，中式大片已初步形成在通俗故事中蕴藉民族主流或核心价值理念的美学传统。《集结号》把战争场面的惊险、军人的英勇气概和民间正义诉求等融会一体，激发观众的观影激情和社会和谐诉求，产生了积极的社会效果。特别是《建国大业》，把强烈的主旋律理念同中国观众内心浓烈的历史兴亡意识交融一体，再加上投合了大量年轻观众的明星交流愿望，从而产生了广泛的社会反响（当然也伴随争议，但这也毕竟体现了它的影响力）。第三，从资金投入方式看，中式大片已经探索出了中国独资、中外合资、民间融资、中港合拍等多重电影投资渠道，并初步形成了良性循环的投资环境，这对于我国电影产业的又快又好发展而言，是重要的进步。第四，从电影管理机制看，我国电影管理部门已经在电影指导、审查及监控等方面取得了宝贵的经验，而这对国产大片的持续发展是必要的和宝贵的。

中式大片的发展成绩喜人，但留下的教训更为深刻，需要认真关注和反思。第一，影片主题过于直露。不少中式大片往往把表达主旨即主题过于直露地暴露出来，损害了电影美学的完整性，令观众失望。《南京！南京!》、《梅兰芳》和《非诚勿扰》可以视为 2009 年度中式主流大片的代表作，其在思想启迪、艺术感染、审美鉴赏及其相互融合上的新探索和新进展都引人瞩目，但令人惋惜的是，这三部影片都不约而同地对看来处于影片艺术形象系统之外的主旨进行了直露或过分直露的表述和渲染，如《南京！南京!》结尾处对劫后余生的两个中国士兵的抒情化情绪处理，《梅兰芳》后半部对梅兰芳民族气节的绵长叙述，《非诚勿扰》中“21 世纪什么最贵？和谐”之类口号的渲染。事实上，类似这种令人惋惜的主题直露情形已经攀升为近年中式大片乃至中小成本影片的一个新的共同困扰。

第二，影片通俗故事后面往往缺乏美学传统蕴藉的支撑。中国电影美学的一种传统在于，在通俗故事描绘中投寄深厚的兴味蕴藉，让观众在观赏的愉悦中品味人生至理至情。由此看，中国大片需要在故事背后留有某种意义或价值蕴藉，准确点说，是要求通俗故事的表层文本下面有着丰厚的带有感兴意味的人生意义或价值蕴藉，简称兴味蕴藉。而这种兴味蕴藉正是古往今来中国美学都特别注重的在感兴中对现实生活和人生价值的直觉体验问题，例如对“情义”、“义气”、“气节”、“道义”、“家国情怀”、

“先天下之忧而忧”、“天下兴亡，匹夫有责”等中国式人生价值观的热烈占有和享受。《马路天使》（1936）讲的是当时上海底层人的生活故事，不折不扣的现实生活刻画。但透过小红和小陈及其他底层妓女、歌女、吹鼓手、报贩、剃头匠、小报摊主等血肉丰满的人物，特别是他们同贫穷、流氓、恶霸等的顽强抗争，表现了他们相互关爱、苦中作乐的生活态度和为他人英勇献身的高尚情操，进而流溢出他们在日常生活困境中对自由、爱情和幸福的渴望与追求。影片运用的是轻松活泼的喜剧手法，却又能传达深层蕴藉的悲剧性内涵和人生寄托；既有对社会的含蓄而又辛辣的嘲讽，又有对人性中宝贵的东西的礼赞，爱憎分明，冷峻中含温馨，至今还可以给人以深厚而绵长的人生启迪。显然，这部影片注重在现实生活描绘的下面蕴藉着某种深厚的兴味蕴藉，这才是至关重要的。

张艺谋执导的《三枪拍案惊奇》的问题主要出在，它的“俗艳”下面缺乏足够的兴味蕴藉。即使有所兴味蕴藉，例如李四和老板娘之间的真挚爱情线索，以及他们面对神秘莫测命运而发起的顽强抗争之举，这些在影片整体语境中也可怜地被置于备受嘲弄或戏谑的境地，不足以唤起观众的同情和共鸣。这样，关键的原因也即影片的失误就在于，主人公的本来可以多少感人的为爱献身的牺牲精神等正面价值蕴藉，竟然被他们自己不该有的那些极尽夸张做作之能事的搞笑言行给自我消解了，从而导致喜剧的外在化。这很大程度上来自剧本改编上的欠缺或美国剧本中国化的欠缺。当原有的西式“反英雄”的“黑色幽默”剧被改成中式“喜闹剧”时，原剧主人公有过的那种正面品质到了中式滑稽人物李四和老板娘身上就被弱化了，相反是负面否定性东西被强化，同时却没配上中国观众需要的中式兴味蕴藉，致使中国观众面对这种多少陌生的西式奇幻而荒诞的“反英雄”故事时，难以投寄足够的理解力和同情心。中国公众不是厌恶“俗”，而是厌恶那种没有足够兴味蕴藉的寡俗。寡俗，就是那种无感兴意义蕴藉的浅泛之俗，俗而寡味，俗而无蕴，为俗而俗。与寡俗相对的新的艺术美学范畴应当是厚俗，就是一种兴味蕴藉深厚的俗，俗而蕴兴，兴而有味，兴味深长。中国电影可以有俗，但拒绝寡俗。当下中国电影需要的是厚俗，是蕴藉深厚有兴有味之俗。厚俗，意味着不是俗艳、热闹一阵就完事，而是要让观众在生动有趣的俗画面中领略兴味深长的中国式价值蕴藉。

第三，对海外受众心理和外国文化缺乏深入了解，导致出现“文化折扣”现象，以致外国观众对中国电影的兴趣不高。“文化折扣”，是指因不同民族文化（语言、历史、价值观、风俗等）之间的差异而导致的影片在异族观众中遭遇价值缩减、变异或损伤等情形。不少影片传达的核心价值理念主要囿于国内需要而在国际普遍性方面存在欠缺，所以难以进一步向国外推广。《集结号》这样的国产优秀大片难以在国际市场产生轰动。《满城尽带黄金甲》自 2006 年 2 月 21 日上映，影片在美国的总票房为 657 万美元，而在美国之外的国家总票房为 7200 万美元，美国仅占到市场的 8.4%，这与《英雄》和《十面埋伏》在美国所取得的都超过 1000 万美元的票房相比有很大差距。这在很大程度上是由价值认同方面的差别所造成的。2009 年 11 月在中国上映的电影《2012》成为全年票房总冠军，票房数字达 4.51 亿元人民币，打破了《变形金刚 2》创下的 4.34 亿元人民币的纪录，还胜过了排名第三的票房 4.2 亿元人民币的《建国大业》。之前有分析说，《2012》剧情寄世界危机拯救的希望于中国，所以票房不高“才怪”。这也难怪影片选择在中国和美国同时首映，而且为了照顾中国人的感情，在中国上映时，有关中国长城倒塌的一幕也被删掉。这就是好莱坞的聪明处。好莱坞之所以能吸引全世界电影票房，很大程度也在于他们对世界各国文化的熟悉和对各民族文化心理的悉心把握，善于借鉴各国的文化素材为自己所用，拍出具有世界眼光的电影。这一点从动画片《花木兰》和《功夫熊猫》中可有深切体会。

第四，不少电影剧本缺乏质量。剧本作为一剧之本应是电影的根本所在，但这个环节往往遭到忽视或轻视，从而导致影片缺乏深厚的蕴藉。《三枪拍案惊奇》改编自美国科恩兄弟的《血迷宫》剧本，但在改编过程中却没有注意必要的“中国化”进程，导致这个“反英雄”和“黑色幽默”故事在中国观众中缺乏共鸣。某些电影制作人员过于自负，故步自封，缺乏学习与反思素养。《南京！南京!》诚然在战争片上有新的可贵探索，但导演自己本来对日本文化缺乏了解和体验，却敢于从日本士兵视点去叙事，这就在艺术真实性上造成巨大隐患，致使影片不仅在国内观众中造成巨大争议，而且在日本观众中也没有找到知音。

第五，推广模式尚不成熟，推广成本较低，推广的操作专业化水平低。这尤其表现在电影方面。美国任何一个电影，它的推广成本是制作成本的 40% 到 50%，我们现在连 5% 都不到。中国的电影市场与美国市场颇为相像，幅员辽阔，市场潜力巨大，需要大力推广，但中国的电影推广模式还很不成熟，与美国相比差距很大。美国电影业在全球文化贸易中一直占据主导地位，美国公司出品的影片产量只占全球影片产量的6.7%，却占有全球总放映时间的50%以上。近几年，美国电影的海外市场继续扩大。美国电影制片人通常会把电影的国内和国外的发行权交给不同的发行商。海外发行商负责除美国和加拿大以外的所有区域。为了联系到这些发行商，制片人需要在全世界寻找“国外销售代理”，由他们将电影销售给当地国外发行商。而有些制片人甚至会直接将电影海外发行权卖给发行商。与国外代理商谈判的合同必须在有经验的娱乐代理人的帮助下深思熟虑，精心设计。理论上讲，这将排除交叉抵押或将电影与其他对己不利的东西捆绑在一起的情况出现。总之，通过以上三点及其他营销技巧，美国电影加大对海外市场的开发，这对中国电影来说是一种宝贵的启示。中国电影贸易每年基本上存在较大逆差。虽然《英雄》在海外制造了票房轰动，然而即使有11亿美元的海外票房，《英雄》也没给新画面公司多赚多少，因为这些影片的海外发行方式基本是发行公司一手买断，高票房带来的高利润和生产商没什么关系。由此看来，对于中国电影推广来说，我们急需一批既懂外语又懂专业知识的影视外推人才。

三　中式大片软实力提升策略建议

中式大片的发展时间短暂，尽管成绩值得肯定，但同国外大片的差距明显，同我国文化软实力发展战略的需要相比更是引人思虑。中式大片在短时间内学到美国大片的高科技制作手段本身，可能并不太难，正像《英雄》（2002）学美国大片《泰坦尼克号》（1997）在技术上大约只需五年一样。但中式大片要在综合创新能力上赶上美国，差距相当大。《阿凡达》就是一个更加富于挑战性的标志。中式大片要富于感染力地传达出代表中国文化价值体系而又能被世界各国公众广泛接受的理念，五年时间够吗？光有先进技术而缺乏先进价值理念相匹配，大片只是空洞的躯壳。重要的是，需要一边研究和探索3D技术等高新技术在大片中的运用，一边探讨中国文化价值体系在电影大片中表现和推广的可能性。只要措施得力，方法对头，中式大片创作水平的进步及其文化软实力提升，应有希望。为此，我们想到如下中式大片软实力提升策略建议：

第一，强化影片主题的美学化处理，加强中国电影美学传统的传承和开发。中式大片要想进一步提升艺术感染力或文化软实力，就需要按“美的规律”去“构造”①。大片当然要承担传播文化价值理念的任务，但这种传播必须通过创造富于感兴及余兴的活的艺术形象去进行。应当努力让价值理念因素在影片中不是被特别地指出来，而是通过艺术形象的感染而自然地流露出来，“倾向性应当从场面和情节中自然而然地流露出来，而无须特别把它指点出来。”② 文化理念的艺术化表现需要尊重艺术创作规律，而从场面和情节中自然流露出来的倾向性，显然更符合艺术表现规律，也更易深入人心，更能影响社会生活，从而更加完美地实现文化价值的社会影响力。电影当然要传达文化理念，要对社会重大问题发言，也就是要呈现文化的政治、经济和伦理维度等，但它的呈现特点在于，属于“诗意的裁判”③，即通过富有诗意的画面和形象体系去呈现的审美判断。可以说，切切实实地尊重艺术规律，着力展示主流文化的审美维度，不妨视为中式大片的一条脱困之道。只要这样悉心致力于中国文化价值理念的审美维度的银幕创造，中式大片的美学水平的提升就是不容置疑的，而这样做才有可能助推中国电影在世界上同其他国家电影、特别是“好莱坞”争长较短。同时，中式大片的这种脱困之道，对目前中小型国产片遭遇的相同的观念传声筒困境（常常有过之而无不及），无疑还有着一种榜样的感召力量。可以想见，当中式大片及其强势拉动的中小型国产片都相继摆脱观念传声筒困境而在艺术境界的追求上实现新的建树时，中国电影的进步就会带给人更充分的信心。《南京！南京!》如砍去那段抒情化结尾，可能更符合艺术真实逻辑，受到的诟病可能更少。广受赞誉的《梅兰芳》后半部分如处理得稍稍含蓄和简练些，艺术性可能更高，感染效果可能更好。同样，赢取高票房及亲和力的《非诚勿扰》，倘不直说“21 世纪什么最贵？和谐”之类标语口号（及软性广告），其表现力可能更为强劲。当观众从银幕艺术形象的感染中领悟出主流文化的审美魅力时，中式主流大片的美学效果和社会影响力就同时实现了。

今天中国大片品牌形象和品格的树立，关键不仅在于是否通俗化，这

① 《马克思恩格斯全集》第 3 卷，人民出版社 2002 年版，第 274 页。

② 《马克思恩格斯选集》第 4 卷，人民出版社 1995 年版，第 673 页。

③ 《马克思恩格斯全集》第 36 卷，人民出版社 1974 年版，第 77 页。

一点不言而喻；而且更在于对生活的刻画应依托中国美学传统所注重的兴味蕴藉范式，而这一点则容易受到忽视。人们如果以为电影剧作家只要关注生活就行了，那就会犯错误：人家观众不待在家里舒服地看电视剧、听组合音响或阅读晚报，而是专门掏钱、还费一番交通辛苦跑到电影院去，直接地并不是要受你教育，而是要娱乐和放松。但作为饱受中国美学传统熏染的观众，他们又不只图个人娱乐和放松，而是自觉或不自觉地主动要求在娱乐和放松中，接受到那些被蕴藉着的深长兴味的潜移默化的濡染。所以，电影毕竟不同于可以仅仅面向文化人小圈子的高雅文学或纯文学，而是必须面向广大公众的大众文化或通俗文化，因而应当不仅致力于再现现实生活的鲜活画面，而且还应当把这种再现中的现实生活画面纳入中国美学传统的兴味蕴藉范式之中去构思。中国电影大片要想真正赢得观众，需要“按照美的规律来构造”，对于中国观众来说，这就是按照中国电影美学传统的规律来构造，即提供出富有深厚兴味蕴藉的生活，因为这种生活才能动人。

第二，加强电影制作技术与文化品位的探索。组织电影制作技术班子，集中研究3D技术等高科技在电影中的综合运用。同时，组织电影创作班子，研究我国古典文化价值理念、现代文化价值理念等如何按当代核心价值体系的要求而予以影像化传达的可能性。中国式核心价值理念应当既是独特的又具有一定的普遍性意义，这样才能在世界上推广，才能取得我们希望取得的积极的传播效果。

第三，考虑到电影剧本创作在目前是我国电影进一步发展的“短板”，从而也是我国电影软实力迅速提升的关键，建议调集我国电影剧本创作的最强阵容去研究和实践，必要时可联系中国作协参加组织，吸纳优秀作家参加剧本创作。同时，建议采取切实措施，加强中国影协电影创作委员会与中国作协影视文学委员会两个机构及其专家之间交流与合作，实施长期的联合攻关、攻坚，以便为我国电影产业提供并持续提供更多更好的优质剧本。

第四，加大中国电影对外推广和传播的政府扶植力度。中国国情和中国目前现阶段的特殊状况从宏观上决定了，中国电影对外推广和传播事业必须得到政府的大力扶持才能有充分和蓬勃的发展。需要加速建立完善的法律体系，采取有效措施保护知识产权，维护公平竞争的市场秩序，出台相关政策鼓励优秀的电影和文化作品出口。

第五，将电影的“文化折扣”变为文化优势。应积极吸收和借鉴各民族优秀文化，深切把握各民族文化心理，将“文化折扣”变为文化优势。美国人能够利用中国的文化符号拍出像《花木兰》、《功夫熊猫》这样优秀的动画片，也能够制造一个中国人拯救世界的神话来满足中国人的观影心理。难道中国人就不能吗？退一步说，我们自己的文化符号我们能利用好吗？不可否认，外国人对中国文化的兴趣越来越大，但是，这种兴趣更多是来自神秘感、陌生感和新鲜感。如今，我们所呈现给外国的，多数是中国文化的一些比较表层的东西，比如功夫、舞狮、杂技以及民俗等。这些文化展示的确能推动世界对中国的了解，但却很难真正打动人心。我们有必要学习和借鉴各民族优秀文化，从而为中国文化注入新的元素和生命力。

第六，不断改进和完善中国电影的外推模式。应努力加大中国电影的推广成本，不断完善推广模式，提高推广操作的专业化水平，积极探索合理的营销策略和发行渠道。经过近几年与国外发行商的接触、磨合，国内影片出品方的经验也有所积累，在进行买断销售时，现在也开始采用相对灵活的方式。比如细分市场分别定价销售，即在条件允许的情况下，与不同国家分别签订版权售卖合同，收取不同的版权费。又比如保底分账，海外购片方采取一次支付版权使用费，结合放映后实际票房成绩分账的方式在业内也都有出现。总体而言，选择什么样的方式进行合作，将更多取决于国内制片商和国外发行商双方对影片的共同认可度。

第七，加强电影合拍。电影是高风险行业，而且近年来制作规模不断扩大，成本不断提升，已经成为中外电影业的大趋势，合作拍片因为可以有效规避风险，优势互补，扩大市场，从而成为流行的电影制作潮流。联合制片将使每个制片方获得不同程度的利润回报，因为联合制片的基本原则就是在资源共享的基础上由不同的制片方提供各自独特的优势资源。国际联合制片可以通过吸收海外投资得到用于生产“全球性产品”所必需的资金；在这种方式下成型的产品若能被视为每一个制片方市场上的本土产品，就有条件获得该国政府的奖励或补助；由于其他制片方的参与，电影在创意和制作过程中就会更好地把握和迎合他们本土市场的观众口味，并能借助国外制片商对本土或第三方国家市场发行程序的熟悉，更为容易地进入该国市场或第三国市场；最重要的是，联合制片为合作者在节目开发、制作流程和经营管理方面提供了互相学习的机会。

第八，大力办好国内和国际电影节。国内和国际电影节是中国电影内推和外推的有利渠道。我国已有几种知名的国内电影节，如金鸡百花电影节、北京大学生电影节等，它们在向全国观众推广国产电影方面成效显著。北京大学生电影节十七年来在面向全国青年大学生推广国产片、传播当代文化价值理念方面尤其赢得好评。作为我国举办的唯一的国际电影节，上海国际电影节举办至今，已吸引世界各洲六十多个国家和地区、3823 部影片报名、959 部影片展映，累计票房 2770 万元人民币，外推效果明显。应在继续办好上述国内和国际电影节基础上，进一步争取创办新的国际电影节，当然还应积极参加其他国家和地区举行的国际电影节。中国大多数片子都是走国际电影节市场进行海外版权交易的。给可能欣赏你的人看你的作品，卖给喜欢你作品的人，他会全力调动资源在目标地区推你的作品上院线。大的不一定最好，适合的最好。①

以上只是从对当前中式大片软实力现状的分析入手，对中国大陆电影的文化软实力及其提升策略作了初步论述，期待方家指正。

（王一川　郭必恒　张洪忠　唐建英）

① 本文写作过程中参考并借鉴了宫丽姝《中国电影海外推广策略》（http：//www. caaea. org/info_ art_ student_ 17. aspx）。研究生韩冠杰对本文也有贡献。特此说明并致谢。

第十一章

新媒体时代的文化应对策略

一　有关当前网络新媒体话题的背景

近年新媒体造就的文化景观时常让人惊讶，网络导致传统文化显得落伍，而新词层出不穷。当人们欣欣然为杜甫涂鸦“射箭”、“舞蹈”时，经典的去魅已经表现无疑。而当网络间“屌丝”之类新词风靡一时的时候，我们的讶异更为明显。新媒体时代不可阻挡的到来，的确改变了文化生态环境、媒介文化性状、受众文化认知途径，以及许多以往的文化观念。在网络和新媒体的现实面前，无视它们自然可笑，不知对应也难免危险。世界景观已经发生了变化，周遭已经不再是简单的传统现实世界，虚拟的网络世界正在侵入我们的生活，而日渐形成非虚拟的社会，我们不能无视，必须正对。对于影响世界的网络新媒体世界的认知，是学术机构必须做的工作，由此，不妨先梳理一下大学学者的研究认知特点，以便为后文的论述提供参照：第一，独立思考和对现状的理性把握，学术研究不以正误为讲授标准，研究为何正误才是我们的意义，不唯上才能有学术的眼光；第二，逻辑为主，不太注重现实政策的一些限定性，同时又有个性思辨，很可能是非标准的认知，但我们需要思考的分析，自身逻辑与否是器重所在；第三，在大学里，我们通常以传授观念为主，育人为本，所以，思考现象的基点是真理探索和站在人本的角度上。

可以用一个不久前的例证来说明我们所关注的问题：凤姐现象。曾经传闻，有关部委叫停网络传扬的“低俗凤姐”。主管部门新闻发言人在武汉的一次演讲，谈及要封杀网络上“低俗”的“凤姐”，这当然是文化主管的职责；但学术界的看法却还有差异：抵制低俗是中央的精神无可厚非，但何谓“低俗”，却需要目中有数，“封杀”该不该由政府所为，也值得研究，对于这一现象后面的社会潮流，却亟须给予文化的深层揭示。

我们来回看网络上关于凤姐事件的基本情况：其人身高：1.46 米；学历：綦江师范学校中师文凭，重庆教育学院汉语言文学专业大专文凭；工作单位：上海家乐福超市。显然并没有出众的资质，但引起大家关注的是，凤姐对伴侣的要求严苛而超常：

1. 必须为北京大学或清华大学硕士毕业生。必须本科硕士连读，中途无跳级，不留级，不转校；

2. 必须为经济学专业毕业，非经济学专业毕业则必须精通经济学；

3. 必须具备国际视野，但是无长期定居国外甚至移民的打算；

4. 身高 1.76—1.83 米左右。长得越帅越好；

5. 无生育史。过往所有女友均无因自身而致的堕胎史。

……

如此不起眼的女孩却有如此超乎寻常的要求，令人瞠目，因此她成为了一个网络红人。网络时代引起关注的，多是不同凡响的人或事，这一传媒的受众津津乐道于异乎寻常的消息，而凤姐就是其中凸显的人物，借助新媒体，她不断刺激着人们的眼球，她在网络时代引起轰动的最出名的语言，令人不得不哑然失笑。谈到自己的才能，凤姐居然宣称：

1. “以我的智商和以我的能力的话，往前推二百年，往后推三百年，总共六百年之内不会有第二个人超过我。”——是不是神经有问题？

2. “爱因斯坦绝对没我聪明，他发明电灯的嘛！”——老天啊，风马牛不相及，爱迪生发明电灯啊！

3. “必须具备国际视野，有征服世界的欲望。奥巴马才符合我的征婚标准。”——随口胡说，攀附无边！

4. “我 9 岁博览群书，20 岁到达顶峰，往前推 300 年往后推 300 年，没有人会超过我。在智力上他们是不可能比我强的，那就在身高和外貌上弥补吧……”——胡言乱语的形容，还居然把自己应当有的自知之明转换成了他人应当自贬的理由！

5. “我经常看的都是人文社会的书，例如《知音》、《故事会》。”——显然，大家都发现口无遮拦的凤姐有些不可理喻了。

呜呼哀哉！这样文化质地的人却大言不惭，按照传统的道德约束和自我把握认识来看凤姐，的确会被她的神叨所惊讶不已。——但其实时代变了，这就是一个网络时代、新媒体时代最典型的表现，按传统年代判断是病态的人，但是如今不能简单看作病态，如果这是病态，那么新媒体造就的反常思维的“病况”显然不少。即便以常人认为是变态，也要看到，病态的出现有其社会原因。网络时代的众语喧哗，似乎不如此不能哗众取宠，已经成了共有的认知。进一步说，网络上，“病态”的判断值得怀疑，因为你的标准单一而落伍。也许我们习惯于既有的规则俯就而忘却其他？社会关注什么，绝非比打消什么更容易，其背景原因更值得关注，因为在新媒体传播时代，引人注目，似乎远远优先于瞩目什么。我们需要考虑的是，凤姐之类的现象打破了什么？激发了什么？其间有人开始质疑常态的判断：凭什么矮个的凤姐不能期求高大的男性？大专学历貌不惊人的女孩为什么不可以期求出众的男性？她也许是在挑战门第观念，她也许还是勇于挑战自己的果决女孩呢？

网络时代的拥戴包含了正反复杂内涵，爱恨远不是我们习惯于理解的，但无视这一变化的简单判断，却有可能违逆时代，而且，是不是还有远比凤姐更严重的低俗行为在损毁审美道德秩序？在这里无意为凤姐辩解，其实还是觉得此事好笑，甚至愤怒其怪异。但是看看人们对于《非诚勿扰》之“低俗”的批评，较之更多人喜欢追看这一节目的实际态度，同样提醒了我们世界的复杂性。又比如，对于《蜗居》的一度收视热捧和后来简单化的贬斥之间，显然有更为复杂的社会文化潮流因素和起伏多变的时代背景。再比如，网络上对于“犀利哥”表现出莫名的拥戴态度，而与此同时，我们的地铁广播中不断号召着驱逐乞丐，这些反差都在启发我们思考更为复杂的文化环境变迁。

人在校园，就应该具有“在理论上没有不可探究的问题”的精神；在开拓思路时，不被既有人为政策所一边倒压制；在预见和前瞻文化走向上，敢于挑战无形的束缚。否则，学校的先锋探索独立性就等于消泯了。陈寅恪在抗战时期的茅草屋中写他的传世之作，因为他认为学问不能断绝：即便国家亡了，历史也一天不能亡！

二　当下网络新媒体时代文化环境的变化

由上述案例可以引出第一个问题：当下文化环境的本质变化。我们已经感知到：新媒体时代改变了文化生态环境、媒介文化性状、受众文化认知途径、文化观念等。文化生态环境已经不是以往的审美为要的环境，自然也不是政治文化主宰的环境，众多“蚁族”在网络生存环境下相互影响，造就了虚拟—实有相互交融的文化环境，显然，我们的文化环境发生了巨大变化。而媒介文化性状从纸质媒体和电子媒介传播进入媒体交互传播的状态，被动受传已经相对减弱，参与传播交互传播兴盛发达。受众文化认知也从被动接受教化到主动获取、参与文化建设的认知，大众认知扩大，主流媒体传播越来越受到新媒体的影响，新一代人亲近网络而疏离传统媒体的趋势日渐明显，认识世界的途径也产生变化。艺术文化观念的变化自不可避免，传统认可的文化及其意识同样多少受到冲击。也许我们习惯于以对经济的尊崇和对文化的忧虑来看待网络传播时代的精神环境，但不能忽视的是，它事实上存在，并且正在扩大影响。

笔者曾在一篇文章中谈道：自从传播意识出现，媒介在传播中就扮演了不可或缺的角色。在前电子时代，媒介已经成为重要的社会生活影响力因素，其时的纸质媒体在某种程度上已经在影响大众舆论、并且有时也左右着时代风潮，以及在触动政治话语和启发社会人心上起着重要作用。进入电子时代以后，电子媒体成为了社会影响力的重要因素，跨越时空的媒体话语社会影响力，越来越具有第二政府或者有时成为超越制度法规的第三者权利人。人们更为自由地吸纳媒体话语传达的信息，注意力集中，媒介的感召力更为扩大。于是我们说，媒体越来越显示出其在社会政治经济文化生活中的重要作用，甚至许多时候，没有媒体的介入，公众都不能确认事实的真伪。而媒体的说辞和议论，甚至成为更具有公信力的标杆。由以上可以确认，在这种文化环境里，集中显现着几个文化变化状态：审美传统的淡漠、道统灌输的疏离、反叛规则的风行、众语喧哗的兴盛，等等。以下举例加以描述分析：

1. 审美传统的淡漠

审美是艺术—人类精神情感投注对象的固有品质，其背后是崇高的期盼、超越现实的祈望、精神寄托、和谐的瞩望，审美集中了精神的思考和情感的满足诸种要素，高雅而升华，但网络时代的出现，改变了审美的崇高性。本来，艺术总是成为人们顶礼膜拜的奇异创造，艺术家总是超乎常人而非同凡响，艺术于是就担负着无上光荣的精神哺育、感染的责任，但艺术不能无视现实的基本存在。艺术在网络时代发生了很大的改变。在可以忍受的范围中，我们可以欣赏一切出新的东西，但超越的界限就在于有否美感。审美传统淡漠导致了这个时代的症候，除了上述凤姐的举止外，还可举出一些来佐证：电影从“奶油小生”到丑星风行的转向；电视从歪瓜裂枣、声嘶力竭的“超女”开始了所谓选秀节目；文学从“梨花体”诗歌获得大半追捧实现了平庸化；小品相声假亦真，捧亦吹，热衷献媚，过时网络语泛滥成灾；语言从正经与私下的显明分野，到模糊场合的嗲语的风行，等等。审美这一文化精神重要要素的变化，折射的是现实世界的匪夷所思。

看看颇有经典意义的诗歌审美的变化的事例：2006 年后半期，一个得过诗歌奖的女诗人不经意间写下了后来被称为“梨花体”的诗歌，引发了大众的激烈争辩，这是典型的网络新媒体时代艺术受到本质冲击的事件，和后两年有人在博客中宣称“文学已经死亡”一起，显示了娱乐文化的势不可当，全面的娱乐影响力已经渗透在社会生活的方方面面。世人公认文学中的诗歌，原本是最为纯正的审美领地，诗歌艺术从古至今都是语言艺术中的最高代表，人们顶礼膜拜诗人，崇敬诗歌的艺术美感。但这位“梨花派”“教主”、女诗人赵丽华却呼应着时代大众潮流，以诸如《想着我的爱人》之类的诗歌名噪一时，看看这一首广为流传也十分有代表性的“梨花体诗歌”：

我在路上走着/想着我的爱人/我坐下来吃饭/想着我的爱人/我睡觉/想着我的爱人/我想我的爱人是世界上最好的爱人/他肯定是最好的爱人/一来他本身就是最好的/二来他对我是最好的/我这么想着想着，就睡着了。

流水一样不加修饰的句子，将诗歌高雅、凝练的特性丢到九霄云外。混迹于生活常态的描述，没有凝练的诗意，废话连篇的堆砌，对于传统诗歌而言，几乎是不可忍受的，但一时网络上欢呼一片，拥护与鄙弃的双方展开了激烈的争吵。

到了 2012 年 3 月，一个叫乌青的“废话诗人”又引起了网络的关注，其代表性诗歌是《对白云的赞美》：“天上的白云真白啊/真的，很白很非常白/非常非常十分白/极其白/贼白/简直白死了/啊！”难以想象，如此废话也能入诗，但的确这种玩笑一般的“诗歌”也有拥戴的群落。难怪仿造和揶揄者会有这样的讽刺回应：“你写的烂诗真烂啊/真的，很烂很烂非常烂/特别烂特烂/极其烂/贼烂/简直烂死了/啊——”

应当承认，网络传播时代，图像诱惑的直接性改变了审美的趣味。书籍时代的审美是想象性的审美，以文字为媒介的传播造就了理想化的审美情趣，字斟句酌地修饰，使得语言的奥秘得到极大的伸展。那时，即便在展示性的舞台上，也有更多玄妙性的语言暗示和思想深度的探寻，那时的话剧剧本乃至电影文学，本都具有不亚于现场演出、银幕呈现的重要审美地位，说明了语言传播时代所具有的影响力。图像时代的到来开始改变这一状态，从注重艺术本体自身的特定性，到改变想象性文字构筑形象审美的观念，图像传播的实体性越发凸显。而传播特性的加强，使得艺术审美越来越世俗化，越来越多的明星绯闻和影视噱头制造，成为了伴随艺术审美的因素。在兼容多媒体的网络媒体审看中，趣味性、新异性、反叛传统性都汇聚起来，大众无须文化的限制，聚集在一个开放的平台上交流，接受的条件大大改变了，高雅追求的趋向也改变了。

实际上，2004 年以“超级女声”为标志的选秀，已经大规模激发了大众自身平民化的参与意识，而网络在其中起着推波助澜的作用。随着网络时代大众传播特性的强化，抛弃审美指向的娱乐越发盛行。在近期一些无论优秀还是低能的作品发布中，无所不用其极的熟烂表现形态，无一例外只注意吸引力，而不顾审美效应，这是新传媒时代的传播规则——眼球注意力。从文字作品的签售、音乐发布会的浴缸发布、影视创作的大型开幕式，都在轰炸一般强力地冲击着观众的视觉。

再看一幅北京女歌手爱戴在浴缸中发布新曲的照片，音乐是艺术审美的对象，但歌手发布音乐却要在浴缸中，包含暧昧的性趣味，女歌手埋没在五颜六色的塑料球中，女性身体的若隐若现，让人浮想联翩。显然，她追求的就是这般效果，因为让娱记们眼球睁大是其目的，让传媒报道有想象女性身体和浴缸的关系才有吸引受众的可能。一个音乐发布会，变得如此庸俗，但网络上这一图像的传播效应，却显然比简单的文字描述更为夺目。

于是，优雅的阅读、静静的审美缺乏环境不说，实现传播效力的功利目的才是背后最大的原因。同样的道理，艺术影片毋宁说上千万票房，就是几百万都显得奢侈。我们自然不是追求纯粹的“艺术电影”这样老套的概念，但在艺术文化不在场、市场化成为唯一取舍的环境下，许多问题的确成为了明显的事实：审美不再、肤浅盛行、情感嘈杂、人性意识薄弱、对于历史思考价值的缺失。

就大众接受趣味与艺术需要的心态而言，电影，越来越多受到大众文化趣味的左右，但创作者的心态却复杂难平。明显的是，创作俯就大众，远比俯就传统、艺术、意识形态来得清晰，看看网络时代的衣着就知道，从当初改革开放之时流行的喇叭裤，到露脐装，然后现在明星带动的大裤裆，等等。审美的削弱、通俗的横行一目了然。

在这样的环境下，清醒的人时常问自己：你需要审美还是期待窥视丑陋？大众期望被感动还是需要被挑动？人们是静心去玩味艺术内涵，还是拒斥高雅喜欢玩闹？艺术需要满足什么？

人的本性不应当避讳，也无法避讳，这是生活的真实。但艺术如何确认职责却有思量的必要，满足是物质性的还是精神性的，恰恰是艺术抉择的分水岭，然而目下，在屈就世俗和追慕权威的不同层面，艺术都一样靠近了物质性。即便满足了窥视心理，也是在屈就物质性欲望的祈求。当下，如何判断艺术作品的价值，成为了令人仰止的高难度问题：纯粹精神性的提升或快慰，和自觉趋近情感纯净的境界吻合，个体性的体验和审美是它的基本特征；而协调好与物质性基础的联系，使之朝向精神范畴延伸的艺术，才是高妙的创作；时下泛滥的单纯的“制作”，无论如何都不是精神视域的最高满足。

回顾历史，审美的失落曾经被认为是时代的进步，唐国强式的“奶油小生”被抛弃，影视“丑星”风行一时，扭转了风习，艺人丑星持续不断，二人转丑星大行其道，体现了时代风习的一种变化轨迹。我们自然无意对人的相貌说三道四，而需要关心的是其背后回归俗世的真实，比附、自慰、调侃的社会潮流。

有人描绘，当今文艺界中，比如在小品演员、影视演员、歌唱演员、相声演员中，出现了一群“丑星”：矮矮小小的有、缩头缩脑的有、鬼头鬼脑的有、贼头贼脑的有、狰狞面目的有。总之是五官不正，浑身“残疾”，邋里邋遢，一副汉奸、叛徒、卖国贼、坏蛋、败类、走狗、敌人、土匪、盗贼、牛鬼蛇神、腐败分子等反面角色的嘴脸，一群十足的丑八怪。一般人看到他们演出节目，就感到恶心、呕吐、可怕，发出耻笑。可却也有人把这些“丑星”奉为自己心中的偶像、梦中的情人，千方百计追逐吹捧，实在是令人费解。

能作出评价的人，自然是依恋审美时代的传播而生存的，无论是对于崇高的尊崇，还是对于美貌和英雄的倾慕，都是以审美作为目标，但时过境迁，审美的低落和草根趣味的兴盛，的确改变了审美唯一的判断标准。我们不必苛求维系传统的审美——因为仔仔细细地进行观察、推敲和分析，从相貌到衣着，时代审美趣味的变化，自有其时代风习的影响和理由。但问题在于，人类对于审美的不同时代变迁中，精神向上的追求应该总体一致，然而审美根基损坏的后果，却是让丑浸入，从精神上改变了文化的质地。

看看我们这个时代对于网络红人“芙蓉姐姐”的认知态度，究竟是利用还是褒奖？网络上“芙蓉姐姐”参加电影拍摄的照片，庸碌俗气，裸露着趴在沙发上，显然，请她拍片的一方是为了猎奇取悦人们，而她被请的快感来自终于介入“艺术”，可以高扬自己了。艺术创作的精神支柱被位移，需求者和造就者的情态异样，这是审美被抛弃的必然后果。网络时代的审美低落，无论从哪个角度看，都不是文化的幸事！

2. 道统灌输的疏离

网络时代道统——道德教化的淡漠是明显的事实，这和草根阶层普泛性兴盛、权威失去地位相关，也和媒介主宰、舆论领袖作用的失效相关联，而言路更大程度开放、观念迅疾变化也与之息息相关。在网络新媒体时代，自我主张和“去魅”风行是不可忽视的事实。艺术作品中的教化隐蔽与否，成为了大众认可与否的前提。就时代发展而言，注重实际，疏离教化不是坏事，提醒人们更加关注切实事务，提醒主流形态摒弃不切实际的虚假宣传而关注名声需要，的确是有意义的。

但在网络新媒体时代，必要的务实却也难免产生对于主流文化传统的排斥，这在一些方面的确冲击了社会道统的一般秩序的维系。最近网络上纷纷扰扰争议鲁迅作品是不是应该从中学语文课本中删除，就是典型的现象。关于鲁迅作品在中学课本中的传统位置，主张缩减的网络声音，基本理由是作品太难、内容不符合现实、旧时代的斗争性太强远离生活，成为意识形态教化工具等。作为一般传统认知的鲁迅作品价值，当然是建立在毛泽东所确认的鲁迅作为“中国文化的旗手”的基点上，作为历史名人，鲁迅思想的博大精深人们并不怀疑，但作为网络时代大众的感受，对鲁迅沾染上意识形态色彩而成为教化工具的排斥心理，未必不是要求删减的理由。在这后面根本性的问题，还是网络新媒体时代对于主流教化的排斥。

若干年来，国家政治越发开放，媒体话语越来越具有影响力。在许多时候，媒体的言行就被认为是政府的指向，于是，人们一方面认定媒体话语等同于政府舆论，看重它的细微变化；另一方面又对于媒体独立性和平民代言的寄托期望过高，而表现出大量的不满与批评。媒体话语的重要性在批评中得到了特别凸显。近年中央不断强调，对于网络新媒体必须高度重视与认识，媒体话语的意义得到了前所未有的重视，实在是幸事。这里所指的媒体话语，是包含了媒体具有的权威性话语指向，即包含了在传播中选取话题和评点时政中表现的大众影响力以及媒体传播中显示的议程设置的，对于社会人心的支配性力量。也包括了媒体自身传达的观念和风向转变所折射的社会影响力。毋庸置疑，媒体话语的变化随着时代变化由微入显地突出着。而媒体话语的变化也显示了社会对于舆论价值的进一步肯定和对于监督意义的更大认可。这一切都归之于社会文明的走向，以及中央政府对于社会和谐发展需要多重力量聚合的重视。

我们还必须强调网络新媒体时代传统媒体的掌控指向。在主流媒介中凭借着国家意识形态和主流要求的理论评论取舍，相对主宰着影响主导观念领域的认识，但显然问题有时出在：确立方向的必要性的同时，自说自话和自我佐证难以被新一代网络人所认同，他们可能需要更为务实、更容易接受的东西。

实际上，大众喜好常常没有标准。在更为开放的空间中，大众意识的自由无惧造就着相当程度上的众语喧哗景观，人际传播、网络博客传播、短信传播、娱乐媒介传播等，熏染、培育着另外一套杂乱、愉悦、口说无凭的趣味。于是形成了如下现象：

现象之一：《蜗居》的走红和大学生对于喜儿宁愿嫁给黄世仁的见地。2011 年我们见识到了网络上一次超越传统经验的对于《白毛女》的议论。《白毛女》为主流渠道确认的情节是：地主剥削逼债，导致杨白劳为了躲避强权而自杀，而其女儿被强奸逃入深山，变成了白毛女。主流教育给予的解释是经典的：旧社会把人变成鬼，新社会把鬼变成人。但如今网络上网友评论却大相径庭："朱熹他说过：饿死事小，失节事大，并且把这句话作为真理流传至今，朱熹老头简直就是黄世仁、南霸天，非要强暴女人的幸福。如果你真的爱你的女人，你会忍心让她饿死？前段日子电视里放老电影，看到白毛女，我就想，其实喜儿嫁给黄世仁也不是件特别糟糕的事，至少可以吃饱穿暖，尽享夫妻快乐，当然如果喜儿自己实在不愿意，那就还是去山上做'仙姑'吧，毕竟女人是感性动物，不喜欢的东西怎么着都是沉重的痛苦。”

而网络上随之展开关于“白毛女是否应该嫁给黄世仁”的讨论，一些女大学生竟然认为：“如果黄世仁生活在现代，家庭环境优越，可能是个外表潇洒、很风雅的人。加上有钱，为什么不能嫁给他呢？即便是年纪大一点也不要紧。”

我们有些悲哀，但同时必须严肃看待的是，网络时代对于以往固有认知的反叛性观念导致的变化。我们自然还要坚持既有历史语境中对于白毛女的读解，但也不要简单判断当下的人们就没有阶级立场。关键是一切历史都是当代史，网络时代的当下认识，根源于现代人们的生活环境。我们可以说这种观念和历史不符，但的确难以抵挡普泛性的认识变化的环境依据。由此，我们还是需要既强调必要的历史观，又要看到时代变化的必然性，而这时，主流形态对于舆论的影响需要找到适应性的良策。

3. 反叛规则的风行

旧有传统和道德的约束随着时代变化有可能时过境迁难以长存，但没有建设性理念支持的毁坏是同样危险的事情。网络时代的反叛日渐明显。2008 年 10 月发生了一个典型案例：讲坛明星学者、历史学家阎崇年被反对他的人掌掴。网络上议论纷纷，转引一个网上的认识：“这是一种极端病态的思维，是滋长许多暴力的思想源头。笔者想重复那段经典名言：反抗不等于正确，苦难不等于正义，弱者不等于道德优势，受害不等于无错。何况这起事件中所谓的‘弱者’、‘受害’、‘反抗’，纯粹是某些评论家臆想出来的。论证暴力正当性的人，这样的暴力也许有一天会落到你自己的身上。”

我们需要思考：这是一个关乎时代文化状态与心态的重要事件，引发了社会的极大关注。举例是为了说明，对于权威的反叛，在网络明显的“去魅”潮流中不断显现。媒介红人的文化潮流风行已经多年，对此的褒贬难以计数。其实其兴旺和失落的背后，是社会文化转型、大众心理复杂、艺术精神评判缺失、人心浮躁的体现。

对于既定社会规则的反叛，是观念形态上变化的反映，网络自由开放的环境促发了反叛的盛行，在评价事物和衡量事件的认识上，都有典型的表现。回顾一下这几年的社会现象中，汶川地震中的“范跑跑”事件较为典型。这位姓范的老师，地震中自己第一个跑出危楼而把学生丢之脑后的老师，因为狡辩而遭致众多批评，被人们戏谑为“范跑跑”。但今年的

《北京晚报》刊载北京某个民办学校邀请“范跑跑”到校任教的消息，再一次引起了议论，无论是他本人还是一些辩护者，依然认为“范跑跑”有理由做老师。最后北京教育主管部门阻止了“范跑跑”进京任教。在我们看来（也许就是传统的认知），“范跑跑”丧失了作为教师的基本素质。教师的职责就是在学生遇到危难时，必须首先维护学生而不是自己。但“范跑跑”和维护者却认为，即便想保护学生，在大地震面前也无能为力，能跑出一个就是一个。此类狡辩，对于教师的职责传统是极大的歪曲。

最近另一个发生在网络的事件，也被网络命名为“最胸（汹）选手”，也是对于传统认知的典型反叛。从网络上的连续照片可以看到，一个选秀节目的女选手在表演时演唱不佳，几位评判官窃笑和窃窃私语。于是，这个女选手就从上衣里脱除粉色胸罩，将它甩向评委，落在评委桌子上，令评委们不知所措，尴尬不已。在以往，女性对于自身身体以及隐秘的衣物都必然讳莫如深，保护尚且不及，哪里会以相反的方式来表示对于评委的侮辱和蔑视。这种反叛令人匪夷所思，但的确发生了。

传统未必是万古不变的法则，传统也有本身问题和必须随着时代变化。比如，在网络上很有名气的韩寒，就不断以出格的言论，对社会传统发出个性化十足的批评，而引得网络围观驻足和参与议论。但韩寒对于传统的认识的确也有出色处。比如他对于考试取舍的莫名其妙的批评，就十分让人产生共鸣。韩寒述说过这样的一段话：“学生给我寄来一份试卷，里面有一道题是用我的文章作分析，问我的文章到底选自以下哪个大赛：A：全国首届新概念作文大赛；B：首届全国新概念作文大赛；C：新概念首届全国作文大赛。你说这是什么玩意儿！考试的目的是什么？我们的语文教育真是伟大！”

这件事，的确是长期以来考试刁难学生的典型例子，出题者的逻辑，是要考查学生在混乱干扰中是不是具有辨析能力，却不知这考题本身就是毫无疑义的混乱。韩寒的批评显然有说服力，这样的传统自然需要打破。

但许多时候反叛传统未必合理，如果不是出于文化本身的目的，而是利益需要，那么反叛就可能不是合理的。典型例子如2010年，四个卫视台协作买断电视剧《我的团长我的团》的首播权，却引发了电视抢播，随后各执一词，其实都是为了各自利益的维护，机关算尽、花招迭出，而后相互诋毁、各不相让。它们都反叛了传统，以为可以获得高收视，却不知道收视率本身的意义对于文化而言，未必有益。

在网上影响一时的极端的例子特别需要来探讨，随着行为艺术的流行，一个毕业于中央美院的70年代的行为艺术家朱昱，“创作”了一些常人匪夷所思的“行为艺术”：在叫作《全部知识学基础》的行为艺术作品里，他把切割后的人脑脑浆装进罐头瓶子里展示和出售；而《袖珍神学》则是用一只悬挂在天花板上的死人胳膊，手里握着一条长绳，绳子在地上缠绕，一圈又一圈，直到缠满整个房间；在作品《植皮》里朱昱把自己身上移植下来的一块表皮，缝在一块死猪肉上面。而一个叫《食人》的作品更是在网络上引起了不小的轰动，作品展示的是他在厨房里清洗死胎（六个月大）、烹饪死胎和食用死胎的全过程；尤其在《献祭》这个艺术作品里，朱昱用自己的孩子（四个月大的胎儿）去喂食一条狗。首先他找到一个能够与他合作的女人，然后在医院里进行了人工授精，使这个女人受孕。在其怀孕四个月后到医院进行了人工引产。引产出的胎儿被放置在他自己家里的冰箱内。然后他把一张用白布包裹的桌子放置在露天平台上，将一条从集市上买回来的狗与那个被引产出来的胎儿一同放在桌子上，为了让狗能够吃掉他自己的孩子，他饿了这条狗一整天，又买了些卤水涂在死胎身上以增强狗的食欲。由于死胎已经很大，狗无从下嘴，他只好用餐刀将这个死胎切成小块去喂食那条狗。整个过程持续了近20分钟，直到狗不吃了为止。行为艺术家的所作所为总是令人瞠目结舌，解说者和大众的认知也针锋相对，作品对于道德、对于传统规则都是相当大的反叛。在这样一个时代传统如此恶化，的确是需要思考的问题。

4. 众语喧哗的兴盛

前面论及，在主流媒介中凭借着国家意识形态和主流要求的理论评论取舍，相对主宰着影响主导观念领域的认识，确立方向的必要性有时也形成了自说自话和自我佐证、确立的趋向；但在网络新媒体时代，主力媒介影响力受到冲击，在更为开放的空间中，人们的选择和接受都有了新的认知，从生活习惯上，越来越多的人喜欢交友网站和微博，众语喧哗的景观造就了不一样的影响风景。人际传播、网络博客传播、短信传播、娱乐媒介传播等熏染培育着另外一套趣味，相比起以往，杂乱、愉悦、口说无凭的趣味更容易被接受。在网络时代，大众的“流寇”性质自由无忌，由于本能的放纵和直感的最容易盛行，板砖的肆无忌惮也形成一种受众影响力。如电影《色戒》、《南京！南京！》等带来的多样非议而导致市场变迁，大众媒介批判的事件不断发生，显示了“人人皆为议论家”的现实。

再来看看喧哗的媒体的炒作及其反响。一个关于亲生女儿为老父做模特的案例是网络至今还有余波的事件。重庆一个23岁的女画家，给她61岁同为画家的父亲当裸体模特，联合创作了令人惊艳的写实油画《东方神女山鬼系列》。此前，在首届重庆黄桷坪国际艺术节上，来自四川德阳的老画家李壮平和他的女儿，因为这一特别的举动引起了各方的注意，各种声音随即充斥着耳膜，有来自艺术圈溢美的，也有伦理专家刺耳的批评！女儿李勤说：“这件事曝光之后，虽然很多人都是从艺术的角度来评价，对我们父女俩的举动是表示赞赏和认同的，但确实有些评论太不好了，让我难以接受。”李勤认为网上那些不好的评论中，尤其让她难以接受的就是某些报道中出现的伦理专家，指责父亲不该用亲生女儿作裸模，说这是违背传统伦理道德的。这个事情当时确实触动了很多人的神经。结果几番议论争执，伦理学家依然认为亲女儿为父亲做裸模违反道德云云，议论热潮虽然过去，但引发的思考却纷乱。

我们这个时代的网络文化似乎真假难辨。看看网络上的照片也似乎可以说明真假难辨的复杂性，如一首歌所唱的：“谁是谁的谁的谁？”

在艺术文化范畴，什么最为核心？是精神情感真实度。我们这个时代最为头疼的问题是真实的遮蔽和真假混杂。文艺上的真真假假也混淆着视听而难以辨别。需要分析其中的因缘关系。

再有两个示例：

1. 网载：一个贩卖假币的集团宣称：如果违约可以报警——这岂不是盗亦有道？

2. 消息：一个报警的人宣称购买的论文被发现是剽窃，于是控告出售者造假。

分析：贩卖假币的集团宣称如果违约可以报警——真就是盗亦有道？对真的标准认同，目的却是以假乱真，这分明是一种背离！造假却依赖法律，说明认可法律的权威性；但权威性却不但不能阻止造假，反而成为维护虚假的“真实”佐证；造假者信赖中间证明，却同样信赖造假的“合法性”而罔顾法律精神；购买论文后报警的人宣称购买的论文被发现是剽窃，控告出售者造假——尊奉真实性买卖原则却忘却了真假世界的晨昏差异！

刚才是网络上众说纷纭的例子，现在再举网络反映现实的特例：一个小偷因为偷工地连接铁管的卡扣当废铁卖，被别人抓住现行，绑在树上几天几夜，一个善良漂亮的小妹妹喂他饭和水！此事发生后，就有网络评论称："人性本善，我想他以后不会再偷了吧！"在红网论坛上，许多网友称，小姑娘对小偷的这种教育必定是醍醐灌顶式的，有网友"effay"等跟帖说："小女孩让我突然想起了《巴黎圣母院》中的埃斯美拉达，她真可称得上最善良的小女孩，希望这名男子能悔过自新，重新做人。"但"小姑娘的善良和绑人者的行为形成鲜明对比"。有网友认为小偷行为应严惩，但是，把人绑几天也是违法的。

也有网友从另外一方面议论说："小偷不值得同情，再说图片真假也难断定，也难说是演戏的，或者是为了教育小偷某组织玩的行为艺术，所以不必太认真了。"

如何对待小偷已经不只是法律问题了，还包括对于受害者、旁观者、法律工作者、艺术工作者等人性诸多角度的差异。网络时代能够自由表达如此多样的批评和多角度看待现象，已经是屡见不鲜的现实。

三　网络新媒体时代的症候分析

在网络时代，新的一代人如鱼得水畅游，而他们的语言对于常人而言也匪夷所思，看看摘录的网络一个帖子的语言：

> 如果你只知道 QQ，那你就 OUT 慢了！！！！！
> 冻死的企鹅……

这里的"OUT 慢"、"冻死的企鹅"非晓知网络难以理解。再看看有人说：如果你是一个合格的网民，一定听说过"知音体"，也一定听说过"梨花体"，你也一定知道"脑残体"。但你知道吗，现在用这三种文体发帖回帖已经落伍了，2009 年网上最新流行的文体是"蜜糖体"！这种被网友称为甜到腻、腻到呕的新文体的名字是以一个女网友的网名来命名的。

何谓"蜜糖体"——

555…糖糖也好想要一个LV滴包包啊…糖糖滴mammy用滴就素LV…而且有好多…好多个哦…糖糖滴daddy说…等糖糖考上大学了…一定会买个LV滴包包送给糖糖哦…好期待呀…嘻嘻…

亲耐的糖糖~~人家自从看了你发出的帖子以后哇，马上就将昨天吃的晚饭吐鸟个一干二净哦~~吓得mammy以为人家身体不舒服了啦，拿着LV包包急着要带人家去医院看病病……都素你吓的了啦，讨厌讨厌讨厌（跺着脚红着脸咬着小手帕）！

实际上，这是网络风行的说法，一些日常的词语，用“蜜糖体”说出来立刻感觉大变，她们喜欢把“是”说成“素”，“可是”变成“可素”，“这样子”说成“酱紫”，“非常”说成“灰常”；“的”和“地”都用“滴”代替，句子的最后总要加上“鸟”作为语气词……

显然，文化环境的变化，无疑和网络新媒体时代直接相关，网络时代已经笼罩全社会，无可回避，深陷其中的人未必能发觉世界悄无声息的变化。

鲁迅说过：一部《红楼梦》，“经学家看见《易》，道学家看见淫，才子看见缠绵，革命家看见排满，流言家看见宫闱秘事”。这至少证明，好作品具备两个要素：从作品角度说，表现的对象博大精深，才足以涵括丰富的内容；从读者角度说，各个视角的差异会造就读解的不同，如果说在鲁迅的语境中，需要判断两者已经显得复杂，那么，现在则还要考虑“第三者”媒介的重要性：不能不把媒介问题放在重要的地位上来看待了，媒介对于判别、取舍、抑扬都有不可或缺的作用。

新媒体的概念略有差别，但都是相对于传统意义上的报刊、广播、电视这些大众传播媒体而言的，大众和学界对这一点的认知基本一致，一般指随着传播新技术发展和传媒市场的进一步细分而产生的新型传播媒体，主要指宽带互联网络（第四媒体）、手机（第五媒体）等两类。

网络新媒体包括新闻网站、视频搜索、网络视频、博客、播客、社交网站等；交互式网络电视（IPTV）、车载移动电视、楼宇电视等；手机新媒体包括手机报、手机电视、手机音频等。新媒体本质的特征是“交互特性”。按照专家的认识：传统的媒体的传播是单向、一对多的，但是如今自主的选择、互动使得个体发表自己意见成为可能。受众成为内容生产者、制作者、接收者的统一。媒体也从单向变成双向，从一对多而为多对多。

2010年中国互联网报告称：社区和论坛已经成为我国互联网领域极具影响力的信息发布媒介之一，已然成长为我国互联网中的强势媒体之一。这个特别要提到，西方世界的社交网站早已成为网络时代的一大片领地，中国现在也正在兴起。

在这个认知的基础上，20世纪90年代以来，互联网技术日臻成熟，迅速普及，网络成为最新的角色，影响着社会政治、经济和文化。在政治领域，网络竞选、网络问政等日益成为热点，深刻地改变了大众的参政议政形式；大众最新的潮流是上人民网，直接给最高领导留言。网络媒介地位的凸显得到确认，而大众对于网络的信任感也更为增加。在经济领域，互联网和信息产业已成为国民经济的制度性和先导性的产业；2010年中国数字出版市场预测整体收入将超750亿元。到2010年6月，全国网民数量达4.2亿，2009年互联网市场主体规模1834.5亿，同比增长31.99%。社会文化方面，网络对公众生活实现了全面渗透，提供了全新的生活方式和交际平台。这使得“新媒体”这一概念逐渐向互联网媒体倾斜，甚至带有一定的专指意味。新媒体带来了观念形态上的许多变化。这种创新或者是基于新媒体技术而出现的原创，比如以互联网为平台衍生出的即时通信、论坛、博客、微博等；或者是传统媒体与新媒体技术结合，使已有的媒体形态出现革新，比如数字报纸、网络电视、手机报。新媒体的勃兴及其对传统媒体的冲击，已成为传媒发展的重要特征。据专家研究：从口语传播到语言媒介的诞生——140万年；从语言媒介到文字媒介——9.65万年；从文字媒介跨入印刷媒介——约4000年；从印刷媒介迈进电子媒介——1200年；互联网的普及刷新了媒介演进的记录。从1969年美国创办阿帕计算机网（APPA-net）起，不到半个世纪，全球的互联网媒体已经呈现出惊人的发展态势。大众传播学的一般理论认为，超500万人使用的传播媒介被称为大众传播媒介，广播用了38年，电视用了13年，而互联网仅仅用了5年时间。但我们已经进入移动上网阶段。互联网传播以匪夷所思的速度影响着世界。

中国目前已经进入手机互联网时代，截至2010年6月，中国网民规模达到4.2亿，突破了4亿关口，较2009年底增加3600万人；互联网普及率攀升至31.8%，较2009年底提高2.9个百分点。宽带网民规模为

36381 万，使用电脑上网的群体中宽带普及率已经达到 98.1%。农村网民规模达到 11508 万，占整体网民的 27.4%，半年增长 7.7%，低于城镇网民相应增幅。我国手机网民规模达 2.77 亿，半年新增手机网民 4334 万，增幅为 18.6%。其中只使用手机上网的网民占整体网民的比例提升至 11.7%。

网民年龄结构继续向成熟化发展。30 岁以上各年龄段网民占比均有所上升，整体从 2009 年底的 38.6% 攀升至 2010 年中的 41%。2010 年第二季度中国网络经济营收规模达到 389.4 亿元，同比增长 55.9%，环比增长 13.2%，显示出较为强劲的发展势头。

研究者认为：新媒体并不是因为它对传统媒体形态进行了彻底革命和颠覆，而是将新媒体技术与传统媒体结合起来，延续着旧媒介的部分特征。数字报纸就是报纸媒体的网络化；车载电视是电视媒体的移动化；手机报是传统媒体的个人化；博客、播客是个人传播的大众化；即时通信则是人际交往的数字化。

四 新媒体时代的文化应对

既然新媒体时代不可避免地影响生活，也影响文化发展，我们就需要在文化应对上因势利导，以下主要从五个方面作出说明：

1. 因势利导的网络时代认知观念，重在顺应。前文一再强调，互联网时代冲击着传统文化主导观念，顺应而产生影响是良策。压制肯定不太会奏效。由于其涉及的范围之广，触及人群独立性之强，所以在一些政策出台的过程中，应当考虑因势利导意识的重要性。

这里的关键是要意识到传播对于社会影响的意义。在网络上有一个年轻一代熟悉的幽默小例子，其可以验证传媒意识的普泛性——一个关于大灰狼被报复的故事。

话说强悍的大灰狼总是欺负小白羊。有一天，小白羊想出损招，趁恭维之际灌醉大灰狼，将其暴打了一顿。事成之后小白羊逃命，大灰狼惊醒后大怒，奋起直追。无奈无法逃过魔爪。危险时刻，小白羊在灰土地上一滚，变成小灰羊，随手抓过一张报纸遮挡。大灰狼疾驰而来，一把扯下报纸怒问：“小灰羊，你看见一只小白羊了吗？”小灰羊说：“啊？就是暴打你的那只小白羊吗?”大灰狼惊呼:“啊,这么快就上报啦?”

小灰羊慌不择言的答语显然已经不打自招——你如何得知是小白羊?虽然已经暴露,但大灰狼却处在极度愤恨中居然没有察觉;而那一句话却让它以为报纸传媒披露了自己的糗事,脱口而出的话说明了人们都害怕传媒,由此点明了传播时代人们对于媒体曝光的敏感度。所以,这个故事提醒了我们对于新媒体时代交互式传播形状的认识。

新媒体的交互性传播中,中国公众已不仅仅满足于复制他人的信息或评论他人的信息,他们自己积极参与到信息的采集、调查中去,并对一些涉及公共利益的问题进行了监督。我们看看一些典型案例:

我们最早对于网络传播巨大意义的认识,来自于发生在广东的孙志刚被城管暴打致死的事件。而传媒对于这个事件的揭露,整个改变了中国劳教制度,也凸显了网络的生态环境对于认知社会的重要性。

此外还有:重庆“最牛钉子户”事件中,一些网民通过几天的跟踪拍摄,在论坛发帖介绍拆迁现场情况,影响巨大。

山西“黑砖窑”事件发生以后,一些网民将自己实地调查的情况发布在网上,表达自己的观察和思考,引起这样的重视。

新疆兵团的一个“最牛”团长的腐败,被网民揭露后迅即得到处理。等等。

伴随着传统媒体与新媒体的融合,中国社会将越来越开放、多元。这里我们还要特别提到最近兴起的“围脖”——微博的兴旺。微博兴旺伊始,曾被人误认为是社会人文化程度降低的产物,但是后来发现其含有更深的社会意义。以至于它在国家层面、世界层面都成为不能忽视的最快传播媒介。我们看看微博发展的速度:

2010 年 3—6 月微博市场覆盖人群从 5412.1 万增加到 10307 万。

月度总访问量次数从 15364 万增加到 41740 万。

新浪微博月覆盖人数从 2510.9 万增加到 4435.8 万,同比增加 76.7%。7 月新浪微博产生的总微博超过 9000 万。每天产生超过 300 万,平均每秒近 40 条。

根据《中国微博元年市场白皮书》:2010 年中国互联网微博累计活跃注册账户将突破 6500 万,2011 年中将突破 1 亿,而 2012 年底、2013 年底分别将有望达到 2.8 亿、4.6 亿。因此传播的力量是巨大的,我们必须因势利导,而不是压制失去主流影响的机会。

2. 疏导为要的新媒体应对，重在指导。跨媒体的传播已经是普遍现象，在堵截某一个媒体的时候，难以封锁其他媒体的反响；而跨媒体的传播效应已经被有效利用。关键是如何对待：疏导是对应的最好选择。正如前文提到的，关于《非诚勿扰》的举措就需要更为严肃的对待。2010 年江苏卫视的《非诚勿扰》的异军突起迅速使江苏台的收视率超越湖南台。媒体对于《非诚勿扰》的报道抓住并放大了马诺“躲在宝马车中哭泣”等负面要素，引起了中央的高度警惕，以此为借鉴出台了“反三俗”的政策。而收视率的高涨和“反三俗”政策的出台又揭示了一个问题：大众喜好和传统愤怒之间其实需要慎重对待。大众喜好摧毁不了主流意识形态的主导意识。大众的喜好也揭示了一些以往被遮蔽的不被上层所看到的东西。通过《非诚勿扰》现象，可看出新一代人的现实生活状态，而至今《非诚勿扰》依然是这一类节目最值得研究也最被大众喜爱的节目。其实，在新媒体时代，人们内心真实的想法与状态需要显露。拒绝折射，闭目塞听，难免会出差错。

在新媒体时代，“三俗”的确需要警觉，但其实不在于表现了什么，而是要在文化潮流的骨子里进行提防。对一般而言还是疏导为好。其实新媒体时代最为俗滥的是对于人性根本的毁坏。比如最近的例证就是宝马司机 4 次碾压孩子致死的事件，残酷的利益取舍决定与其伤人无穷无尽地赔付，不如以交通肇事一次了断，多么可怕的选择。前几年频频发生的好心人扶起路边老人却被栽赃诬陷甚至被判刑的事件，也许是导致司机碾压孩子致死的潜在原因。但是无论如何，这种行为和人性的败坏是我们无法接受的，而文化上的俗恶风气，开始对于我们以往审美经典的调侃和挑逗，无聊的同时，毁坏了我们的文化根基。

3. 草根时代的大众文化亲近，重在影响。新媒体时代文化是草根文化，强调参与和互动，需要自我表达。韩寒的“凡客诚品”广告所引发的“凡客体”热，就是自我表达的一种形式。在全民表达的时代，文明的建设任重道远。就以世博会为例，报纸报道：在世博会的日本馆中，广播一再提醒室内不要打手机、大声说话，但手机仍打，大声对答不绝。在美国馆，广播一再提醒不要乱扔垃圾，要把垃圾带走，但游客依然随手丢弃垃圾。而在 4D 影院，影院一再提醒观看的眼镜除了此处没有任何用场，但眼镜一直在丢失。还有所谓高素质人群的文明建设，也很令人担忧。最近福州一大学的女教师因为服务的一点差池，耍脾气要女服务员埋单，自己拒绝付账，女孩被逼下跪才罢了。第二天报纸报道后她百般推脱，其实是源于服务员没听见喊要纸巾，她很不高兴，服务员多次鞠躬道歉，她仍以不买单要挟；女服务员被逼下跪，次日女教师称喝多了。一个大学女教师为何如此——我们似乎都在强调是上帝，有理由耀武扬威地耍横，但忘了人都是平等的最为基本的要求，而为人师表，行为至此，更令人不齿。

对于网络时代的草根大众，也要思考如何对待，不能高高在上地指点，需要亲近了解，亲和对待，亲切呼应，才能亲密引导。否则，已经发生过的拒斥和由此不断产生的距离无助于影响力的扩张，要知道，规模巨大的草根传媒的呼应力也是强大的。

4. 市场需要引导的政策认知。市场化已经不可阻挡，而实际上大大促进了文化产业的形成。市场为先不可阻挡，但市场需要引导的政策认知，重在介入影响。最近一个省级卫视的节目，将五所大学的五个校花强拉上高台“蹦极”，展示女孩们在镜头前的恐惧，而记者不断威逼利诱，以此让四个孩子在恐惧中跳下，也许这个节目因此拥有了巨大的眼球效益，但利用镜头前的观众和媒体影响力相要挟，哗众取宠，践踏学生自由意愿的行为，是非常可恶的。

我们还要为了市场而无所不用其极地谋取利益而伤害人文精神吗？我们缺乏的是如何获取人心而得到市场的高端构想！

让我们来看看影像中到底是技术还是人文精神对于获取市场更为重要——以《阿凡达》为例。在电影《阿凡达》中，哪里没有对于地球的忧虑、对于人类贪婪的表现？尽管是远在乌托邦时代的所谓“潘多拉星球”，其实就是我们的身边的邪恶争夺、利益巧取、对于生命的蔑视、对于情感的期望等的表现。当然，其借助了一个叫“阿凡达”的寓意来伸展，“阿凡达”意即化身，显然，其出发点依然在对于人类思维哲学层面的思考！较之那些无聊透顶的小品电影、娱乐无极限电影，何等天差地别？影片的构想就在于，将一个神性哲学的思考，变成了我们可以触及的远端臆想，而超越了现实却依然是想象可以感知的世界。这一点和蝇营狗苟的娱乐却有天壤之别。我们需要借鉴的是：如何有想象力，如果想象力不足，至少不要没有现实感！不能丢掉对于现实问题的思考，当影像成为娱乐满天飞，却没有一点价值的时候，谈何想象力？培养想象力的目的是为了实现人文价值！

回顾一下这几年冲击我们视野的外国电影，看了《变形金刚2》觉得匪夷所思，知道技术绝非我们目前所长；看了《功夫熊猫》，知道技术后面还有我们忽略的宝贵遗产的观念把握；看了《2012》，知道除了大制作外其实还包括对于世界的认识和对于人情世故的技术表现；看了《阿凡达》，自然知道我们的技术落后的不是一个级别，而之所以差得如此之多，不是技之不可追赶，而是“技艺”的高端没有达到。必须有强烈的“艺术”追求才有技术推动：我们能像詹姆斯·卡梅隆那样沉下心来为自己内心的梦想而创作吗？他早在十四年前便写好了《阿凡达》剧本，精心谋划技术、潜心创作影像，这本身就包含了艺术追求的要义。十四年积累，为艺术构想实现了技术的基础，技术就是为了理想服务的对象！于是我们知道，技术和艺术其实不可分割！重要的还有，《阿凡达》的技术背后，显然充满着人间情感世界的渴望，我们依然看到了充满“阿凡达”世界的最为核心的要素，也许人们觉得理想不过如此单纯，但更重要的是体现了情感的追求、善恶的褒贬、掠夺的轻蔑无耻、忠诚正义的感人，没有这一切，什么价值都谈不上！艺术的、思想的、人文情感的认知不能不由学术和校园来承当。只有在这里，才能暂时抛却功利与僵化的束缚。开拓创新、无所拘束的理想，应当在这里得到独特的体现。没有自由奔放的奇思妙想，不能知晓戴着镣铐跳舞的奥妙，没有经历过放任的年轻，就不能把持在市场大潮中功利要求背后的艺术感觉。

5. 捍卫主流艺术价值观的底线。中国影视不是没有出色的创作，相比起那些无聊娱乐、愚乐的东西来，我们欣赏动人心弦的《集结号》、《唐山大地震》，同样是大片，其宏大的精神震撼和那些无聊炫技的大片形成了对峙；我们也欣赏《山楂树之恋》的优美纯净，相比起大量俗滥欢闹的电影，也是一种对峙。可惜，不见减少的批量娱乐创作在伤害我们的文化产品的质量，让新媒体网络时代的年轻人难以产生对于国片的心理迷恋。而近来的娱乐，已经在不断拿我们的优美传统和审美经典调侃，触及了文化底线那原本不可逾越的东西！

时代自然在变，美国著名的文化理论家丹尼尔·贝尔曾经说过，从20世纪的下半期开始，人类已经由以读和写作为接受知识的主要方式，转变为以看和听作为主要的方式。尽管作为新保守主义的代表人物，丹尼尔·贝尔对于看听文化秉持着怀疑和批判的态度，但是显然，从文字阅读转向图像阅读，已经是一个不争的事实趋势。电视、电影、网络和集声音、图像和文本为一体的电子读物的出现，无疑会对人类的知识结构、认知方式以及行为方式产生重大的影响。伴随着全球化发展的必然趋势，中国在改革开放以来整个社会的文化传播方式，也以一种加速度在向图像化方面发展。

但显然越是如此，我们越要重视时代发展趋势的传播媒介，重视文化在新媒体中的价值与意义的保持！

五　结语

关于新媒体和网络时代的上述研讨，是在提醒我们不能忽略时代传媒的变化，也是提醒我们对于新传播环境下文化建设新背景。网络新媒体并不是一切皆好，实际上其引发的问题也需要格外关注。西方学者安德鲁·基恩所著的《网民的狂欢：关于互联网弊端的反思》值得关注，其中有这样的话，摘引来参考借鉴：

> 伴随着网络的繁盛，愚昧和低品位，个人主义和极权统治也大量涌现。很多网民虽然能力平平，却毫不谦虚地生产出不计其数的数字产品。如今，很多“业余者”用他们的电脑在网络上发布各种各样的东西：漫无边际的政治评论，不得体的家庭录像，令人尴尬的业余音乐，隐晦难懂的诗词、评论、散文和小说。①

而这本书封面上被人们关注的一句话是：“毁掉我们的，不是我们所憎恨的东西，而恰恰是我们所热爱的东西。”

是的，需要警惕，诸如3D、网络赛博、新媒体技术等后技术时代的现实存在纠缠着我们，但技术核心实质上是对已往艺术的改变，而人们的思想观念、认知方式等，都发生了无法按照古典逻辑（现代主义）加以解说的变化（后现代、后技术时代），由此凸显了技术高端与艺术传统之间的裂痕！

---

① ［美］基恩：《网民的狂欢：关于互联网弊端的反思》，丁德良译，南海出版公司2010年版，“序言”第2—3页。

但最后让我们要自问一个问题：谁引导文化？当然不能是这样对于经典调侃的东西：

只有“文化”引导文化，称得上文化的才能引导社会文化！

艺术引导文化，精神追求的艺术文化才能引导文化！

审美精神引导文化，人性最终需要的是超越世俗的情感满足。

因此，一切正如阿拉伯哲理诗人纪伯伦所说：“我们活着只是为了发现美。其他一切都是为了等待。”我们应当有文化的信心！

（周 星）

第十二章

跨文化的现代民俗传承

在全球文化环境变迁中，各国优秀民俗文化代表作的地位发生了重要变化，即从单个国家民族的特色文化种类，转入对人类文化的多元性和反思性的概念的讨论范畴。在这种背景下，如何进行跨文化的现代民俗传承，成为了一个新问题。不少国际同行认为，20 世纪依靠出书造势，21 世纪把民俗当作跨文化交流的载体，同时将民俗承载的文化多样性变成文化权力，吸收多元文化，尊重地方文化，保护遗产文化，在这一过程中，把促进民俗传承建设成一种跨文化交流的现代策略。这是一个划时代的变化。现在很多欧美国家已把人民共同选择和价值趋同的民族文化做成国际项目，在与当地文化不冲突的前提下，开展不同国家间的文化推广和文化沟通的对话，中国也已经处在这种主流中。

一　现代民俗传承的时代转型

这里所谓的“跨文化”，指的是全球多元文化的平等传播中，国别文化交流工作建立自己的优势战略定位，选择“软碰软”的接触点，开展现代民俗传承，在兼容别人中推广自己。

20 世纪初，很多国家进入了现代国家民族化的过程，世界发生了多极化的互动，其中一个重要的变化是，国内统治阶级和被统治阶级的话语权发生了逆转，在国际上也产生了以民俗成果较量各国文化实力的潮流。我国在 20 世纪中，在“五四”运动时期，民俗文化得到了积极的建设。20 世纪 40 年代，在党的领导下，在延安文艺政策的指导下，民俗文化中的民间文艺部分得到了较大发展。1949 年以后，一部分优秀民俗民间文艺成为社会主义新文化的组成部分。但到了 21 世纪，产生了新的国际环境，国家民族间的文化理解与知识交流，又形成了新的需求。在这种形势下，民俗再次被选择为载体。

但是，一个国家的民俗文化在自身历史传统和社会结构中传承和共享，很多是不能直接用来做跨文化交流的，还需要在现代知识体系中进行建设，增强对外叙事能力，才能形成跨文化交流的公共新资源。对于任何国家的民俗学者来说，现代民俗传承做得好，都是内部民俗的高等增值，促进彼此理解和尊重，能够增进国别文化之间的升级传播。它与以往国家内部的雅俗文化之争和官民文化界定是不可同日而语的。它是全球文化环境变迁中的新理念的产物。它在政府领导下，进行学术创新和社会力量的凝聚，提倡利用国家民族古今中外的所有优秀知识，去壮大国家优秀民俗的对外影响。这种新建设，有利于让世界不仅从书面经典文化上了解中国，也从中国民俗文化中了解中国，认识中国整体文化的丰富蕴藏和伟大价值。

二　现代民俗传承的思想特征

在世界多元化文化的跨文化交流中，一个国家民族的文化传统，在一定程度上，是以该国民间长期传承的文化种类为中心展开的，包括故事、谚语、民歌和戏曲。在传播民俗文化的模式的转型中，一些发达国家还将民俗文化当作国家知识的重要组成部分，用于提升舆论领导力。我国改革开放以来，在国务院领导下，由文化部发动，在新中国60周年华诞之前，全面完成了中国民族民间文艺十套集成的搜集出版工作。北京师范大学民俗学国家重点学科的创始人钟敬文先生，生前参与并领导了其中的中国民间文学三套集成（故事、歌谣和谚语）的搜集整理工作。现在这批资源已成为国家非物质文化遗产保护的基础，同时也促进了高校民俗学的学科建设。

现代民俗传承的思想特征有二：一是从以往寻求国家民族独立的思想工具，转向整合国家上、中、下三层文化的综合性载体；二是从国内民俗搜集和研究，转向世界视野内的多元文化对话。这些工作是前人做不到的，需要为此付出艰苦的努力，但这是值得的，因为它决定了中国民俗是否能够成为最早介入全球化语境下多元文化实力建设的代表性元素。

三 现代民俗传承的建设储备

自2007年开始，在北京师范大学校领导的支持下，另一位首席专家王一川教授和笔者，带领科研团队，承担了“我国文化软实力发展战略研究”的国家社科基金重大项目，我们尝试进行了以下几项工作。

第一，政府和高校合作进行现代民俗传承的宏观战略建设。政府与高校合作开展国家战略性重大文化项目的攻关机制，体现了我国举国体制的优势。近年来，我们主要与文化部合作，由北京师范大学民俗学国家重点学科牵头，由北京师范大学文学院、民俗典籍文字研究中心、信息科学与技术学院、艺术与传媒学院等五单位联合，对中国民族民间文艺的部分资源进行数字软件研发工作，并在2009年国庆期间参加了文化部、国家民委、中国文联、全国哲学社会科学规划领导小组和全国艺术规划领导小组主办的建国60年文化成就展览，在国家大剧院展出了1个月，受到了相当的关注和好评。

这批数字软件大体可分为三部分。第一部分，中国民族民间文艺资源地图，共编制数字地图23幅；附设集成资源总量统计数字辞典和分类卷目数字辞典14种，在集成志书298卷、400册、4.5亿字的基础上，采集纸介数据，制成数字数据，包括空间分析数据、个案分析数据和重要品种整理数据，直观生动地展示改革开放30年来文化部发动领导“中国民族民间文艺十套集成志书”项目的辉煌成果和巨大成就，为各级部门进一步建设相关保护利用政策提供评估依据。第二部分，中国故事类型数字地图，以中国家喻户晓的百种故事类型为例，编制数字地图21幅，设6个专题，附设故事类型辞典、故事类型地图符号和故事类型剪纸，整体展示中国民间故事集成的学术研究价值和社会应用潜力。第三部分，数字集成公共产品，包括数字集成分省总目和数字集成影院两类，共8种，在全球文化环境变迁和数字交互战略的转型中，探索富有中国特色的数字民间文艺资源产品样本，促进提升我国文化技术产品的社会效益。参观者点击进入，可以在线快速了解中国民族民间文艺资源的藏量规模、总体内容、资源分类、各省存量、重要资源特征和所有作品篇目等，认识中国民族民间文艺集成志书的巨大资源和伟大搜集成就。其中，“数字节气谚语地图软件”，是“中国民间谚语集成”的数字产品样本，共使用谚语数字数据1847条，制成数字软件，按一年四季廿四节气的节律播放，展示祖国各地丰厚地理气象资源中的谚语历史文化和民间智慧。全部谚语由青少年志愿者朗诵，体现谚语遗产的未来传承意义。“数字中国故事影院软件”，使用“中国民间故事集成”省卷本，选择中国著名四大传说“牛郎织女”、“孟姜女”、“梁山伯与祝英台”和“白蛇传”，制成数字软件，包括数字故事放映厅、数字故事乡音版、数字故事节日、数字故事声音地图和数字故事遗产地图等，介绍中国故事的丰富历史遗产和社会传承价值，帮助参观者走进中国故事学研究的学术殿堂和文化艺术宝库。我国还需要大力开展这类工作，它有助于现代社会衡量国家民俗文化实力的尺度，也将成为中国民俗本身，乃至成为国家光荣历史和现代形象的共同标志。

第二，建立多元文化间的相互阅读和欣赏的新经验。多元文化之间不可能没有矛盾和冲突，跨文化交流也不可能没有新载体，前人正是在这个前提下找到了民俗。在当今全球化的背景下，也要以内外观察的双视角，建设和而不同的新文化平台。要把自己的故事讲好，也欣赏别人的故事。

近年我们改革现代民俗学教学的知识结构，完成了一些提供教学科研使用的专题数字软件。以前面提到的中国故事类型数字地图为例，共分6个专题，包括故事类型的地理分布、生态环境、文化结构、世界遗产地分布和自然文化资源旅游状况等，介绍我国经典故事类型的历史背景、地理传承、中外比较朗读和文化开发现状，参观者可以轻松走进中国故事学研究的学术殿堂和文化艺术宝库，对这批宝贵口头遗产加深认识。再如，我们研制了“数字戏台软件”，这是在“中国戏曲志”和“中国戏曲音乐集成”的纸介本基础上，所开发的数字产品，含90个剧种的91个唱段，可现场学唱学演，体验中国传统戏曲艺术的宝贵财富和辉煌艺术成就。另有“数字曲苑软件”，是“中国曲艺志”和“中国曲艺音乐集成”的数字产品，含78个曲种的78个唱段，提供中外参观者欣赏中国曲艺遗产代表作。参与项目攻关的中国研究生和外国同学使我们非常感动，他们都是“80后”和“90后”，以自己的热情努力，成为跨文化交流的年轻实践者。

建立多元文化间相互阅读和欣赏的新经验，是实现现代民俗传承实力化的要素，更是学者和高等教育工作者的一份责任。

第三，童年文化遗产是提升现代民俗价值的杠杆。人类从童年文化中获得了对多元文化的认同性，获得了对国家民族精英和下层文化代表作的渗透性认识。传统节日、庆典和仪式等人类情感文化的社会性教育都拥有丰富的童年文化遗产。利用这笔遗产是发达国家建设文化遗产的特点。以我们制作的“数字北京故事影院”为例。北京故事是中国城市历史遗产的巨大宝库。该软件以北京故事卷为基础研制，演示地图上的北京故事和北京的世界文化遗产故事。我们的研究生还与清华大学的同学合作，把这些北京故事变成动画，配用了三十多种音频资料，制成北京故事宝盒和北京故事动画，适合儿童的认知特点，创制北京人的童年文化遗产。前面提到的我们研制的“数字节气谚语地图”，请一些青少年志愿者来朗读，他们都兴趣盎然。这方面工作的创新意义，在于重建童年文化遗产的传承价值，以之为渠道，评估现代国家民族的民俗藏量，同时进行民族性传承和跨文化交流的双重操作。

四　现代民俗传承的优势战略

现代民俗传播策略建设有时与政治、经济和外交等因素结合在一起，也会很难处理。在这个问题上，重点应该开展具有跨文化优势的项目的研究。它在理论问题上包括：现代民俗文化传播的历史本质和当代内涵是什么？现代民俗文化传播在全球多元文化传播中的战略定位是什么？在基本概念上包括：对当代世界多元文化交流理论中的“跨文化”起点、“接触点”和“边际理论”概念如何认识？如何发挥自己的特长？如何创造自己的新理念等。在方法创新上包括：建立现代民俗传播的跨文化国家策略数据分析系统和个案比较研究项目。它以尊重目标国的民俗文化和语言文化为前提，研制中国民族民俗优势概念产品和应用产品，帮助中国现代民俗传播走向成功。

在全球化时期，接触型和边际型人群扩大，这是不能忽略的事实。发展接触型的现代民俗传播，在边际地区保留互相了解的时间和余地，此趋势已势不可当。其中，表演类民俗文艺是适用于接触型和边际型的人群对象的，但还需要展开表演型和知识型相结合的推广策略研究，才能真正形成传播实力。

反观当今世界多元文化竞争发展的潮流，我们可以看到两种趋势，一方面世界上仍在持续反对文化霸权和反对种族文化歧视的潮流；另一方面不再小看本国民俗文化推介的作用，纷纷开始在世界其他目标国中推介自己的民俗文化。我们和我们的祖国一起进入了这个伟大的洪流。

（董晓萍）

第十三章

我国官方传播渠道在重大公共事件中的公信力研究

一　问题提出

重大公共卫生事件与每个个体切身利益相关，是一个被社会普遍关注的问题，尤其在2003年“非典”之后显得更为突出。在2009年“甲型H1N1流感”肆虐全球的过程中，我国社会上接连不断出现有关甲型流感的各种信息，比如有人说甲型流感的危害性非常可怕，有人说甲型流感的危害性不大，有人说注射甲型流感疫苗会导致死亡，有人说甲型流感的疫情在多个地区存在瞒报情况，等等。

不同的媒介渠道对甲流信息的传播发挥着不同的作用。手机、互联网的普及为普通民众参与大规模信息传播提供了可能，传统的报纸、广播、电视等继续传递政府的声音，电话、交通工具的快速发展使人际传播的范围和规模得到拓展。不同渠道对信息传播不可避免地会出现差异，这种差异直接带来民众对媒介的信任差异。也就是不同媒介的公信力会不一样。

媒介公信力（Credibihty）是指在公众与媒介的相互作用关系中，媒介赢得公众信任的能力[①]。在媒介公信力研究方面，美国学者的研究占主流，研究方法以实证研究为主[②]。国外关于媒介公信力的研究集中在“可信度”（credibility）方面，主要分为“来源可信度”（source credibility）和“媒介可信度”（media credibility）两大领域，包括信源可信度、内容

① 张洪忠：《大众媒介公信力理论研究》，人民出版社2006年版，第37页。

② 同上书，第6页。

可信度、渠道可信度[①]。总体来看，目前对于媒介渠道公信力的研究基本上是按照渠道特质来划分，比如将传播渠道分为报纸、电视、广播、网络等几大类。

本文从媒介“政治属性”角度来对我国传媒公信力进行考察[②]。我国内地的报纸、电视、广播等大众传播媒体都肩负着党的“喉舌”的责任，具有共同的官方属性，基于中国的媒体现实情况，本文将这些媒体定义为官方媒体。而对于网络论坛、人际传播等统称为非官方媒体。进而，本文提出以下研究问题：在甲型 H1N1 信息传播过程中，官方渠道与非官方渠道的相对公信力状况是怎样的？报纸、广播、电视等国内官方渠道与网络、手机等新兴媒体以及境外媒体相比，人们更相信哪种媒体？信任官方渠道的受众在年龄、性别、职业和学历的构成上有何特点？人们对于甲型 H1N1 的了解程度对传播渠道的信任度有怎样的影响？

二　研究方法

（一）测量方法

考察媒介公信力的方法有多角度测量法、相对公信力测量法、绝对公信力测量法等多种，本次调查采用相对公信力测量法。相对公信力的测量是 Roper 机构在 1959 年开始采用的，一直以来常被学者们采用与发展。具体关注受访者在几种选择中最相信哪一个选项[③]。

调查问卷设计了两个问题：“T1：社会上关于甲型 H1N1 流感疫苗有很多说法，比如会导致死亡或者有副作用，你最相信下列哪种渠道的说法？（单选）”（以下简称 T1）；“T2：社会上关于甲型 H1N1 流感死亡病例是否瞒报也有许多说法，你最相信下列哪种渠道的说法？（单选）”（以下简称 T2）。两道问题可以互相印证并考察数据的信度。

在问题的备选答案中均设置了 6 个选项，分别是“国内报纸广播电视”、“国内网络论坛”、“手机短信”、“境外媒体”、“周围认识的人”和

① 喻国明、张洪忠：《中国大众传播渠道的公信力评测》，《国际新闻界》2007 年第 5 期。

② 张洪忠：《重庆地区三种市场形态报纸的公信力比较》，《国际新闻界》2009 年第 3 期。

③ 参见靳一《大众媒介公信力测评研究》，人民出版社 2006 年版。

"都不信"。把整个传播体系分为国内官方渠道传播、非官方渠道传播等不同渠道，考察不同传播渠道的相对公信力（如表1所示）。

表1　传播体系划分

考察主题	考察维度	考察指标
传播渠道的相对公信力	国内官办媒介渠道	国内报纸、广播、电视
	非官办媒介渠道	国内网络论坛
		手机短信
		周围认识的人
		境外媒体

（二）抽样方法

本文是北京师范大学传媒发展研究中心开展的"我国重大事件的舆情研究"系列专题之一的课题。本次调查的执行时间为2009年12月16日至2009年12月26日，选取了北京、上海、广州三个城市的居民，采用RDD抽样法，通过CATI系统（电脑辅助电话调查系统）对其进行抽样问卷调查。最终获得北京有效问卷609份，上海有效问卷606份，广州有效问卷608份。本次调查对三地受访电话家庭的推断误差在±4%左右。

以下是本次调查样本的基本分布情况：

表2

			北京（%）	上海（%）	广州（%）
类别	性别	男	47.1	50.8	52.0
		女	52.9	49.2	48.0
		合计	100.0	100.0	100.0
	学历	初中及以下	22.5	32.8	24.0
		高中、中专及职高	27.4	29.0	34.2
		大专	14.9	16.0	16.8
		本科以上	35.1	22.1	25.0
		合计	100.0	100.0	100.0
	年龄段	19岁以下	8.9	11.0	15.0
		20—29岁	27.5	18.4	26.5
		30—39岁	15.7	18.6	23.5
		40—49岁	14.9	12.0	15.2
		50—59岁	16.2	16.2	8.3
		60岁以上	16.8	23.7	11.5
		合计	100.0	100.0	100.0

续表

			北京（%）	上海（%）	广州（%）
类别	职业	工人/待业下岗人员	18.4	22.4	21.3
		学生	17.4	13.2	17.1
		商业服务人员	14.4	11.7	22.7
		企业文员/管理人员/企业主	10.5	10.9	10.7
		机关单位人员/教师/医生	16.3	16.2	13.3
		离退休人员	21.0	22.8	11.1
		其他	2.0	2.8	3.9
		合计	100.0	100.0	100.0

三　研究发现

（一）甲型H1N1信息传播中不同传播渠道的公信力状况

1. 官方渠道的相对公信力最高，选择信任官方渠道的居民比例占半数；非官方渠道比例最高只有17%

T1、T2两题的调查结果均显示，国内报纸、电视、广播等官方渠道的相对公信力最高。无论在北京、上海还是广州，国内电视、报纸、广播等官方媒体的相对公信力远远高于非官方渠道。在所调查的两题中，北京官方渠道的相对公信力超过四成，分别为43.3%、43.8%；上海、广州均超过一半的比例，分别为56.1%、53.8%和56.3%、54.1%。

而整个非官方渠道的比例比较低，在T1、T2调查中北京为17%、13.8%，上海为12.1%、11.7%，广州为11.8%、13.8%（具体见表3）。

2. 官方渠道的相对公信力存在一定地域差异：北京低于上海、广州

经T1、T2两题数据均显示，官方渠道相对公信力有地域差异，北京地区低于上海、广州两地。据T1调查得出国内报纸、电视、广播的相对公信力在北京地区比上海和广州两地分别低12.8%和13%。据T2调查得出国内报纸、电视、广播的公信力在北京比上海和广州两地分别低10%和10.3%（具体见表3）。

3. 在所考察的四种非官方渠道中人际传播相对公信力最高

据T1、T2两项调查结果显示，人际传播即“周围认识的人”的相对

公信力在整个传播渠道中居第二位，在非官方渠道中最高。据 T1 调查得出，人际传播的相对公信力在北京、上海、广州三地分别占 11.7%、7.9%、7.2%；T2 调查中北京、上海、广州三地分别占 7.4%、6.1%、6.9%，均远远高于国内网络论坛、手机短信和境外媒体所占的比例（具体见表 3）。

4. 任何渠道都不信任的居民有较高比例，三地均超过三成，且在地域上存在一定差异

T1、T2 两题的调查结果均显示，超过三成的受访者不相信来自任何传播渠道的信息，其比例远远高过非官方渠道的比例总和，在整个传播渠道中与官方渠道的相对公信力形成“两高”。据 T1、T2 两项数据统计，在所有受访者中有超过 30% 的人不相信任何传播渠道，其中北京地区分别为 39.7%、42.4%，只略低于国内报纸、电视、广播等官方渠道的公信力；上海和广州分别是 31.8%、34.5% 和 31.9%、32.1%，远高于除官方传播媒体外的其他传播渠道（具体见表 3）。

据 T1、T2 两题数据显示，虽然北京、上海、广州三地均有超过三成的居民不相信任何传播渠道，但在不相信任何传播渠道的居民中，北京地区比例最高，分别占 39.7%、42.4%，比上海和广州两地高出近 10%。在甲型流感信息传播中，北京居民相对而言比上海、广州两地的居民更不相信任何传播渠道（具体见表 3）。

表 3　　甲型 H1N1 信息传播中不同传播渠道的公信力状况

		官方渠道	非官方渠道				都不信	合计
		国内报纸、电视、广播	周围认识的人	国内网络论坛	手机短信	境外媒体		
T1：社会上关于甲型 H1N1 流感疫苗有很多说法，如会导致死亡或者有副作用，你最相信下列哪种渠道的说法？（以下简称 T1）	北京	43.3%	11.7%	5.1%	0.0%	0.2%	39.7%	100%
	上海	56.1%	7.9%	3.0%	0.2%	1.0%	31.8%	100%
	广州	56.3%	7.2%	3.9%	0.2%	0.5%	31.9%	100%
T2：社会上关于甲型 H1N1 流感死亡病例是否瞒报也有许多说法，你最相信下列哪种渠道的说法？（以下简称 T2）	北京	43.8%	7.4%	5.9%	0.0%	0.5%	42.4%	100%
	上海	53.8%	6.1%	4.8%	0.0%	0.8%	34.5%	100%
	广州	54.1%	6.9%	5.6%	0.5%	0.8%	32.1%	100%

（二）甲型 H1N1 信息传播中，最信任官方渠道居民的性别、年龄、学历、职业构成

如表 3 所示，国内网络论坛、手机短信、境外媒体及周围认识的人等非官方渠道所占的比例都很小，为了便于清晰的展示调查结果，下文分析时，将所有非官方渠道合并成一项。

1. 性别差异：北京女性比例高于男性，上海男性比例高于女性，广州地区性别差异不显著

将受访者的性别与所选择最相信渠道做交叉分析，两项调查均发现，在甲型 H1N1 信息传播中，选择相信国内报纸电视广播等官方渠道的居民，北京女性比例高于男性，上海男性比例高于女性，广州地区性别差异不显著。据 T1、T2 调查得出，北京地区女性比例分别为 47.5%、47.8%，男性比例分别为 38.7%、39.4%，女性比男性高八个百分点。上海地区男性比例分别为 58.4%、56.5%，女性分别为 53.7%、51.0%，男性比女性高五个百分点。广州地区男女的性别差异并不显著。另外选择任何渠道都不相信的居民中上海男性比例比女性高五六个百分点，北京女性比例比男性高五六个百分点，广州地区性别差异仍不显著（具体见图 1 和表 4）。

表 4　　信任不同传播渠道居民的性别构成情况　　（单位:%）

		官方渠道（国内报纸、电视、广播说法）	非官方渠道（国内网络论坛、手机短信、境外媒体、周围认识的人）	都不信	合计	个案数
T1						
北京	男	38.7	18.1	43.2	100	287
	女	47.5	15.8	36.7	100	322
上海	男	58.4	13.0	28.6	100	308
	女	53.7	11.1	35.2	100	298
广州	男	57.0	10.1	32.9	100	316
	女	55.5	13.7	30.8	100	292
T2						
北京	男	39.4	15.7	45.0	100	287
	女	47.8	12.1	40.1	100	322

续表

		官方渠道（国内报纸、电视、广播说法）	非官方渠道（国内网络论坛、手机短信、境外媒体、周围认识的人）	都不信	合计	个案数
上海	男	56.5	11.7	31.8	100	308
	女	51.0	11.8	37.3	100	298
广州	男	54.4	13.0	32.6	100	316
	女	53.8	14.7	31.5	100	292

2. 总体上信任官方渠道的人数比例随年龄段的增大呈升高趋势；信任比例最低点所处的年龄段在北京、上海、广州分别为20—29岁、40—49岁、30—39岁

将受访者的年龄与所选择最相信渠道做交叉分析发现，在甲型H1N1信息传播中，信任官方渠道的人数比例总体上随年龄段的增大呈升高趋势；信任比例最低点所处的年龄段在北京、上海、广州分别为20—29岁、40—49岁、30—39岁。

具体来说，相信官方渠道的居民中，北京地区年龄在60岁以上群体中比例最大，50—59岁次之，40—49岁的排在第三位，30—39岁的排第四位。上海地区年龄在60岁以上的人比例最大，50—59岁的次之，30—39岁的人居第三位，20—29岁的人居第四位，50岁以上的人数比例远高于50岁以下的人数；广州地区年龄在60岁以上的人比例最大，50—59岁的次之，19岁以下的排在第三位，20—29岁的居第四位（具体见图2、图3、图4和表5）。可见最信任官方渠道的居民中，50岁以上的比例最大，且年龄越大，信任官方渠道的人数比例也越大。

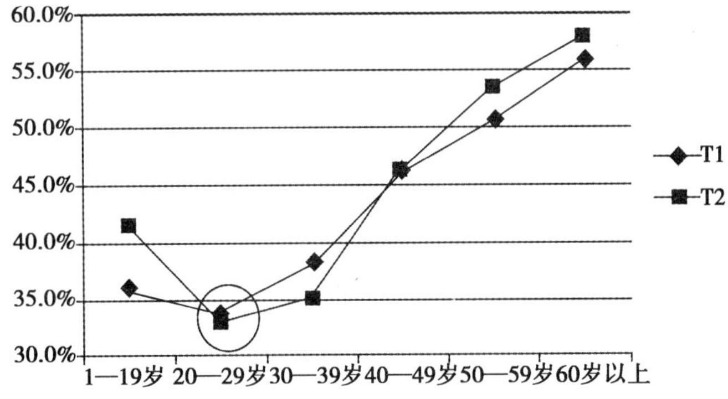

图1　北京不同年龄段的居民信任官方传播渠道的比例

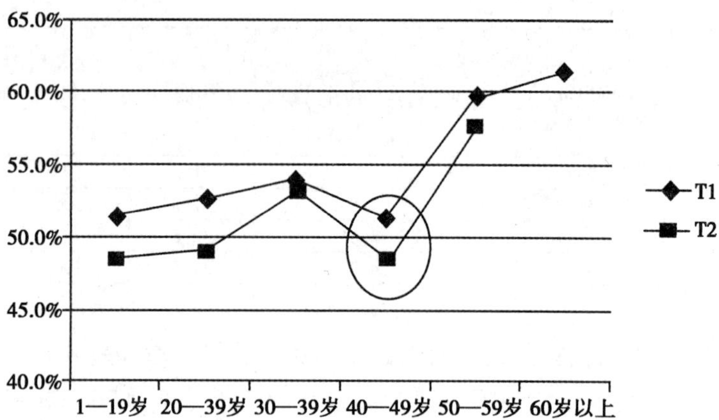

图 2　上海不同年龄段的居民信任官方传播渠道的比例

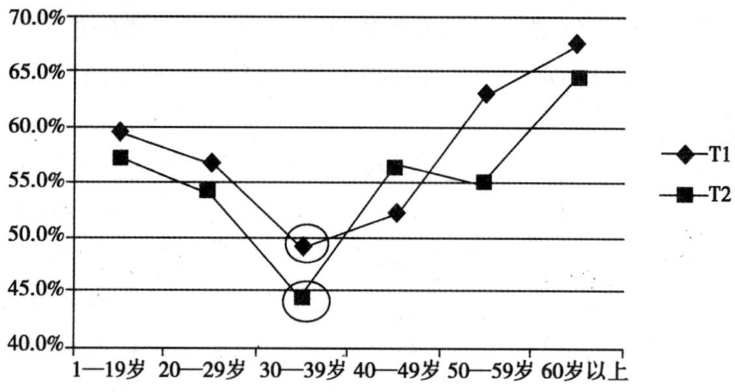

图 3　广州不同年龄段的居民信任官方媒体的比例

表 5　信任不同传播渠道居民的年龄构成情况　（单位:%）

	年龄	官方媒体（国内报纸、电视、广播）	非官方媒体（国内网络论坛、手机短信、境外媒体、周围认识的人的说法）	都不信	合计
T1					
北京	19 岁以下	35.9	32.1	32.1	100
	20—29 岁	33.5	25.0	41.5	100
	30—39 岁	38.3	14.9	46.8	100
	40—49 岁	46.1	12.4	41.6	100
	50—59 岁	50.5	10.3	39.2	100
	60 岁以上	56.0	9.0	35.0	100

续表

	年龄	官方媒体（国内报纸、电视、广播）	非官方媒体（国内网络论坛、手机短信、境外媒体、周围认识的人的说法）	都不信	合计
上海	19 岁以下	51.5	15.2	33.3	100
	20—29 岁	52.7	20.9	26.4	100
	30—39 岁	54.1	16.2	29.7	100
	40—49 岁	51.4	16.7	31.9	100
	50—59 岁	59.8	6.2	34.0	100
	60 岁以上	61.3	2.8	35.9	100
广州	19 岁以下	59.6	21.4	19.1	100
	20—29 岁	56.7	10.2	33.1	100
	30—39 岁	48.9	17.3	33.8	100
	40—49 岁	52.2	8.9	38.9	100
	50—59 岁	63.3	2.0	34.7	100
	60 岁以上	67.7	4.4	27.9	100
T2					
北京	19 岁以下	41.5	11.3	34.0	100
	20—29 岁	32.9	14.0	43.3	100
	30—39 岁	35.1	5.3	52.1	100
	40—49 岁	46.1	1.1	47.2	100
	50—59 岁	53.6	0.0	43.3	100
	60 岁以上	58.0	2.0	33.0	100
上海	19 岁以下	48.5	9.1	33.3	100
	20—29 岁	49.1	11.8	30.9	100
	30—39 岁	53.2	6.3	34.2	100
	40—49 岁	48.6	7.0	36.1	100
	50—59 岁	57.7	2.1	34.0	100
	60 岁以上	59.2	2.1	38.0	100
广州	19 岁以下	57.3	5.6	25.8	100
	20—29 岁	54.1	8.9	29.9	100
	30—39 岁	44.6	13.0	32.4	100
	40—49 岁	56.7	3.3	36.7	100
	50—59 岁	55.1	2.0	42.9	100
	60 岁以上	64.7	0.0	29.4	100

北京、上海、广州三地信任官方渠道居民比例最低点的所处的年龄段分别为20—29岁、40—49岁、30—39岁，选择国内报纸电视广播的人群中，北京地区20—29岁居民所占的比例最小，上海地区40—49岁的居民所占的比例最小，广州则是30—39岁的居民比例最小（具体见表5）。

3. 在学历越高居民群体中，最信任官方渠道的比例越低

将受访者的学历与所选择的最相信渠道做交叉分析，在T1、T2两题的调查中均发现：在甲型H1N1信息传播中，北京地区选择国内报纸电视广播的人群中，初中及以下学历的人比例最大，高中、中专、职高学历的人次之，大专学历的人居第三位，本科及以上学历的人比例最小。上海地区选择国内报纸电视广播的人群中，大专学历的人比例最大，高中及以下学历的次之，本科及以上学历所占的比例最小。广州地区选择国内报纸电视广播的人群中，大专学历的比例相对最高，其次是初中及以下学历，大学本科及以上学历的人比例最小。总体特点是在学历越高群体中，对官方渠道的信任度越低，这在北京地区尤为明显（具体见表6）。

表6　　信任不同传播渠道居民的学历构成情况　　（单位:%）

		官方渠道（国内报纸、电视、广播的说法）	非官方媒体（国内网络论坛、手机短信、境外媒体、周围认识的人的说法）	都不信	合计
T1					
北京	初中及以下	49.6	13.1	37.2	100
	高中、中专、职高	45.5	18.6	35.9	100
	大专	41.8	14.3	44.0	100
	本科及以上	38.3	19.2	42.5	100
上海	初中及以下	55.8	8.5	35.7	100
	高中、中专、职高	55.7	11.4	33.0	100
	大专	61.9	12.4	25.8	100
	本科及以上	53.0	17.9	29.1	100
广州	初中及以下	59.2	11.2	29.6	100
	高中、中专、职高	57.4	10.4	32.2	100
	大专	60.6	11.1	28.3	100
	本科及以上	48.6	15.6	35.8	100

续表

		官方渠道（国内报纸、电视、广播的说法）	非官方媒体（国内网络论坛、手机短信、境外媒体、周围认识的人的说法）	都不信	合计
T2					
北京	初中及以下	50.4	8.7	40.9	100
	高中、中专、职高	44.9	12.6	42.5	100
	大专	39.6	12.1	48.4	100
	本科及以上	40.7	18.6	40.7	100
上海	初中及以下	53.3	7.0	39.7	100
	高中、中专、职高	52.8	10.8	36.4	100
	大专	58.8	12.4	28.9	100
	本科及以上	52.2	19.4	28.4	100
广州	初中及以下	57.0	9.8	33.1	100
	高中、中专、职高	54.0	13.3	32.7	100
	大专	58.6	14.2	27.3	100
	本科及以上	48.6	19.0	32.4	100

4. 在离退休人员中最信任官方渠道占比例相对最大，在商业服务人员、学生群体中的比例较小

将受访者职业与所选择最相信渠道做交叉分析，在 T1、T2 两题的调查中发现：在甲型 H1N1 信息传播中，选择国内报纸电视广播的人群中，无论是北京、上海还是广州，离退休人员的比例都是最大，且远高于其他职业。北京商业服务人员所占比例、学生两类职业所占的比例最小，上海工人/待业下岗人员、学生和商业服务人员这三类职业所占的比例都比较小，广州商业服务人员比例最小，企业文员/管理人员/企业主的比例次之（具体见表 7）。

表 7　　信任不同传播渠道居民的职业构成情况　　（单位:%）

		官方传播渠（国内报纸、电视、广播说法）	非官方媒体（国内网络论坛、手机短信、境外媒体、周围认识的人的说法）	都不信	合计
T1					
北京	离退休人员	53.9	10.9	35.2	100
	企业文员/管理人员/企业主	48.8	11.6	39.5	100
	机关单位人员/教师/医生	41.6	15.6	42.9	100
	工人/待业下岗人员	42.9	18.8	38.4	100
	商业服务人员	37.5	13.6	48.9	100
	学生	35.9	27.4	36.8	100
	其他	16.7	41.7	41.7	100

续表

		官方传播渠（国内报纸、电视、广播说法）	非官方媒体（国内网络论坛、手机短信、境外媒体、周围认识的人的说法）	都不信	合计
上海	离退休人员	68.8	3.6	27.5	100
	机关单位人员/教师/医生	55.7	14.3	30.0	100
	企业文员/管理人员/企业主	54.3	21.3	24.5	100
	学生	52.5	16.3	31.3	100
	商业服务人员	50.7	15.5	33.8	100
	工人/待业下岗人员	50.0	9.6	40.4	100
	其他	52.9	5.9	41.2	100
广州	离退休人员	68.2	4.6	27.3	100
	机关单位人员/教师/医生	64.5	11.3	24.2	100
	工人/待业下岗人员	58.3	5.5	36.2	100
	学生	55.9	19.6	24.5	100
	企业文员/管理人员/企业主	51.9	13.6	34.6	100
	商业服务人员	50.4	16.3	33.3	100
	其他	47.8	8.7	43.5	100
T2					
北京	离退休人员	53.9	7.8	38.3	100
	工人/待业下岗人员	44.6	16.1	39.3	100
	机关单位人员/教师/医生	42.9	10.4	46.8	100
	企业文员/管理人员/企业主	41.9	11.6	46.5	100
	商业服务人员	39.8	11.4	48.9	100
	学生	38.7	22.6	38.7	100
	其他	25.0	33.3	41.7	100
上海	离退休人员	68.1	3.6	28.3	100
	商业服务人员	53.5	14.1	32.4	100
	机关单位人员/教师/医生	52.9	12.9	34.3	100
	企业文员/管理人员/企业主	50.0	21.3	28.7	100
	工人/待业下岗人员	47.8	6.6	45.6	100
	学生	46.3	21.3	32.5	100
	其他	47.1	5.9	47.1	100

续表

		官方传播渠（国内报纸、电视、广播说法）	非官方媒体（国内网络论坛、手机短信、境外媒体、周围认识的人的说法）	都不信	合计
广州	离退休人员	60.6	3.0	36.4	100
	学生	58.8	13.7	27.5	100
	工人/待业下岗人员	54.3	9.4	36.2	100
	机关单位人员/教师/医生	53.2	19.4	27.4	100
	企业文员/管理人员/企业主	53.1	19.8	27.2	100
	商业服务人员	51.1	18.5	30.4	100
	其他	43.5	13.1	43.5	100

（三）甲型 H1N1 流感的了解程度对传播渠道信任的影响

为了解居民对甲型流感的了解程度，本次调查设置了如下问题“您对今年发生的甲型 H1N1 流感了解吗？（单选）”答案设置了五分量表来测量，即“1. 完全不了解、2. 了解很少、3. 一般、4. 比较了解、5. 非常了解”。为了便于统计分析，在做交叉分析时，我们将五分量表转化成三分量表，即“1. 不了解”对应五分量表中的“完全不了解”和“了解很少”，“2. 一般了解”对应“一般了解”，“3. 了解”对应“4. 比较了解”和“5. 非常了解”。

1. 在了解甲型 H1N1 信息群体中信任官方渠道的比例高，而在不了解甲流信息群体中什么都不信的比例较高

三地的两项题目数据均一致显示，在甲型 H1N1 信息传播中，在了解甲型 H1N1 群体中信任官方渠道的比例明显高于不了解 H1N1 信息的居民群体。

据 T1、T2 调查得出，在三地了解甲流信息的居民群体中，相信官方媒体说法的比例均比不了解群体高出一成多，甚至接近两成。相反的是，在三地不了解甲流信息的群体中，对官方和非官方比例都不信的比例较高。也就是说，一旦居民不了解甲流信息，对于官方和非官方信息都不信任（具体见表 8）。

表 8 **甲型 H1N1 流感的了解程度对媒介信任的影响** （单位:%）

		官方渠道（国内报纸、电视、广播说法）	非官方媒体（国内网络论坛、手机短信、境外媒体、周围认识的人的说法）	都不信	合计
T1					
北京	不了解	30. 2	11. 3	58. 5	100
	一般了解	46. 7	16. 8	36. 5	100
	了解	43. 5	17. 8	38. 7	100
上海	不了解	41. 8	7. 6	50. 6	100
	一般了解	61. 5	11. 7	26. 7	100
	了解	56. 3	13. 2	30. 4	100
广州	不了解	48. 2	11. 7	40. 0	100
	一般了解	54. 9	10. 8	34. 4	100
	了解	59. 1	12. 5	28. 4	100
T2					
北京	不了解	26. 4	17. 0	56. 6	100
	一般了解	47. 7	12. 2	40. 1	100
	了解	44. 3	14. 2	41. 5	100
上海	不了解	45. 6	3. 8	50. 6	100
	一般了解	57. 4	12. 2	30. 3	100
	了解	53. 6	13. 2	33. 1	100
广州	不了解	47. 1	9. 4	43. 5	100
	一般了解	50. 3	16. 9	32. 8	100
	了解	58. 2	13. 1	28. 7	100

2. 不相信任何渠道的人群比例随着了解程度的增加而降低

T1、T2 两项调查均显示：北京、上海、广州三地居民所有选择不相信任何传播渠道的人中，对甲型流感不了解的人占的比例最高，北京、上海地区超过五成，广州地区超过四成；对甲型流感一般了解和了解的人所占的比例差异不显著，三个地区都在三成左右。随着对甲型流感了解的增多，人们选择“都不信”的比例也在降低（具体见表 8、图 4、图 5 和图 6）。

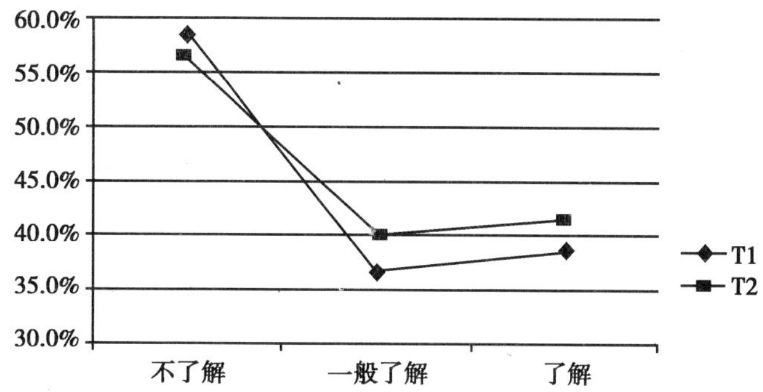

图 4　北京地区对甲型 H1N1 了解程度不同的人选择都不信的比例

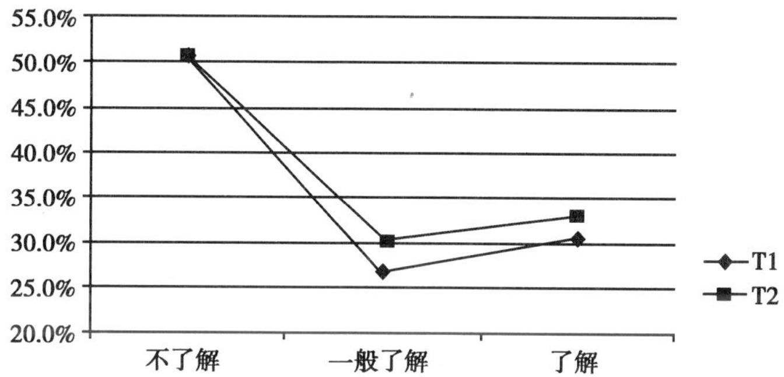

图 5　上海地区对甲型 H1N1 了解程度不同的人选择都不信的比例

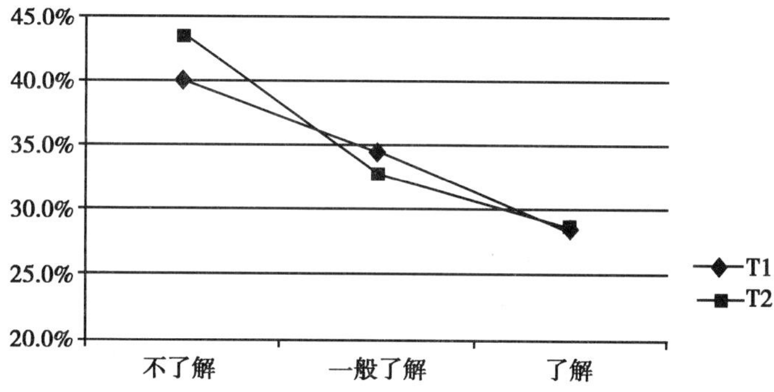

图 6　广州地区对甲型 H1N1 了解程度不同的人选择都不信的比例

四　结论

（一）从媒介“政治属性”角度来考察我国传媒公信力，就能发现，在重大公共卫生事件中呈现一种“两元突出”现象——要么信任官方媒体，要么什么都不信。两者合计达到八成五以上，而对于非官方渠道的信任比例只有一成多。

这种媒介的“二元突出”信任现象中，有三点特别值得我们关注：一是官方渠道虽然还是占据一定优势，但这种优势地位很小，信任官方渠道的比例只有一半左右；二是什么都不信任（既不相信官方渠道也不相信非官方渠道）比例达到三至四成多比例，这种什么都不相信的现象会对我们社会产生什么影响，需要特别关注；三是对官方渠道的怀疑和信任，已经基本构成了一定的对等规模。

（二）官方渠道的相对公信力在地域上存在差异，北京居民对官方渠道的信任程度，低于上海、广州居民。两题的考察均显示，北京居民对于官方渠道的信任程度低于一成多。相应的，北京居民不信任比例明显高过广州、上海。

（三）官方渠道的公信力存在“年龄低谷”，这种“年龄低谷”有地域差异。三地调查显示，信任官方渠道的人群在年龄段上有明显的低谷现象，两题测量都显示如此。并且这种“年龄低谷”现象有地域差异。具体是信任比例最低点所处的年龄段，在北京、上海、广州分别为20—29岁、40—49岁、30—39岁。

（四）官方渠道相对公信力存在人口特征差异——在高学历、低年龄段、学生群体中较低，而在低学历、高年龄段、离退休群体中较高。具体而言，从学历看，在北京、上海、广州三地，最信任官方渠道的居民中，本科及以上学历占的比例最小，在北京地区尤为明显；从年龄看，官方渠道在年龄大的居民中的相对公信力较高。总体上信任官方渠道的人数比例，随年龄段的增大呈升高趋势，但信任程度与年龄并不呈完全的正相关，其中，北京地区20—29岁的居民对官方渠道的信任度最低，上海地区40—49岁的居民最低，广州30—39岁的居民最低；从职业看，官方渠道在离退休人员中的相对公信力最高，在商业服务人员中较低。最信任官方渠道的居民中，离退休人员所占比例最大，商业服务人员的比例较小；从性别影响来看存在地域差异，最信任官方渠道的群体构成，在北京地区女性比男性多，上海男性比女性多，广州地区性别差异不显著。

（五）在不相信任何传播渠道的人群构成中，存在地域、人口特征的差异。北京、广州地区的偏男性，而上海地区偏女性。年龄分布上，北京、广州地区 30—59 岁的比例较高，上海地区 60 岁及以上较多。北京地区商业服务人员占的比重最大，而在上海和广州地区工人、待业下岗人员占的比重最大。

（六）对传播信息源的了解程度直接影响媒介公信力——越了解传播对象，官方渠道的公信力就越高；反之，对传播信息源越不了解，什么渠道都不相信的比例就越高。这里需要提出一点是，当人们不了解信息时，无论官方还是非官方渠道，多数人都持不相信的态度。如调查数据显示，人们对甲型 H1N1 流感的了解程度不同，对传播渠道的信任程度也不相同。官方渠道在了解甲型 H1N1 的居民中的相对公信力，要高于不了解甲型 H1N1 的居民，在甲型 H1N1 信息传播中，人们对甲型 H1N1 了解得越多，就越倾向信任官方渠道。不信任任何渠道的人群比例随着了解程度的增加而降低，不了解甲型 H1N1 的居民中，有超过四成的人不相信任何传播渠道，而了解的居民中，只有三成左右的人不相信任何传播渠道。

（于　丹　张洪忠　杨东菊）

第十四章

国家硬形象、软形象及其交融态

——兼谈中国电影的影像政治修辞

一走进北京奥林匹克森林公园南门，就可以看见这样一条标语：“做文明游客，展示国家形象”。个人游园行为是否文明，本来只涉及个人而无关乎堂皇国家，但是，由于发生在奥运会场地或故地，就似乎自然而然地同中国的国家形象联系了起来。这里隐含的话语逻辑应当是，在今天这个全球交汇的时代，个人行为或形象也极可能代表国家形象。个人游园行为尚且如此，艺术样式就更不能例外了。艺术作为富有特殊感染力的符号表意系统，总会以特定的媒介手段和表现形式去呈现国家形象。文学、音乐、舞蹈、戏剧、美术、电影和电视等艺术门类莫不如此。谈到电影中的国家形象，人们可能会立即联想到银幕上那些可以让人对整个国家产生体验的活生生的感性图景，即国家机构（政府、法院、检察院、公安局等）、国家历史大事件（“五·一二”汶川大地震、2008 北京奥运会和残奥会等）、国家领导人、国家英模人物，还有国家象征物（长城、故宫、国家大剧院、“鸟巢”、“水立方”等）等。这样的联想当然是合理的、有根有据的。但是，实际上，今天的影片对国家形象的刻画早已远远跨越这种直接的和单纯的再现方式，而是呈现出以往年代所没有或并不显豁的新面貌。影片《梅兰芳》就提供了这样一个实例。痴迷京剧和梅兰芳的日本青年军官向他的长官献计说，只要征服了梅兰芳，就征服了中国文化，就征服了中国人。然而，随着剧情的进展，日本侵略者的征服图谋破灭了。观众由此自然会得出这样的体会：始终不屈服的梅兰芳无疑就代表了现代中国的脊梁。这里显然是十分自觉地和主动地把梅兰芳塑造成中国的国家形象的代表或表征。

这种把以追求艺术个性著称的艺术家直接塑造成国家形象的象征的影像修辞手段，确实是我国大陆电影在过去十多年间中少见而近年来越来越常见的，过去是无意识地或半意识地而现在是有意识地如此的，而且愈来愈急迫和主动。同过去习惯于运用国家领导人、国家机构、国家大事件、国家英模人物、国家历史文化象征物等显在的象征形象及其故事去创造国家形象相比，这种把隐在的国家形象升级为显在的象征形象加以集中刻画的新做法，应当说传达出一些新的重要的变化信息，需要加以关注。这里尝试以中国大陆电影中国家形象及其新变化为实例，对国家形象的当前形态作初步分析。

一　国家硬形象

不可否认，现代民族国家生产的电影总是要以这样或那样的方式，直接或间接地呈现国家形象的。这里的国家形象，是指电影以银幕手段所再现的有关现代民族国家及其权力运行方式的活生生的感性画面。这种感性画面在电影再现中往往可能包含不同的形态。借鉴国际政治学界和社会学界等有关“硬实力”（hard power）和“软实力”（soft power）等的思考①，如果从外在感性实体到内在理性思索层面考察，那么，不妨看到，国家形象往往可以呈现为两种端点形象：位于一端的是电影所呈现的国家机器、国家制度、国家法规、国家领袖等形象，可尝试称为国家硬形象或固状形象；位于另一端的是电影所呈现的较为隐性或软性的包含国家精神、民族精神、民族气质、民族艺术韵味等意义的形象，可尝试称为国家软形象或液状形象。

国家硬形象，作为国家机器、制度和规则等的显豁的固状表征，总是会以相对直接的方式呈现出国家权力的运行方式和轨迹。这一点在主旋律片中有较为突出的表现。其原因不难理解：主旋律片总是通过塑造能直接表征国家意志的人物、事物、事件、象征符号系统等去显示国家形象。《邓小平》、《开国大典》、《重庆谈判》、《毛泽东在一九二五》、《张思德》、《一代天骄成吉思汗》等正是如此。这些影片中的国家硬形象的美学特征在于，通过塑造富于感染力的国家领袖、人民英雄、模范人物、历

① 参见［美］约瑟夫·奈《软力量——世界政坛成功之道》，吴晓辉、钱程译，东方出版社2005年版，第1—36页。

史英雄等形象，达到向全体公众推广国家主导的核心价值体系并在此基础上加以整合的目的。

二 国家软形象

相对而言，国家软形象在呈现方式上则较为隐性或含蓄，即不再以塑造国家领袖、人民英雄、模范人物、历史英雄等直接的主流价值象征系统为使命，而是主要透过一些非主流的边缘人物、小事物、小事件等去间接地和柔性地呈现国家精神、民族精神、民族气质、民族艺术韵味等。这种国家软形象较多地是在艺术片中表现的。霍建起执导的《那山那人那狗》叙述两代普通乡村邮递员的代际传承故事，重点在于儿子与父亲之间如何化解鸿沟而实现认同。影片的一个显著特色在于，通过父子在乡村邮递路上行走与交流的具体细节，含蓄蕴藉地展示他们之间实现认同的成功路径。没有多余的说教，而更多的是彼此的交流动作、行动，特别是儿子所亲身感受到的乡亲们对父亲的侧面评价，这些仿佛是无声的感召。影片中也没有过多渲染代表国家机器、国家制度、国家规则的人和事，而重点只是让父子之间展开含蕴深厚的亲情交流。这种父亲一代对于儿子一代的含蓄蕴藉的感召方式，本身就可以视为中华民族的一种精神品质和修辞智慧的体现，而这无疑正是一种国家软形象的展示。

三 国家软硬形象交融态

除了上述两种国家形象外，还有一种国家形象在当前十分活跃但又往往被忽略，从而需要予以特别关注。与上述两种国家形象较易辨识不同，位于它们两端中间的，则应是复杂多样的交融与变异的形象形态，更加难以辨识。就像液态水凝固后成为固状冰，固状冰融化后成为液态水一样，国家硬形象和国家软形象都可能会彼此向对方出现变异，从而演化出多种多样而又难以把握的形态。这样，我们可以看到位于国家硬形象和国家软形象两端中间的另一种国家形象——我尝试把它称为国家硬软形象交融态。所谓国家硬软形象交融态，是指国家硬形象与国家软形象相互交融而难以区分的复杂形态。在《天下无贼》中，傻根儿与刘德华和刘若英饰演的盗贼“兄妹”，以及葛优饰演的盗贼集团首领之间的关联，实际上一直受到由张涵予饰演的公安人员等的暗中监视和操控。在这四方力量的交战过程中，正与邪、善与恶、个人与社会、民间与国家等对立元素相互缠绕在一起，从而使国家形象中的硬形象与软形象之间形成更加复杂的交融。

如果要进一步加以辨识，这其中还存在两种具体形态：一种是国家硬形象的软化形态，另一种是国家软形象的硬化形态。

国家硬形象的软化形态，可简称为国家硬象软化态，是指在以往影片中被作为国家硬形象加以表现的东西，转而以某种软化或软性的方式表现出来。徐耿执导的《破冰》本来的题旨是歌颂英模人物——奥运冠军的启蒙教练，但这个题旨没有直接暴露出来。取而代之，全片让观众看到的则是一个普普通通的基层滑冰教练如何在艰苦条件下训练弟子直到成功，以及他如何为了帮助弟子们而一再冷落不该冷落的妻子和儿子。正是透过他儿子的交织着怨气和爱意的讲述，一个笨拙而又睿智、窝囊而又成功、可气而又可爱的形象终于呈现出来。直到影片结尾，观众才不经意地从一行小字幕中得知，故事主人公的原型原来就是奥运冠军的启蒙教练。这是国家硬形象获得软化的一个成功实例。这样的实例在近年来的主旋律片中有较多的展示，例如，《千钧・一发》、《亲兄弟》、《我的左手》等，都致力于消退英模人物的高大形象，转而从普通人的角度去刻画，使他们呈现出“俗韧性”和“回退入生活流”等一系列鲜明的特征。它们的具体修辞策略在于，首先回退到英模人物的日常生活流，然后再显示他们如何在平常中显现为崇高，最后烘托出的仍然是一种高大形象，当然准确地说是平常而高大的形象。

国家软形象的硬化形态，可简称为国家软象硬化态，是指在以往影片中被作为国家软形象刻画的东西，此时转而被自觉地或有意识地作为硬形象去加以表现，或者使得软形象被赋予硬性形象的内涵。《梅兰芳》正是一个突出的实例：影片讲述的主人公梅兰芳是尤其能够体现京剧艺术的现代命运及其精神的代表性人物，由他来传承中国艺术精神再恰当不过了。单纯从这点看，梅兰芳应该是一个足以承担国家软形象的人物。但是，影片没有简单地选择这样做，而是尤其着力发掘和张扬梅兰芳行为中含有的直接体现国家意志和民族气节的那些元素，例如运用大量镜头渲染在美国弘扬国粹京剧的魅力，以及蓄须明志以示“抗日”；同时，影片尽力“过滤”掉梅兰芳身上不利于这种国家硬形象的那些元素或方面，例如有意舍弃或变异现实中梅孟恋和梅孟别的一些重要细节。这样的目的，正是要让梅兰芳这一国家软形象能够享有国家硬形象的内涵。

这样，我们可以看到三种国家形象：国家硬形象、国家软形象和国家硬软形象交融态。当然，这三种形态的区分只是相对的。在具体影片中，国家硬形象、国家软形象和国家硬软形象交融态实际上有着更加复杂而又微妙的交织、渗透与组合方式。

四　国家形象形态与影像政治修辞

认识电影中国家形象的新的表现形态，有助于把握当前中国大陆电影的影像政治修辞的特征及其历史缘由。这里的所谓影像政治修辞，是说电影的影像系统看来直接地属于艺术与商业的交融态，但实际上离不开特定国家意志及政府管理方式的直接或间接的作用。如今连政府主管部门的指导方针也是既要叫好也要叫座，既讲思想性、艺术性也讲观赏性或商业性。当这种国家意志及政府管理方式在由艺术元素和商业元素交融而形成的影像系统中以种种不同的方式呈现时，我们就可以感受到这种影像政治修辞的力量了。影像政治修辞正是指把政治作用力或权力融化在影像形式中的过程，或者是指在影像形式感染中渗透政治意图的过程。

从上面的三种国家形象看，当前我国电影的影像政治修辞术在以往的国家硬形象的硬化术和国家软形象的软化术基础上，又提供了如下两种新修辞方式：第一，国家硬形象的软化术，这是指直接的国家形象通过个人化或非国家化等方式被隐性或柔性地加以表达，造成国家的理性或强制性规范被融化为感性或富有感染力的效果。当国家形象被片面地张扬和强化以致因过分威严而高高在上缺乏应有的感染力时，国家形象的软化就无疑是明智的选择。这尤其鲜明地表现在近期主旋律片的新变化上，如《五颗子弹……》、《破冰》、《千钧·一发》等。第二，国家软形象的硬化术，这是指非直接的国家形象通过国家化或超个人化等方式被显性地或刚性地加以表达，形成从个人化或非国家化到国家化的转变效果。这里的个人化是相对来说的，实际上是指那些与国家主旋律保持一定距离的偏向于个人化表达的编导群体来说的。一些曾经执着于个人化表达的导演，如今不同程度地转向国家化表达，从而实现从个人化到国家化的跨越或转变。冯小刚从《甲方乙方》转到今天的《集结号》，陈凯歌从《霸王别姬》转向《梅兰芳》，就是典范的实例。

一般说来，从20世纪90年代初到21世纪初年，电影中的国家形象较多的是分离地进行的：主旋律片总是致力于集中创造刚性的国家形象即国家硬形象，而艺术片和商业片则更多地创造较为柔性的国家形象即国家软形象。但最近几年来，国家硬软形象交融态却更多地出现，成为中国大陆电影中国家形象的一大新景观。问题恰恰就在于，上述国家硬形象和软形象这两种通常形态的出现并不让人奇怪，而真正让人不能不加以关注的，则是作为第三种形态的国家硬软形象交融态的集中和大量涌现。为什么这种新的国家硬软形象交融态会集中出现在21世纪初年中国大陆电影创作中？原因是多重的和多方面的，但有一点不能不看到，这就是，从1987年“主旋律”影片理念提出到今天的20年来里，电影中的国家形象创造已经达到了这样一种地步，以至于，一方面，广大公众已经逐渐地厌倦了那种千篇一律的国家硬形象灌输，而期待一种更加柔性或隐性的国家形象感染；另一方面，政府主管部门也已经越来越充分地领略到上述策略改变的必要性和重要性：国家意志的真正强大而有效的呈现，不在于过分硬性地挤入，而应在于柔性地濡染，也就是“润物细无声”地滋润进心田。这样，政府倾向于提出把直接的国家形象加以巧妙的艺术处理等新要求，这客观上等于是规定了国家硬形象软化和国家软形象硬化等新的指导性要求。从而，一种面向电影生产机构及主创人员的强大的美学—政治压力形成了，迫使他们面向公众接受趣味的特点，尝试新的国家形象创造。由于如此，往昔国家硬形象的柔软化和国家软形象的硬性化就成为一种新的必然的影像政治修辞选择。国家硬形象的软化，尤其是针对主旋律片去实施的，是要把直接的和刚性的国家形象转变成间接的和柔性的国家形象；而国家软形象的硬化，主要是针对艺术片和商业片去提的，是要把那些看来远离国家形象主流的富有感染力的边缘性形象，提升到国家形象的高度去创造，或尽力赋予国家形象内涵，从而形成国家软形象的硬化形态。

在分析出现这种国家软硬形象交融态的原因时，还有一点是必须指出的，这就是来自国外及境外电影界的强劲压力。这种压力表面看来自外部，但实际上却是存在于内部：自从我国加入WTO以来，以好莱坞为代表的西方电影产品进入中国市场推销和消费，已成为一种我国必须承担的世界文化产品贸易义务。因此，好莱坞不再是简单的外来力量，而就是一种发生在中国电影院线内部的与票房竞争紧密交融的严峻的西方与中国之间的影像政治竞争。值得注意的是，在这种中西文化竞争经济化和内部化的情形下，以好莱坞为代表的西方电影主流美学，虽然尽力张扬西方社会特有的核心价值体系，如个人主义、自由主义、宗教信仰等，但却历来是致力于并擅长于国家形象的打造的。例如，《拯救大兵瑞恩》就在历经曲折后，把故事情节最终升华为英勇的士兵对国家的无限热爱和慷慨的献身精神。由此看，好莱坞的影像政治修辞的一种主导性策略就在于，把高高在上的威严的国家意志转变为富于感召力的个人英雄主义历险故事去表达，从而体现为国家硬形象的软化形态。同时，好莱坞的影像政治修辞的另一策略在于，通过影像世界的传播而把美国本土核心价值体系塑造成为全球普世价值体系加以推广，仿佛它们就是全球普世价值的当然代表。美国之外的大批观众当沉浸于好莱坞影像奇观的体验时，往往会情不自禁地把美国本土价值观当作自己的价值观加以认同，而忽略它们的被影像修辞所掩藏的美国本土价值推广与征服策略。这样的国外高票房与强宣传影片范例，对于我国电影的国家形象创造无疑形成了一种冷峻的启迪和借鉴。

当前，中国大陆电影在国家形象创造中需要思考的问题，可以集中到两个方面上：一个方面是，国家形象如何更加柔软化以便产生更为柔性而深远的感召力？另一个方面是，国家形象如何实现普世化，以便向世界输出中国价值？独特而普世的价值观。前一个问题其实就是电影美学的一个历来就存在着而如今更加尖锐的本体性问题：电影艺术本来就应当通过柔性化的影像系统去感染公众而非强制他们。电影作为当今最流行的综合艺术之一，当然要负载或被赋予这样那样的政治意义，但它们无论如何都必须通过影像感染力去传达。后一个问题则是我们过去忽略、探索不足而如今变得十分紧迫的问题领域：如何让我们电影负载的中华民族本土价值体系适度地具有普世性从而感染他国观众？这直接关系到我国文化软实力的传达和逐步提升。《集结号》和《梅兰芳》都在本土取得叫座又叫好的佳绩，但能否更上一层楼地在国外取得同样的佳绩呢？我们需要拭目以待，更需要在影像修辞创造中实际地去探索。

（王一川）

第十五章

电影软实力及其效果层面

谈论电影的“文化软实力”，不由得让我想到国产片中近几年来不多见的一个例子：由霍建起执导的影片《那山那人那狗》（潇湘电影制片厂和北京电影制片厂 1999 年摄制）于 2001 年在日本出人意料地引起了轰动。这部讲述父子两代乡村邮递员在山区徒步投送邮件故事的影片，竟一举夺得 2001 年“日本电影笔会”最佳外国影片第一名、“日本电影艺术奖”最佳外国电影奖、“每日电影奖”最佳外国影片第一名、日本《电影旬报》最佳外国影片第四名、“电影银幕”最佳外国影片第四名等多项大奖。作家彭见明的同名短篇小说原著也在日本发行近 8 万册，与影片一样受到好评。一部讲述邮递事业与责任伦理的父子传承的影片，一个赞扬东方式亲情与传统的魅力的故事，竟能如此强烈地感动了东邻观众，确实创造了国产片在国外显示我国文化“软实力”的一个奇迹。这里仅仅就电影软实力问题做点初步讨论。

一　软实力与文化实力论转向

我们在这里讨论电影作为文化形态具有“软实力”，实际上首先意味着对我们习以为常的传统文化概念发起来自国际政治学的新挑战。按学界一般理解，例如来自德国学者卡西尔（Ernst Cassirer，1874—1945）的符号学哲学见解，文化总是特定民族的生活方式或符号表意系统，具体表现为神话、语言、宗教、艺术、哲学、科技等形态。而现在根据国际政治学领域的新的“软实力”概念，文化却俨然被划归入特定国家的与政治、经济和军事等相并立和同等重要的“实力”或“权力”范畴，从而体现了文化从“表意”系统到“实力”系统的观念转变。这大约可以视为人们有关文化认识与研究上的一次重要的实力论转向，也就是体现了从文化符号论向文化实力论的转向。与文化符号论把文化看作特定民族的生活方式的符号显现不同，文化实力论把文化视为特定国家实力的体现。而实际上，这种转向也正是“软实力”首倡者所竭力推动的。众所周知，“软实力”（soft power）是美国哈佛大学教授约瑟夫·奈（Joseph S. Nye）在1990年率先提出来的，后来在其2002年的专著《软实力：世界政治的成功之道》（*Soft Power：The Means to Success in World Politics*）中予以集中阐述，随后风靡开来。在他那里，“软”和“实力”两个词语其实可以分别翻译为“柔”（或柔软）和“权力”（或力量），从而“软实力”也可以理解为“柔（软）权力”、“柔（软）权”、“柔（软）力”等，与它对应的词语可以有“硬（刚）实力”（hard power），也可以理解为“刚（硬）实力”、“刚（硬）权力”、“刚（硬）力”等。他相信：“软实力是通过吸引和说服他人而实现你的目标的能力。它同硬实力不同。硬实力是运用经济和军事的胡萝卜加大棒去导致他人追随你意志的能力。”在他看来，前者的力量之源在于“吸引”（attraction），后者的则在于“强制”（coercion）。相比之下，前者远比后者价廉物美。①

二　软实力理论的中外渊源

“软实力”理论是可以在中外都找到其历史渊源的。在西方，德国社会学家麦克斯·韦伯（Max Weber，1864—1920）在论述国家或社会统治类型时认为存在至少三种统治类型：第一种是传统型统治，即家族血缘型统治，权威来自上辈对下辈的血缘传承，例如古代皇权；第二种是法制型统治，权威来自法律与民主制度，例如现代国家民主政治；第三种则是卡里斯马型统治。在韦伯那里，“卡里斯马”（Charisma）是一个十分重要的概念，它被用来“表示某种人格特质：某些人因具有这个特质而被认为是超凡的，禀赋着超人的，或至少是特殊的力量或品质。这是普通人所

① Joseph S. Nye，“Propaganda Isn't the Way：Soft Power”，*The International Herald Tribune*，January 10，2003. http：//www. ksg. harvard. edu/news/opeds/2003/nye _ soft _ power _ iht _ 011003. htm.

不能具有的。它们具有神圣或至少表率的特性”[①]。韦伯认为“卡里斯马”由于具有超凡素质，因而与理性的支配和传统的支配相比，具有特殊的支配力——感召力。这种感召力赋予卡里斯马以一种“革命”力量：“卡里斯马是一特别革命性的力量。”[②] 尤其“在传统型支配的鼎盛时期，卡里斯马乃是一个伟大的革命力量”[③]。“卡里斯马”可以直接理解为感召力或魅力感染，其反面则是强制、强迫。卡里斯马型统治就是指一种依靠魅力感染的柔性征服。成功的说书人、巫师、神父、牧师、科学家、企业家、政治领袖、演说家、艺术家等往往善于通过魅力感染而实现征服。韦伯还特别指出，真正成功的传统型统治和法制型统治其实都离不开卡里斯马型统治方式的合理渗透和运用。对于这一点，如果想想下面的事例也就不难理解了：即使是监狱对犯人的改造也离不开感染、劝导、抚慰等相对柔性的管理方式，可谓恩威并重。美国社会学家希尔斯（Edward Shils，1911—1995）在研究“传统”等问题的过程中，扩展了“卡里斯马”概念，它不仅指具有超凡感召力的人物或领袖，而且还指具有同样魅力的行动范型、制度、角色、象征符号、观念和物质等。“先知和卡里斯马人物用伦理戒令和他们的示范行为来改变他们社会的传统。他们的语言和人格形象进入了象征建构的世界；他们以此直接影响了自己时代和地区的其他人的行为，或通过无数的空间和时间上都遥远的中间环节而间接地影响了其他人。”[④] 把“卡里斯马”扩展来指行动范型、制度、角色、语言、符号和人格形象等，这就实际上等于为后来的文化软实力概念的诞生作了必要的理论铺垫。顺便讲，看到文艺符号具有启蒙和动员社会公众的特殊感染力从而大力倡导创造一种特殊的小说典型——“中国现代卡里斯马典型”，这实际上也体现了全球化过程中的弱势民族对文艺形象的超凡感召力及其软实力效果的一种独特理解和运用，只是没有提出这种理论而已[⑤]。

---

① ［德］韦伯：《支配的类型》，载《韦伯作品集》第2卷，康乐等译，广西师范大学出版社2004年版，第353页。“卡里斯马”此书译作“卡理斯玛”。

② 同上书，第358页。

③ 同上书，第361页。

④ ［美］希尔斯：《论传统》，傅铿、吕乐译，上海人民出版社1991年版，第347页。

⑤ 参见王一川《中国现代卡里斯马典型——20世纪小说人物的修辞论阐释》，云南人民出版社1994年版。

同时，意大利的葛兰西（Antonio Gramsci，1891—1937）的“霸权”（hegemony）论提出了文化霸权或领导权与政治和军事霸权等同样重要的问题。法国的阿尔都塞（Louis Althusser，1918—1980）提出新的“意识形态国家机器”（ideological state apparatus）论，把文化艺术等纳入一种与军队、警察、法庭等通常“国家机器”并列的特殊的“国家机器”范畴，揭示了当代资本主义社会利用文化艺术这“软”的一手去实施统治的秘密。在“意识形态国家机器”概念里，“文化软实力”概念似乎已呼之欲出了。上面的无论是右翼还是左翼理论家都从不同路径叩探一种柔性的统治理论，客观上等于为“软实力”的提出和发挥影响做了理论铺垫。

在我国，古代思想家虽然没有直接使用软实力的概念，但拥有丰富的软实力观念或思想。这集中体现在老子有关“刚”与“柔”的论述及“以柔克刚”的学说中。他竭力主张“柔弱胜过刚强”，相信“天下之至柔驰骋天下之至坚”。他还说：“天下莫柔弱于水，而功坚强者莫之能胜，以其无以易之。”“弱之胜强，柔之胜刚，天下莫不知，莫能行。”这些思想及其历代传承与拓展，在今天看来，恰是文化软实力研究的宝贵的本土资源，值得在与西方思想的对话中予以认真总结、梳理和弘扬。

三　马克思主义与软实力

马克思主义创始人在他们的文艺批评活动中体现了深刻的软实力思想。他们总是从“美学的和历史的”高度，强调文艺具有特殊的审美感染力量，这充分地体现在他们对“莎士比亚化”的倡导和对巴尔扎克小说的赞赏中。恩格斯这样赞赏巴尔扎克的《人间喜剧》：“在这幅中心图画的四周，他汇集了法国社会的全部历史，我从这里，甚至在经济细节方面（如革命以后动产和不动产的重新分配）所学到的东西，也要比从当时所有职业的历史学家、经济学家和统计学家那里学到的全部东西还要多。”（恩格斯《致玛·哈克奈斯》，1888 年 4 月初）恩格斯相信小说所具有的影响力远远超越“职业的历史学家、经济学家和统计学家”的工作，可见他已充分地认识到文学艺术具有特殊的感染力量。他甚至指出："在他的富有诗意的裁判中有多么了不起的革命辩证法！"① 小说的力量来自其特有的"裁判"，但不同于一般的"裁判"，而是特殊的"诗意的裁判"，而且这种裁判包含"多么了不起的革命的辩证法"。列宁在争取革命胜利的过程中也认识到：没有革命的意识形态，就没有革命的运动。

在中国化马克思主义的发展历程中，毛泽东、邓小平等历代领导一贯高度重视文学艺术在党和政府工作中的特殊作用。毛泽东早在 1942 年就指出："在我们为中国人民解放的斗争中，有各种的战线，就中也可以说有文武两个战线，这就是文化战线和军事战线。我们要战胜敌人，首先要依靠手里拿枪的军队。但是仅仅有这种军队是不够的，我们还要有文化的军队，这是团结自己、战胜敌人必不可少的一支军队。……我们要把革命工作向前推进，就要使这两者完全结合起来。我们今天开会，就是要使文艺很好地成为整个革命机器的一个组成部分，作为团结人民、教育人民、打击敌人、消灭敌人的有力的武器，帮助人民同心同德地和敌人作斗争。"② 在毛泽东的视野里，文艺是"整个革命机器的一个组成部分"，是"团结人民、教育人民、打击敌人、消灭敌人的有力的武器"。因为，"文艺作品中反映出来的生活却可以而且应该比普通的实际生活更高，更强烈，更有集中性，更典型，更理想，因此就更带普遍性"。这里的六个"更"字，集中体现了毛泽东对文艺的"软实力"的来由和构成的深刻分析。正由于拥有这六个"更"，文艺才"能使人民群众惊醒起来、感奋起来，推动人民群众走向团结和斗争，实行改造自己的环境"③。这里提出的"文武两个战线"理论以及其中的"文化军队"论，可以说是从中国革命的实际出发创立的中国特色的文化软实力理论。这比诸如阿尔都塞等西方思想家的一些相关理论（如"意识形态国家机器"论）早得多。邓小平在 1979 年提出："我们的社会主义文艺，要通过有血有肉、生动感人的艺术形象，真实地反映丰富的社会生活，反映人们在各种社会关系中的本质，表现时代前进的要求和历史发展的趋势，并且努力用社会主义思想

---

① ［德］恩格斯：《致劳拉·拉法格》，载《马克思恩格斯全集》第 36 卷，人民出版社 1974 年版，第 74 页。

② 毛泽东：《在延安文艺座谈会上的讲话》，载《毛泽东选集》第 3 卷，人民出版社 1991 年版，第 847—848 页。

③ 同上书，第 861 页。

教育人民，给他们以积极进取、奋发图强的精神。”① 这些思想都应当成为今天建构中国特色社会主义文化软实力理论的活的源泉和根本指导。

党的十七大报告对“文化”的高度重视表明，我国党和政府在继承马克思主义、中国化马克思主义的相关理论的基础上，已经充分认识到文化软实力的重要性以及提升当代中国中华文化软实力的迫切性。下面的一组对比数字有助于加深对这个问题的认识。1997 年 9 月 12 日党的十五大报告题为《高举邓小平理论伟大旗帜，把建设有中国特色社会主义事业全面推向二十一世纪》，全文共计 28384 字，在其中“文化”还只出现了 50 次。到了 2002 年 11 月 8 日党的十六大报告《全面建设小康社会，开创中国特色社会主义事业新局面》，在全文 28237 字中，“文化”的出现频率突然增长到 84 次，多了 34 次，增长幅度高达 68%。胡锦涛同志作的党的十七大报告《高举中国特色社会主义伟大旗帜，为夺取全面建设小康社会新胜利而奋斗》全文共 27923 字，其中“文化”出现了 77 次，虽然比党的十六大少了几次，但事实上却是更加重视了。为什么？党的十五大报告初提“建设有中国特色社会主义的文化”，党的十六大报告进一步提“必须大力发展社会主义文化”，程度逐步得到强化。而党的十七大报告则提出“推动社会主义文化大发展大繁荣”，不同寻常地标举社会主义文化建设的两“大”即“大发展大繁荣”，并首次明确提出“提高国家文化软实力”，这里显然已把“文化”及其“软实力”发展提升到前所未有的新的战略高度。“要坚持社会主义先进文化前进方向，兴起社会主义文化建设新高潮，激发全民族文化创造活力，提高国家文化软实力，使人民基本文化权益得到更好保障，使社会文化生活更加丰富多彩，使人民精神风貌更加昂扬向上。”这个报告等于为“社会主义文化”的两“大”和“国家文化软实力”建设发出了动员令，为我国国家文化软实力发展战略研究提出了国家需求。

四　认识电影软实力

认识到电影具有感染力，早已不是什么新鲜事了。而现在从文化软实

① 邓小平：《在中国文学艺术工作者第四次代表大会上的祝词》，载《邓小平文选》第 2 卷，人民出版社 1983 年版，第 210 页。

力角度看电影，其实意味着从国际政治这一新视角去重新看待电影原有的支配力。也就是说，从文化软实力视野看电影的感染力，必然会有一些过去没有或忽略的东西被呈现或凸显出来，这就会意味着一种新的转变。这里的新转变，可以从三方面来看：第一，电影从艺术教育形式转变为艺术统治形式。第二，电影从国家政治、经济与军事统治的从属形式提升到其并行形式。第三，电影从国内统治形式横移为国际统治形式。这表明，在文化软实力视野下，电影已经从以往的艺术教育形式变为国与国之间的国际政治角逐的惯常形式。

从文化软实力理论看电影，有理由把这种运用动态的影像世界去诉诸观众视听觉的东西看作一种软实力方式或载体。电影在今天诚然不折不扣地是一种商品，但毕竟也同时是一种艺术。电影是一种具有商品属性的艺术样式或具有艺术特征的商品，是艺术商品或文化商品。当我们这样“艺术”地谈论电影或谈论电影的“艺术”属性时，实际上也就是在谈论电影属性中与商品属性不同但又相互伴随和共生的“柔软”的一面。电影之柔软力量，直接地是在于凭借其综合艺术的集合性特长，诉诸观众的视听觉享受。因此，要讨论电影软实力，必须把电影放到在观众中造成的感染效果上。这样，电影软实力，实际上具体地是指影片在观众中造成的感染效果的程度。离开了这种效果程度，是无法谈论电影软实力的。

五　电影软实力的效果层面

简要地看，电影软实力在观众中的效果程度可分为四层面或环节：影讯的诱惑力、影像的感染力、影尚的吸附力和影德的风化力。影讯的诱惑力是指泛媒介场持续展示的有关电影的种种消息对观众的先期引导效果，包括明星隐私、名导影踪、影片拍摄进展及相关争议等。影像的感染力是指电影的银幕虚构形象世界对于观众的感召效果，包括故事、画面、音响、美工等方面。影尚的吸附力是指电影放映引发时尚潮因而对观众产生心理吸引和依附效果。影德的风化力是指电影传达的特定民族生活方式、道德状况、价值系统等会对观众产生潜移默化的影响效果。这四个层面各有其功能，相互共生，构成电影软实力效果层面系统。就电影软实力来说，相比而言，最重要的还是第二和第四两个层面，即影像的感召力和影德的风化力。

回到《那山那人那狗》中。有意思的是，影片中作为老乡村邮递员的父亲（滕汝俊饰）对年轻乡村邮递员儿子（刘烨饰）的“征服”过程本身，其实恰恰体现了“软实力”特有的一种运行特征：柔性的感染。儿子在心中从小就惧怕父亲，因后者总是隔一个来月才回家一趟，彼此生疏，“长这么大连爸也没有叫一声”。而做父亲的二十多年来一次也没有听到过宝贝儿子叫“爸”，这还叫父亲吗？这对父子之间多年来存在的严重隔阂，是在这趟邮路上渐次展开和化解的。父亲不是用他的威严说教或暴力强制压服他，而是用那几十年如一日的兢兢业业的邮路旅程无言地感染着这位起初带着傲气和抵触的儿子。影片的高潮段落出现在父子趟过寒冷的小溪时：“我”主动地背起父亲。这是一直存在隔膜的父子之间的第一次躯体接触，预示着两人之间的界限即将消除。父亲说：“我这辈子独往独来，还没有享受过！”而儿子则说：“你呀，就享受这一回吧！”儿子心中回想着的是这样一句话：“村里人说，背得动爹，儿子就长大了。”儿子认同了父亲，也正反过来认同了自身的儿子身份，从而表明了自己的“成人”仪式的完成。而当儿子发自肺腑地生平第一次喊声“爸”，表明父子间的认同最终完成了。儿子充满感触地想：“其实我爸的心里不是没有家、没有我妈，往后他不来了，心里照样会装着大山，装着这条邮路！”父子间终于由此实现沟通并完成各自的代际认同。日本观众是否是被这种中国式影德的风化力所折服？不得而知。如果说，故事内父子间认同方式更多地体现了影像的感召力，那么，这种认同所呈现的东方式道德困境及其化解方式，则无疑更多地展现了影德的风化力。处在以好莱坞为代表的西方电影强势挤压下的我国电影业，要提升自己的软实力，不妨以此为鉴。但同时也应清醒地看到，任务艰巨，道路漫长。最需要警觉的是，影片没拍出几部像样的，连国内观众也缺少足够的认同，就急于到国外炫耀我们的国家软实力，那就只能贻笑大方了。近年某些国产“大片”留下的笑柄，想来该足以引起我们的反思了。

（王一川）

第十六章

上天入地难抓人

——近年中小成本影片的三种美学取向及困窘

考察中国大陆电影的柔性吸引力和感染力即文化软实力状况，不能只紧盯那些风光无限的“主流大片”，例如《集结号》、《唐山大地震》、《建国大业》等，而更应密切关注那些占据中国大陆电影产品数量的绝大多数、涉及远为广大的电影业从业人员的“中小成本影片”，因为后者在中国大陆电影界实际上构成一种更能显示电影生产力常态的普遍力量。要想弄清中国大陆电影的文化软实力状况，特别是当前问题及困窘，无疑不能绕开中小成本影片（尽管主流大片和商业片也应同时予以关注）。①

一　中小成本影片的概念

中小成本影片概念本身难以下确切定义。它在这里只是一个暂时的术语，或者不如说是一个相对的和变化着的概念。专就近两三年情形来说，中成本影片是约略地指资金投入高于一千万元、小于五千万元（一说七千万元）的影片；小成本影片是约略地指资金投入低于一千万元（一说800万元）的影片。中成本和小成本影片合起来称为中小成本影片，显然就是指投入低于五千万元的影片。与它相对的则是资金投入在五千万元以上直至上亿元的主流大片及商业片。作为中成本影片和小成本影片合起来的称谓，中小成本影片概念本身就表明，它只是一种约略

① 本文原应中国电影艺术研究中心和北京大学影视戏剧研究中心合办的2011年“中小成本影片论坛”撰写并在论坛上宣读。

的命名，是对当前中国电影创作成本现象及其背后的相关美学问题的一种暂时概括。① 关于中小成本影片，可以探讨的方面很多，这里只是尝试讨论它的美学问题，即是指影片对社会现实和内心现实的影像再现方式问题。

二　中小成本影片的三种美学取向

从近年来的创作情形看，中小成本影片呈现出两种主要的美学取向：一种偏于艺术探索上的前沿性和极限度，而其现实关怀不那么显著和急切。相比而言，另一种则偏于伦理关怀的直接性和强烈度，可以不那么注重艺术探索的前沿性和极限度。前者代表作有顾长卫执导的《立春》、李大为执导的《走着瞧》等，后者代表作有张猛执导的《耳朵大有福》、高峰执导的《老寨》、王竞执导的《我是植物人》、周晓文执导的《百合》等。

偏于艺术探索取向的影片，致力于在审美与艺术的极限处寻求突破。《立春》讲述了女教师王彩铃在持续的挫折中执著地追求人生理想与艺术理想的故事，着力描写其在难以超越的物质与精神困境中永不放弃的个性特征，塑造了一位卑微而又心高、其坎坷命运令人刺痛的理想主义者形象。它以高度冷峻和洗练的风格，刻画出卑微人物在物质与精神双重困境中的理想主义风范，突出一种令人警醒、促人反思的效果。值得注意的是，演员蒋雯丽以近乎出神入化的反本色、反常态表演设计和演技，把王彩铃的卑微而又心高、屡屡受挫而又坚韧不拔的理想主义者形象刻画得惟妙惟肖，令人对理想主义者遭遇的不容于世的高贵风范和困境折磨，情不自禁地报以深切的共鸣、同情和痛惜。《走着瞧》讲述的是“文革”时期下乡知青马杰先后与两头驴较量并遭到反抗和报复的奇异故事，刻画了特殊年代里人反抗命运、驴报复人的怪诞现实，在人与自然、人与人的关系

① 关于“中小成本影片”的概念，可参见如下界定：“投资额在 7000 万元左右到 1000 万元人民币之间，非武打、战争题材的商业或艺术电影，基本上可以被称为‘中等成本影片’；投资额在 1000 万元人民币以下，基本没有或只有很少明星加入的影片，基本可以被称为‘小成本影片’。”参见黄治《中国中小成本电影现状综述》，《艺术评论》2008 年第 3 期。当然这里只是大致估算，因为资金数额实际上在逐年上涨。

领域具有及时的反思和警示作用，对人类对自然的肆无忌惮的掠夺和蛮横的欺凌予以了辛辣的嘲讽。导演李大为善于把握人与驴之间的矛盾冲突，创造出一种怪诞而直刺心脾的影像风格。这样两部着力于艺术探索的影片在近年出现十分难得，不妨可以视为近年中国大陆电影的美学历险的标志之作。

偏于现实伦理关怀的影片，主要揭示现实生活中的社会矛盾或伦理问题，旨在逼真地再现当代社会现实。《耳朵大有福》把退休工人王抗美的苦涩而又自得的日常生活刻画得活灵活现、真切感人，让人触摸到底层生活流的丰厚质地。王抗美形象的性格特点在于一系列相互悖逆的行为方式的组合：一是细心而又粗心，如换钱时能识破小摊贩的骗人把戏，可轮到找零时却看也不看就放兜里（硬充大度而不拘小节）；二是虚荣心而又实心，如擦鞋店里了解行情时，顺势装作干部体察民情而读《人民日报》（通常是干部才读这一大报），但去同事家送花被误认为送毛衣，他却回答说那是送父亲的（舍不得），所以又带走了；三是小气而又大气，如修自行车一块钱却只愿给 7 角，不行就用 50 元大钞去换零钱，而当儿子请朋友把姑爷的脸划了井字时，却快意地出手 100 元让儿子请客（同样是硬充大度）；四是理智而又冲动，如面对女儿和姑爷吵架把桌子掀翻时可以忍住，但电脑算命一高兴就慷慨给出 10 元小费；五是运气好而又倒霉，如在保暖内衣搞活动时幸运地赢了一套内衣，这归功于他随身携带的保温桶和姜，但老伴卧病在床需照顾、弟弟打麻将不顾亲爹、弟媳不孝顺、儿子不争气、女儿婚姻不幸福、姑爷不正经、找工作太难、借钱又借不着等，又着实让他感觉总是倒霉。在这里，范伟的成功表演让中国底层小市民的苦中作乐形象活脱脱地呈现出来。

在这种取向中，《我是植物人》以其揭露医疗界黑幕的尖锐度和胆识备受瞩目。按医学常规，一种新药诞生原需长期的大量实验和细致完备的检验程序后才能推向市场。但据报道，我国一年竟有上万种新药问世，这是一个绝对让人不可思议的超级速度。《我是植物人》直击这个超级速度产生的内幕，即医药行业的疯狂的知假造假行为。这种丧尽天良的造假行为已经导致了一系列社会悲剧的产生。影片正是讲述了因一种造假麻醉药而导致病人成为植物人的连环故事。女主人公俐俐因车祸住院抢救，被造假麻醉药导致昏迷三年，醒来后失忆。当她历经种种波折才找到自己的真实身份时，发觉自己竟然就是造假麻醉药链条中重要一环的当事人。也就是说，她同时既是受害者、又是施害者。在经历痛苦的选择后，良心发现的她最终选择了自首，从而勇敢地承担起自己应承担的社会责任。顺便说，影片还常常信手拈来地揭露社会假象。当男女主人公走在过街天桥上时，男主人公仅用60元就从地摊上为女主人公买来手机，并说这些低价手机全是偷来的。这一细节进一步烘托出当前造假偷窃成风的社会病象，唤起观众的高度震惊和痛惜。

这两种倾向即艺术探索与现实伦理关怀，各自都存在着一种明显的缺憾：艺术探索片如果不主动承担伦理关怀的负荷，就可能在现实的电影产业竞争与主流评价体系角逐中被边缘化；相应地，伦理关怀片如果缺少艺术探索意味，就可能在同样的环境中被迅速遗忘。这样的缺憾如何得到弥补？

也许是作为上述两种电影美学取向的缺憾的一种弥补形态，近年来逐渐出现了第三种取向，它不仅已然显山露水，而且俨然趋于成型，这就是：温情及诗意叙述。具体表现就是，把艺术探索取向中的诗化处理元素同伦理关怀取向中的社会和谐诉求相互交融起来，成为一个既有温情诉求，又有诗意拯救意味的交融体，使得现实生活中的苦难或悲情在诗意形象中被幻化或弱化，既满足观众对现实苦难的关怀和诗意拯救诉求，又不致让其与社会主流价值体系以及观众自身内心的冲突尖锐化，从而在艺术探索与伦理关怀之间获得一种暂时的平衡。也就是说，有对现实人生苦难及其根源的痛心揭露乃至控诉，但一旦以诗化方式去润饰，就变得平和了，不那么尖锐了。同时，有独立的或高远的艺术探险或实验，但又注意渗透或折射出现实的伦理关怀意向，从而变得不那么远离现实了。彭家煌和彭臣执导的《走路上学》、李灌洪执导的《走四方》、张猛执导的《钢的琴》、宁才执导的《额吉》、蒋雯丽执导的《我们天上见》、李玉执导的《观音山》等。

在电影圈和媒体屡屡博得好评的《钢的琴》，纵情呈现现实中下岗工人生活的贫困交加状况。例如，陈桂林下岗后生活无着，只能靠与女友淑娴等组织丧葬乐队维生，忍看妻子跟人跑了，女儿也因父亲买不起钢琴而要跟着离开。无奈中，他请昔日工友们合力用废弃钢材制作了一台“钢的琴”。这种异想天开之举给影片带来莫大的生机和亮点，确实属独一无二的惊世创意。当一台融汇无边父爱和工友深情的崭新钢琴送到女儿面前时，观众情不自禁地被深切地打动了。此时，现实生活的贫困状况就被融化在一片诗意氛围中。《走四方》以平实的姿态讲述打工者的人生困窘及其化解历程，情节与场面设计富于生活质感，表现了底层打工者对人生尊严和诗意的不懈追求，是少见的数字电影佳作。主人公二喜虽然文化程度不高，生活品位不能免俗，但却从小就喜爱诗歌，表明他身处俗世仍不丧失高雅追求。影片把他对诗歌的喜爱，同对初恋时暗恋的中学同学赵艳秋的追求交融在一起，形成日常困境中不失诗意的特色。他送货路过家门而生思乡之情，并且立即决定回家看望久别八年的父母亲友，表明他内心拥有"还乡"的强烈冲动。诗意与还乡之情交融在一起，让这部描写打工仔的影片居然引发了观众的普遍感动。《走路上学》看起来是儿童片，其实是用成人视角并拍给成人看的。影片讲述的是怒江边上傈僳族姐弟溜索上学的故事，突出表现他们在贫苦环境中对美好生活的向往和追求。导演彭家煌和彭臣兄弟把傈僳族姐弟溜索上学的故事讲得凄婉动人，其独创的清纯而忧伤的影像风格给人留下了深刻的印象。《观音山》呈现的是成都市和成昆铁路沿线山区的地缘风情。影片把镜头对准了三个高考落榜生：南风、丁波和肥皂。他们在这段人生迷途中，合租中年女人常月琴的房子。常月琴因失去丈夫和儿子而几乎悲痛欲绝。这四个人在这所房子里展开了多次相互冲突，但最终在山上以观音雕像为证，归于和解，实现了相互理解、同情和温暖，从而相携走出人生困境。编导喜欢运用略含诗意的特技风景镜头，去点染日常生活困境中的诗意和温存。在连绵不绝的川西铁路隧道间奔驰不息的火车、闪耀着神秘光芒的巨大瀑布、众人共同制作复原的观音雕像等，这些都在诠释了平常清苦生活中的自由、温暖、真爱和快乐等蕴含的缕缕诗意。

这些以温情及诗意叙述取向为特点的影片，先后分别获得过国内不同的电影奖项，证明了它们在调和上述两种美学取向上的成功。它们能上天，也能入地。上天，可在审美的极限处高高翱翔；入地，可从大地深处吸纳汩汩甘泉。但它们从来不致走极端，即既不会上天不返，也不会入地无回。它们总是能合理地置身于天与地之间上下循环自如。

三　中小成本影片的美学特质与功能

从上述三种美学取向看，中小成本影片已经显露出自身的独特美学特质。这里可以指出其中的几个方面。首先，它们（特指上述第一种美学取向）呈现出艺术探索的无限性，就是在艺术探索的极限处几乎可以随意挥洒。当然，这里的所谓无限性只能是相对近年来中国电影界的其他影片来说的，特别是相对于主流大片及商业片来说的，因为后者不能不因为看重票房回报而或多或少弱化艺术探索上的冲击力。其次，它们（特指上述第二种）表现出伦理关怀的直接性，这就是可以在现实的社会和谐层面上寻求直接的逼真再现，从而在一定程度上让艺术继续承担起干预当代社会现实的任务。再次，它们（特指上述第三种美学取向）体现了艺术探索与伦理关怀的相互交融性，可以将艺术的超现实与伦理的现实还原自如地调适起来，实现一种和解。最后，它们（含上述全部三种美学取向）呈现出审美表现力的自明性。这就是，它们在中国电影界显得如此自满自足，以致仿佛无须观众或票房的肯定就能获得生存空间乃至成功。如此大规模的电影常规部队竟然可以不依赖于观众或市场就能独立生存，持续地生产及再生产，这对中国电影的长远发展来说，究竟是福是祸？实在值得深思。

正是由于具有这些美学特质的存在，中小成本影片已经初步展示出它在中国电影界的美学功能。首先要看到，它诚然算不上当前中国电影的精锐之师或高端形态，却是中国电影的常规部队，代表着中国电影的常规生产力（而非高端生产力）的层次、水平及困境。其次需关注，它不仅体现为中国电影的常规生产力量，而且还常常扮演中国电影力量的先锋队角色，也就是经常深入前哨阵地探险、铺路、观风、排险或引路。进一步说，它还体现为中国电影的高端再生产力量。高端再生产力量，就是为中国电影的主流大片的发展预先储备、孕育或提供源源不断的有生力量。在这个意义上，中小成本影片好比中国电影高端生产力的孵化器。初出茅庐、默默无闻的电影人，编导、摄影师、美工、演员等，往往是在中小成本影片的孵化器里得到锤炼和提升的。等他们在这里操练出电影之才、电影之胆、电影之力、电影之识后，再到主流大片的高台上赢得更显赫的成功。由此看，中小成本影片在当前中国大陆电影界实在具有基础的和常态的地位，不可轻易忽略。甚至可以说，假如没有中小成本影片，就没有中国电影的常规生产和高端再生产，也就没有中国电影的未来。

四　中小成本影片的美学困窘及其原因

不过，还需要看到，当前中小成本影片面临一些困难。这突出地表现在，上述三种美学取向的影片都遭遇一个共同的美学困窘：观赏效果或票房不佳，与主流大片和商业片相比缺少起码的市场竞争力。这些影片（包括其中的获奖片）虽然美学特质和功能鲜明，甚至在圈内口碑上佳，但总是缺少观众，对观众缺乏应有的吸引力。有的影片费力地挤进院线，却只能在“一日游”或“三日游”后就匆匆下线。它们的致命问题在于，能潇洒地上天入地，但是难以抓人。也就是说，它们诚然能分别上升到美学的极限处和钻入伦理的最深处，但是难以在院线的贴身肉搏中赢得观众，甚至有的连进院线的竞争权也无法获得。

中小成本影片缺少观众的原因何在？诚然需从电影产业、观众和电影环境等多方面去综合分析。但至少可以说，培育市场与培育观众素养需同时进行。再优秀的影片，如果面对只想从中获得短暂感官娱乐的观众，也没什么脾气。特别是在当前全球娱乐化氛围中，稍微带有严肃特点的影片，就可能遭遇院线冷遇。需要把观众素养培育和养成放到重要地位。不妨调动所有可以调动的资源，采取多种措施或寻求多种渠道，让中小成本影片到大学、中学、小学去放映和研讨。电影制片厂、制片公司、电影资料馆、电影博物馆、放映厅以及各团体的电影放映场所，都可展开这些中小成本影片的义务放映和宣传。其结果就是，一方面让这些优质电影成果为观众分享，另一方面致力于中国电影新生力量的素养培育，令其艺术探索、伦理关怀及其相互间的诗意交融等成果传递到下一代年轻观众中，成为新的电影生力军的电影艺术素养的主要构成元素。

（王一川）

第十七章

主流文化与中式主流大片

随着中式主流大片的国内及国际影响力逐渐增强，人们对它的关注度和期望值也越来越高，不仅把它看作中国电影艺术水平提升的新标尺，甚至视为中国文化软实力赖以展示的新窗口。影片《南京！南京!》、《梅兰芳》和《非诚勿扰》可以视为2009年度中式主流大片的代表作，其在思想启迪、艺术感染、审美鉴赏及其相互融合上的新探索和新进展都引人瞩目，但令人惋惜的是，这三部影片都不约而同地对看来处于影片艺术形象系统之外的主导文化观念进行了直露或过分直露的表述和渲染，如《南京！南京!》结尾处对劫后余生的两个中国士兵的抒情化情绪处理，《梅兰芳》后半部对梅兰芳民族气节的绵长叙述，以及《非诚勿扰》中“21世纪什么最贵？和谐”之类口号的渲染。事实上，类似这种令人惋惜的情形已经攀升为近年主流大片乃至中小成本影片的一个新的共同困扰。造成这种情形的原因是什么？我们应当如何理解主流大片的内涵和艺术追求？主流大片是否就是主旋律影片？成熟的主流大片究竟该怎样？这一系列问题俨然已上升为电影界内外同热的一个时髦话题，但仔细聆听便不难发现，人们在“主流大片”的概念运用上常常不尽一致，整体上呈现出两种不同的意义取向：一是认为“主流大片”就是指“商业大片”，其参照系是好莱坞商业大片，从而认定中国也应有自己的主流商业大片；二是相信“主流大片”不折不扣地就应是指中国特有的主旋律大片，因为主旋律直接地就代表主流文化。在我看来，这两种理解都有其合理之处，但也存在片面性。这种片面性的关键首先在于对“主流文化”概念本身容易做片面理解，因为在我看来，“主流大片”主要应指表现特定主流文化的审美维度（而非其他维度）的大片；其次，在于对“主流文化”与“主流大片”之间的关联仅仅做了片面理解，因为这种关联常常被简单地曲解为“主流大片”就是对“主流文化”的直接表现。在这里，本文试图从个人理解的角度，对主流文化与中式主流大片的关系及相关问题提出初步意见。

一　主流文化：文化层面的异质互渗构造

“文化”（culture），在西文中最初指土地的开垦及植物的栽培，后来指对人的身体、精神，特别是艺术和道德能力及天赋的培养，也指人类通过劳作创造的物质、精神和知识财富的总和。按英国文化批评家雷蒙·威廉斯（Raymond Williams，1921—1988）的归纳，文化往往具有三种定义或内涵：理想性定义，指人类的完美理想状态或过程；文献性定义，指人类的理智性和想象性的作品记录；社会性定义，指人类的特定生活方式的描述。[①] 而美国当代文化批评家贝尔（Daniel Bell，1919—　）追随德国哲学家卡西尔（Ernst Cassier，1874—1945），认为，“文化”指由人类创造和运用的“象征形式的领域”（包括神话、宗教、语言、艺术、历史和科学等），它主要处理人类生存的意义问题。贝尔采取了与人类学家的宽泛文化和贵族学者的狭窄文化都不相同的居中或居间的策略：把文化视为表达或阐释人类生存意义的象征形式。[②] 比较起来，我个人更倾向于采纳与卡西尔和贝尔相近的文化概念：文化是特定人类群体能够表达其生存意义的象征形式，包括神话、宗教、语言、历史、科学和艺术等形态。

但仅仅依靠这一文化概念还不可能为主流文化设定合适的领域，即文化分层问题还悬而未决。美国文化批评家杰姆逊（Fredric Jameson，1934—　）也认为存在三种文化定义，但在具体理解时与威廉斯和贝尔又略有不同。一是指“个性的形成或个人的培养”，这大致对应于威廉斯的第一种和贝尔的第二种定义，即阿诺德代表的狭窄的贵族文化观；二是指与自然相对应的“文明化了的人类所进行的一切活动”，属于“人类学”概念，这显然又与威廉斯的第三种和贝尔的第一种大体相同；三是

① ［英］雷蒙·威廉斯：《漫长的革命》，企鹅出版社1961年版，第57页。

② ［美］贝尔：《资本主义文化矛盾》，赵一凡等译，生活·读书·新知三联书店1989年版，第24、58页。

指与贸易、金钱、工业和工作相对的“日常生活中的吟诗、绘画、看戏、看电影之类”的娱乐活动，这尤其能体现后现代社会或消费社会的时代特点——以大众文化为主流的日常闲暇中的娱乐活动。这第三种文化概念体现了杰姆逊的特殊立场和关注的焦点：在以美国为代表的西方社会，后现代文化或消费文化其实就是指以日常感性愉悦为主的大众文化①，而这种大众文化正是西方社会的主流文化。西方学者的论述自有其针对性而不能简单照搬，但这并不妨碍我们略加参照，着力分析中国主流文化状况的独特特点。

我认为，一定时段的文化应是一个容纳多重层面并彼此形成复杂关系的结合体（并非一定就是整合无间的整体）。而在这种容纳多样的复杂的文化构造中，主流文化应当具有自身的特定位置和功能。当前中国文化存在着种种纷繁复杂的层面、形态、元素等，但如果从公众效果角度看，仅仅在静态意义上，可以看出大约如下四个层面或形态：一是主导文化，即以群体整合、秩序安定和伦理和睦等为核心效果的文化形态，代表政府及各阶层群体的共同利益，这是当前中国文化与西方文化不同的一个重要方面，其突出特征是社会教化性；二是高雅文化，代表占人口少数的知识界的理性沉思、社会批判和个性趣味，其主要特征就是个性化；三是大众文化，尤其突出数量众多的普通市民从大众传媒中获得日常感性愉悦满足；四是民间文化，体现底层民众自发的和传承（口传为主）的通俗趣味的文化形态，代表了当今社会的民间力量。就文化分层来说，这四个层面之间本身无所谓高低之分、贵贱之别，关键看具体的文化过程或文化作品本身如何。每一层面都可能出优秀或低劣作品，无论它是主导文化和高雅文化，抑或大众文化和民间文化。

如果说，上述四个层面文化说代表有关文化现象的静态性分层方式，那么，从动态角度看，文化的存在方式就更加复杂多样。单就主流文化来说，在动态意义上，它的存在实际上就包含了远远不止一种文化层面。也就是说，“主流文化”概念不宜被简单地等同于中国语境下的主导文化概念。按照雷蒙·威廉斯的看法，在一个时段往往可能存在有三种形态或元素，这就是“主流的”（dominant）、“剩余的”（residual）和“新生的”

① ［美］杰姆逊：《后现代主义与文化理论》，唐小兵译，陕西师范大学出版社 1986 年版，第 2—3 页。

(emergent)①。由其观点引申，主流文化应指在现时段占主导、正统或统治地位的文化形态，剩余文化应是指过去时段遗留至今并仍具影响力的文化形态，新生文化应是指正在生长的新兴的文化形态。如此说来，主流文化（dominant culture）应是指在现时段占统治或领导地位、居于主要潮流或具有强势影响力的文化形态。这一意义上的主流文化，应不同于上面静态意义上的主导文化。主导文化是指现时段居于指挥或核心地位的文化层面，就当前中国情况来说，主要指代表国家意志而行使指挥职能的文化层面或元素，如同力图引导或控制主潮流的流向的大坝及泄洪渠，而主流文化则相当于在大坝及泄洪渠中奔流的主潮流本身。

在当前中国国情条件下，主流文化应当是主导文化、高雅文化、大众文化和民间文化四种层面或元素之间彼此异质而又相互渗透的产物。也就是说，主流文化应当是一种由主导文化、高雅文化、大众文化和民间文化中能够彼此融合的部分共同组成的异质互渗的构造。当这四种成分融合在一起并相互“和而不同”地存在时，主流文化真正形成了它位居多种文化形态的主流的地位。事实上，当上述四种文化层面中的任何一种都不能独大成为文化主流时，异质互渗就是主流文化的一种必然的构造方式了。影片《梅兰芳》所传达的主流文化，就是由如下四种文化元素融合而成的：属于主导文化的爱国情怀与民族气节等，属于高雅文化的传统文化反思与文人个性，属于大众文化的梅孟恋情节，以及约略贴近民间文化的艺人友情与习俗。其中任何一种文化元素本身都不足以构成主流文化，而只能依靠它们之间的相互融合，当然是一种异质互渗。相应地，剩余文化和新生文化是与主流文化相对而言的分别处在传统的传承地位和新生力量的勃兴地位的文化形态，这里面都同时渗透着主导文化、高雅文化、大众文化和民间文化的元素。

二　主流大片：通向主流文化的审美维度

进一步看，主流文化如何通向主流大片（dominant blockbuster）呢？

① ［英］雷蒙·威廉斯：《马克思主义与文学》，牛津大学出版社 1977 年版，第 121—127 页。

换言之，主流大片如何才能成为主流文化的表现形式呢？应当首先澄清两种流行的误解：一是误把主流大片等同于主旋律影片或传达主旋律的大片，其原因在于把主流文化混同于主导文化；二是误把主流大片等同于直接表现主流文化的大片，其原因在于把电影不是首先看作艺术而是首先看作政治学、经济学或伦理学样式。其实，直接表现主流文化的样式已经多种多样了，政府部门、司法界、新闻界、学术界、群众团体等都可以视为直接显示主流文化的“窗口”。主流大片并不直接呈现主流文化，而是通过活的艺术形象去使其间接呈现。通过活的艺术形象去间接呈现主流文化，这就意味着说，主流大片所直接呈现的并非主流文化的政治维度、经济维度、伦理维度等，而仅仅是其审美维度，也就是其可以在符号形式中呈现的人的瞬间生命直觉。主流大片并不直接指向主流文化的政治的、经济的和伦理的维度，而是仅仅直接呈现其审美维度。直接呈现主流文化的政治维度、经济维度和伦理维度的形式，有政府文件、企业绩效统计报告、新闻报道、学术论著、群众团体诉求等方式。而主流大片作为一种电影艺术样式，它只能以自身特有的电影艺术方式去刻画活的银幕艺术形象，由这种银幕艺术形象呈现出主流文化的审美维度。当然，主流大片并不拒绝呈现主流文化的政治维度、经济维度和伦理维度等多重维度，而是必然要呈现它们，但这种呈现必须也只能透过主流文化的审美维度去间接地实现。这就是说，主流大片将在所创造的主流文化的审美维度中呈现主流文化的其他维度。

这样理解的中式主流大片，应当是指呈现主流文化审美维度的体现大投入、大制作、大营销、明星化和高票房等特点的影片。在这个意义上，《英雄》、《手机》、《天下无贼》、《集结号》、《梅兰芳》、《非诚勿扰》、《画皮》、《南京！南京!》、《疯狂的赛车》等都可称得上中式主流大片。它们都共同而又独出心裁地把现时代中国文化中的主导文化、高雅文化、大众文化和民间文化元素富于特色地融汇其中，由此彰显中国主流文化的审美维度，在观众中产生与新的中国主流文化亲密接触的感受。当观众在观影中真切地感受到新的中国时尚流的冲击的快感，并情不自禁地与他人分享时，可以说，中式主流大片就达到了主流文化的审美维度的直接表达效果。至于观众从中进一步品味出主流文化的政治、经济和伦理意味等，则显示出主流大片对于主流文化的政治、经济和伦理等维度的间接表达效果，这是主流大片所应当展示的社会影响力。

要了解主流大片，还需要将它同周围的其他影片类型加以适当区分。既然有主流大片，那就应当还有同它相比较而存在的其他影片类型。其实，单就中国电影来说，凡是大片一般来说就应是主流的，是主流大片，这是由大投入、大制作、大营销、明星化和高票房等元素所综合地决定的。这样，中式主流大片也许可以简称为“中式大片”。那么，主流大片周围还有哪些不同的影片类型呢？可以考察主流大片时使用的由投入、制作、营销、演职员阵容和票房等组成的统一标准来衡量。如果说大投入、大制作、大营销、明星化和高票房等代表主流大片的标尺，那么，在上述方面相对次级的影片类型就可以依次递减为主流中片和主流小片。[①] 就近两年的创作来说，《李米的猜想》等中等成本制作可称为“主流中片”，而《破冰》等小成本制作可谓“主流小片”。这里的大中小层次当然不是指艺术水平，而仅仅是从同期上述投入、制作、营销、演职员阵容和票房等元素的综合尺度去比较衡量。事实上，这种区分标准是相对的和变化的。主流中片、主流小片也有可能获取高口碑。

三　类型互渗：当前主流大片新取向

理论上，按照前面关于文化分层的论述，主流大片本来是可以划分出主导文化、高雅文化、大众文化和民间文化四种类型。实际上，电影由于是以电子媒介为主、可以大量复制并作用于广大受众的综合艺术，它基本上是属于大众文化类型的。只不过，在电影这种大众文化样式内部，还存在着更复杂而具体的文化类型，既包括大众文化，也包括主导文化、高雅文化和民间文化。

从多种文化类型在大众文化中复杂组合的角度看，影片至少可以有如

① 有关大片、中片和小片的划分标准，严格说来较为复杂和模糊。以近两年为例，单从影片投资成本看，大约8000万元以上者可称超大投入、5000万元至8000万元可称大投入、1000万元至5000万元为中投入、1000万元以下为小投入（或许100—200万元以下可称为超小投入）。但复杂在于，光看投入还不能简单地决定大片、中片及小片的归属，因为有的中小投入也可产出大投入或超大投入才有的高票房，反之也一样，前者的例子是《非诚勿扰》、《疯狂的石头》和《疯狂的赛车》等，后者的例子是《太阳照常升起》等。可见划分大片、中片和小片实在需要综合投入及票房等多重因素去考量。此处讨论参考了尹鸿教授的意见，当然此处论述由笔者负责。

下四种类型：第一类是带有明显的主导文化取向的大众文化片，主要通过银幕形象而寻求社会公众的群体整合、秩序安定和伦理和睦等，可称“主导型大众片”，这实际上就是现在所谓的主旋律影片；第二类是带有高雅文化特色的大众文化（或精英文化）片，旨在传达影片制作者所拥有或向往的知识分子的理性沉思、社会批判和美学探索旨趣，简称“高雅型大众片”，也就是通常所谓艺术片；第三类是呈现毫不遮掩的或彻底的大众文化取向的大众文化片，竭力投合普通市民的日常感性愉悦需要，简称“大众型大众片”，也就是商业片或娱乐片；第四类是体现或多或少的民俗文化特点的大众文化片，满足更底层的普通民众的出于传统的自发的通俗趣味，简称“民俗型大众片”，也可称为民俗片。每种影片类型都有其大致可以相互区分的类型规范，各行其道，从而呈现出各自不同的美学特征和观赏效果。① 从中国国情来看，前三种类型是基本成型并趋于成熟的，唯有第四种（即民俗片）在目前鉴于多种原因而难以有正常的生存渠道，所以还不足以作为一种通常的类型片去看待（只能留待时日）。这样，就目前的通常情况来看，主旋律片、艺术片和商业片组成了中国电影的三种类型。一般说来，主流大片的类型也应该不出这三类。《南京！南京！》、《梅兰芳》和《非诚勿扰》正可以分别代表主旋律片类型的主流大片、艺术片类型的主流大片和商业片类型的主流大片，分别简称为主旋律主流大片、艺术主流大片和商业主流大片（它们之间的界限常常并不明显）。

不过，值得注意的是，近几年，特别是《集结号》上映以来，主流大片的制作体现了一种越来越鲜明的新取向，这不妨称作类型互渗，就是说凡是称得上主流大片的，无一例外地总是包含主旋律片、艺术片和商业片的某些类型元素，这些本来异质的元素却相互渗透在一起。诚然，主流大片中仍可以区分出主旋律片、艺术片和商业片类型，但这些类型无论如何制作和呈现，都必然兼具主旋律片、艺术片和商业片的类型元素。也就是说，每一种类型片都会自觉或不自觉地把其他两种类型片元素融合进来。如果把《集结号》看作商业片，那么，它不仅有商业片必备的观赏性（如令人称奇的战争场面），而且同时具备艺术片必备的个性化追求（如对“人格”与“正义”的诠释），以及（特别是）主旋律片要求的教

---

① 王一川：《高雅型大众片与影片文化类型》，《当代电影》2000 年第 6 期。

化性（如相信组织），甚至来自民间文化的民间正义诉求等。如果舍弃上面任何一种类型片元素，都不可行。本文开头提及的《梅兰芳》和《非诚勿扰》同样把主旋律片、艺术片和商业片的类型要素融合起来。比较而言，好莱坞为代表的美国类型片，则是在艺术片和商业片的类型划分上相对明确，不会如此随便谋求相互融合。可见，看来不合电影美学常理的类型互渗，恰恰正是当前中国国情条件下中式主流大片的一种独特的类型特征。我们要理解中式主流大片的美学与文化特色，无疑需要正视这一点。

四　观念传声筒：中式主流大片的美学困境

当前中式主流大片的发展状况总体良好，但还存在一些值得正视的问题。我在两年前曾对2002年以来中式大片的美学困境及美学品格提出过自己的观察。我那时针对《英雄》、《无极》、《十面埋伏》、《满城尽带黄金甲》、《夜宴》等影片认为，中式大片的美学困境在于，超极限奇观虽可令观众获得超强度刺激，但这些刺激背后竟没能匹配出可持续激发的“感兴”和可反复品味的“兴味”来。刺激有余而感兴及余兴不足。这就是说，这批大片的美学困境集中表现为超极限奇观背后生存感兴及其深长余兴的贫乏。我诊断说，按照中国美学传统，艺术品对人的美学效果一般可以达到这样三层次：第一层次是“感目”（或叶燮所谓“感于目”），即诉诸个人的眼睛、耳朵等感觉器官；第二层次或中级层次是“会心”（或叶燮所谓“会于心”），即让个人的心灵或头脑产生兴会；第三层次或最高层次则是“入神”或“畅神”，即深入个人内心幽微至深的神志层次。从这美学效果三层次构架观照中式大片，这批中式大片目前仅达到初始的“感目”层次，但还远未具备抵达“会心”层次的足够的美学实力，更不说“入神”层次了。我那时想据此提出的一条中式大片脱困之道是，从生活感兴出发，跨越“感目”层次而逐步升入“会心”与“入神”层次。[1]

与上面那批初期中式大片美学困境相比，近两年来中式主流大片的遭

---

① 王一川：《眼热心冷：中式大片的美学困境》，《文艺研究》2007年第8期。

遇略有不同。除了上面说的美学困境尚未真正摆脱外，又暴露出一种新的困境，这就是，正如文初提到的，一些主流大片常常在艺术形象刻画过程中按捺不住地要直露、甚至过分直露地表述主导文化理念。这种情形让我想到马克思当年在致拉萨尔信中所批评的倾向："席勒式地把个人变成时代精神的单纯的传声筒。"[①] 他针对"席勒式"偏向，要求"更加莎士比亚化"。"席勒式"是对那种过于直露的观念表达偏向（即"把个人变成时代精神的单纯的传声筒"）的概括，"莎士比亚化"则是要求在活生生的现实生活情境中再现人物与事物形象，达到艺术真实。如此说来，真正成功的电影艺术不能被扭曲成"时代精神的单纯的传声筒"，也就是不能成为时代主流文化的政治维度、经济维度和伦理维度的直露式表达，而应成为这种主流文化的审美维度的表达；更进一步说，不能成为时代主导文化的"单纯的传声筒"，而应成为其审美表现。

五　中式主流大片的脱困之道

近年主流大片尽力传达主流文化的意图是合理的，其重要性和意义怎样强调也不为过；但是，重要的是，这种意图应当转化为活的银幕艺术形象去呈现，而不是在影片中脱离银幕艺术形象和无视艺术规律地特别指出来，致使电影成为主导文化观念的"单纯的传声筒"。面对艺术成为观念"单纯的传声筒"这一美学困境，当前主流大片创作已到非警醒不可的地步了。尽管这一美学困境属于当前中国电影前进中的不足，而就一些影片来说也可谓白璧微瑕，而且也属中式主流大片发展必需付出的代价的一部分，但是，仍然要看到，这一困境是有必要克服并可能克服的。因为，这一困境的持续有可能大大阻碍主流大片美学水平的持续提升及其世界影响力的拓展；同时，中国电影界主创人员的素养完全有可能摆脱这一困境。

简要地说，中式主流大片应当通过对生存感兴和深长余兴的创造，尽力表现中国当代主流文化的审美维度。注意，它所直接展现的并非笼统的中国当代主流文化，而只能是它的审美维度，而这种主流文化的其他维度

① ［德］马克思：《致斐·拉萨尔（1859年4月19日）》，载《马克思恩格斯选集》第4卷，人民出版社1995年版，第554—555页。

则只能通过审美维度去间接地呈现。由于如此，主流大片要想进一步提升艺术感染力或文化软实力，就需要按马克思所谓“美的规律”去“构造”①。主流大片当然要承担传播社会主义核心价值的任务，但这种传播必须通过创造富于感兴及余兴的活的艺术形象去进行。应当努力让主导文化的导向因素在影片中不是被特别地指出来，即不是像电视台的新闻报道节目那样直接播送，而是通过艺术形象的感染而自然地流露出来。就像恩格斯说的那样，“倾向性应当从场面和情节中自然而然地流露出来，而无须特别把它指点出来”。② 主导文化观念的艺术化表现需要尊重艺术创作规律，而从场面和情节中自然流露出来的倾向性，显然更符合艺术表现规律，也更易深入人心，更能影响社会生活，从而更加完美地实现主导文化的社会影响力。电影当然要传达国家意志，要对社会重大问题发言，也就是要呈现主流文化的政治、经济和伦理维度等，但它的呈现的特点在于，它属于一种“诗意的裁判”③，即通过富有诗意的画面和形象体系去呈现的审美判断。可以说，切切实实地尊重艺术规律，着力展示主流文化的审美维度，不妨视为中式主流大片的一条脱困之道。只要这样悉心致力于中国主流文化的审美维度的银幕创造，中国主流大片的美学水平的提升就是指日可待的，而只有这样做才有可能助推中国电影在世界上同其他国家电影、特别是“好莱坞”争长较短。同时，主流大片的这种脱困之道，对于目前中小型国产片遭遇的相同的观念传声筒困境（常常有过之而无不及），无疑还有着一种榜样的感召力量。可以想见，当中式主流大片及其强势拉动的中小型国产片都相继摆脱观念传声筒困境而在艺术境界的追求上实现新的建树时，中国电影的进步就会更加令人鼓舞了。

中式主流大片的美学困境还不止于此，这里的分析及脱困试探都是初步的。写到这里，我不禁想到，聚讼纷纭的《南京！南京!》如果砍去那段抒情化结尾，可能更符合艺术真实逻辑，受到的诟病可能更少。广受赞誉的《梅兰芳》后半部分如处理得稍稍含蓄和简练些，艺术性可能更高，

---

① ［德］马克思：《1844 年经济学哲学手稿》，载《马克思恩格斯全集》第 3 卷，人民出版社 2002 年版，第 274 页。

② ［德］恩格斯：《致敏·考茨基》，载《马克思恩格斯选集》第 4 卷，人民出版社 1995 年版，第 673 页。

③ ［德］恩格斯：《致劳拉·拉法格》，载《马克思恩格斯全集》第 36 卷，人民出版社 1974 年版，第 77 页。

感染效果可能更好。同样，赢取高票房及亲和力的《非诚勿扰》，倘不直说“21 世纪什么最贵？和谐”之类标语口号（及软性广告），其表现力可能更为强劲。当观众从银幕艺术形象的感染中领悟出主流文化的审美魅力时，中式主流大片的美学效果和社会影响力就同时实现了。

（王一川）

第十八章

探析汉语国际化中的文化策略

当前国际上汉语学习的需求仍在不断增长，从欧洲、美洲，一直到东南亚、非洲等地，对外汉语教学日益显示出迅猛发展的态势。在“汉语热”广泛兴起的同时，世界各国人民对于中华文化也表现出越来越浓厚的兴趣，各国各地的孔子学院和中文学校频繁举办多种形式的介绍中华文化的活动，吸引当地大批的学生和社会各界人士参加。在多种形式的汉语推广活动中，中华优秀传统文化的介绍和现代中国的多种民俗文化技艺表演往往成为活动的重头戏。这些现象无疑都表明，在对外汉语教学的基础上，进行中华文化的全球推广，已到时机，中华文化应该在汉语国际推广中承担更重要的角色，成为支持汉语国际推广持续快速发展的重要推动力之一。

一　汉语国际推广与中华文化传播密不可分

语言是文化的载体，是文化的表现形式和传播工具，语言与文化密不可分；文化渗透于语言的各个层面，语言教学必然要受到文化的制约和影响；语言的习得不可能离开文化的认知，语言教学从某种程度上来讲也是文化教学。美国外语教学专家温斯顿·布瑞姆拜克（Winston Brembeck）谈到语言与文化的关系时说：“采取只知其语言不懂其文化的教法，是培养流利大傻瓜的最好方法。”[①] 汉语是中华文化的载体，它不仅是一套符号系统和交际工具，而且蕴含丰富的中华文化，反映了中华民族的心理特

① Deena R. Levine, Mara B. Adelman, *Beyond Language: Intercultural Communication for English as a Second Language*, Prentice-Hall, 1982, p. 9.

点，凝聚着深厚的民族情感。汉语与中华文化存在着密不可分的关系，对外汉语教学必须与中华文化传播紧密联系起来，在对外汉语教学中理应树立文化的自觉意识，掌握文化教学的维度，这是推广中华文化的需要，也是做好对外汉语课堂教学的客观需要。

现代语言教学更加重视文化体验与认知。中华文化的意蕴体现在汉语的音、形、义等各个方面，中华文化教学自然也成为对外汉语教学中不可分割的环节。学习汉语的过程不仅是掌握汉语表达和交流技能的过程，也是了解中华文化、学习中华文化、传递中华文化信息的过程，因此在汉语国际推广的过程中，应积极利用丰厚的中华文化资源，提高对外汉语教学的水平。根据当代第二语言教学理论，第二语言教学并非只是没有生命的符号的传递，而是与跨文化交流紧密联系在一起，如果从文化传播角度观察，第二语言教学实际上正是一个跨文化交际过程，跨文化交际的因素在很大程度上影响着第二语言的学习和使用效果。对外汉语教学是第二语言教学，它的跨文化交际属性，客观上决定了它需要有中华文化作为支撑，所以在汉语国际推广中，文化教学和语言教学应该双管齐下、齐头并进。

汉语国际化进程应始终贯穿着中华文化的浸润和濡染。既然语言学习与文化认知紧密相关，那么将什么样的文化通过对外汉语教学介绍到世界，就必然成为值得关注的重要问题；同时，中华文化历史悠久，蕴藏丰富，特点鲜明，生动具体，本身具有强大的吸引力，能充分发挥磁石效应，增强国外汉语学习者的兴趣。通过对外汉语教学，不仅可以培养学生了解汉语和运用汉语的能力，同时还应使学习者理解和认识中华文化的内涵，从而学会尊重、认同和宽容不同文化，培养对中华文化的情感。因此，对外汉语教学的最高目标是在培养学生运用汉语交际能力的同时，使学生接受中华文化的浸润和濡染，培养跨文化意识和宽容心态，提高对中外文化差异的敏感性、鉴别能力。

在汉语国际推广中自觉传播中华文化，也是中国文化软实力总体发展战略的客观要求。语言是人类交际的主要方式，语言的国际化程度是一个国家综合实力的反映，也是一个国家文化软实力的重要体现。从语言中折射出来的文化表象的差异实质上是不同文化价值观的差异。因此汉语走向世界，实质上是中华文化走向世界，是蕴含于汉语和中华文化具象之中的“中国价值观”走向世界。汉语国际推广理应强调文化自觉意识，通过文化的实践与体验，加深对文化背后的价值观的透彻理解，所以传授文化知识、培养文化意识，是汉语国际推广的一个特别重要的任务。而从目前我国汉语国际化进程分析，我们的对外汉语教学在满足学习者了解中华文化的需求方面明显不足，尤其是普遍缺乏文化的内涵。中国具有丰富灿烂的民族文化，它们应当在汉语国际推广的事业中发挥巨大作用，成为吸引国外汉语学习者的源泉之一，成为增强中国文化软实力的支柱之一。

二 中华文化是促进汉语国际推广发展的重要支撑力量

语言是壳，文化是核。汉语国际推广的事业加快发展，必然会对多样化、多层次、现代化的中华文化精品资源提出更高要求，文化建设成为推动我国汉语国际推广的重要工程。当前在汉语国际推广中，加强中华文化的传播的重要性主要体现在：

（一）促进各国多种层次的人群接触和了解汉语和中国文化

随着全球“汉语热”深入快速发展，在政府和民间多种力量的共同推动下，各国多种层次的人群对汉语和中华文化的兴趣持续增长。综合分析国外对于学习汉语和中华文化的需求，我们发现，这种需求明显具有形式多样化、动机复杂性、兴趣广泛性等特点，对汉语和中华文化产生兴趣的人群，既有大、中、小学生等在校学习的学生，也有政府、商业等多个领域从事与中国交流业务的在职人员，还有很多在“汉语热”推动下为将来未雨绸缪的有识之士，以及对中国文化感兴趣、希望了解中国和中华文化的社会各界人士。汉语国际推广的潮流离不开中华文化的源头活水，尤其是具体形象、丰富多彩的中国传统文化必然在其中起到不可替代的重要作用。

目前，从各国汉语国际推广的实际情况考察，尤其是各地孔子学院建设情况看，适合汉语国际推广形势的中国文化教材和精品课程的匮乏，成为了制约汉语国际推广深入发展的重要因素。中国传统文化本身具有无穷的魅力，对国外汉语学习者有着强大的吸引力，因此，加大中华文化的在对外汉语教学中的分量，编辑出版具有文化意蕴的对外汉语教材，举办形式多样的文化推广活动，是推动当前汉语国际推广深入发展的有效途径。

在汉语国际推广中的主动植入中华文化因子，加大对中华文化推广活动支持的力度，将会使多种层次人群，从一开始接触汉语和中国，就被中华文化的魅力所吸引，增加了解中国和中华文化的兴趣和决心。

（二）以多彩多姿的文化体验为出发点，丰富汉语国际推广的方式和手段

汉语国际推广的主要对象是国外学习者，在国外学习汉语不具备国内的社会环境，在这种情况下，单纯地第二语言教学容易变得乏味。如何创造条件，提高学习者的兴趣，成为每位教师的重要责任。在营造良好的课程氛围，培养学生学习汉语兴趣方面，中华文化活动就可以大显身手。通过中华文化活动来推动对外汉语教学的事例在多年以来的海外志愿者教学过程中是屡见不鲜的，例如在菲律宾，志愿者就体会到："每当上中华文化课时，孩子们总是兴致勃勃，迫不及待奔向多媒体教室。"①

中华文化在其发展过程和现实状态中，其形态是生动活泼和多姿多彩的，它从饮食、服饰等物质消费和戏曲表演、故事讲述等精神消费上，从来都与生产生活的具体活动紧密结合。而从我国现有的汉语国际推广材料看，在文化的呈现方式上，普遍存在概念化思维的特点，其关注点往往是"讲道理"，而非"讲故事"，它们更注重文化的阐释和表述，而非文化的触动与体验，显然不能满足国外学习者的实际需要。而且，我们现在的中华文化课程往往照搬国内的文化课程教学模式，很容易造成在国外中国文化课程的枯燥乏味，而要改变这种局面，需要我们调整思路，从文化活动入手，以文化体验和感知为出发点，改变大而全的文化教育的思路，通过具体而形象的文化活动，让学习者掌握汉语的知识点，体会中华文化的魅力，如此，则能将对外汉语教学与文化推广相结合，丰富语言教学的手段，有效提高课堂教学效果。

（三）建设汉语国际推广文化精品资源，推动汉语国际推广事业的可持续性

全面推进汉语国际推广事业，需要建设种类丰富、质量上乘的汉语国

---

① 陈曦：《情系马尼拉——福建师范大学赴菲汉语教学志愿者五年活动纪实》，知识出版社2007年版，第285页。

际推广文化精品资源库。中华文化资源本身是极其浩瀚汪洋的，它对于国外汉语学习者的吸引力非常强，在海外的汉语教学中与中华文化相结合的尝试总是受到学生的欢迎的。对于来华学习的人群，从一踏入中国的土地，就开始体验中华文化的旅程，在其学习和生活在中国的过程中，小到饮食起居的方方面面，大到观看表演和旅游等文化体验活动，他无时无刻不被中华文化所包围。而对于在国外学习者，其接触中国民族民间文化的条件是有限的，从现有的各种教材中得到的对中华文化的印象是片断的、不完整的。因此，我们有必要在国外汉语教学中更加注重中华文化内容的植入和体验，开展丰富多彩的中华文化课外教学活动，研发中华文化的系列教材，不断丰富汉语国际推广文化精品资源库，为国外学习者提供一个全面了解和体验中华文化的机会。在汉语国际推广的过程中，正因为我们能够提供种类丰富的中华文化体验活动，才会使推广的过程更加立体化。

为适应当前各国多种人群学习汉语和了解中华文化的多样化的需求，一方面要大力加强对外汉语教学中中华文化的传播，另一方面要加紧研发和推出生动活泼、品种齐全的中华文化教材。从当前国外孔子学院建设的需要看，也迫切需要我们加强中华文化的推广活动，研发和推出一系列中华文化的精品系列教材。孔子学院是展示中国的窗口，在展示的舞台上，应该有中华文化的一席之地，没有中华文化代表性成就的汉语国际推广的舞台也显得很不全面和完整。在孔子学院的建设中，如果我们不仅能够提供汉语、中国哲学、历史的多种材料，而且也能够提供关于中华文化多种精品资源，就会使孔子学院的活动内容更加多样化，增强孔子学院的影响力，中华文化也必然会以其本身所具有的独特魅力，深深吸引国外多种需求的汉语学习者，促使他们产生对汉语和中华文化的持续兴趣，也必然会对汉语国际推广事业的可持续发展贡献力量。

三　积极探索汉语国际推广中中华文化有效的呈现方式

任何学习汉语的过程，必然触及中华文化的感知与体验，在以汉语为母语的教学活动中如此，在以汉语为第二语言的教学活动中更是如此，因为第二语言的学习本身就是一个文化对比、碰撞、融合的过程。因此，以什么样的角度和方式在对外汉语教学和教材中呈现中华文化显然十分重要，只有嵌入的角度得当、呈现的方式丰富而具体，才能使文化的因子在汉语国际推广中发挥出巨大的力量，增加学习者的兴趣，否则，学习效果可能会适得其反，增加学习者的困惑，影响学习者的积极性。

中华文化历史悠久，底蕴深厚，藏量丰富。在汉语国际推广中，涉及中华文化的教学，教师往往一时感觉头绪万端，无从下手。服从于中国人习惯性的思维方式和教学特点，大家可能会首先从概念入手，弄清楚了概念，然后再介绍具体的文化事象，而这恰恰是国外学习者所难以接受的。以我国目前编辑的对外文化教材为例，要么从文化历史入手，上来就是原始社会时期中国文化发展情况，要么从概念出发，上来就是儒家传统和道家思想等，这种教学方式严重忽视学生的学习兴趣，忽视第二语言教学规律。造成老师讲起来费劲，而学生一头雾水，不知所云。在汉语国际推广的过程中，中华文化应以恰当的方式得以呈现，唯其如此，它才能发挥应有的功用。借鉴英语作为第二语言教学的成功案例，总结近年来汉语国际推广的经验，我们认为在汉语国际推广中恰当地融入中华文化一般应遵循以下原则：

（一）坚持从文化体验入手

文化认知首先从文化体验开始。文化教学不能游离于语言学习之外，而应融合在听说读写的交流活动当中。对于文化推广而言，书本知识的学习也不是学生知识获得的唯一有效的途径，与以知识信息的接受为主的学习活动不同的是，文化教学应更注重学生探究发现、调查研究、实验论证、合作交流等发展性教学活动。因此，在对外汉语教学的文化呈现上要充分关注学习者对中华文化的体验与感知，从学习者的文化认同特点和语言学习规律上，构建中华文化的呈现方式，使汉语国际推广真正符合国外学习者的心理特点，以培养学习者的兴趣为主要落脚点。在文化的体验中，我们也应力戒空洞的说教，做到具体形象而不抽象晦涩，能吸引学习者全程参与，增强学习的主动性，引导他们自觉展开丰富多彩、精彩刺激的文化体验旅程。

（二）坚持以学习者为主体

文化学习的过程是学习者个人经验持续不断推进和深化的过程，更应突出学习者主体地位，强调学习者的主动参与。语言教学具有较强的实践性特点，语言的学习离不开学习主体的主动参与和积极活动，文化的认知更需要通过主体的参与和体验获得，因此在教学过程中更应强调教学环境的创设，为学生营造丰富而有序的自然情境，教师在其中起到引导的作用。要从学习者的兴趣出发，鼓励探讨性地学习，通过与学习者个人经验的结合和分享，来加强对中华文化的理解和认知。成功的中华文化教学，应能充分调动学习者的主体意识，为学生的自主性的学习开辟出广阔的空间，将学生的需要、动机和兴趣置于核心地位。让学生在学习的目标、内容、方式上拥有更大的自主权，在学习结果的呈现形式上有更大的灵活性，指导教师只对其进行必要的指导，绝不包揽学生的工作。

（三）突出趣味性，展现文化魅力

兴趣是学习的起点，在文化推广活动中，激发学习的兴趣非常重要。应重点关注学生的兴趣，并注意将兴趣转化为对问题的探究，有效地引导学生主动投入到研究性学习活动中，满足学生的探索的需要。这样的学习活动，能点燃学生思想的火花，有利于学生获得学习自由以及快乐的感悟和体验。因此，在中华文化的呈现方式上，我们应突出趣味性的特点，充分借鉴国际、国内相关的教育科学研究成果和经验，在内容和呈现方式等方面充分考虑中华文化幽默风趣的一面，使学生乐于学习汉语，在娱乐中学习，在学习中娱乐。使学生在这个过程中兴趣盎然，认识和体验不断加深，思想火花不断迸发，从而使文化推广更富有成效，培养学生对中华文化的长久兴趣。

（四）坚持对不同文化的针对性

美国文化学者史景迁在《文化类同与文化利用》中提到："要确定我们自身的存在，要明白我们自己周围世界的特性，也就是说，要获得关于我们自己和我们的文化的任何知识，都需要通过辨别彼此他我才能得以实现。"① 因此在中华文化的融入方式上，应该充分考虑到汉语作为第二语言学习者的需要，充分照顾到他们的语言认知和文化体验的角度和方式，

① ［美］史景迁：《文化类同与文化利用》，廖世奇、彭小樵译，北京大学出版社 1997 年版，第 196 页。

避免文化的陌生感和隔阂感。应主动考虑学习者的母语和本土文化，在对比中学习文化，使学生同时对异域文化和本土文化都有更清晰的认识。尤其是中华文化的教材编写，一般地应坚持双语的原则，在内容、注释、练习上均为汉语与学习者母语的对照，要充分发挥国外专家的作用，由中国和外国专家共同研发，力求做到中文简明，外文地道，双语优美流畅。

（五）选材的精致与实用

打破“系统性、思维性”的传统的文化教学模式，精选中华文化中最具代表性的成就，所选材料要精粹生动，能充分展示中华文化的深刻魅力，展示中国文化的风格特征，而不是追求大而全，千方百计、处心积虑地做到“全面而系统”。在编写汉语教材和辅助教材时，应该充分考虑到文化因素在教学中举足轻重、不容忽视的作用，选择那些包含精彩的中华文化内涵的语言材料。在对外汉语教学中，要考虑汉语学习与中华文化体验需求的结合，在教法上注重学习者跨文化交流需要，使语言学习与文化体验紧密结合，互相促进，使学习者既锻炼了汉语的听说读写的多种能力，又理解和加深了对中国文化的理解和感受，让他们通过精选的材料接触和了解中国文化，产生对中国文化的浓厚兴趣和情感，为他们将来关注中国文化、热爱中国文化、传播中国文化并进而研究中国文化创造条件。当然文化认知要遵循阶段性原则，跨文化知识的学习本身也是一个潜移默化、不断积累的过程，应该循序渐进地进行。应根据学生的语言基础、接受能力及理解能力的实际，由易到难、由浅入深、由现象到本质，一点一滴、日积月累，使学生在潜移默化中了解中华文化知识，培养跨文化意识，增强对中华文化的学习需求。

（六）充分利用信息化技术

现代信息化技术已在社会各个领域中得到广泛应用，正在改变着人们的生产与生活方式、工作与学习方式，也在深刻地改变着现代教育的方式。信息技术条件下的中华文化推广，必然要求有相应的教育教学思想和教学方式与之相适应，同时，信息化技术也为中华文化的展示和体验提供了更好的途径。应充分使用信息化技术，研究文化资源的配置和相应的使用方案，以增强各类资源的适用性，使学习者找到更为直接和有效的中华文化认知方式和途径，提高其学习效果。应充分利用多媒体的技术手段，通过多媒体教学资源的研发，为学生的汉语课堂学习提供丰富的支持，便于学习者进行充分的延伸学习和文化体验，让学习者利用多媒体，高效、高质量地进行多通道整合学习，方便、愉快地进行学习及自我评估。应充分利用远程教育技术，提供文化的数字地图，使学习者方便地在全球范围寻求最适合自己的资料，实现文化的交流和互动，培养学习者的全球化思维和理解文化之间关系的能力。

总之，根据汉语国际推广形势发展的需要，我们应该适时作出调整和完善，力争在中华文化全球推广的资源建设上创出精品，在呈现方式上闯出新路，以服务我国汉语国际推广大业，使中华文化在21世纪汉语国际推广中发挥应有的作用。

（郭必恒）

第十九章

中国形象的再造

——“国学热”从提倡到展示

在中国当下的文化生活中，“国学”一词往往被理所当然地对等于中国文化传统，而得到广泛汹涌的憧憬和提倡；或是被视作与“大国崛起”这样的政治目标相匹配的文化形象，而得到了一而再、再而三的展示。考察这一“国学”作为社会主导性价值被全方位地推崇和推广的过程，我们不难发现一些重要的事实：在“国学”这一名目之下，其历史形态、学术含义，以及可能的价值误区，对于推广者而言都是不足为鉴的，“国学”一词融汇各方趣味和价值的能力，来自其被符号性使用的方式：将“国学”的符号价值与对国家形象的想象捆绑在一起。因此，在对国学的倡导过程当中，“国学”首先是作为一种先设的文化历史形象出现在推广制作者的脑海中，其次再以种种器物化、景观化的方式呈现在当下政治生活和日常生活的方方面面。反过来说，“国学”作为文化的代名词和构筑国家形象的基础，之所以在种种活动中被认为是有效的，并且成为了制作策划时的想象力起点和支配性要素，来源于其被认定的展示空间。当然，这里的展示是一种对象化的手段，作为对象化的“国学”则成为了再造中国形象的工具。问题在于，“国学”在这里被认定的展示空间，以及其景观化的呈现方式，是否真正植根于我们对于中国的过去和当下的真切理解和体验之中？是否能够代表我们当下进行自我阐释的能力，从而缓解全球化时代的身份焦虑？是否能够形成真正的国家形象所需要的文化内涵和价值认同基础呢？

一　中国形象与“国学热”

从词源学上看，“国学”一词古已有之，但指的是国家一级学校，这无疑与我们现在使用的语义层面相去甚远。其现代含义是在20世纪初逐步填充确立的。实际上，早在清季民初一批士人提出“国学”一词时，“国学”便不是一个具有稳定内涵的术语，这一点与其诞生的历史语境密切相关。彼时中国面临西潮冲击，在此历史的十字路口，“国学”是相对于“西学”而被提出的，并且经历了蕴含复杂而发展曲折的演化进程。作为思想论争和社会运动，国学“在近三十年间大体经历了从保存国粹到整理国故再到不承认国学是‘学’这一发展演变过程。从称谓看，又大致经历了从‘中学’到‘国学’／‘国粹’再到‘国故（学）’／‘国学’这一过程”①。可以说，在“国粹”、“国学”、“国故”诸概念构建的话语场中，不仅各家观点冲突矛盾，表述方式和运动形式也大相径庭，我们也很难在张之洞、黄节、邓实、章太炎及其门生，包括新文化诸君身上，就“国学”一词找到多少表述上的共识。

但是，抛开词语在历史中的复杂面貌不论，有关国学的倡导和争论无疑是彼时中国读书人在面对自身在社会结构中的位移时，面对新旧思想的论争时，就学术和国家关系所进行的一步又一步的身体力行的探索。无论是章太炎的“以国粹激动种姓”，还是《国粹学报》的“国粹无阻于欧化”，抑或是新文化运动时期的整理国故运动，都是在以自身的经验和方式回应中西文化竞争这个时代命题。在诸多时间和空间高度压缩的紧要关头，国学甚至成为一个有爆发力的敏感的革命性话题。革命党人提出“国学”时，将其与“君学”相区别，具有反君主专制的一面；新文化运动时期的整理国故运动是整个社会进行文化反思和文化重建的重要步骤。尽管后来国学由于包含过广，面临现代学术专业分化和新的历史命题的挑战，逐步淡出了思想谈论的中心，但其对于构造时人的历史感和现实感的历史功能不容忽略。时至今日，它也成为我们强大的文化记忆的一部分。

正是凭借这一份模糊的记忆，20世纪90年代至今十余年间，“国学热”兴起和展开了。在这期间，“国学热”经历了多个阶段，种种表现与举措也无法完全被视之以同一逻辑。作为一种社会思潮，我们这里讨论和关心的是“国学”越出学术史思想史研究之后的遭遇。

早在1993年8月，《人民日报》便陆续以整版的篇幅，将“国学”

---

① 罗志田：《国家与学术：清季民初关于“国学”的思想论争》，生活·读书·新知三联书店2003年版，第4页。

的兴起以报告文学或评论的方式进行刊载。同时《东方时空》、《光明日报》、《中国青年报》和中央电视台等均以前所未有的篇幅多次宣扬“国学热”，报道有关状况。在具有导向作用的主流媒体的频密宣传和提倡下，“国学”迅速热遍全国。在这十多年间，“国学”不仅和“爱国主义”、“社会主义核心价值”、“和谐”等社会主导价值联系在一起，同时也被纳入大众文化的消费视野之中。随着一批国学大师的命名和登场，随着“国学”和蒙学教育、地方传统文化因素的发掘联系在一起，随着国学和大众文化产品日趋结合，所谓的“国学”似乎找到了它合适的社会位置。或者换句话说，某种传播国学的标准模式正在形成：古典趣味、知识普及、经济效益、全球影响等一系列因素，构成了国学成为一种名目被推广的价值基础。

抛开国学究竟等不等同于中国传统文化的具体学理问题不论，当下的实际情况是：中国传统文化和民俗中可视性强、最为器物化的层面，在以“国学”的名义被各方支配使用。这里面最为突出的表现就是国学的知识化以及由知识化导致的物象化。比如，我们常常可以看到，国学在传播过程中被对等为一系列历史和诗化知识。书法是国学、三字经是国学、《红楼梦》是国学、中医也是国学、太极也是国学。

也就是说，这个曾经充满了强烈价值判断和意义重建的词语，在以最为实用的面貌进入我们的日常生活，为我们的衣食住行、国际交往增添了一件文化的外衣。这里的“国学”正是因为其模糊的内涵，而拥有了广阔的使用和认同空间。它用对历史的想象覆盖了现实文化的焦虑，它用文化的连续性对抗经济空间上的落差。为了迎合这样的意图，国学越发被制作成了某种景观，甚至是奇观：在天一阁举行的国学问答活动，学生身着汉服向老师行跪拜礼，专为企业老总开设的国学班，以及全球祭孔的盛世之举，等等。在种种活动制作方式背后，对国学的高举所倚仗的并非一定是国学内部的文化逻辑，而是在一种唯名论式的逻辑下，任由各种商业逻辑和政治逻辑入侵。在这里，国学是什么并不重要，而国学被想象成什么，才成为其发挥社会效果的基础。

二　中国形象与中国记忆

当“国学”以这样的方式和我们的历史记忆与现实经验发生联系，

并且成为保证我们的行动效果，赋予我们行动以合理性和自信心的支配性要素时，我们看到了“国学热”背后展示的文化政治逻辑充满了某种颠倒和错位。

首先，当国学被赋予的价值和它的历史形态之间并没有直接的联系，而仅仅以一种知识性的形象展现出来的时候，国学不过成为一种即时消费随意支取的对象。这不管是对于国学自身的发展，还是对于国学在当代生活中的可持续性影响而言，都是一种过度使用和隐形的破坏。在全国各地愈演愈烈的国学教育中，一些经典的文化典籍重新得到了重视，像《论语》、《三字经》、《弟子规》等。作为当下教育制度的补充，这一部分的经典教育无可厚非，也让人充满了期待。但是由于国学本身的历史形态没有得到呈现，只是被简单地对等于传统文化，对等于一系列包罗万象的传统文化知识和趣闻。在这里，停留在知识层面的国学教育也仅仅是应试教育的变形罢了。这样的国学教育的效果不免让人担忧。同样的逻辑也出现在全国性的国学电视选秀节目之中。当这样的节目大受追捧的时候，也是国学的字面意义被无限滥用、其深度意义被取消掉的时候。

其次，当国学被作为一种构建中国形象的要素推出时，一方面在全球化语境中，强调中西文化二元对立，以此来凸显中国文化的特殊性；另一方面又强调国学背后某些普适性价值，提炼出“中庸”、“和谐”等价值观，意在将其影响力推广至直指西方的精神危机或生态危机。我们知道，中西二元对立的文化观并不是现在才出现的。可以说，在国学提出之初，这种国家主体性焦虑带来的文化焦虑，便是这一概念发挥历史性效果的动力和契机。彼时既是中西文化激烈碰撞的“千年未有之变局”，又是中外国家实体竞争的生死存亡的关头。从这一点来讲，“国学”是一个历史感很强的概念。这里的历史感并不单指其面向古典的姿态，而是其强烈的历史意识背后的现实判断力。在中国形象的再造工程之中，如果对“国学”这一概念的历史针对性视而不见，又一味地在其中添加新的价值预设，便容易形成左右摇摆略显矛盾的价值标准。于是，在种种借助国学进行国家形象构造的叙述之中，被表现出的中国形象既缺乏稳定性，其构建出来的文化自信心和国家主体性也是经不起琢磨和推敲的。

再次，谁的“国学”的问题一直没有被厘清。国学在政治逻辑的要求下，被看作树立国家文化形象的不证自明的合理因素，期待通过孔子学院等文化传播方式，起到推广普适性价值和增强文化影响力的作用。然而，与此同时，在经济逻辑支配下，国学的应用和解读，一味地被通俗化、实用化、娱乐化、时尚化，甚至庸俗化，以此满足大众的文化口味，收获经济效益。这里的问题是，就大众文化而言，西方以及日韩的强势有目共睹，并且其与国家的主导性价值观结合得天衣无缝，好莱坞电影便是明证。在这样的条件下，国学成为一种即时的无害的大众文化之后，其作为软实力的推动力怎样发挥出期待中的召唤力呢？在这里，政治逻辑和商业逻辑对“国学”所进行的双向使用有彼此抵消的倾向。

最后，国学与传统、与现实的关系问题。当国学被直接对等于中国传统文化时，我们如何处置近一百多年来的“现代”记忆？我们如何吸收现代传统留给我们的经验？我们总是能看到古典的因素在建构当代国学时的强大表述力，而自鸦片战争以来的一百多年的近代历史进入不了当代国学的视野之中，将“现代”排除在“传统”之外的直接后果便是，国学话语无法与当下的一些现实问题进行真正的沟通与对话。我们知道，这些现实问题才是构成我们当下现实感的真正来源，而这些现实问题往往又是和我们这一百多年的近现代历史密不可分的。事实上，国学在20世纪初被提出时，便带有强烈的现代色彩，可以说是对当时中国特殊的现代经验的一种话语建构，是彼时中国在面临现代裂变过程中，对于现实命题和时代困境的爆发性反应和充满勇气的建设。我们原可以在和这一系列历史经验的对话过程中，为处理我们今天的价值焦虑和身份困境寻找到有真正价值生长点的“国学”，而不是在和传统的假性对接中，回避当下现实中的一些真正的价值难题。

围绕在“国学”周围的话语由于其缺乏真正现实感和面对历史时的问题意识，不仅造成了自身的混乱，也阻隔了历史和现实的对话能力。“国学”在经历了由被倡导到被展示的过程之后，越发缺乏自圆其说的能力。正如有学者清醒地看到：

> 当代中国的“国学”追求一开始就是强化了二元对立的文化观念，而这样的强化又得到了来自官方主流的大力支持，今天的“国学”宣讲者也主要是通过官方主流媒体的宣扬、传播而在更大范围内产生影响的。除此之外，今天的“国学”活动也通常不再宁静，不再属于知识分子个人的精神沉思，相反，却伴随着更多的经济行为与社会公关活动，它不是回避反而是主动介入到了这个喧嚣的社会之

中。尤其是在经历了全球华人祭孔的盛典后，“国学”逐渐演变成为与“韩流”、“超女”一样的流行文化，成了人们追捧和效仿的时尚。一些知名大学国学院的成立，“媒体国学大师”的开选，各种“国学班”的招生，使“国学”正在日益工具化与时尚化。作为“中华民族精神家园”的文化遗产开始大言不惭地进入现代商界，沦为追求利益最大化的实战技巧。在这样的逻辑下，“国学”开始了自我消耗与自我否定的过程。①

三　中国形象与当代使命

国学的当代命运，无疑是跟更为阔大的思想背景联系在一起的。“国学”以一个名词的力量，在文化转型期得到了政治权利的认可和推崇，也并非偶然。当然，不难理解，国家作为一个政治实体，对外具有塑造自身形象的要求，对内具有构建核心价值和认同平台的必要。但是，当盲目地接过“国学”这一话题造势，重组中国形象这一本不该被如此惯性处理的话题时，无论怎样对“国学”这一符号随意赋形，无论怎样修剪中国传统的丰富多元的价值体系，我们都不得不面对这一点，即是：在“国学”日益成为政府主导文化，在全社会造成一股又一股消费热潮时，其获得的认同度并没有得到期待中的提高，也就是说它既不是主流文化，也更不能形成期待中的核心价值。

尽管有时候质疑也是一种形式的认同，但围绕在“国学热”周围的质疑之声，并不是对“国学”本身的解构性建设，它们直接且不约而同地看到了“国学热”背后的分裂和功利。当真假“国学大师”的脸谱被一张张撕开，当国学沦为开设培训班的名目，当“国学”成为拉动地方经济的宣传手段，“国学”一词不仅在接受者和消费者那里丧失了公信力和权威感；而且，值得怀疑的是，这一名词在其使用者和推动者那里是否也有真正的认同，它是否已经成为一种趋于惯性的策略，或是已经成为主动利用某些保守文化心理的伎俩？在这样的趋势之下，不仅阻碍了能成为

① 李怡、康莉蓉：《新时期文化思潮中的“启蒙”、“国学”与“新国学”》，《学术月刊》2008年第9期。

国学价值生长点的真正的古今沟通，而且在传统被分解得支离破碎之前，我们便早已丧失了创造新的价值的能力，丧失了成为现代的“自我”的勇气。这里的困境在于，以“国学”作为文化凝聚力，来沟通国家形象与社会认同，不过是一种想象性的解决，它看似强大的象征力量，在面对历史的时候盲视，在面对现实的时候失语，在朝向未来的价值指向上难以给出明确的方向。

我们都处在20世纪90年代以来社会认同危机带给我们的“阐释中国的焦虑”之中。我们对中国文化形象问题的关注，也是我们对什么是“国”，什么是“中国”，对我们当下身份的关注。即使是在默认传统文化有与当下进行价值沟通的可能的前提下，何为文化、何为传统的问题不解决，一味地回到古典，一味地回到安全的文化乡愁之中，并不能帮助我们解决“我们是谁”、“中国是谁”的问题。文化不仅仅是前人留给我们的瓷瓶锦缎，不仅仅是我们的旗袍唐装，更不仅仅是筷子和宫保鸡丁。我们要清楚地看到，把文化划定为与政治、与经济无关的自足领域，即使能获得一定的意识形态控制效果，也不能形成持续稳定的建设性价值。这种是一种可怕的文化的内耗。我们不能期待黄河长江告诉我们是谁，我们不能期待长城珠穆朗玛峰告诉我们是谁，我们作为“‘中国人’的感受，缺乏由共同目标、社会理想、公共价值等维系的深层归属感，它的公共性就变得肤浅、单薄、勉强而做作”①。

无论我们带上什么样的文化的或是国学的面具，我们在西方人眼里仍然是强大而不确定的中国。“‘国家形象’是当前中国的最大威胁。在如今的全球化时代，中国如何看待自己和其他国家如何看待中国，将在很大程度上决定中国的发展和未来。……中国在国家形象上的难题，与其说在于国家形象的好坏，不如说在于中国人自身的国家想象与国际社会对中国的想象差距甚大。”② 如果不取得由政治上的共识和经济上的公正所带来的文化上的归属感，仅仅依靠对一些文化符号的整合，中国对内无法构建真正的认同平台，对外无法形成稳定而具有说服力的形象。而公共资源的分享，政治文化的召唤力，才是凝聚力的真正基础。无论我们为自己的国家形象穿戴上哪个时代的衣冠，能否以真正有效的价值建设来发挥广泛的

---

① 徐贲：《90年代中国文化争论与国族认同问题》，《文学前沿》1999年第1期。

② 张法：《国家形象概论》，《文艺争鸣》2008年第7期。

影响力，还是取决于我们的政治文化面对历史时富有对话性的解释力；面对现实时富有问题感的解决力；以及除了 GDP 崇拜之外，为我们展现美好生活的能力。

（刘　佳）

第二十章

文化创新、大国风范与软实力的作用之道

近年来，建设“创新型国家”逐渐成为了社会共识，在其凝聚和感召下，科技体制、机关作风、人才培养等方面都出现了“创新”机制改革；党的十八大报告更将“创新驱动发展战略”作为“完善社会主义市场经济体制”的重要方面。这一过程与中国产业结构调整的进度基本同构：正是在呼唤高新技术产业和现代服务业的经济进程中，“创新”才成为社会整体诉求。可以说，“创新”意识在21世纪的觉醒，是中国社会、经济发展的内在要求，是由经济基础所决定的。它在不同层面表现为不同取向：在社会发展层面，它呼吁“资源节约型、环境友好型”社会；在经济上，要求推动产业结构升级，转变增长方式；在科技上，要求增强自主创新能力，实现跨越式发展。最终，“把全社会智慧和力量凝聚到创新发展上来”，到2020年建成“创新型国家”。

从国家强调改革创新精神的立意和上述规划上看，已然有了一条清晰可见的发展路径。但作为一种国家和社会风尚，“创新”必会成为反作用于经济基础的意识形态。换言之，“创新”一旦成为社会共识，便形成了一种新的“文化”。因此，从文化角度讨论“创新”问题，进而将“文化创新”作为实施中国文化软实力发展战略的重要内容，有着极大的意义。本文尝试从文化创新的演进、条件和文化软实力作用的形式三个方面，讨论“文化创新”与“文化软实力”的关联。

一　文化创新：路径、资源与产业效果

文化创新，是指在既有文化基础上，经过人的智慧加工和生产实践活动，形成新的文化；也指在创新思潮影响下，“激发全民族创新精神”之

后所形成的社会生活方式。它既在物质层面上表示某种具体的创新行为（科技、体制、教育、金融等），也可以指在此之上的社会文化现象（日常生活）——后者集中反映于文学艺术领域，即文化产业或事业所涵括的“内容”。[①]

由于“文化”一词本身的双层含义以及含义之间的勾连关系，文化创新表现为两种演进路径：从具体的创新行为出发，当其在各领域中频繁涌现，由点及面而形成社会整体的创新意识时，它就会表现在日常生活之中，进而成为文学艺术所描摹的对象；逆推这一路径，则可以从文学艺术的象征形式创新入手，使其“百花齐放，百家争鸣”，形成社会生活风尚，最终落实于具体的创新行为之中。无论何种演进路径，文化创新都是以社会生活为枢纽，实现物质基础与上层建筑之间的转化。因此，文化创新关系着整个社会发展和日常生活变革，可谓最大的创新。

文化创新不仅为国家所提倡的创新意识、创新精神的落地提供基础（如文化产业），更重要的是它所形成的社会意识形态会对整个国家的现代化进程产生巨大而深远的影响。从中国近百年发展历史看，一切科技创新、制度创新、产业创新、教育创新等都融入了文化创新的潮流中，从而形成文化意义上的现代中国，文化创新始终是推动中国现代社会变革的基本驱动。

由此观之，“创新”乃是现代性的内核之一。文化现代性不仅表现为对现代化进程的反思，同时也是对既有思想资源的整合、创新，这本是一体两面的关系；只有建立在反思和创新基础上，文化现代性的理论建构活动才能成为社会进步的精神动力与智力支持。中国文化创新必须对既有传统加以继承、融合，在古典文化、现代文化和外来文化三个“文化传统”之间实现贯通：一方面，中国古典文化传统需要经过现代性激活、阐释，才能进入现代生活而发挥作用；另一方面，中国近百年的现代传统，即文化现代性的理论资源及其实践成果同样需要得到重新肯定与再认识——晚近以来，学界对“现代学”的讨论就是一种典型的努力[②]。而在此二者之

① 雷蒙·威廉斯说：“文化的意义问题是由工业、民主和阶级等重大转变所直接决定的，而艺术的转变则正好密切地回应了这一点。”参见 Raymond Williams, *Culture & Society 1780 – 1950*, London: Penguin, 1961, p. 16.

② 参见刘小枫《现代学的问题意识》，《读书》1994 年第 5 期；王一川《现代文学研究需要新眼光：中国现代学刍议》，《文汇报》1998 年 5 月 13 日；刘小枫《现代性社会理论绪论》，上海三联书店 1998 年版，第 2 页；王一川《中国现代学引论》，北京大学出版社 2009 年版等。

上，中国古典文化和现代文化传统还应融入世界文化潮流之中，对其进行世界性（全球化）的审视，包括现代媒介的改编、与西方认识论的互释、跨文化传播的译介等。只有在经过如是整合之后的新文化才兼具现代意义和全球视野，才值得视为当代中国形象，面对世界发挥“柔性而又厚实”的软实力作用。抱残守缺的保守主义、狭隘的民族主义或地域主义都可能对文化创新造成损害，更难以与现代产业结构调整和全球产业变迁的经济语境相结合。

文化创新是我国加快转变经济发展方式的现实要求与社会表现，在产业经济调整中，率先得到发展的是与文化创新和文化软实力密切相关的文化产业及其所代表的现代服务业。而文化产业之所以不同于传统产业，在于“它不再关注于‘价格’，而将‘品质、创新和创意’当作表现形式”。这是两种迥然不同的市场：文化产业的核心因素是“有赖于产品与服务的更新换代”的“创新”，因而是不同于工业时代“旧式竞争”的“新式竞争”①。这种内容产业的竞争集中体现了文化创新的路径——从文学艺术等文化象征形式入手，通过阐释古典文化、重塑现代文化、吸收外来文化，把“创新”凝聚成文化产品，进一步形成文化软实力，影响社会生活。

但发展文化产业不等于文化创新，它只是文化创新演进路径的一个起点。文化创新的最终成就表现为三个文化传统的整合、社会日常生活的变化、全民创新精神的激发和文化软实力的持续作用。这就需要在产业之外，扩大文化的社会影响，使丰富的日常生活进入文化内容，为文化产业/事业的创新、发展提供相对宽松的社会舆论空间和管理政策支持。

二　大国风范：文化创新的条件及其语言表现

在现代民族国家的语境中，文化往往具有国族特征。对国家的想象会影响人们的社会生活及其对所处文化环境的认识。在中国 GDP 超过日本

① Andy Pratt, Paul Jeffcutt, *Creativity, Innovation and the Cultural Economy*, New York: Routledge, 2009, p. 3.

位居世界第二的时代，“大国”已成为中国处于世界的基本标签。它深刻影响着世界各国对中国/中国人的认识，也成为中国/中国人自我认识的某种依据——当然，在经济实力之外，“大国”标签还与中国的军事实力、国际政治地位等相关。但与此相反的是，中国近百年来的现代文化传统中，由于政权合法性因素而强调的“苦难”叙事，始终是中国人自我想象的底色——过往的屈辱史与今天的“大国”身份耦合而成当代中国/中国人对自我形象的复杂判断。这使得中国民众在应对国际问题时往往出现不同声音。2012年秋反日游行中，“怒砸日本车”与“呼吁理性爱国”并存即可视为这种文化心态的矛盾表现。

单一的文化视角未必能圆满解释处于特定语境中的民众情绪。但就国家文化创新所需的“兼容并蓄”胸怀而言，“大国风范”必不可少。它既是国家文化管理政策制定与执行的精神气度，也是一个国家民众对待文化现象的社会心态。国家风范是以社会为边界的“文化容器”，对文化创新的过程、表现和结果起着监督、维护和鼓励的作用。若社会未能形成一种开放、包容的文化心态，偏激的民族情绪就有可能使创新受阻。以唐、宋文化形态为例：唐代中国文化呈现出外展性的一面，充分接纳各族、各国文化，“胡姬酒肆”是市井景象，诸如“菩萨蛮”、“苏幕遮”、“苏合香”等教坊词牌都来自西域；而国力已弱的宋代文化则出现内生性的特征，文化资源不再向外整合，而是转向社会内部、底层挖掘，出现了世俗化趋势，方言入诗词到宋代就很常见，如“渠”、“勃姑”等字。在中国已经成为“大国”的今天，其文化外展性的一面已有较为坚实的经济基础，应该逐渐成为当代中国道路自信、理论自信、制度自信和文化自信的表现。

世界文化史上由于多种文化交融而出现的文化创新，不胜枚举；正是亚非文明与古希腊源头共同创造了今天的“西方文化”：“希腊语有一半以上的词汇来自埃及语或闪米特语。”① 语言是文化的典型表征，也是“创新”现象较为频繁的文化领域，尤其在全球化与信息化的今天，外来语、网络语和欧式语法已经成为了现代汉语的日常生态。在语言文化创新方面，充分接纳外来文化的“大国风范”意义重大。两种语言交流的过程中，常见的跨语际传播是翻译。季羡林先生对中国文化曾有名喻：“中

① 刘禾：《语际书写：现代思想史写作批判纲要》，上海三联书店1999年版，第12页。

华文化这一条长河，有水满的时候，也有水少的时候；但却从未枯竭。原因就是有新水注入。注入的次数大大小小是颇多的。最大的有两次，一次是从印度来的水，一次是从西方来的水。而这两次的大注入依靠的都是翻译。”① 形象地说明了文化创新与语言的关系。

总体来看，中国两次翻译高潮都发生在国家强盛、大国风范典型的历史时期。“印度来的”佛经翻译主要发生在汉唐，“到唐代臻于极盛，北宋已经式微”；“西方来的”传教士翻译主要发生在清代初年。尽管一次是“互补性的平等交流”，另一次是“相对先进的西方文化与相对落后的中华文化之间的交流”，② 但其之发生并产生巨大的社会影响，都与当时中国“大国风范”有着密切的关系。而在信息全球化的今天，跨语际传播已不限于翻译，而成为一种日常生活的普遍现象；特别是英语教学进入基础教育之后（始于20世纪20年代，其间中断，80年代重新恢复），掌握英语的中国人越来越多，社会生活中中英双语夹杂使用极为常见。虽然这一过程与跨国公司进驻中国、劳动市场输出、知识移民潮等经济趋势相关，但作为语言文化现象无疑值得重视。

沿着“翻译—英汉对照—英汉夹杂”的发展，“跨语际书写”在作为“文化创新”枢纽的日常生活中已然常见：英汉夹杂的口语实践、网络即时通信的文字传播、公共空间与商业空间中相关标语和资讯的设置等，甚至成了一种社会风尚。它在一定程度上促进了两种语言的交融，形成了一种新的语言文化。尽管这一现象及其背后的逻辑仍值得反思与警惕，但它确实推动了中国文化的国际化趋向。如果能在有益层面加以引导，则有可能成为一种文化创新的萌芽与起点。

同时，跨语际书写的文化现象在文学艺术领域也有所反映。中国香港电影《青春梦工场》中，“狼狗”训斥青年人的一番话从粤语过渡到英语，又从英语过渡到粤语，一气呵成，在网络上广为流传；荣获印度国家电影最佳影片奖的《三傻大闹宝莱坞》中，演员台词也在印地语与英语之间自由转换。而印度和中国香港电影的国际化程度也远较中国内地电影高。另外，与“跨语际书写”文化现象相关的典型是海外中国城，在英美海外华人聚集区英汉夹杂的文化产品和生活现象比国内更为常见。但必

---

① 季羡林：《〈中国翻译词典〉序》，《中国翻译》1995年第6期。

② 马祖毅等：《中国翻译通史（古代部分）》，湖北教育出版社2006年版，第67、3页。

须指出，中国香港、印度都曾为殖民地，英美海外中国城的历史和环境，都决定了其跨语际语言文化现象是本地语在英语强势作用下屈服、抵抗和消解的，而非平等交流的结果。因此，它们并非当代中国文化融合、创新的典范，但仍不失为中国文化国际化提供借鉴与经验。

引导本地语与国际通用语的交融，不是轻视母语的“语言世界主义”（Linguistic Cosmopolitanism），而更倾向于一种“多语主义”（Multilingualism）。事实上，英语作为国际通用语言，其自身纯洁性已出现了极大问题——汉语、日语、印地语等对英语的渗透、调侃早已是后殖民文化研究中文化抗争的重要例子。但英语的各种“洋泾浜化”，似乎并没有使英语所承载的“英美文化”弱化；相反，“洋泾浜化”丰富了英语的表达能力，让它尝试表达其他国家文化所特有的概念、情感，也推动了英语文化产品（好莱坞电影等）的创作和传播。这对于英语来说，也是一种增强其对外吸引力的文化软实力创新。语言文化的创新处于社会文化的表层，也是最重要的文化创新现象，它对文学艺术和整个社会生活都有重大影响。

2006 年前后，德国汉学家顾彬关于“中国当代作家不懂外语，所以写不出好作品”的观点成为一时文化论争的焦点。这一观点未必是无的放矢，它实质上揭示出了在当代考虑文学、文化问题所必须面临的全球化语境。“地球村”使中国已经不再是“地球之一国”，而是“全球之一地”，“民族国家现代性体验”已经转向了“以全球流动为特征的全球地方化体验”，而这种体验在文学艺术上则“呈现为对民族国家现代性体验的消解、背离或缅怀以及对全球流动性体验的向往、怀疑和抵抗等复杂姿态”——这一现代学判断更为中国文化创新提供了宏观方向①。进一步而言，中国文化创新的成果要随着现代性体验而实现“全球流动”，中国文化软实力要在世界范围内发生作用，必然会被他者的眼光所打量、取舍。东方学研究证明，强势的西方世界惯于对异质文化进行剪裁、删改，使其（东方文化）失却本来面貌。这种文化接受环节的巨大问题，在全球化的今天有可能前移到文化生产和传播环节得到处理，即文化在地化的交融与创新。

文化创新意味着整合旧有、他者文化，需要大国风范所具有的文化胸

① 王一川：《中国现代学引论》，北京大学出版社 2009 年版，第 223—224 页。

襟，需要文化管理者和社会公众在语言、宗教、民族、传媒、文艺、学术，甚至服饰、建筑等问题上秉持高度宽容和谨慎态度。这既是由资本全球性流动的经济基础所决定的，也符合流动性的全球地方化体验。“只有当我们不把文化的他异性和差异性当成危险的陌生性，而是当成某种激起我们好奇心的东西来体验，我们见到街道外的陌生人才不至于惕惕怵怵。”[①] 这种社会心态就是大国风范的文化显现。

值得说明的是，文化本身既有安全问题，同时还纠缠着民族、国家和身份认同等复杂因素。这一话题在后殖民的语境中已经被文化研究所广泛讨论。但正如论者所言，“非西方文化的能动作用”绝不仅只有“抵抗”一途[②]；抵抗、消解或反讽之外，更重要的是夷为中用、吐故纳新。在这一过程中，自愿、主动可以在很大程度上保证交流、融合的平等。坚持中国文化本位，主动吸纳他者文化，以本土文化的主体进行文化创新，这是文化软实力发挥国际影响的重要前提。

三　场域与民主：软实力如何发挥作用？

文化创新、文化走出去、文化软实力等命题，都暗设着“文化”所具有的斗争属性；这一点早在中国共产党创建之初就是其制定文化政策的认识论基础。[③] 佩茨沃德对布迪厄的文化界定所做的重新阐释，也指出文化是“一个为符号商品争取社会承认的动态化斗争”[④]。事实上，文化软实力作为一种“力”，始终处于生成、对抗、较量、交融的过程之中。在国际文化话语权的竞争舞台上，一国文化软实力的作用场域不是真空，而是始终与他国的文化软实力相互发生作用的。就具体文化软实力的象征符号（外显层）而言，它必然发生在本土或他国的现实场域之中；而“大

① ［德］佩茨沃德：《符号、文化、城市：文化批评哲学五题》，邓文华译，四川人民出版社2008年版，第44页。

② 刘禾：《跨语际实践》，宋伟杰等译，生活·读书·新知三联书店2002年版，第2页。

③ 林玮：《中国共产党90年来文化政策重心的四次转移》，《四川省委党校学报》2012年第2期。

④ ［德］佩茨沃德：《符号、文化、城市：文化批评哲学五题》，邓文华译，四川人民出版社2008年版，第56页。

国风范”，就是对“多元文化主义”的相对包容，使其国家文化场域成为不同国家文化软实力（包括符号、传媒与制度层面）相互作用、斗争、融合、创新的场所。

中国文化软实力在他国发挥作用，孔子学院、文化年、华语文学艺术的翻译、国家形象宣传片等都是案例；他国文化软实力在中国发挥作用，英语、美剧、日本动漫、韩国“骑马舞”同样也比比皆是。以受众个体而言，多种文化符号的可选择性，就意味着文化软实力的斗争性；而文化软实力也只有在与他国文化软实力的具体对抗、交融中，才能显出对内凝聚、对外吸引的效果。另外，在文化产业的语境中，文化软实力的作用还往往影响着硬实力（经济贸易）的消长。

集中体现软实“力”对比、较量的场域，是国际性文化展览、节庆和赛会。“展览、节庆和赛会为特定产业的制度安排和不同价值观的谈判、妥协和强化提供了空间场所”，“在展览会上伴随贸易往来而创造出经济价值的，是其他各种价值——物质的、社会的、时间的、空间的；这些价值与文化产品（包括艺术品、时尚收藏品、图书、电影、电视节目等）一起进入谈判空间，决定其经济价值”[①]。在国际性的文化展览等活动中，不同国家文化符号及其背后所代表的制度和意识形态（价值观）都处于同一场域中竞争，或作用于感官、或诉诸精神，纷纷开展对参观者注意力的争夺。而“大国风范”保证了这些不同文化符号与价值观在同一时空场域中的杂然前呈，也显现了其对自身文化软实力能量、内涵、效用的高度自信——而这正是一种文化民主的现实表达。北京奥运会、上海世博会都是“大国风范”开创文化软实力竞争场域的范例。

另外，作为日常生活的文化及其软实力并不只在特定物理场所发挥作用。它与其他文化的碰撞、交融可以发生在随时、随地。只要文化载体（人、器具）处于流动、传播的过程中，文化创新及其软实力效应就有可能发生。因此，中国文化创新既可能发生在国内，也可能发生在海外；既应欢迎其他文化走进国门，在中国文化场域中一比高低，也需要走出国门，在其他国家的文化场域内与之较量。由此可以说，“中国文化走出去”命题中的“文化”，绝非土生土长的中国文化，而是经过在国内与其

① Brian Moeran and Jesper Pedersen, *Negotiating Values in the Creative Industries: Fairs, Festivals and Competitive Events*, New York: Cambridge University Press, 2011, p. 10.

他文化相融合、创新后产生的“新文化”；同时，它在海外传播的过程中，又会得到新的反馈、融合与生成，变成一种以中国为本位、底色的“世界文化”。

在海外华人聚居区，这种不中不西的“新文化”很常见。尽管它的出现有其历史原因和文化霸权的作用，但文化创新的发生是自然和难以逆转的。更为重要的是，文化生产与传播者秉持宽容心态，主动通过翻译、注释、视觉传播等方法，充分利用新媒体等工具和渠道，介入文化融合的过程，是有可能改变其变化方向、趋势和文化折扣度的。日常生活意义上的文化，其生产、传播者不仅指艺术家、文化从业人员，而是包括海外华人、华侨在内的全体中国民众。这就是说，中国文化软实力的主体，并非文化管理者（它是宏观战略的制定者和维持者）单元；而是以文化从业人员为代表的广大中国民众。他们对语言、宗教、民族、艺术等全部生活领域的体验、感知与创新，构成了整个“中国文化”及其软实力。也正因为如此，党的“十八大报告”提出“艺术民主、学术民主”的“文化民主问题”才具有极为重要的双重意义：从客体来说，它在特定的场域内展开，以大国风范包容、促进多种文化符号及其软实力的竞争、融合；就主体而言，它提倡所有中国民众参与文化创新，鼓励其在日常生活、生产中具有国际视野，积极主动进行跨文化、跨语际交流。这种“文化民主”是文化创新的前提、基础和保证，可以有效推动整个社会民主进程。

两百年前，歌德曾经提出“世界文学”的概念，那时候，欧洲民族主义正处于初发阶段。这一概念在几经批判之后，又随着文化史的兴起而重新进入人们的视野①。流动、旅行、移民、离散（diaspora）等话题是当前学术的热点。一个全球化流动性体验成为主流的时代正在到来。中国文化创新、大国风范与文化软实力的作用都将在这一语境中展开。萨尔曼·拉什迪曾说，我们应当“庆贺杂种性、非纯粹性、融合和转变，从中产生新的意料不到的人种、文化、思想［……］杂烩、混融是新事物产生的方式”②。霍米·巴巴以“混杂性”（Hybridity）来说明这种状态，他将其视为一种反抗文化霸权的策略与工具，也是一种“实力”（power）

---

① David Damrosch, *What Is World Literature*, Princeton: Princeton University Press, 2003, pp. 4 – 5.

② Salman Rushdie, *Imaginary Homelands: Essays and Criticism 1981 – 1991*, London: Granta Books, 1992, p. 394.

的象征[1]。但以从未彻底沦为殖民地的中国视之，这一学术概念的阐释效果尚有待商榷；而更不同于后殖民主义理论所关注的其他第三世界国家的是，中国近年经济发展举世瞩目、文化产业总产值逐年提高。“混杂性”如不仅是一种文化反抗策略，而是顺势而为的文化创新、文化走出去的主动方式，那么中国文化软实力有可能借由此途而将走向国际化的新境地。总之，文化创新是社会改革创新的最大显现，也是经济发展方式转型的有力推动，而大国风范是文化创新的重要保障。建立在创新基础上的文化软实力，具有典型的民主属性，可以为中国社会进步与国际影响力的提升提供文化驱动。

（林　玮）

① Homi K. Bhabha, *The Location of Culture*, New York: Routledge, 1994, p. 112.

下　编

实践与调研

第二十一章

北京文化符号与世界城市软实力建设

北京要建设“世界城市”，城市文化及其软实力建设应是其中一个不可缺少的重要方面。根据市政府于2010年1月发布的《政府工作报告及计划报告、财政报告名词解释》，“世界城市”是指国际大都市的高端形态，对全球的经济、政治、文化等方面有重要的影响力。目前公认的世界城市有纽约、伦敦、东京。其具体特征表现为国际金融中心、决策控制中心、国际活动聚集地、信息发布中心和高端人才聚集中心五个方面。除这五个方面外，“世界城市”还需具备以下五项支撑条件：一是具有一定的经济规模，二是经济高度服务化、聚集世界高端企业总部，三是区域经济合作紧密，四是国际交通便利，五是科技教育发达，生活居住条件优越。如果说，这五方面和五条件作为硬性指标，构成了“世界城市”的硬实力体系，那么，以这五方面和五条件为基础而生长起来和传播出来的柔性的城市吸引力及感染力，应当构成“世界城市”的文化软实力体系。而在这种城市文化软实力体系中，城市文化符号具有突出的价值。这里打算从北京文化符号角度，就北京的“世界城市”软实力建设谈一点初步的看法。

一　北京文化符号与“世界城市”记忆

文化软实力总是指特定人类共同体的生活价值系统及其符号象征形式向外部呈现的柔性吸引力和感染力。在这里，文化的核心内涵是生活价值系统，而其主要呈现方式则是符号象征形式。可以说，文化是特定人类创造和使用的用以传达其生活价值的符号象征形式系统。从城市角度看，一座城市的文化软实力应是这座城市的生活价值系统及其符号象征形式向外部释放的柔性吸引力和感染力。

城市的文化软实力总是城市的整个文化力量的感性显现状态，这种感性显现状态，根据我对文化软实力的理论内涵及其分层考虑，通常可以有由外向内的四个层面：第一层面是外显层面，由城市的最显豁的文化符号系统组成；第二层面是外隐层面，由城市的文化传媒系统组成；第三层面是内显层面，由城市的文化体制系统组成；第四层面为内隐层面，由城市的文化价值系统组成。第一层面即文化符号层面是能代表特定城市文化形态及其显豁特征的一系列凝练、突出而具高度影响力的象征形式系统。这是城市文化软实力的最显豁的外显层面，着力展现城市符号表意系统及代表性形象的吸引力。那些在公众直觉中足以代表整个城市形象（特别是其中的代表性标识）的具有突出的代表性和感染力的象征符号系统，包括真实人物和虚构人物，真实事物和人工作品。第二层面是次显豁的外隐层面，就是文化传媒层。它呈现文化传媒系统的影响力，可显现为传媒品牌及其知名度，集中体现为城市核心价值体系、生活方式、文明风尚等如何转化为城市符号表意系统的产品生产及其传播能力。第三层面为内显层面，即城市文化体制层面，作为城市文化传媒层的动力或支撑系统，展现城市文化的体制、机制、产业、事业、个体、政策等的创新力。这一动力或支撑系统把隐性的内在层面的价值系统加工为文化传媒层的产品或品牌。充当次显豁层面与最隐性层面的中介环节。第四层面即最隐性的内隐层面为文化价值层，是指城市核心价值体系、文化传统、文明风尚、生活方式、市民素养等的生命力。它是由市民生活状况构成的层面，是指那些足以代表城市的独特传统和形象的位于其价值系统深层或根部的或隐或显的思想、观念、价值体系、行为方式等。

在这个四层面构架中，北京城市文化符号构成北京城市文化的最外显的层面，是北京城市文化的最具代表性又最通俗易懂乃至家喻户晓、人人皆知的层面。一提起北京，人们首先想到的就会是它们，例如，胡同、同仁堂、天坛、大栅栏、老舍、曹禺、北京人艺、联想、葛优、冯小刚等。关于胡同及胡同文化之于北京，正如作家汪曾祺描述和分析的那样：“北京城像一块大豆腐，四方四正。城里有大街、有胡同，大街、胡同都是正南正北，正东正西。……大街、胡同把北京切成一个又一个方块。这种方正不但影响了北京人的生活，也影响北京人的思想。”① 胡同作为典范的

① 汪曾祺：《胡同文化》（1993），载《汪曾祺全集》第6卷，北京师范大学出版社1998年版，第18页。

北京城市文化符号，不仅规范了北京市民的“生活”，而且更塑造了他们的“思想”。汪曾祺老人进一步分析说：“胡同是贯通大街的网络。胡同和四合院是一体。胡同两边是若干四合院连接起来的。胡同、四合院，是北京市民的居住方式，也是北京市民的文化形态。我们通常说的北京市民文化，就是指的胡同文化。胡同文化是北京文化的重要组成部分，即使不是最主要的部分。”[①] 这些有关胡同文化的论述，精辟地传达了城市文化符号在城市文化软实力系统中的地位和作用。作为城市文化的最显豁层面，文化符号并非城市文化软实力各层面中内涵最少的，而不过是它的最外露部分。这个最外露部分的作用在于，它不仅规范市民的日常生活，而且塑造他们的思想。这样，北京文化符号可以最经常和最广泛地传播北京城市文化形象，而且还同时把北京城市文化的其他三个更内在的层面的软实力有力地播散出来。

北京城市之美在哪里？这本来是见仁见智的事。作家林语堂在20世纪30年代末旅居巴黎时写成的长篇小说《京华烟云》中，就通过笔下人物姚木兰，饱含深情而又理性地勾勒出了北京城市之“美”：

> 现在是穷冬苦寒，北京的冬季真是无与伦比，也许这个福地的其他月分，可以与之比肩，因为在北京，四季非常分明，每一季皆有其极美之处，其极美之处又互相差异之特色。在北京，人生活在文化之中，却同时又生活在大自然之内，城市生活极高度之舒适与园林生活之美，融合为一体，保存而未失，犹如在有理想的城市，头脑思想得到刺激，心灵情绪得到宁静。到底是什么神灵之手构成这种方式的生活，使人间最理想的生活得以在此实现了呢？千真万确，北京的自然就美，城内点缀着湖泊公园，城外环绕着清澈的玉泉河，远处有紫色的西山耸立于云端。天空的颜色也功劳不小。天空若不是那么晶莹深蓝，玉泉河的水就不会那么清澈翠绿，西山的山腰就不会有那么浓艳的淡紫。设计这座城市的是个巧夺天工的巨匠，造出的这座城市，普天之下，地球之上，没有别的城市可与比拟。既富有人文的精神，又富有崇高华严的气质与家居生活的舒适。人间地上，岂有他处可以与

① 汪曾祺：《胡同文化》（1993），载《汪曾祺全集》第6卷，北京师范大学出版社1998年版，第19页。

之分庭抗礼？北京城之为人类的创造，并非一人之功，是集数代生来就深知生活之美的人所共同创造的。天气、地理、历史、民风、建筑、艺术，众美俱备，集合而使之成为今日之美。在北京城的生活上，人的因素最为重要。北京的男女老幼说话的腔调上，都显而易见的平静安闲，就足以证明此种人文与生活的舒适愉快。因为说话的腔调儿，就是全民精神上的声音。

这里提到了北京城的一系列自然与人文符号之美，赞叹它的“四季非常分明”，甚至说“在北京，人生活在文化之中，却同时又生活在大自然之内，城市生活极高度之舒适与园林生活之美，融合为一体”。而且还说到“北京的自然就美”，举的例子就有“湖泊公园”、“清澈的玉泉河”、“紫色的西山”及“平静安闲”的北京话“腔调儿”等。作家没忘记高度概括地告诉我们，北京城市之美是一种包含了“天气、地理、历史、民风、建筑、艺术”的“众美俱备”的“集合之美”。

而处在这种“集合之美”的最外在的显豁层面的，显然正是北京的城市文化符号之美。林语堂笔下的主人公姚木兰就是这样去体验北京城市文化符号的：

她是在黄琉璃瓦宫殿与紫绿琉璃瓦寺院的光彩气氛中长大的。她是在宽广的林荫路，长曲的胡同，繁华的街道，宁静如田园的地方长大的。在那个地方儿，常人家里也有石榴树，金鱼缸，也不次于富人的宅第庭园。在那个地方儿，夏天在露天茶座儿上，人舒舒服服的坐着松柏树下的藤椅子品茶，花上两毛钱就耗过一个漫长的下午。在那个地方儿，在茶馆儿里，吃热腾腾的葱爆羊肉，喝白干儿酒，达官贵人，富商巨贾，与市井小民引车卖浆者，摩肩接踵，有令人惊叹不置的戏院，精美的饭馆子、市场、灯笼街、古玩街；有每月按期的庙会，有穷人每月交会钱到年节取月饼蜜供的饽饽铺，穷人有穷人的快乐，有露天的变戏法儿的，有什刹海的马戏团，有天桥儿的戏棚子，有街巷小贩各式各样唱歌般动听的叫卖声，串街串巷的剃头理发匠的钢叉震动悦耳的响声，还有串街串到各家收买旧货的清脆的打鼓声，卖冰镇酸梅汤的一双小铜盘子的敲振声，每一种声音都节奏美妙，可以看见婚丧大典半里长的行列，以及官轿及官人跟班的随从。可以看见旗装的满洲女人和来自塞外沙漠的骆驼队，以及雍和宫的喇嘛，佛教的和尚，变戏法儿中的吞剑的，叫街的，与数来宝的唱莲花落的乞丐，各安其业，各自遵守数百年不成文的传统规矩，叫花子与花子头儿的仁厚，窃贼与窃贼的保护者，清朝的官员，退隐的学者，修道之士与娼妓，讲义气豪侠的青楼艳妓，放荡的寡妇，和尚的外家，太监的儿子，玩儿票唱戏的和京戏迷，还有诚实恳切风趣诙谐的老百姓。

这里出现了北京城特有的文化符号，如黄琉璃瓦宫殿、紫绿琉璃瓦院、林荫路、胡同、石榴树、金鱼缸、茶馆、葱爆羊肉、白干儿酒、引车卖浆者、戏院、饭馆子、市场、灯笼街、古玩街、庙会、饽饽铺、什刹海马戏团、天桥戏棚子、街巷小贩叫卖声、剃头理发匠的响声、收买旧货的清脆的打鼓声、卖冰镇酸梅汤的一双小铜盘子的敲振声、雍和宫的喇嘛、玩儿票唱戏的和京戏迷、诚实恳切风趣诙谐的老百姓等。

重要的是，这些北京文化符号不仅本身具有无形的吸引力，而且其下面还蕴蓄着和濡染着那种更加内隐的生活价值系统。“但是木兰是在北京长大的，陶醉在北京城内丰富的生活里，那种丰富的生活，对当地的居民就犹如伟大的慈母，对儿女的请求，温和而仁厚，对儿女的愿望，无不有求必应，对儿女的任性，无不宽容包涵，又像一棵千年老树，虫子在各枝丫上做巢居住，各自安居，于其他各枝丫上居民的生活情况，茫然无所知。”也就是说，北京城市生活所蕴含的生活价值系统，正是通过对文化符号的日常体验而缓慢地濡染进个体身心的。所以，从北京的一系列文化符号中，“木兰学到了容忍宽大，学到了亲切和蔼，学到了温文尔雅，就像我们童年时在故乡生活里学到的东西一样”。

这样，北京文化符号的作用体现在，以潜移默化的方式有力地塑造着居民的文化性格，特别是个人对北京城市文化中最内隐的生活价值系统的独特体验。

木兰的想象就深受幼年在北京生活的影响。她学会了北京的摇篮曲，摇篮曲中对人生聪敏微妙的看法也影响了她。她年幼时，身后拉着美丽的兔儿爷灯笼车，全神贯注的看放烟火，看走马灯，看傀儡戏。她听过瞎子唱曲子，说古代的英雄好汉，古代的才子佳人的风流韵事，听把北京话的声韵节奏提高到美妙极点的大鼓书。从那些说白的朗诵歌唱，她体会出语言之美，从每天的说话，她不知不觉学会了北京话平静自然舒服悦耳的腔调儿。由一年的节日，她知道了春夏秋冬的特性，这一年的节日就像日历一样由始至终调节人的生活一样，并且使人在生活上能贴近大自然的运行节奏。

而潜移默化地濡染她的心灵的，正是下面那些北京城市文化符号："北京的紫禁城，古代的学府、佛教、道教、西藏喇嘛、回教的寺院及其典礼，孔庙、天坛；社会上及富有之家的宴会酬酢，礼品的馈赠；古代宝塔、桥梁、楼阁、牌坊、皇后的陵寝，诗人的庭园，这些地方的每块砖，每片瓦，都充满了传闻、历史、神秘。这些地方的光怪陆离之气，雄壮典丽之美，都已沁入她的心肺。"注意，一座城市的文化符号对个人的塑造和感染，是以"沁入她的心肺"这样的非强制而又令人愉快的体验方式在不知不觉间实现的。

从上面关于北京城市文化符号的描绘，不难见出城市文化符号对城市的文化软实力建设的重要传播作用。我由此想到美国哲学家、作家和诗人爱默生的名言："城市是靠记忆而存在的。"确实，城市是凭借刻在人们心上的记忆而存在的。城市的哪些东西最能铭刻下个人记忆？无疑，文化符号。所以，就城市文化符号的作用来说，我想补充的是，城市靠符号来记忆。也就是说，城市往往依靠它的一系列显豁的文化符号在人们内心深处刻下特别的记忆，在他们心中建构起不可磨灭的温馨印记。以至于一提起这座城市，人们总会首先想到它的显豁而又感人的文化符号。这样，就"世界城市"建设来说，"世界城市"应当是靠具有世界吸引力的文化符号来记忆的。简洁地说，城市文化符号是濡染城市记忆的窗口，是城市的文化精神或灵魂的象征。"世界城市"特有的文化符号系统，会"润物细无声"地塑造着人们对这座"世界城市"的最鲜明而又最深刻的个人记忆。

北京城靠什么样的文化符号去塑造人们的"世界城市"记忆？显然，要回答这个问题，首先需要对北京城市文化符号的现状有一些了解。

二　从大学生眼中的北京文化符号看北京城市软实力现状

最近，我和同事在承担国家社科基金重大项目"我国文化软实力发展战略研究”的过程中，完成了全国在校大学生中外文化符号观调查①。通过这项调查，我们对当前“80后”、“90后”大学生眼中最具代表性和推广价值的中外文化符号有了一次初步的了解。其中，有的调查结果就涉及北京城市文化符号。这里不妨暂且借用此结果来帮助我们从一个特定的侧面，去了解当前北京城市文化符号建设现状。

在我们的问卷调查中，全国大学生对最具推广价值的中国文化符号共选出270项，其前150项中专属于北京的城市文化符号状况如下：

表1

排序	符号名称	得票	百分比
7	京剧	404	2.42%
8	长城	374	2.24%
15	故宫	209	1.25%
35	圆明园	139	0.83%
39	北京奥运会	131	0.79%
47	鸟巢	101	0.61%
54	神舟飞船	88	0.53%
59	胡同文化	82	0.49%
61	北大清华	78	0.47%
65	CCTV	71	0.43%
68	联想	70	0.42%
72	春晚	66	0.40%
85	百家讲坛	58	0.35%
87	水立方	57	0.34%
103	颐和园	43	0.26%
115	天坛	35	0.21%
128	同仁堂	32	0.19%
137	同一首歌	25	0.15%

在大学生列出的可以向国外推广的最有价值的18项北京城市文化符

① 本文相关数据均引自王一川、张洪忠、林玮《我国大学生中外文化符号观调查》，《当代文坛》2010年第6期。特此向张洪忠副教授、林玮同学及其他友情合作者致谢。

号中，可以看到以下若干种类（数量由多到少依次是）：第一类历史或博物类文化符号有7项，即京剧、长城、故宫、圆明园、颐和园、天坛、胡同文化；第二类大众传媒或时尚类文化符号有4项，即CCTV、春晚、百家讲坛、同一首歌；第三类体育类文化符号有3项，即北京奥运会、鸟巢、水立方；第四类产业品牌类文化符号有2项，即联想、同仁堂；第五类高科技类文化符号有神舟飞船；第六类高等教育类文化符号有北大清华。这里最丰富的文化符号是属于历史或博物类的，其次是大众传媒或时尚类的，再次是体育类及产业品牌类，最后是高科技和高等教育类。不过，这里的第二、第三、第四类文化符号也可大体称为如今人们习惯于称呼的创意文化符号，其比例达到了9项，为18项中的一半。可见创意文化已在整个北京城市文化符号系统中占有了半壁江山。

还可以从时间的古今演变角度，分析出以下三种情况：第一，属于故都北京的文化符号有京剧、长城、故宫、圆明园、颐和园、天坛，共6项，占18项中的33%。可见蕴藉久远的历史文化符号在北京城市文化符号中的分量。提起北京城市文化软实力，不能不提到它的这些至今富有象征力量的历史文化符号。第二，属于现都北京的文化符号有北京奥运会、鸟巢、神舟飞船、北大清华、CCTV、联想、春晚、百家讲坛、水立方、同一首歌，共10项，占18项中的56%。可见现当代文化符号在北京城市文化符号系统中占一半以上分量。这一事实表明，北京城市文化符号建设具有充沛的当代活力，是一种富于生命力的鲜活的城市文化。不过，仔细分析，这里面光中央电视台生产的文化符号就多达4项，占到10项中的40%。好在北京奥运会一次活动就贡献了多达3项城市文化符号，可见其文化软实力建设中的实际效果已十分可观，很划算。这样的富于影响力和软实力显示度的带有创意文化色彩的世界性大型活动的举办，有助于在短时间内大力提升北京城市形象及其魅力。第三，在故都北京和现都北京都活跃着的文化符号偏少的现象，只有胡同文化、同仁堂。它们仅占18项中的11%。可见来自久远的历史文化符号在当代文化生态环境中具有一种脆弱性。

从上面的调查结果，可以在一个侧面上看出北京城市文化符号所表现的文化软实力特征：第一，在时间维度上，历史性与当代性并置。例如既有古老的长城，也有新的鸟巢。第二，在空间维度上，国家性与地方性交汇。例如属于国家电视台的CCTV与属于北京地方的水立方在这里交融起来。第三，在深层属性上，物质性与非物质性共存。前者如神舟飞船、联想，后者如京剧。当然，一次并非专门的北京城市文化符号调查结果只能作为暂时的参考，不能说明更多。

三　大学生眼中“世界城市”文化符号的启示

北京的“世界城市”所必备的文化软实力建设，需要以当今公认的处在领先位置的“世界城市”为样板。世界上具有优良的城市形象、城市文化活力充沛的城市，无不具有特定的独具吸引力的文化符号：伦敦是“充满选择机会的城市”，巴黎是“时装之都”、“文化艺术之都”和“浪漫之都”，维也纳的头号标签是“音乐之乡”，东京属于“东西文化交汇之城”，罗马是“古典文化集萃的城市”，中国香港是“世界最自由和最安全的城市”等。① 这些“世界城市”无不以其独具魅力的文化符号而在世界城市之林中大放异彩。

他山之石可以攻玉。为了更加清醒地认识文化符号建设在北京的“世界城市”建设中的地位和作用，不妨再来看大学生对外国城市文化符号的选择情况，以便从中发掘出对北京城市文化符号建设的可能的启示。在总数270项的大学生眼中最具推广价值的外国文化符号投票中，进入前150位的外国城市文化符号有：

表2

排序	符号名称	得票	百分比
5	好莱坞	300	1.73%
9	哈佛大学	245	1.41%
11	卢浮宫	241	1.39%
11	动漫文化	241	1.39%
26	自由女神像	162	0.93%
31	埃菲尔铁塔	141	0.81%
32	迪士尼	137	0.79%

---

① 陆绮雯、吴名遂：《城市符号是文化资本——张鸿雁教授的“城市文化资本”论》，《解放日报》2010年7月24日第9版。

续表

排序	符号名称	得票	百分比
33	悉尼歌剧院	138	0.79%
34	戛纳电影节	132	0.76%
39	牛津大学	124	0.71%
41	维也纳新年音乐会	124	0.71%
43	华尔街	120	0.69%
44	百老汇	118	0.68%
47	普罗旺斯	114	0.66%
48	宫崎骏	112	0.66%
48	樱花	112	0.66%
51	时尚之都巴黎	111	0.64%
53	米兰时装周	107	0.62%
57	唐人街	95	0.55%
59	大英博物馆	94	0.54%
98	“大笨钟”钟楼	51	0.29%
100	威尼斯	50	0.29%
103	白宫	48	0.28%
107	慕尼黑啤酒节	48	0.28%
117	雅典卫城	43	0.25%
127	香榭丽舍大街	38	0.22%
134	柏林墙	36	0.21%

在这里，一向被公认为“世界城市”之首的纽约，其最具推广价值的文化符号有3项：自由女神像、华尔街、百老汇。它们都进入前50位。在“世界城市”中历来名列前茅的伦敦，其城市文化符号有2项进入前100位：大英博物馆、大笨钟钟楼。作为有名的“世界城市”的巴黎，则有多达4项进入前130位：卢浮宫、埃菲尔铁塔、时尚之都巴黎、香榭丽舍大街。其中，卢浮宫和埃菲尔铁塔分别高居第11位和第31位。就亚洲城市来说，在“世界城市”中排名最高的东京，有多达3项进入前50位：动漫文化、宫崎骏、樱花（当然，这3项或许不只代表东京，而可能代表了整个日本）。

在上面这四座公认的“世界城市”中，中国大学生眼中最具“世界城市”象征意味的文化符号可以分为如下五类（数量由多到少依次是）：第一类是历史或博物类文化符号4项，即卢浮宫、香榭丽舍大街、大英博物馆、大笨钟钟楼；第二类是时尚类文化符号3项，即时尚之都巴黎、动漫文化、宫崎骏；第三类是艺术类文化符号3项，即自由女神像、百老汇、埃菲尔铁塔；第四类是金融类文化符号即华尔街；第五类是自然类文化符号即樱花。在这些城市文化符号中，历史或博物类、时尚类、艺术类三类文化符号占据的分量最重，而金融类和自然类文化符号分量最轻。需要看到，这里的时尚类和艺术类文化符号又是可称为创意文化符号的，它们也占到半壁江山。这样的分类以及比例，大抵可以客观上反映“世界城市”文化符号的实际分布状况。它表明，从一座城市的历史文化、时尚文化、艺术文化、金融文化和自然文化等文化资源中，都可能生长出最具城市象征意味的文化符号来。相对而言，最快捷和最高效的文化符号可能就是创意文化符号了。

四　北京作为“世界城市”的文化符号建设

我们看到，一座“世界城市”的公认的典范标志中，必定包含具有推广价值的城市文化符号系统。北京在迈向“世界城市”的过程中，一方面应加强已有的城市文化符号的维护和传播，另一方面更应有意识地新建一系列足以代表北京的“世界城市”特征的新型城市文化符号。未来的北京，需要创造哪些足以称得上“世界城市”的城市文化符号呢？

我在这里想到了以下这些方面，不揣冒昧地提出，就教于方家。第一，老北京，老符号。日新月异的北京城也需要去重新“发现”和树立那些在故都生活传统中长期存在的古老而又暂时隐性的文化符号。例如，汪曾祺老人所说的“北京城像一块大豆腐”之“大豆腐”形象，就是可以加以彰显的能代表北京城市建筑园林特色的文化符号。第二，新北京，新符号。作为新兴的“世界城市”的北京，应当新建一系列同这个“新”相应的文化符号。这种文化符号既应体现北京地方特色，又应让这种地方特色具有世界影响力。正是这种具有地方特色而又具备世界影响力的新型城市文化符号，才能与“世界城市”相匹配。第三，创意符号优先。北京应在全面实施文化符号建设的基础上，把创意文化符号建设放在更加突出的位置。第四，全球符号与地方符号并重。北京需要在发展三种文化符号即全球符号、全国符号和地方符号的过程中，特别注意加强属于全球符号和地方符号的城市文化符号建设。北京作为全国首都，其全国符号建设是不言而喻的，对于北京市来说，更应当注重的一方面是在全世界建立具有代表性和号召力的全球符号，这是“世界城市”必需的世界普遍性的标志或身份证件；另一方面就是建立属于北京地方独有而又能产生世界影响力的地方符号，这是北京作为“世界城市”必需的地方特异性的显豁标志。所谓全球符号，就是北京作为“世界城市”必有的国际金融中心、决策控制中心、国际活动聚集地、信息发布中心和高端人才聚集中心所必然携带的那种全世界普遍的文化符号。所谓地方符号，就是属于北京城市独有的本土地域文化符号，如北京话、葛优、冯小刚等。要一手抓全球文化符号建设，一手抓地方文化符号建设，两手并用。

当然，根据我对城市文化软实力的分层理解，上述城市文化符号建设是依赖于文化传媒层、文化制度层和文化价值层的建设的。首先，利用文化传媒加强北京城市文化符号建设。一方面，北京的众多中央和地方的大众传媒机构，都应当合力为北京城市文化符号建设作出积极贡献。另一方面，其实，生活在北京的每个居民，包括大学生群体，也都是整个城市文化传媒系统的一部分，更需要对北京文化符号建设贡献实际行动。个人言行、面对面接触、口口相传等，都可能构成外部居民眼中的北京城市文化符号。你每天都在为北京文化符号作出贡献，或直接或间接，或隐蔽或外露，或积极或消极，或正面或负面。市民是最好的文化传媒。在人际传播上，在幼儿园教育、中小学教育和社区文化建设中，注意利用北京历史或博物类文化符号和创意类文化符号进行体验北京的市民文化素养教育，直到为他们营造出符号化生活环境。例如，通过对历史或博物类文化符号（长城、颐和园、天坛、地坛等）与创意类文化符号（鸟巢、水立方、后海、三里屯、798 艺术区等）的比较分析，让青少年认识和体验北京文化符号，就像《京华烟云》里描写的姚木兰幼年生活那样。其次，应在文化体制层面上支持北京文化符号建设。建议从文化体制上重点实施文化品牌战略，有意识地打造北京知名文化品牌，直到它们成长为具有世界影响力的北京城市文化符号。光有联想、798 等知名文化品牌还远远不够，还需要通过文化体制的扎扎实实改革，更加自觉地规划和实施更多的新型文化品牌的开发和推广。再次，特别重要的是，在文化价值层面上实施北京文化价值系统的开发和传播。应当利用北京城在历史、政治、经济、科技、教育、文化产业、商业、交通等领域的长期积累和地缘优势，建设、发现、强化、提升北京城市生活价值系统的独有理念。例如，北京话腔调儿所透露出来的“平静安闲”的北京生活方式，北京人特有的调侃及其所要达到的心理平衡（即“侃平”）等，都需要积极地发现和建设。最后，北京城市文化符号建设，实际上是与北京城市的文化传媒、文化体制和文化价值等建设相互联系和共同作用的，它们只不过是同一个整体中的不同方面而已。北京的“世界城市”软实力建设，需要各方面的协同努力。

但无论如何，北京城市文化符号建设已是刻不容缓的事。北京建成“世界城市”要多久？中国社会科学院多年来一直在做世界城市500强排名。据其2009—2010年统计，纽约、东京、伦敦位列全球城市综合竞争力三甲。巴黎、芝加哥、旧金山、洛杉矶、新加坡、首尔、中国香港依次列第4到第10位。前10名中，美国城市占4席，可见其总体实力不可动摇。北京从第66位升至第59位[①]，不仅距纽约、东京、伦敦和巴黎还很遥远，离中国香港也不近。排名第10的香港是目前中国名列前茅的“世界城市”。北京与之差距较大。不过，北京目前专心致志地做好自己的城市文化符号建设及相关工作，正是逐步缩小差距的一条必由之路。

如今的北京，能唤起人们内心深处的深长记忆的城市文化符号还有多少？它们是在逐年递增还是递减，抑或是有减少还是有增加？不妨看看二十多年前汪曾祺老人的观察：“北京的胡同在衰败，没落。除了少数‘宅门’还在那里挺着，大部分民居的房屋都已经很残破，有的地基柱础甚至已经下沉，只有多半截还露在地面上。有些四合院门外还保存已失原形的拴马桩、上马石，记录着失去的荣华。有打不上水来的井眼、磨圆了棱角的石头棋盘，供人凭吊。西风残照，衰草离披，满目荒凉，毫无生气。”这里，他毫不掩饰对北京文化符号的悲观情怀：“看看这些胡同的照片，不禁使人产生怀旧情绪，甚至有些伤感。但是这是无可奈何的事。在商品经济大潮的席卷之下，胡同和胡同文化总有一天会消失的。也许像西安的虾蟆陵，南京的乌衣巷，还会保留一两个名目，使人怅望低徊。”

---

① http://www.xinhuanet.com/chinanews/2010-06/27/content_20178315.htm.

他最后的结论是："再见吧，胡同。"① 汪曾祺老人的悲剧性感叹虽然有其根据，但或许过于悲观了。如今的北京，有些文化符号确实在无可挽回地走向消逝，但有些文化符号还在顽强地坚挺着，更有些文化符号在强势生长，如北京奥运会、鸟巢、水立方等。在北京加快"世界城市"建设步伐的今天，更有理由对它的城市文化符号保护和建设抱有足够的信心和期待。当然，信心不能仅仅来自乐观主义情怀，而更应来自清醒的理性认识、特别是高远的愿景与务实的谋划相结合的有力实施。

（王一川）

① 汪曾祺：《胡同文化》（1993），载《汪曾祺全集》第6卷，北京师范大学出版社1998年版，第21页。

第二十二章

我国文化软实力的自我定位

——基于文化官员与文化学者的调查

一　背景与调查方法

“软实力”（soft power）是指国际关系中一个国家所具有的除经济、军事以外的第三方面的实力，主要是文化、价值观、意识形态、民意等方面的影响。在软实力诸多因素中，文化发挥着越来越重要的作用。在中共中央宣传部理论局组织编写的《理论热点面对面·2008》第14部分“软实力也是硬道理——为什么要推进文化创新和深化文化体制改革”中，也提出了文化软实力对一个国家或地区的重要意义，它是“基于文化而具有的凝聚力、生命力、创新力和传播力，以及由此而产生的感召力和影响力。文化虽然是一种无形的力量，但它蕴涵着巨大的潜能，就像电脑的软件与硬件同等重要一样”①。

近几年国内对文化软实力探讨的文章很多，特别是在2007年胡锦涛在中国共产党十七大上所作的报告中，首次以国家战略的方式明确提出了“提高国家文化软实力”后，有了大量对策研究，提出了很多有价值的观点和假设。但绝大多数文献都还处于文字论述阶段，或者是一种基于常人方法论的个人理解。目前特别缺乏对实际状况的客观、科学描述，更是缺乏针对文化软实力结构关系而开展的实证研究。

文化软实力建设的一个首要环节，是把握我们的文化官员、文化学者对我国文化软实力的定位状况。这部分群体是我国文化软实力建设的最直

---

① 中共中央宣传部理论局：《理论热点面对面·2008》，学习出版社、人民出版社2008年版，第146页。

接参与者，他们的认识状况能够从一个侧面反映出我国文化软实力的问题所在，是对我国文化软实力的自我定位。将这种自我定位与现实状况进行对比，能够进一步找出与现实的差异，进而可以有针对性地调整策略。所以，自我定位的研究是文化软实力建设的一个起点环节。

由此，本课题组通过问卷调查方式访问了中央国家文化机关的官员、高校和研究机构的文化学者，针对世界主要国家文化软实力进行打分评测。

本次调查对象分为三部分。一是调查了文化部、外交部、新闻出版总署等五个中央部委的相关官员；二是高校文化学者，包括中央党校、清华大学、中国人民大学、北京师范大学、外交学院、劳动关系学院等高校的人文社科学者；三是研究机构，主要是中国社科院和艺术研究院。调查执行时间是2009年10月至2010年3月。调查回收有效问卷283人份。其中学校125人份、政府部门104人份、科研院所36人份，其他研究单位11人份。

样本构成情况如下：

表1

性别构成	男	61.9%
	女	38.1%
	合计	100%
学历构成	大专	2.8%
	大学本科	24.6%
	硕士、博士	72.6%
	合计	100%
工作单位	学校	44.6%
	研究所/院	14.3%
	政府部门	37.1%
	其他研究单位	3.9%
	合计	100%
年龄构成	19—29岁	10.2%
	30—39岁	44.2%
	40—49岁	31.0%
	50—59岁	12.8%
	60岁以上	1.8%
	合计	100%

二　我国文化软实力的得分

对世界主要12个国家文化软实力的打分提问："对于文化来说，如果100分是满分，60分及格，那么您对下面几个国家文化软实力的打分是多少?"调查结果显示，在对文化软实力的打分中，美国的平均得分最高，为88.95分，明显领先其他国家。其次是法国（78.44分）、英国（76.43分）和德国（74.27分）。而中国的平均得分仅为65.66分，排第9位，并且与排在第十位的澳大利亚之间没有显著性差异。

在亚洲四国中，日本和韩国分别是74.14分和67.84分，配对T检验显示这两个国家的得分都明显高于中国。只有印度得分明显比中国低，得分是60.07分（具体参见表2、表3）。

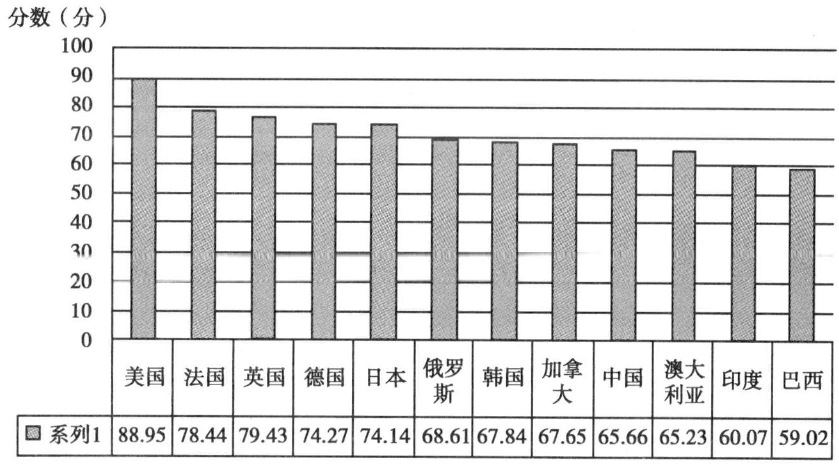

图1　各国文化软实力平均得分情况表

表2　各国文化软实力平均得分的配对T检验

	t	df	Sig. (2-tailed)
美国—法国	17.136	280	0.000
中国—加拿大	-1.897	278	0.059
中国—韩国	-2.100	278	0.037
中国—澳大利亚	0.584	273	0.560
中国—印度	6.184	278	0.000

三　官员与学者的文化软实力打分比较

文化官员和学者在六个国家的评价上有显著性差异，分别是：中国、加拿大、英国、韩国、日本、澳大利亚（表中数字右上标 ** 号）。而在美国、法国、德国、俄罗斯、印度、巴西六国的打分上没有明显差异。

进一步来看政府官员和学者之间打分有显著性差异的六国情况。中国在这两者之间的得分与其余五国不一样，政府官员对中国的打分明显比学者打分高，官员打分高过加拿大、韩国和俄罗斯三国。但总体还在所考察十二国的中间靠后的位置。而加拿大、英国、韩国、日本、澳大利亚五国是学者打分明显高过政府官员。换言之，官员对于中国文化软实力的评价略微高于学者评价。

表 3　　官员与学者的文化软实力打分比较

	学者软实力打分	政府官员软实力打分	显著度
中国	64. 2134	68. 2136	0. 026 **
加拿大	69. 5890	65. 0291	0. 006 **
英国	77. 4939	74. 7282	0. 049 **
韩国	69. 8589	65. 3883	0. 009 **
日本	75. 6159	72. 2816	0. 035 **
澳大利亚	66. 9494	62. 7670	0. 012 **
印度	61. 0982	58. 3107	0. 096
巴西	59. 8924	57. 9223	0. 268
德国	74. 8282	73. 3398	0. 274
俄罗斯	69. 0427	67. 9806	0. 503
美国	89. 0610	88. 6408	0. 684
法国	78. 7134	78. 3981	0. 806

四　不同级别官员的文化软实力打分比较

进一步对不同级别政府官员的数据分析，从样本数据来看，厅级干部对美国文化软实力打分最高，对中国文化软实力打分最低。进一步对各国文化软实力得分与不同官员级别进行方差分析发现，不同级别政府官员之间的打分均无显著性差异。

表4　　不同级别官员的文化软实力打分比较

	厅级	处级	科级及以下	显著度检验
美国	**91.3636**	89.6393	88.5714	0.559
加拿大	60.0000	66.0656	63.2857	0.405
中国	**62.7273**	68.0820	68.0476	0.481
英国	72.2727	75.0820	76.2619	0.575
法国	81.8182	78.6885	77.6429	0.527
俄罗斯	73.6364	67.6066	67.0952	0.317
德国	74.0909	74.6721	72.6667	0.618
韩国	65.0000	64.2951	67.6905	0.541
日本	73.6364	71.8852	72.7857	0.915
印度	57.2727	55.9180	60.4762	0.249
巴西	54.0909	56.8197	58.4524	0.683
澳大利亚	57.7273	62.3770	63.9286	0.466

五　不同年龄文化官员与学者的软实力打分比较

对各国文化软实力得分与年龄进行相关性分析发现：

一是日本、印度和巴西三国的文化软实力得分与年龄无显著相关性，也就是不同年龄群体的我国文化官员和学者对这三国评价没有差异。

二是美国、加拿大、中国、俄罗斯、德国五国的得分与年龄呈显著性正相关，Pearson系数分别为0.032、0.015、0.011、0.007和0.004，即年龄越大，对这五国的打分越高。

三是英国、法国、韩国和澳大利亚四国的得分与年龄呈显著性负相关，Pearson系数分别为－0.040、－0.028、－0.004和－0.019，即年龄越大，对这四国的打分越低；相应的，年龄越小，对这四国的打分越高。简单地说，就是这四国在越年轻的中国文化官员和学者中得到的软实力评价越高。

表 5　　不同年龄文化官员与学者的软实力打分比较

国家	Pearson 相关性
巴西	-0.124
印度	-0.055
日本	-0.050
美国	**0.032** **
加拿大	**0.015** **
中国	**0.011** **
俄罗斯	**0.007** **
德国	**0.004** **
英国	-0.040 **
法国	-0.028 **
澳大利亚	-0.019 **
韩国	-0.004 **

六　结论

通过以上对文化官员和学者的调查分析，可以对我国文化软实力的内部认知作出一些基本判断。

第一，我国文化官员和学者一致认识到，我国文化软实力与世界一些大国相比还有一定差距。在所调查的欧美主要国家、东亚的日本和韩国、金砖四国共 12 个国家中，我国文化软实力得分在靠后的第 9 位。从一定意义上说，可以把这个排位作为提高我国文化软实力的一个基本起点。对于我国文化软实力要提高到什么程度、我们的追赶对象是谁等问题，也可以通过这样一个定位来做基本的设计。

第二，官员对于中国文化软实力的评价略微高于学者评价。在学者和官员之间对我国文化软实力的得分虽然有一定的评价差异，但两者打分的基本位次都靠后。也就是说，官员和学者都认识到，我国文化软实力的基本现状是落后于欧美的美国、英国、法国、德国西方国家。这点是我国学界与政界的共识。

第三，官员和学者都认为我国文化软实力与东亚近邻的日本、韩国相比没有优势，认为不如对方。但在对印度的认识上面打分不高。具体原因可能是韩国最近几年影视作品在中国流行、两国文化交流的增加等；而印度宝莱坞影视作品在中国流行程度低等可能因素。这点需要通过进一步的研究找答案。

第四，我国文化学者和文化官员之间对东亚三国的文化软实力认识还存在一定差异。文化官员对中国文化软实力的评价高过学者，而学者对日本和韩国的评价高过官员。但学者和官员的这种评价差异不影响日本在文化软实力上的优势地位，两者的得分都是明显高过对中国的评价。对于韩国与中国的比较，学者和官员之间就有比较明显的差异。学者们认为韩国文化软实力高过中国，但官员们认为中国的文化软实力超过韩国。

第五，对英国、法国、韩国和澳大利亚四国来说，在越年轻的中国文化官员和学者中得到的软实力评价越高。这一特点其实可以往文化软实力对年轻人的吸引力上面引申分析，是不是这四国的文化传播活动对中国年轻人群体的吸引力更大？更能让中国年轻群体感受到文化的影响？这是可以进一步开展的研究。

（张洪忠　刘彦榕）

第二十三章

北京城市社会的民间水治

北京明清史料是北京城市社会的地方历史文献，从地方历史文献中考察民间水治，与从国家河渠志上考察，有三点不同：一是国家资料记载的水利工程，由水的自然环境所决定，以农村用水为主；北京资料以城市用水为主，二是国家资料记载的水利功能，由农业国家的农耕水利命脉所决定，以灌溉水利为主；北京资料集灌溉、航运、城防和城市消费生活于一体，三是在历史上，这批北京资料的编纂者，也是国家资料的编纂者，他们为了突出北京的统治地位和繁华的帝都生活，增加了对北京民间水治和社情民心的记述；明清以后，在国家级河渠志等专门文献之外，北京还出现官修史志和私人风土笔记，它们在记述北京城市的社会生活中，也提到了用水，还描述了各种用水场合和大小人物，其中有不少供职朝廷的政府权要，有吟咏田园的知识分子，也有行业工匠、寺观僧侣和胡同居民等普通城市角色，还有往来于城乡之间供应粮草蔬菜、烧炭木材的流动人口，这些都使北京民间水治独具历史文化内涵，也对认识现代北京城市的用水习惯有很多启示。从总体上看，北京城市用水特征的形成，与北京城市水利事业与城市社会治理的高度综合有关，也与北京长期位居国家首都和国家水治中心的特殊位置有关，这使北京的民间水治既具个性，也有共性。

一　在水道分布中叙述城市社会结构与用水民俗

北京明清史志中的城市水利记载，受到了水利运行对北京城市社会运行的规定性的影响，也受到了北京城市社会的功能对城市水利运行的需求的限定，因此，这种记载，有水利内容，也有恢宏的国家气象和城市景观，这是与史志文献中的大量个人抒怀作品有所不同的。北京还是一个多民族聚居的城市，多样化的用水民俗共存，这也使北京的民间水治既有国家依附性，也有多民族性；既有等级性，也有内在的文化秩序。长期以来，北京民间水治与国家水治相协调的优秀成分，还成为一种城市性格，延续到了现代社会。

（一）水道及其流经路线和社会布局

在北京明清史志中，对北京的水道记述很多。所谓水道，指北京城市供水工程，以及配套的井渠设施和城市建筑。我们通过这些记述能看到，自金元时期以来，北京在灌溉、航运、供水、防洪和城市环境建设方面，都取得了很多成就，水道的流经路线和沿岸的城市建筑分布默契，展现了北京的社会结构外壳，这是这批文献比国家河渠志更为地方化之处。

金元以后，国家开凿了白浮瓮山河，引水入积水潭，此后，增修城市闸河，引金水河，并多次导引永定河和玉泉山的泉水入城，保证了城市用水，也提供了城市景观。明代蒋一葵的《长安客话》对此做了描述。他专门写了一章叫《积水潭》，我们读他的文字能知道，一个三百年前的缺水城市，自从有了积水潭，曾经如何优美和繁华：

> 都城北隅旧有积水潭，周广数里，西山诸泉从高梁桥流入北水门汇此。内多植莲，因名“莲花池”。池上建有莲花菴、净业寺等，及王宫贵人家水轩、水亭，最为幽胜。于文定公慎行莲花菴潭上夕饮诗：“禅宫遥倚北楼开，楼下平湖落照来。金水环城全象汉，莲花涌寺宛成台。诸香各捧空王座，一叶能浮太乙杯。便是忘归归亦醉，夕阳清角莫相催”。……袁宏道游北城临水诸寺至德胜桥水轩集诸公诗：“西山去城三十里，紫山献青逻见湖底，一泓寒水半庭沙，攒得白云到城里。茭叶浓浓遮雉朵，野客登堂如登舸。稻花水渍御池香，槐风阵阵宫云凉”。①

从作者充满喜悦的文字中，我们能看到，在当时人眼里，北京市内有湖，好比杭州有西湖，是一种城市霸气、王者气象。积水潭自成风景，还

① （明）蒋一葵：《长安客话》，（清）盛宣怀《常州先哲遗书》本，北京古籍出版社 1994 年重印本，第 12—13 页。

把有限的水域融入城市文化，引得“诸香各捧空王座”。晚明公安派领袖袁宏道曾来此游览，称赞从城外遥远的地方引水入城，是了不起的壮举。袁宏道是明代通俗文艺运动提倡者，他吟咏北京水道和积水潭的诗句也写得宛如民歌，朗朗上口，如“西山去城三十里”、“攒得白云到城里”，让人听了对积水潭的印象更深。作者还写了西山流水进城后，从“德胜门”，“流入西苑”，再向东华门外“南出为玉河”，整个水道是通向城市核心地带和市区要道的水线。

> 皇城内有海子，在西苑中，源自宛平县玉泉山，合西北诸泉流入都城，汇集积水潭，亦名海子，（德胜桥东西是）复流入西苑，汪洋若海，人呼西海子。南出为玉河。元马祖常诗：“御沟春水晓潺湲，真似长虹曲似环。流入宫墙才咫尺，便分天上与人间”。永乐间周迴建亭榭以备游幸，赐名太液池。京师八景有“太液池”谓此。①

作者也说明，在水利工程技术上，从德胜门起，对城外入城的水量有特殊控制的，主要是从城门起，就用缓化的措施，减缓水的流速，而不是一定要修筑水坝。这让我们看到，当时在水道要害的建设上，是有对城市安全的考虑的。

> 德胜门之西，城垣下有水窦焉。西山诸水从此流入都城。水口为石犀以当之，遏冲突，缓水势也。而菴其上，名曰镇水观音菴。其北即水入处，泠泠有海潮之音。其南则晶淼千顷，草树菁葱，鸥凫上下，亭榭掩映，列刹相望，烟云水月，时出奇观，允都下第一胜也。②

从作者的介绍中，我们可以得知，当时的水利技术，是以城门为“水口”，在水口处，设“石犀”分水，缓和水势，以利节水和防洪。这正是我国历史上的国家水治和民间水治的共同经验。而这种率先保证政治

① （明）蒋一葵：《长安客话》，（清）盛宣怀《常州先哲遗书》本，北京古籍出版社 1994 年重印本，第 14 页。此段引文中的括号内文字为原著所加，原以小号楷体字表示，现改为括号内文字，以方便读者阅读和对照。本节以下引文中的括号文字皆为相同处理方法。

② 同上书，第 25 页。

中心的用水安全的水利设计，也正是国家水治的一个特点，它也成为北京水治的一道政治文化风景线，被用来歌颂水利德政。据说在历史上不仅有袁宏道，很多参政文人都为北京水道做过应制诗篇①，他们看到了积水潭一带的水文地理重要性，把它命名为"京师八景"之一。

除了把守水口之外，还有其他一些技术措施，如从积水潭起，在高粱河的入城水道上分段设立闸门，凿井蓄水，让渠水能够得到节节控制，按照城市用水的社会需求分配水量，以合理利用。从文献看，从元代到晚清，这件事从未停止过，到清《光绪顺天府志》还有记录：

> 地安门外大街（地安桥）下闸迤西有石小桥一。火神庙在桥西，濒什刹海，唐贞观时火德真君庙遗址，庙前井一。②

这种城市水利模式的地位之重要，在于它能适应皇城环境建设和农田灌溉两种目的，营造了早期北京史中的城市田园格局，如"积水潭水从德胜桥东下。桥东偏有公田若干顷，中贵引水为池以灌禾黍。……稍折而南，直环北安门宫墙左右"③。北京自汉代以来就是华北周围最先发展灌溉的地区，早有凿井灌溉的传统。到金元代建都引河入城后，又发展了井渠双灌，扩大了城市用水规模，这也使积水潭一带的建设具有某种示范性。

（二）水道流势对北京城门、城墙和市内建筑的决定作用

实际上，在北京史志文献中，我们能看到更为宏观的北京水系布局，及其对北京城市建筑的左右作用。首先，城市水系与城门关系密切，城门的地址要有利于水进水出，体现促进城市社会管理的功能。其次，城市水系与城市地形关系密切，水道要避高就低，而城市建筑要避低就高，由此形成了北京城墙与城内的高台和平地与水网流势恰成比例

---

①（明）蒋一葵：《长安客话》，（清）盛宣怀《常州先哲遗书》本，北京古籍出版社 1994 年重印本，第 14 页。此页记载"永乐间馆阁诸公悉俱应制赋京师八景"。

②（清）周家楣、缪荃孙等编纂：《光绪顺天府志》，清光绪十五年本，北京古籍出版社 1987 年重印本，第 354 页。

③（明）蒋一葵：《长安客话》，（清）盛宣怀《常州先哲遗书》本，北京古籍出版社 1994 年重印本，第 16 页。

的格局，使自然环境与社会利用做到天人合一。最后，保障皇城和民居的双向供水。应该说，这些史志文献不是水利科学史，但它们仍以作者踏察的方式和简约的现场走访文字，说明了作者对北京水系的体验，让我们看到了一些与水利科学史一致的社会事实，这也体现了史料文献的价值。

很多文献记录了北京水渠所流经的“南顺城街”、“阜成门内大街”、现在赵登禹路上的“马市街”等地点，以及途中的水利建筑、井数和城市用途。

> 西直门南顺城街，井二（中心台井一，马圈井一）。①
> 阜成门内，历代帝王庙。历代帝王庙内，井一。②
> 东马市街，井五，亦称西大街，见旧闻考，井三。③

我们能看到，在水道沿途，最重要的建筑是“历代帝王庙”，它以井蓄水的目的，祭祀统治北京城的帝王祖先和祈求福荫。陈宗蕃在《燕都丛考》中引《顺天府志》，并做了实地考察，对此做了比较详细的解释：“景德门外东为神库、神厨各三间，宰牲亭、井亭各一。”④ 他也说明，在这条水线上，除了皇家宗祠，还有民间信仰的寺庙坐镇，包括蒙满民族信奉的萨满教寺庙等。寺内有井，与附近其他三座井共同称作“四眼井”，构成民用水系。

> 缸瓦市至新街口附近曰四眼井，曰甜水井，曰井儿胡同，曰沙井胡同，曰显灵宫。显灵宫，明建，崇奉萨真人及王灵官也。在四眼井，其旧门亦在兵马司胡同。⑤

---

① （清）周家楣、缪荃孙等编纂：《光绪顺天府志》，清光绪十五年本，北京古籍出版社1987年重印本，第376页。

② （清）于敏中：《日下旧闻考》，清乾隆五十三年内务府本，北京古籍出版社1983年重印本，第812页。

③ （清）周家楣、缪荃孙等编纂：《光绪顺天府志》，清光绪十五年本，北京古籍出版社1987年重印本，第365页。

④ 陈宗蕃：《燕都丛考》，民国刻本，北京古籍出版社1981年重印本，第348页。

⑤ 同上书，第342页。

还有一个更重要的水利信息，就是水渠路线对北京城内高台地段采取避让措施，而不是硬性削地让路，如此能节水省工，减少开支。现在看，这种做法还保持了城市自然地貌，并能把本钱花在国家水治的真正目标上，这是一种历史智慧。例如，不少史料都写到了一个重要的地名——“上岗”，并提到那里有井，此指西直门水渠行至现北京西城区二龙路南，遇到了一个高岗，受到了阻隔，于是水渠绕开了这块台地，从马市街向南，蜿蜒前行。明代将北京城向南扩展，也是要避开“上岗”①。

> 变驴胡同，上冈，井一。②
>
> 《燕都丛考》：西城阜成门内之上冈。《天咫偶闻》：阮文达公蝶梦园在上冈。此园今已改为花厂，无复亭台花木，只石井存耳。③

北京城墙和城门的建筑定位，有时也受到民族传统文化的影响，而不都是顺从自然水系的原因。现南城墙的局部向外凸出，是因为当时要把双塔寺圈入城内④。双塔寺，金代游牧民族在北京城内兴建的寺庙，元代蒙古族统治者当然重视，所以要把它保留在城内，继续使用。明代以后，它经历拆建，又延续下来，仍被当作正统寺庙。庙史伴随着北京皇城史的兴衰，连它的寺井也衍生了政治意义：

> 小时雍坊西长安街，双塔寺旁，井一。崇祯甲申三月十九日，都城破，工部尚书兼东阁大学士范景文于双塔寺旁井中死之。本朝顺治间谥曰文忠。⑤

北京水道南出崇文门而下，对南城的社会格局也产生了影响。过去崇

---

① 李孝聪：《北京城地域结构启示录》，载法国远东学院北京中心编印《中法学术系列讲座》2002年第3号，第5页。

② （清）周家楣、缪荃孙等编纂：《光绪顺天府志》，清光绪十五年本，北京古籍出版社1987年重印本，第370页。

③ 陈宗藩：《燕都丛考》，民国刻本，北京古籍出版社1981年重印本，第272页。

④ 李孝聪：《北京城地域结构启示录》，载法国远东学院北京中心编印《中法学术系列讲座》2002年第3号，第6页。

⑤ （清）吴长元：《宸垣识略》，清乾隆戊申刻本，北京古籍出版社1983年重印本，第132页。

文门一带坊巷胡同的设置皆依水利网络而成，它们即便被史志记载，分成不同的条目，也显得格局相似，整齐划一。例如：《京师五城坊巷胡同集》："东城（崇文门里，街东往北，至城墙并东关外）明时坊 井儿胡同。东城（崇文门里，街东往北，至城墙并东关外）南居贤坊 冯良儿井。"①

我们从北京史志中还能看出，在历史上，北京水道的航运作用也是十分突出的，这是与北京作为国家首都和国家水治中心的地位分不开的。航运进货，提供国库存储、皇室需求、安全保卫和民间日常之用，因此，它与北京城市建筑的关系，还要放到当时全国物质输入北京的水路网络中去看。《帝京景物略》抄录了一首顾起元的诗，反映了时人的认识。

> 江宁顾起元《朝天宫》：黄金仙阙绛河开，白玉丹台落碧回。树杪鹤从远海集，池边龙自葛陂来。甘泉已奏扬雄赋，汾水还歌汉主才。何俟求仙遣方士，人间此地已蓬莱。②

本书以下还将继续分析北京水利设施的这种分布特点，这里仅从这首诗就能大体看出，在确立北京的国家中心位置上，元代城市水利系统的基础不可否认。这种开放性的水利工程，是一个技术系统的智慧体现，也是一个政治经济系统的规模象征。诗中所说的"黄金仙阙绛河开"和"树杪鹤从远海集"都是以诗的语言，对北京元代以来水利成就与社会发展规模相映衬的概括，而不是普通的夸张。民间水治的说法是龙王爷保佑，如诗中说"池边龙自葛陂来"，其实也是对吉祥的水利文化充满了憧憬。

二　在水井地点中描述城市社会关系与民俗

其实，北京周围的水资源并不丰富，仅依靠永定河和西山泉水提供庞

---

① （明）张爵：《京师五城坊巷胡同集》，清嘉庆三十九年本，北京古籍出版社 1982 年重印本，第 8—9 页。

② （明）刘侗、于奕正：《帝京景物略》，明崇祯八年，北京古籍出版社 1981 年重印本，第 187 页。

大的国家水治和民间水治的需求是不敷使用的，所以大部分官署衙门和城市居民还要靠饮用井水。在这个背景下，北京水系与北京城市社会关系，是由此塑造的社会关系。在北京史志文献中，往往通过描述水井地点，描述了这种社会关系，它们给了我们很多地方知识，也让我们了解到一些北京历史上的水井民俗。

（一）宗教公共管理

北京史志文献记载水井的一个重要特点，是体现了水井与寺庙的关系，在长达近三百年的记载中，几乎有井处皆有庙。我们在前面引用的史料中可以看到，积水潭水多庙也多，其实其他城内地区也如此，但比较而言，积水潭是国家水治的权力与财富，水井是寺庙神治的权力与财富。积水潭的使用是有封建等级的，水井的使用是城市集体的；积水潭的分配是有国家依附性的，水井的分配是有城市生活秩序性的；积水潭的共享是以皇苑、城防和公田灌溉为主的，水井的共享是以甜、苦水井的水质区分为主的。从水井看北京水治，更容易看到它的内部社会。

以下随手摘抄数则寺庙与水井关系的记录，以便使读者能大体看到我们所说的情况：

> 内四区武王侯胡同，宝禅寺内，井一。①
> 内四区正觉寺胡同，正觉寺内，井二。②
> 桦皮厂，关帝庙，北水关，北城根，井一。③
> 铸钟厂，碧霞元君庙后井一。④

通过这些史料，我们可以具体地看到北京水井管理的特点。仍以积水潭做比较，水井与积水潭不同的是，它是城市内部用水的象征，它的封闭构造和小块占地，使它既不能航运，也不能防洪，更不能被改道以转移水源，它只能提供家户使用，因此，没有资料记载井的大、小规模，只记载

---

① 吴廷燮等编纂：《北京市志稿·宗教志》，北京燕山出版社 1998 年版，第 52、54 页。

② 同上。

③ （清）周家楣、缪荃孙等编纂：《光绪顺天府志》，清光绪十五年本，北京古籍出版社 1987 年重印本，第 386 页。

④ 同上书，第 382 页。

它的水井数量，如“井一”或“井二”。它的统计方法，被以寺庙的数量统计，如“庙前井一”，也有的以坊巷数量或归入寺庙和坊巷的公共地来统计。这些都说明，北京的地形和水质情况，使水井的开凿并不容易、也不富裕，没有人可能把它们列为私家用品，都是要按照公开地点登记在册的，任何市民都可以按图索骥找到它。井权的性质，有的是庙产，有的是官署使用，也有的是坊巷居民利用，但总的说来，以寺庙管理居多，特别对那些为数不多的甜水井，更强调寺庙管理。在这个意义上说，宗教寺庙是一种公共管理的公平符号，但没有任何史料记载北京寺庙的管井权力是由政府颁发的，因此，寺庙以依靠神执行公共管理，成为最好的办法。我们甚至会从文献中看到，不依靠政府拨款，而是依靠僧道出资凿井，提供公用，这种井也因此获得广泛的赞誉，被称呼为“义井”。北京流传的僧道治水的传说也很多，成为一种水利口碑，有的还被写入北京史志，转化为一种地方文献，如“僧善祖营寺”的事迹就被地方文献化了，在《日下旧闻考》中，把它列入“齐化门”和“太庙前”的历史事件，升格褒奖，百年后的《光绪顺天府志》和《燕都丛考》也都沿用此例，予以接续记载。

> 辽重熙清宁间，筑义井精舍于开阳门之郭，旁有古井，清凉滑甘，因以名焉。金天德三年，展筑京城，乃开阳之名为其里。大定中，僧善祖营寺，朝廷嘉之，赐额大觉。贞祐初，天兵南伐，兵火之余，寺舍悉为居民有之。戊子春，宣差刘从立与其僚佐高从遇辈请奥公和尚为国焚修，因革元为禅，奥公罄常住之所有续换寮舍，瑞像殿之前，无垢净光佛舍利塔在焉几仆，提控李德，至是施财完葺。继有提控晋元者，施蔬圃一区于寺之内，以给众用。庚寅冬，刘公以状闻朝廷，请以招提院所贮余经一藏迁于本寺安置，许之。于是创建壁藏斗帐龙龛一周，凡二十架，饰之以金，缋之以彩，计所费之直白金百笏。既成，请湛然居士为记。湛然居士集。［臣等谨按］大觉寺久费，考畿辅通志云，义井精舍在大兴县东，辽时筑义井精舍于开阳之郭，旁有古井因名。又考析津志，义井一在齐化门太庙前，一在思成坊洞阳观前。今大觉寺既废，义井亦不能确指其处矣。又按朱彝尊原书引湛然居士大觉寺初建经藏记，删去提控李德修塔句，又余经一藏

讹余金，今俱据本集增正。①

陈宗藩补充了崇文门的明代史料，说明僧道人员开凿义井另有其例，如“南居贤坊有老君堂，云即洞阳观旧址也。元时观前有义井”②。关于寺庙与水井的关系，在北京史料中，能找到三条线索：一是水井与关帝庙和观音庙的结合，二是水井与土地庙的结合，三是水井与皇家寺庙的结合。这些都有深厚的文化背景，也有元明清社会上层和民间宗教的影响。我们曾去过西城区西四报子胡同隆长寺调查，现在那里已变成寺庙大院，但当年寺僧对水井的管理至今还被居民所记忆。距此相望是白塔寺，北京史料对白塔寺水井的描写，便把佛教神权提升到了至高的地位，为一般水利史料所少见。

> 都城西北隅妙应寺（阜成门内）偏右有白塔一座，人多称白塔寺。世传是塔创自辽寿昌二年，为释迦佛舍利建，内贮舍利戒珠二十粒，香泥小塔二千，无垢净光等陀罗尼经五部，水晶为轴。后因兵毁湮没，每于静夜现光，居民惊疑失火，仰视之烟焰却无，乃知舍利威灵，人始礼敬。元至元八年，世祖发而详视，果有香泥小塔，石函铜瓶，香水盈满，色如玉浆，舍利坚圆，灿若金粟，前二龙王跪而守护，案上五经，宛然无损。③

这段资料讲，白塔寺内藏供奉佛舍利，所以连东西殿的两口井的中国龙王都进殿充任看守，臣服于佛教的神权，这就进一步把寺庙管理井权的权力绝对化了。白塔寺以南，是前抄手胡同，那里曾住着西四双关帝庙的最后一位住持，双关帝庙毗邻隆长寺，据我们调查，至 20 世纪 50 年代初，也是由佛僧管井，并与胡同居民建立了密切的联系。

---

① （清）于敏中：《日下旧闻考》，清乾隆五十三年内务府本，北京古籍出版社 1983 年重印本，第 771 页。另见（清）周家楣、缪荃孙等编纂：《光绪顺天府志》，清光绪十五年本，北京古籍出版社 1987 年重印本，第 488 页。陈宗藩：《燕都丛考》，民国刻本，北京古籍出版社 1981 年重印本，第 310 页。

② 陈宗藩：《燕都丛考》，民国刻本，北京古籍出版社 1981 年重印本，第 313 页。

③ （明）蒋一葵：《长安客话》，（清）盛宣怀《常州先哲遗书》本，北京古籍出版社 1994 年重印本，第 25 页。

（二）水井的城市公共利用

明清北京史志所写的北京，毕竟是封建社会的一个典型城市。封建中央集权是北京水治的大背景。在这个大背景下看，水道的性格是外向的，水井的性格是内向的，两者是有相对区别的。但两者也有诸多联系，这也是我们所不能忽略的，在整个北京城市社会的运行中，水井的使用与封建政治、封建文化和传统城市行业也是有高度的综合，不过是从比较微观的层面上，体现了水渠与水井，国家水治与民间水治，国防、城防与传统城市行业的关系等。

1. 官署用水：水井与水渠的关系

上面已约略提到，元、明、清国家政治文化机构的设立，是与北京地形和水渠路线的结构有直接关系的。虽然元代集权机构的布局经明代的改造后有很多变化，但重要中央机构对城市水利的支配权和享用特权没有改变。北京史料正在这点上做了记载。在《宸垣识略》和《燕都丛考》中，都提到了官署翰林院，并说那里“院内东偏有井”，“井之外为莲池”，“莲池”是由积水潭下来的水。总之，此处既有水井，又有水渠，水源相连，诗意无限。

> 东长安街北玉河桥之西翰林院署院内东偏，井一。院内东偏有井，覆以亭，曰刘井。明嘉靖戊子始建御制五箴碑于敬一亭。亭树于堂南，左则刘文安井，井之外为莲池。右则柯竹严亭，亭之前为土山。刘文安名定之，官学士。柯竹严名潜，官学士。施润章刘井诗：青荧谁凿水晶寒？锦石银床位置安。起草群臣曾洗砚，论文异代一凭栏。宫云近覆晴犹润，海眼潜通旱未干。倘有泥蟠神物在，那愁霖雨被人难。又柯亭诗：仙客联翩倚槛来，丹亭曾向日边开。残荷蔽芾犹连井，芳草凄迷旧有台。接坐共怜星聚地，凌云谁称岁寒材？风流未坠余陈迹，怅望千春首重回。①
>
> 东长安门外翰林院，院内东偏有井，覆以亭，曰刘井。②

① （清）吴长元：《宸垣识略》，清乾隆戊申刻本，北京古籍出版社1983年重印本，第84—85页。

② 陈宗藩：《燕都丛考》，民国刻本，北京古籍出版社1981年重印本，第180页。

在其他史料中，也提到了另外一些中央官署的水井，如司礼监的两口井等①。在这个地点上，还有其他重要权力机构，如吏部、户部、兵部、工部、钦天监等，它们都和翰林院一样，位于紫禁城的城门与城市水道之间，尽享水渠和水井。与一般水井的坊巷用户不同的是，官署井水的享用者同时是国家水治的形象化身，因此他们的概念比较宏观，所要考虑的是举国水利的历史与现实，上述诗句中的“海眼潜通旱未干”、“残荷蔽芾犹连井”和“接坐共怜星聚地”等句，便都是以诗文的形式，传达了这种概念。

2. 贵族用水：国家水治与市民和民族的关系

在北京史料中，我们能看到，城市历史街区与封建等级是有序划分的，一条史料特别记录了供养皇子、皇女的奶妈的府第“奶子府”及其水井分布，并且王府和官宦特权生活区的水井还都是比较充裕的，大都有“井二”。但相同史料也记载了共享用水的民居胡同，这就使这种特权的记载尽管突出，但又与我们在上面所讨论的社区共享用水是不矛盾的。

> 丰顺胡同，母猪胡同，灌肠胡同，嬭子府，南大院井一，花园井一。②
>
> 王府大街，井二。③
>
> 太仆寺街，井二。④
>
> 太平胡同，黄面胡同，口袋胡同，翠花胡同，井二。⑤

与之相关的另一种情况是，元、明、清政府的城市规划，特别在元代和清代，都曾按蒙、满、回、汉等民族的不同划分了不同居址，我们在这个历史背景下看水井的分布，还能看到对民族民俗用水的关照。例如：“枣林街，井一。”⑥ 枣林街，位于宣武区（现西城区）岗上地带，

① （清）周家楣、缪荃孙等编纂：《光绪顺天府志》，清光绪十五年本，北京古籍出版社1987年重印本，第337页。原文为：“司礼监公庭大门外，东、西有二井，递封汲之。”

② 同上书，第353页。在此文中，所记“嬭子府”，即奶子府。

③ 同上书，第352页。

④ 同上书，第356页。

⑤ 同上书，第353页。

⑥ 同上书，第372页。

是北京四大回民聚居区之一。清康熙皇帝曾专门赐匾，强调民族团结。康熙也是在北京史上把国家水治和城市水利建设结合最好的一位皇帝，他对北京永定河水源地的有效治理，现代社会还在受益。他的民族政策眼光也体现在水井利用上，我们能看到，在宣武高岗的这样一个供水困难的地方，仍有“井一”。

3. 封建城市行业用水：国防、城防和社稷民生的关系

一方面，北京是传统消费城市，这种城市的性质，使它的传统加工业特别发达，这是在许多历史文献中都能看到的。但从水利史的角度看，这种城市行业的发达，又是与北京城市水利系统分不开的。北京水系长期承担着国家水治的责任和帝都城防的任务，它的传统行业的形成，是与这种政治军事结构相一致的，如以“枪”、“炮”、“箭”和“火药”行业居多，史料也有很多将城防、军备与粮仓和用井并提的记录。

> 火药局胡同，井一。河沿龙王庙井一。火神庙井一。①
>
> 箭厂，井一。②
>
> 天师菴草场，在皇城外东北，正统年间，以张天师旧初建，故名。有井。③
>
> 禄米仓大街以禄米仓得名，清时为仓储之所，其西有安乐巷、井儿胡同。④

北京漕运从京杭大运河进入，分别在东城台基厂、北城西直门、南城崇文门等地装卸粮食、草料、木材和军需物资等，所以这一带的粮仓、草料场、盔甲行等也跟着布建，并在这些物流重地，配有水井和相关管理寺庙，从而使国家航运和城市水井管理结下了不解之缘。

另一方面，来自全国的物资在北京加工，也在北京发展对应的结构

---

① （清）周家楣、缪荃孙等编纂：《光绪顺天府志》，清光绪十五年本，北京古籍出版社1987年重印本，第338页。

② 同上书，第385页。

③ （明）刘若愚：《酌中志》，清康熙内府抄本和清道光二十五年《海山仟馆丛书》，北京古籍出版社1994年重印本，第115页。

④ 陈宗藩：《燕都丛考》，民国刻本，北京古籍出版社1981年重印本，第223页。

性行业。但仔细看北京史料，又能发现，北京也不单单是国家的行业加工厂，它还借助这些原料，加工和生产了自己城市需要的产品，扩大了自身手工行业的发展规模。从北京城市内部的角度看，北京手工行业的加工服务，又有很多是提供上层官署的日用、仪礼和岁时生活的，包括重大的节日庆典和岁时民俗活动等，它们都对北京风俗的结构形成产生了长期的作用，也对全国物资输入的地域结构和原料结构有相当的影响。北京史料在记载水井的同时，也记载了这些加工行业的来料结构和生产结构，这对我们进一步认识水利史事是有帮助的。将一些与北京传统手工行业有关的条目摘抄如下，并用阿拉伯数字编号表示，以便做整体对比和分析。

1. 大、小石作，井二。①

2. 惜薪司胡同，土地庙，井一。②

3. 大、小红罗厂，井二。③

4. 天安门之东附近里新库其东曰鸭蛋井。《顺天府志》：户部所属缎库在南池子东，与大库、颜料库通谓之三库。④

5. 火药局胡同，井一。河沿龙王庙井一。火神庙井一。⑤

6. 炮厂，井一。庙前井一。⑥

7. 枪厂，井一。《会典事例》：盔甲厂在崇文门内之东，今贮废炮。《芜史》：盔甲厂即鞍辔局。⑦

8. 箭厂，井一。⑧

9. 快子胡同，盔甲厂，井一。⑨

---

① （清）周家楣、缪荃孙等编纂：《光绪顺天府志》，清光绪十五年本，北京古籍出版社1987年重印本，第343页。

② 同上书，第341页。

③ 同上书，第358页。

④ 陈宗蕃：《燕都丛考》，民国刻本，北京古籍出版社1981年重印本，第454—456页。

⑤ （清）周家楣、缪荃孙等编纂：《光绪顺天府志》，清光绪十五年本，北京古籍出版社1987年重印本，第385页。

⑥ 同上书，第359页。

⑦ 同上书，第358页。

⑧ 同上书，第385页。

⑨ 同上书，第359页。

10. 茶叶胡同，井一。[①]

11. 猪毛厂，井一。[②]

在第1条中，“大、小石作”，归内官监掌管，但石匠作坊只是其中的一行。内官监还管另外的行业作坊，如木匠行、瓦匠行、木材行、土建行、油漆行、婚礼行、火药行……以及米库、盐库、皇坛库和冰窖库等，这些行业，都在皇家宫苑园林的建造中和大型庆典祭祀仪式的举办中发展起来，成为北京政治文化中心不可缺少的项目。有些行坊，如木作，根据皇室打造龙桌、龙床和箱柜的专门需要，还另调工匠精工细作，成为御前作[③]，在皇帝办公的地方安设硬木桌椅等，又称佛作[④]。对于重要的粮油物质及北京市面上的粮价、面价、油价和盐价等，还要每月派专人向皇帝奏报，以使皇帝掌握农岁丰歉和了解市情民心[⑤]。所以，表面看是木匠作坊，但在实际管理中，是通上达下的具体运作渠道，这种行业就有了晴雨表的性质。它们的水井不少，应该是与行业的性质配套的。

第2条的“惜薪司”和第3条的“红罗厂”，还有三口井和一个土地庙，是一个系统。据明刘若愚《酌中志》记载：

惜薪司专管宫中所用柴碳及二十四衙门、山陵等处内臣柴碳。每月初四、十四、二十四、开玄武门放夫匠及打扫净车，抬运堆积粪壤。每月春暖，开长庚、苍震等门，率夫役淘沟渠。正旦节安彩妆。凡遇冬寒，宫中各铜缸、木桶、该内官添水凑安铁箅篱其中，每日添碳，以防冰冻，备火灾。俟春融则止，皆惜薪司事也。凡宫中所用红罗碳等，皆易州一带山中硬木烧成，运至红罗厂，按尺寸锯截，编小圆荆筐，用红土刷筐而盛之，故曰红罗碳也。每根长尺许，园径二三

① （清）周家楣、缪荃孙等编纂：《光绪顺天府志》，清光绪十五年本，北京古籍出版社1987年重印本，第375页。

② 同上。

③ （明）刘若愚：《酌中志》，清康熙内府抄本和清道光二十五年《海山仟馆丛书》，北京古籍出版社1994年重印本，第99页。

④ 同上书，第103页。

⑤ 同上书，第101页。

寸不等，气暖而耐久，灰白而不爆。[①]

这段文字，说到夏冰冬柴，写得充实紧凑。里面的传统行业就像走马灯一样终年忙碌，成为整个北京城市新陈代谢的器官，连皇室和老百姓都包括在内，无一不依赖行业机体的活力而生存。以柴行为例，它的分工很细，加工要求极高，连来料地点、加工尺寸、包装筐形和颜色等都有讲究，不容马虎。红罗厂的地址今存，就在离北京师范大学不远的地方，今虽然行业已去，但读此历史，仍能让现代人增加知识。其他惜薪司的行业也具有很强的岁时季节性，文字中充满了民俗风情。

第4条中的绸缎原料采集和加工，是一个集航运和作坊生产为一体的综合系统。北京的绸缎的输入量历来很大，除了宫廷仪仗、服饰和军用以外，连市面店铺的加工也都需要。丝绸原料产于江浙，需要由京杭大运河输入，朝廷便专设丙子库、承运库和广运库采办。其中，丙子库“每岁浙江办纳丝棉、合罗丝串、五色荒丝，以备各项奏讨。而山东、河南、顺天等处供棉花绒，则内官之冬衣、军士之布衣，皆取于此”；承运库“职掌浙江、四川、湖广等省黄白生绢、以备奏讨钦赏夷人，并内官冬衣，乐舞生净衣等用项”；广运库“职掌黄红等色平罗熟娟、各色杭纱及棉布，以备奏讨”。这些原料运抵北京后，交由内织染局处理，他们“掌染织御用及宫内应用缎匹绢帛”。另有东城和西北城的蓝靛厂和洗涤厂做深加工。接着由衣行、缝行、帽行、鞋行和戏行等各行加工生产。还有绦作，专做“经手织造各色兜罗绒、五毒等绦，花素勒甲板绦，及长随火者牌总绦”[②]，形成了一条龙作业。北京的绸缎行业长盛不衰，涌现了八大祥的老字号，与此有关。这个行业生产的“五毒”服饰，还是官民皆用的端午节饰物，至今使用。而在这类行业中，水的使用，是生产环节，也是织染的配方用品。

第5条至第9条诸行，属兵仗局，据明刘若愚《酌中志》，该局“掌造刀枪、剑戟、鞭斧、盔甲、弓矢各样神器”，是国防与城防类的行业。

① （明）刘若愚：《酌中志》，清康熙内府抄本和清道光二十五年《海山仟馆丛书》，北京古籍出版社1994年重印本，第106页。

② 同上书，第111、115—116页。

但从它的水井配备看，却知道不同兵器的生产其实是分散在城区几处的，不像内织染局和惜薪司那么集中，这显然与原料储存和保管加工的特殊要求都有关系。最让人想不到也最兴奋的是，这个兵仗局，在为国家做事的同时，也是为北京皇城的传统文化活动服务，刘若愚的文字也写得绿肥红瘦、简洁生动。

> 又，火药局一处属者官中。元宵上鳌山顶上之灯，例点放神器三位，则监工事也。凡每年七月七夕宫中乞巧小针，并御前铁锁、锤钳、针剪之类，及日月蚀救护锣鼓响器，宫中做法事钟鼓、铙拔法器，皆隶之。是以亦称小御用监也。①

我们能看到，兵仗局所对内制造的，主要是节日和救灾使用的焰火响器之类，提供“元宵放灯”、“七夕乞巧”、“日月救蚀”和“宫中法事”使用。从前北京民间的这类行业也很发达，在太平盛世时，还有朝廷与民同乐的景象。当然，在现代社会，这些都是民俗行业了，早已由宫廷走向民间。在这种传统行业中，水是航运工具，也是消防武器。

第 10 条和第 11 条，讲到茶叶和猪肉加工业，并提到其井址。茶叶、猪肉和牛羊肉等都是北京的传统饮食，在传统饮食作坊加工中，对水井的水质要求是十分严格的，这时水既是产品的成分，也决定着产品的质量。

北京城市消费生活也体现在日常生活中，这方面的记载大都是民俗，如提到隆福寺庙会时说“寺后一井”②，隆福寺是北京历史上有名的两大庙会之一，另一个是护国寺，也有寺井的记录。过去民俗学者看这段资料时，只注意两大庙会的繁华，却不大注意它们的用水，现在这些资料给我们提了个醒。但这些资料还有一个有意思的地方，就是在指出水井所在胡同之后，还顺便告诉读者一些民间称谓，在这些地方，作者之笔调活泼，是国家河渠志所不可能有的。例如：

---

① （明）刘若愚：《酌中志》，清康熙内府抄本和清道光二十五年《海山仙馆丛书》，北京古籍出版社 1994 年重印本，第 110—111 页。

② （清）周家楣、缪荃孙等编纂：《光绪顺天府志》，清光绪十五年本，北京古籍出版社 1987 年重印本，第 365 页。

大沟巷（俗讹打狗巷），井一。[①]

伽蓝殿胡同［俗讹车辇（碾、簾）店］，井一。[②]

南、北养马营（俗讹羊毛营），井一。[③]

腾禧殿，井一。《金鳌退食笔记》：腾禧殿在旃檀寺西，明武宗以居晋王乐伎刘良女，俗呼为黑老婆殿。傍有古井，曰王妈妈井。[④]

这些民间说法，如果不是长期生活在北京的人，是不大容易知道的。而读者知道了这些说法，便是不用按图索骥，也能凭着北京市民的现场指点找到这些水井，而史料本身同样能反映水井与国防、祭祀中心、街区行政、行业和日用的关系，有比无好。

三　在水利史事中介绍城市历史文化隐喻

北京水利史有很多传说具有深刻的社会意义，能让我们更深入地认识北京的城市社会史。这些史料，通过对同一事件、同一水利地点的反复记载，让我们看到，国内水治的一些主要问题，都能在北京得到基本的体现和较高的重视，同时北京水利也有自己的特点，促进了北京城市社会的历史发展，还形成了一些特有的象征隐喻，在这些方面，水事隐喻的稳定性还超过了政治事件的稳定性。

北京的水利与政治中心关系密切，一些位处中央皇权所在地水井往往成为政治上的代号。当历史朝代更迭或社会发生巨大动荡的历史转折时刻，某些水井还被赋予政治属性，成为权力斗争的特殊象征。有一些井的命名，如“珍妃井”等，便与此有关，这在北京史上是不乏其例的。还有一些史志资料，介绍朝廷士臣的经历，也提到了水井，并被多次记录，反映了这种水利建筑有不平常的含义，以及作者要把它们流传下去的态度。早在明初时，这种记录便已经出现，如明七子之一何大复记录的元朝

① （清）周家楣、缪荃孙等编纂：《光绪顺天府志》，清光绪十五年本，北京古籍出版社1987年重印本，第385页。

② 同上书，第383页。

③ 同上书，第372页。

④ 陈宗藩：《燕都丛考》，民国刻本，北京古籍出版社1981年重印本，第445页。

往事：

明何孟春余冬序录：洪武八年八月，天兵定燕都，危学士素走报恩寺，俯身入井。寺僧大梓挽出之，谓曰：国史非公莫知，公死，是死国之史也。危由是不死。翰林待制黄殷士㝵投居贤坊井中，从人张午负以出，曰：君小臣而死社稷耶？黄曰：齐太史兄弟皆死，小官，彼何人哉！午使家人环守，至日昃，会大将军徐达下令，胜国之臣俱输告身。黄给午取告身，午出，还求勿得，亟往视井，则黄已死。午买棺以殓，且营葬焉。①

何大复与李梦阳齐名，都是明才子，不过李梦阳写了北海，何大复写了一位元朝忠臣与井的干系。文中的报国寺，是一所宗教寺庙，内有水井，经过这次政治事件，此井便进入了政治史。此后，清代的《日下旧闻考》和《光绪顺天府志》等，也都记录了这段井事，基本是全文抄录，唯《光绪顺天府志》增加了一行字："有报恩寺，有明成化二年碑，修撰严安礼撰，寺内有井，元翰林待制黄㝵殉节所也。"② 看来是经过勘察的结果。同类的"入井"轶闻明亡清兴时也有，水井地点就在本书上面提到的西长安街双塔寺。

西长安街（双塔寺井），明大学士范文忠景文殉节所也。孙承泽畿辅人物志：崇祯甲申三月十九日，都城破，工部尚书兼东阁大学士吴桥范公景文，先已绝粒不食，至是见贼骑纵横，望阙哭，于双塔寺旁井中死之。③

此文的事主范某，被《畿辅人物志》的作者称呼为北京历史人物，

① （清）周家楣、缪荃孙等编纂：《光绪顺天府志》，清光绪十五年本，北京古籍出版社1987年重印本，第385页。

② 吴廷燮等编纂：《北京市志稿·宗教志》，北京燕山出版社1998年版，第50页。（清）周家楣、缪荃孙等编纂：《光绪顺天府志》，清光绪十五年本，北京古籍出版社1987年重印本，第499页。

③ （清）周家楣、缪荃孙等编纂：《光绪顺天府志》，清光绪十五年本，北京古籍出版社1987年重印本，第499、355—356页。

《光绪顺天府志》编修者则将此事称为“传信”或“无名氏甲申小纪”。从情节结构上看，它与上则史料属于同一个“入井”母题类型。更早的“入井”者还有“舜”、“象”等神话帝君，因此说它是“无名氏”之作也是有道理的。而水井史事一旦生成故事母题，便能广泛地传达城市的历史隐喻，而从北京史料看，这样的“入井”母题其实还有很多①。

综上所述，北京地方文献记述和介绍北京水治，具有传统农业社会国家水治的恢宏气象，也有首都城市水利文化的特有内涵，与现代水利资料相比，这个特点是十分突出的。北京现代水利资料，主要是水利气象的现代科学管理记载，大多是北京水系的水利工程与水利减灾事件，如 1949 年前后的华北水利工程局和北京水利气象局的档案。还有不少散存资料，分别保存在环境、地理、地质、农业、建筑和城市民用工程等部门的档案中，各有分类标准，也反映一些在特定情况下急需解决的水利问题。20 世纪 80 年代以后编撰出版的北京《水利志》，以及各城区相应编纂的水利分志等②，系统地反映了北京现代水利建设事业的建设过程和发展成就。我们将北京现代水利资料与北京水利史料相比较，能对传统水利术语的现代科学解释有了新的认识，也能发现它们共同关注的一些水利问题，包括北京水系的水利工程地点和水利事件等，我们还特别关注它们在处理水利纠纷过程中所依据的政府政策和民间习惯法的记述，考察通过这些记述所体现的北京城市用水传统和现代变迁。另外，也有一些北京文史资料和个人著作等，里面涉及北京传统文化和用水，如北京市委员会文史资料研究委员会编《北京往事谈》，田涛、郭成伟整理《清末北京城市管理法规》，陈垣《从雍乾间奉天主教之宗室说到石老娘胡同当街庙》，周沙尘编著《古今北京》，张天宇《老北京的水夫》，王灿炽编《北京史

① 另如《燕都丛考》记申佳允投井：“《天问阁集》：申佳允，北直永平人，甲申三月闻变，仰天号哭，谓仆曰，往吾拜客时，顾得僻处，可随行。至王恭厂，见井趋投之，仓促仆挽袖，袖绝遂死。”陈宗藩：《燕都丛考》，民国刻本，北京古籍出版社 1981 年重印本，第 262 页。《光绪顺天府志》记毛百户投井：“《甲申传信录》：毛百户，其名，住观音寺胡同，三月十九日贼人，举家三十余口悉入井死。”（清）周家楣、缪荃孙等编纂：《光绪顺天府志》，清光绪十五年本，北京古籍出版社 1987 年重印本，第 360 页。

② 北京市地方志编纂委员会：《北京志·地质矿产水利气象卷·水利志》，北京出版社 2000 年版。

地风物书录》和胡玉远《日下回眸》等①，它们都给了我们大量的地方知识。此外，本文的研究，也参考了现代民族志、民俗学和人类学的相关著作，他们或从边缘、口头和农村的概念出发，或从经济宗教学的概念出发，或从精神民俗的概念出发，讨论水畔民间社会、水土利用的风水观和民间水灾观念，都曾在20世纪的不同时期引发了民俗学界对水利民俗的关注。文本是在吸收了他们的成果的基础上，才能比较全面地阐释我国农业社会背景下的北京城市社会用水民俗。

（董晓萍）

① 这方面的文史资料和个人著作，例如：中国人民政治协商会议、北京市委员会文史资料研究委员会编：《北京往事谈》，北京出版社1998年版。田涛、郭成伟整理：《清末北京城市管理法规》，北京燕山出版社1996年版。陈垣：《从雍乾间奉天主教之宗室说到石老娘胡同当街庙》，载《陈垣学术论集》第一集，中华书局1980—1982年版。周沙尘编著：《古今北京》，中国展望出版社1982年版。张天宇：《老北京的水夫》，《北京档案史料》1999年第1期，北京燕山出版社1999年版。王灿炽编：《北京史地风物书录》，北京出版社1985年版。胡玉远：《日下回眸》，北京燕山出版社2001年版。

第二十四章

启功先生的清代宫廷学问与中国传统文化[①]

我因启功先生的引导而师从钟敬文先生。钟、启二老都生于20世纪初，收授我等后学时，已是20世纪后期。其间历经历史变革、社会前进。启功先生在新中国高校建设的历程中，成为著名的教育家、古典文献学家、红学家、文物鉴定家、诗人和书画艺术家，而集其学问之大成者是清代宫廷文化研究。2000年成立北京师范大学民俗典籍文字研究中心，钟、启二老特邀王宁先生主事，三个传统学科联袂，开展上中下三层文化打通研究。这时启功先生的分类学科是古典文献学，其实是坐拥清代宫廷文化研究的独特优势。

研究启功先生的学问，有千丝万缕的头绪，但最能打动学者的问题，是他的清代宫廷学问在现代大学学科中的独立身份。所谓独立身份，包括基本概念、研究范围，来自学科内外的批评及其合理性。实际上，这些问题从未停止在他与学科分类面对面的讨论中。在这背后，则是传统文化整体性与现代学科分类的两种体系的矛盾。20世纪是学科分类的时代。分类促进了现代教育的发展，却忽略了传统文化整体性的重要位置，忽略了对这种整体文化中的特色优秀遗产的诠释和弘扬。清代康、雍、乾至后世的宫廷文化中的优秀经典文化，是这种整体文化需要继承的内容。这一阶段的文化到了18世纪至19世纪中期，还与西方先进人文学说和技术文化相融合，产生了很多重要成就。启功先生正是这种文化的嫡传者。

我国有五千年的历史文明，但没有清代文化的接续，现在就什么文明也看不见。清代宫廷优秀文化是我国现存历史文明中的镇山之宝。它们就在故宫、国子监、雍和宫、颐和园和皇史宬之中，至今可触可摸。它们曾

---

① 此为作者在北京师范大学文学院于2012年10月召开的纪念启功先生100年诞辰学术研讨会上的讲稿，由于会议时间的限制，所述相当简略。本文发表时做了适当补充。

经为上层阶级所享用，与普通人的知识系统和日常生活存在较大的距离，但它们在集权制度下形成了大量绝世精品和极为优秀的人才，集中了中国传统文化中的要素。现在它们的很多绝世遗存都已成为世界文化遗产和非遗保护的对象，启功先生正是描述和研究它们的全方位的专家。

启功先生出生的年代，正值辛亥革命成功，他的人生几乎有与生俱来的挫折感。但他顺应了时代的巨变。他接受了启蒙教育和新式教育。当时正值国家多事之秋。他的求学和工作的时期，社会正经历着“五四”运动以后的思想熏陶以及中国共产党建立和成长的时期。新中国成立后，他曾在历次政治运动中蒙受委屈，但他一直在勤奋、出色地做好组织分配的工作。改革开放后，提倡解放思想、实事求是，宫廷文化、民族文化和民俗文化都得到了理应得到的研究。全球化到来之后，在世界上，霸权文化和一元文化纷纷瓦解[①]，原来被压抑的多元文化或难以分类的本土文化，都在恢复建设并补充民族传统文化的主体性，同时也都有一个迫切的任务，就是要重新识别或复兴自己的独立身份。在国内高校教育中，也要重新自觉地确认这类研究对象的独立学术身份，因为它们所指向的各不同历史时期和各不同民族的特有文化，包括宗教、哲学、价值观、历史文物文化和民俗等，正是确认本民族传统文化主体性的重要因素[②]。钟先生和启功先生的学问，都在确认或逐步确认独立的学术身份中，获得了新的发展。

启功先生虽有家族成就却从不炫耀。他的这一支裔即使疏弱，他也总是谨慎而自强的。他对晚辈传授的学问，是丰富的清代学术文化知识和相关上层经典文化，而不是着眼于做过什么官，或者是计较盛衰的，所以人们都可以认同。启功先生的这种为人和为学态度是很正确的。从他的教育中，各学科的后辈和各层面的后人都能受益。述往思来，比起现代分类指标造成的文化通识教育的断裂带来的恶果，启功先生的学问所代表的传统文化整体性教育的价值，也就显得十分重要了。对启先生学问的独立学术身份的认识，不仅在于这种学问的本身，而且反映了现代人认识自身民族传统文化特色的漫长历程和曲折过程。现在我国传统文化研究已逐步深

---

① Skul tans，2004，引自 Anna-Leena Siikala，*A New Generation*，in Folklore Fellows' Network，Helsinki，Finland，2010，p. 3。

② 汤一介：《寻求文化中的“普世价值”》，《跨文化对话》第 6 期，上海文化出版社 2001 年版，第 20、22 页。

入，研究和继承启功先生的学问的历史文化模式和特种学术精髓，已成为后学的长期任务。

从民俗学的角度说，研究启功先生的学问，至少有三个问题是值得进一步讨论的，如传统文化与清宫文化、传统文化与北京首都城市文化、传统文化与民俗文化的关系等。在这方面的研究中，除了避免学科分类的弊病，还要探索上中下三层文化打通研究的一些具体问题，同时也要了解启功先生的治学方法。

一　传统文化与清宫文化

在中国传统文化中，清代宫廷文化是一个片段。我们不能删除片段而求整体，也不能夸大片段去覆盖整体。从启功先生的著述看，他所阐释的清代宫廷文化，在传统文化与清宫文化的接续上，有两点是值得注意的：一是清代经典文学文化与国家大一统管理的政治向心力的关系，二是清代首都城市建设与国家史的关系。这两者都是启功先生经常涉及的话题。清代几度发生重大变迁，多民族文化融通，各地区的政治、经济、文化和艺术资源得到了广泛地利用，各国文化在此交流等，都与这两点有关。它们使清代思想精华借助于此向整个社会文化渗透。

了解启功先生的清代宫廷学问，首先要读懂他的书画艺术作品，这是因为它们是领会清代文史哲和社会文化的相对容易的部分，是研究的一个必要的前提。

了解启功先生的学问，还要了解他的诗词创作，而他的创作观的精华，大量来自他对上层文化的观察、领悟和亲身经历得来的体验。他用他的体验去消化和品评现代理论。他需要在个人体验和理论消化之间停下来，按照艺术创作的规律，去重新提炼理论的心得，这样他所得出的就是与原来理论不同的一种独到的东西，这是一种很高的境界。[①] 他为此讲的很多道理，都是中国式的文艺理论，其实与现代文艺学的观点和方法十分

---

① 本文讨论启功先生的体验之学受到毕莱德（J. F. Billeter）研究的启发，但毕莱德分析庄子的体验是要找出神话思维怎样为庄子所用，而本文认为启功先生的体验特征是对现实事物的观察和处理，产生经验性行为。关于毕莱德原文的阐述，参见（瑞士）毕莱德（J. F. Billeter）《庄子四讲》，宋刚译，中华书局 2009 年版，第 32—33 页。

接近。现代人要在他的这种“能停下来”的动态思维中，认识他的治学特征，并将之变成现代知识。

就启功先生和钟敬文先生的交往讲，两人的传统学问功夫都足见于诗。诗是中国传统文学的最高境界，对前辈学者来说，即使不区分学问高下，也要区分出诗的修养和造诣。他们的史识见于诗，学养见于诗，接人待物见于诗，高风亮节见于诗。钟老和启功先生都爱王渔洋诗①。与钟老相比，启功先生更能写绝品诗，别人谁都模仿不了，这同样与他的独特体验有关。体验，使启功先生能说自己的话。他的学问中的有些东西，已是现代人不大注意的方面，启功先生却能将之加工成思想资料的要点。它们与我们在现代教育中学到的、比较容易解释的一些知识，在表述上具有不同的特点，在学习过程中也有不同的阶段，这就造成了他的某些学问有一种对现代人而言的“不可传授性”，而他本人经过刻苦锻炼已达成了行动之自然，获得了怡然自得的享受感，因而能写出诗歌文学中的极品。它们不能被模仿，却能在现代互联网上广为流传，深受广大人民喜爱。这些都是现代教育失去的宝贵东西。

启功先生的学问由“转益多师”而得，但他学老师的话，是用体验去领会和消化的，再发展成自己的话。他把老师的话放到礼仪中，肃穆恭敬，从不改变。现在很多学生没有自己的体验，在学校时学了老师的话，毕了业就把老师的话当成自己的话，结果没有了崇尚礼仪的境界，没有了师道尊严，更谈不上有个人的创新成就，这是启功先生所不为之事。启功先生学问中的这些精神财富是与优秀的中国传统文化观相一致的。他珍惜大自然和社会的赐予，坚定自己的目标，成就了不朽的学术人格。

---

① 肖立、董晓萍：《世纪老人的话——钟敬文卷》，辽宁教育出版社 2000 年版。关于钟敬文先生和启功先生对王渔洋诗的共同看法，详见本书第 8—9 页，原文为：“1989 年，天津的百花文艺出版社给我出了一本散文选，我送给启功先生一本，他看过后，我问他印象如何，他说一句话，说‘白话《蚕尾集》’。《蚕尾集》是清初诗人王渔洋的文集，我初到杭州的那些年，把《渔洋山人著述》不知看了多少遍，那是一部大书，我很喜欢读，启功先生评价我的散文是王渔洋著作的白话体，这句话是从他的学问中得来的，是他的智慧，他看得出来，一般没有他那种中国古典文学修养的知识分子，就说不出这个话。”另见本书第 118 页：“钟敬文不止一次地提到自己对苏东坡、张宗子、袁中郎和王渔洋一流‘才子’们的喜爱。……至于约见学生和来访者以前，每每手持一本王渔洋的诗文集低声吟诵，自得其乐，已经是人所共知的习惯。”启功先生深知王渔洋的例子，如启功：七言诗《社课咏春柳四首拟渔洋秋柳之作》，载启功《启功韵语精选》册一，中华书局 2011 年版，第 28 页。

二　传统文化与北京首都文化

启功先生是北京人，他身上有北京人特有的豁达。北京有比此前任何朝代的古都都明显的首都城市文化特征，启功先生在这方面也独有建树。

自清代以来，北京吸收了全国不同历史地理区域、不同民族聚居区、不同宗教生活和不同中外思想文化技术人物的资源优势，拥有了历史以来最趋于相对完整的、具有首都向心力的文献文化系统。现在的北京首都文化，正是在这种历史氛围中积淀下来的首都城市遗产。北京有四种影响，对启功先生是必不可少的，即政治中心、文化中心、多民族融合中心和中外交流中心。它们都是启功先生的人生文化的共有根基，也是他的清宫学问多元共生的支脉。我们从启功先生的清代学问中能发掘北京首都文化研究的多种专题，探索北京清代宫廷文化与中国历史文明的深刻联系。

清代宫廷吸收儒学和佛学达到了极致。清代康、雍、乾时期在吸收佛学时，还采纳了部分当时的西方先进宗教学说，因此这种吸收也达到了历代宫廷佛教文化的极致。特别是清代藏传佛教，仰赖清皇室和清政府的丰厚养赡，得到了优越的发展机会，同时在北京的政治生活和文化教育传播中，增添了佛教哲学与佛教艺术的内容。这些都深刻地渗透到启功先生的学问中。佛教是他的信仰。信仰能产生吸收的动力，信仰到了精神的最深处，就有了大到无边的吸性动力。我们从这方面看启功先生的著述和人生，所得到的营养就不是一点半点。启功先生是深谙佛学的，他对母亲和夫人，对人对事，都极为虔诚。他在任何情况下都与老师、亲人和朋友保持密切的联系。他始终关心弟子的学业进步。他对哺育他成长的北京、亲友和中华文化真情永存。

北京也是皇城土木建筑豪华密集和高度传统审美化的城市，它对启功先生的熏染也是深刻的。启功先生的审美意识是极美的。目前对他的学问中的美学观的研究，虽然还不如研究他的书法艺术那样容易成为焦点，但相信仍有其独立的学术价值。

三　传统文化与民俗文化

启功先生与钟敬文先生交谊深厚，但他们从学问渊源到人生系统都是不同的人，钟老曾写诗给启功先生说，两人“三冬文史各根源”①。但启功先生照样能与钟老谈民俗，从民俗学的角度也能看到启功先生在接受巨大差异性领域的文化资料上的特殊能力。

启功先生有接受民俗与自我相异性文化的学术态度。他能完全接受其相异之处，并能在自己的身上表现出他者的智慧，如他对子弟书的看法②；我们可以拿他的东西与清代的书互看，发现他能说出一般人说不出来的很多东西。在他的教导下，我了解到，北京清代民俗文献的基本特点有三：一是“繁盛录”，用以描写燕京帝王盛世生活的场景，及其对中华一统文化的认同；二是“观风知政”，沿袭儒家的政治文化观；三是“田园化”，把社会文化冲突化解到民间叙事中，获得思想上和出版上的双重安全感。③ 他的学问还从清代民俗文献延伸到对唐宋笔记小说的评价，以及对文人雅士的诗话和词话的口述史的认识。他有不少看法与现代海外汉学的前沿研究不谋而合。口头讲述中的许多东西是无法用文字表达的，如手眼肩的动作、口气和意趣，但到了启功先生的口中，都能变成口头文化。我举个例子。有一次，钟老问启功先生，可不可以向他学书法，说完，钟老就在启功先生的书案上试笔。启功先生笑曰：“你看他的手不抖。”启功先生常年为钟老免费写各种诗词字幅，钟老要表达谢意，启功先生怎能不懂？而启功先生又是极恭谦之人，绝不会在钟老面前“好为人师”，于是他就说“你看他的手不抖”，王顾左右而言他。启功先生的

---

① 钟敬文先生诗题为《祝元白（启功）先生八十寿辰》，原文为：“合从释氏问因缘，卌载京门讲习连。一夕雷霆同劫难，三冬文史各根源。小诗共喜吟红叶，芜语常劳费玉笺。闻说灵椿八千岁，吾侪今日只雏年卌。”《钟敬文文集·诗词卷》，安徽教育出版社2002年版，第408页。

② 20世纪90年代中期，我在河北滦县、唐山、迁西、青龙、秦皇岛等地搜集到一批旧藏皮影影卷，启功先生见状，嘱我注意与清代子弟书做比较研究，他对子弟书和影卷的熟悉程度让我惊讶。

③ 董晓萍：《清乾隆时期朝鲜使者手记中的北京民俗与政治》，载陈平原主编《北京：都市想象与文化记忆》，北京大学出版社2005年版，第459—486页。

这种故事很多，他的描述能达到简约自如、随性即起的程度。他在这些地方表现出极富思辨性，绝顶聪慧，到了脱口而出、出神入化的地步。他描述很多师友的手眼动作都很传神，轻松又幽默。他跟我们谈口述史，与我们跟他谈民俗一样，你一句，我一句，能够互相理解，中间不需要开关。他在这些描述中形成了富有个性的文化理念、行为逻辑、亲密性和凝聚力。没有了它们，启功先生的学问就成了死的语言和死的书本，大概连他自己都不赞同。

历史是容易遗忘的。现代人已不大了解清代宫廷历史文化。对当下喜欢西方时尚的现代青年人来说，启功先生阐述清代宫廷文化还等于“背过身子讲话”。但也许正因为如此，启功先生的学问反而应该引起后学的兴趣。为什么呢？这是因为清人与现代人对待传统文化的态度已大不相同。清人用它们来描述整个主观世界和客观世界，而现代人只用它们来解释与自己有别的历史过往。在两者之间，描述却有更高的学问层次，因为正是在这种描述中，带有人类与自然事物无限亲近又安于自然秩序的基本经验；也因为正是这种描述能让人们接触到事物的本身，成为理论的核心。他对清代宫廷文化的描述性研究，也是可以转为一种根本上的共同经验的描述的。这件事成立与否，全在于后学的见识和学问功夫。

研究启功先生的学问，不能不提出任何问题就埋头苦干。我们要了解他与他的学问及其多元人文环境的关系逻辑、世界观、审美意识和生活方式；要了解他对待自我与他者的智慧；要了解他所承袭的清代宫廷文化与中国传统整体文化相比，是一种有差异性的文化遗产，但他的研究成果不是取消文化差异，而是将差异视为一种共享资料，而非一种障碍。启功先生还告诉我们一种经验，即他的人生时间的运用方法，他可以在单一时间做一件事情，也可以在多元时间同时进行多种活动，这出自他的多元文化和多元人生观，而如何把各自的文化协调起来？这是关键。启功先生做学问的职业道德就是知道、觉悟、好奇、注意、了解和尊重多元文化的大善知识和大智慧。

（董晓萍）

第二十五章

大学生电影接触行为与评价研究

——基于对2007—2009年商业大片和华表奖获奖影片的调查

一　问题提出

有研究发现，电影的媒介渠道载体特性正渐趋弱化，而作为内容产品的趋势逐渐明显。[①] 作为大众传播的内容产品，当前国内的电影效果评价主要有三种途径：官方、市场、学术。官方评价更多地考虑一种宏观管理效应，国内电影评奖是一条重要渠道，如华表奖等官方电影奖项。市场评价讲求电影的商业效果，社会效益则不是最主要目标，最重要指标是票房高低。学术评价则主要是学者们从自身专业角度出发所写的学术论文或者影评，多数是基于学者个人的常人方法论来开展的点评。[②] 相对来说，前两者社会影响较大，学者评价影响力较弱。

从传播学角度来看，电影的最终作用对象是观众，只有对观众的研究才是最直接的电影效果考察途径。也就是说，通过对受众的研究我们才能掌握电影的实际传播效果，才能准确把握电影对社会的直接影响所在。由此，目前国内三种电影效果评价方式的共同特点都在于从传播者角度出发去衡量电影的意义，是一种间接的评估方式。这三种评价为我们提供了不同的思考角度，但也存在一定的缺陷。官方评价和学术评价是主观性评价，并且对电影的评价往往有预设框架，并会影响到我们对实际情况的把

---

① 张洪忠、许航、何艳：《传播渠道整合趋势下的电影接触情况与评价量表——以北京地区大学生调查为例》，《西南民族大学学报》（人文社科版）2006年第9期。

② 本文学术评价的判断是通过对《电影艺术》、《当代电影》两本电影学核心期刊的文献查找所得出。

握。市场评价则较少顾及电影的社会效益。

由此，提出本文第一个研究问题：考察国内上映主要影片的观众实际评价情况。

1999 年 4 月 28 日的《电影时报》上，刊载了北京新影联公司一份 1993—1998 年电影市场调查汇总报告的结果，显示了“现代影院观众的构成正向年轻化、白领化、高知识化发展”①。2009 年由艺恩咨询发布的《2008—2009 年中国电影观众调研报告》（简版）② 显示，影院观众的年龄集中在 20—39 岁，占总人数比例的 57.2%，其中 19 岁以下的观众群体也占总人数的 28.3%，由此可见，大学生正在逐步成为中国电影观众的主要构成，但是国内对这一群体的电影接触与评价行为的实证研究，基本处于空白阶段。

通过在中国知识资源总库 CNKI 分别以“电影接触”和“电影评价”为关键字检索，各有 86 篇和 319 篇相关文献，当前中国在大学生电影接触方面的研究一般是涵盖在以媒介接触行为为目的的社会调查中，其普遍的特点是均从大学生接触大众传播媒介这一角度入手，着重强调的是大学生对传统媒介与新媒介接触情况的差异，这些调查研究涵盖了对广播、报纸、杂志、电视、网络这五大媒介的分析，只是显示出了网络在媒介接触中所占的优势，但是对大学生电影接触的具体行为并没有新的发现。

因此，本研究继续提出以下两个问题：

研究问题之二：对于票房大片和官方认可电影，大学生的接触情况是怎么样的？

这是了解当前大学生观看电影的状况的一个最基本的问题。电影在大学生群体中究竟有多大的传播人群？这些人群接触电影的数量是多还是少？接触电影的数量是否有性别、家庭居住地等的差异？

研究问题之三：大学生对电影的接触渠道是怎么样的？

随着社会的发展，大学生接触电影有越来越多的渠道和途径，而接触渠道也影响着电影的观看情况。那么，接触渠道的分布比例是怎样的？主要观影渠道是什么？

---

① 出自《北京最新调查显示电影观众构成发生变化》，资料来源：http：//eladies. sina. com. cn/movie/movie/1999 -04 -28/297. shtml。

② 资料来源：http：//www. entgroup. cn/。

二 调查方法

本研究采用问卷调查的方法对北京市的在校大学生进行访问，考察大学生的电影接触与评价。调查时间为2009年11月23日至2009年12月7日。

1. 电影选取

本研究考察的影片包括两部分。一是2007年10月以后到2009年10月在中国大陆上映的票房超过一亿元人民币的23部商业电影，其中包括14部国产商业电影、合拍片以及9部进口分账影片，它们分别是《赤壁(上)》、《非诚勿扰》、《集结号》、《画皮》《长江7号》、《投名状》、《功夫之王》、《007：大战量子危机》、《色戒》、《大灌篮》、《梅兰芳》、《木乃伊3》、《全民超人》、《变形金刚2》、《南京！南京!》、《哈利·波特与混血王子》、《特种部队》、《建国大业》、《博物馆奇妙夜2》、《终结者4》、《疯狂的赛车》、《游龙戏凤》、《风声》。

二是以2009年获得中国电影华表奖的7部主旋律题材电影：《突发事件》、《铁人》、《沂蒙六姐妹》、《高考1977》、《大河》、《我的左手》、《八月一日》，以及2008年10月上映的国内首部灾难大片《超强台风》为研究对象，这样保证了商业评价与政府评价两个体系的较具有代表性的电影都能被涵盖在本次调查的范围内，使调查样本有较强代表性。

2. 抽样方法

采用pps多阶抽样方法对北京地区公办高校大学生进行了抽样。在95%置信度下的抽样，误差控制在±3.5%。

首先，按照北京高校人数随机抽取八所高校。[①] 从互联网上获取的北京市57所高校的人数资料总人数为610462，将每个学校的人数从1开始编号，一直到610462，然后在Excel表格中选用公式“=Int（Rand()*（610461+1)”行随机抽样，抽取了北京林业大学、北京化工大学、北京邮电大学、中国人民大学、中央民族大学、北京理工大学、清华大学、中央财经大学八所高校。

---

① 数据来源主要是高校网站公布和新浪网上所发布的北京市57所高校的人数资料。其次除以上两处来源明确公布以外，部分数据根据各高校招生计划计算所得。

其次，将八所高校宿舍楼按照大致人数进行编号，每所高校抽取三栋宿舍楼作为访问单位。

最后，对选中宿舍楼按照分布位置均匀选择具体访问宿舍。具体是在每一栋楼里选择靠近电梯间或者楼道的两间宿舍，如果宿舍没有人，则同一方向顺延，或者在同一层楼里走廊尽头的相反方向两个宿舍。

共回收问卷1008份，其中有效问卷990份，有效率为98%。其中，北京林业大学123份，北京化工大学115份，北京邮电大学135份，中国人民大学105份，中央民族大学133份，北京理工大学110份，清华大学140份，中央财经大学129份。样本性别构成是男生占48.6%，女生占51.4%。从专业构成来看，理工农医类占56.1%，人文社会学科占43.9%。

三　研究发现

（一）大学生的电影接触情况

1. 影片的基本接触情况

调查数据显示，大学生在电影接触上的一个基本现象是以国产商业电影和合拍片为主要的观看对象，进口电影次之，主旋律电影排在最后。具体表现分析如下：

（1）国产商业电影、合拍片的观看比例都保持在前15名之内，这几部电影的一个共同特点就是娱乐性与商业性都较强，以《非诚勿扰》为代表，看过该片的比例达到85.4%。

（2）进口分账影片有一半左右比例的大学生观众。《变形金刚2》的大学生观众比例是64.9%，《木乃伊3》、《哈利·波特与混血王子》的大学生观众比例分别是48.3%和47.7%。学术评价认为这几部电影在视觉表现方面都有较高的水准，并且在当前中国电影观众开始重视视觉效果的背景下，大学生群体中的观看比例却没有国产的商业片高，值得进一步探讨。

（3）7部华表奖获奖影片在大学生中的观看比例排在最后，观看比例最低的是《大河》，只有6.6%，以中国首部灾难大片为卖点的电影《超强台风》在被调查的大学生群体中看过的比例也只有13.6%。这八部电影的共同特点是以主旋律为特色，但是同样以主旋律为诉求的电影《建国大业》与《集结号》看过的比例居于高位。具体数据如图1所示：

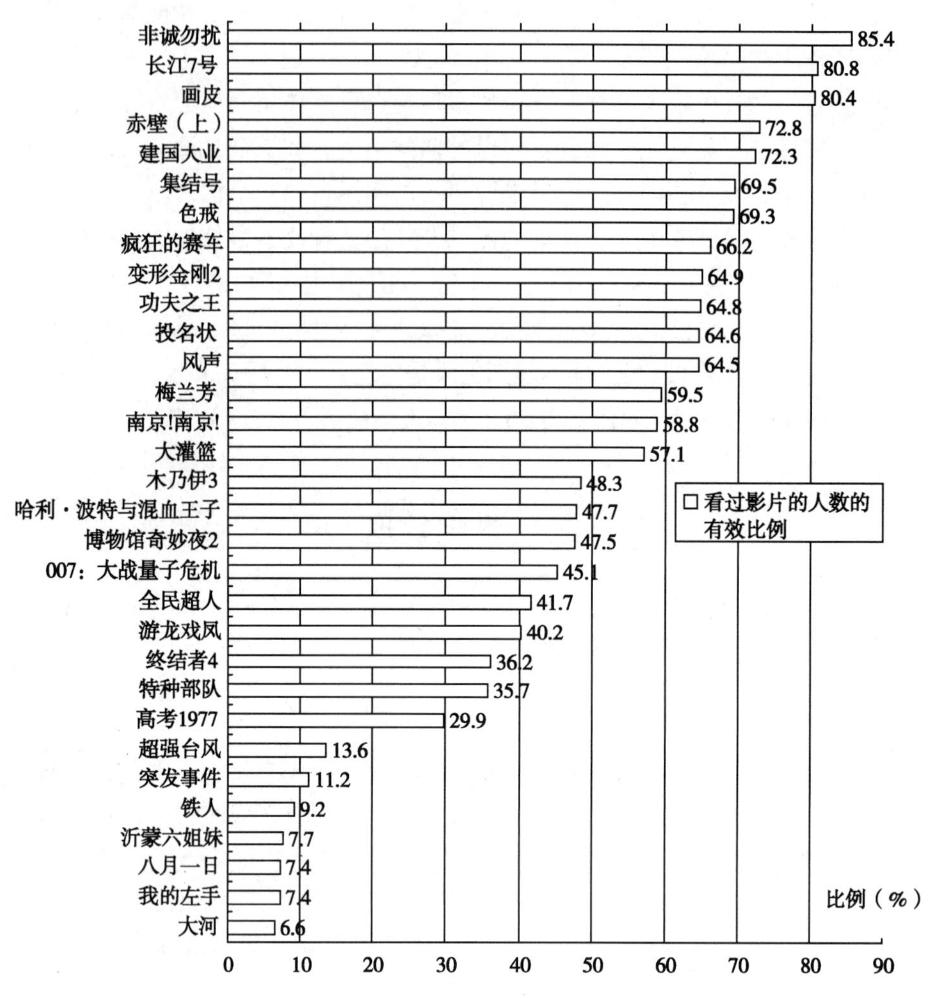

图1　看过影片的人数的有效比例

2. 影片观众的性别差异分析

进一步考察性别差异对观影状况的影响，具体是对同一部电影分别在男女大学生中的观众比例情况进行比较。分析发现有些影片在男女群体中有明显的比例差异。

（1）在男性大学生群体中观看比例明显高于女性的电影有十一部，将这十一部影片归纳为偏男性化的影片。其中又有六部电影是当年引进的好莱坞大片。因此，可以看出进口大片对男性的吸引力要大于对女性的吸引力。

（2）在女性大学生群体中观看比例明显高于男性的电影有六部：《游龙戏凤》、《画皮》、《梅兰芳》、《非诚勿扰》、《风声》、《色戒》。可以看出吸引女性观看电影的元素主要是以表现感情见长，爱情或者是危难中的情感经历都成为吸引女性观看电影的一个重要因素。

（3）性别差异对在华表奖获奖电影观看行为上没有显著的差异。具体数据见表1：

表1　（单位:%）

电影片目	男	女	男—女差异	特点
游龙戏凤	33.5	46.4	-12.9	偏女性化影片
画皮	73.7	86.5	-12.8	
梅兰芳	53.5	64.8	-11.2	
非诚勿扰	82.1	88.0	-6.0	
风声	61.6	67.4	-5.9	
色戒	66.2	71.8	-5.6	
长江7号	78.9	82.6	-3.7	
沂蒙六姐妹	7.1	8.5	-1.4	
我的左手	6.9	8.0	-1.2	
建国大业	71.8	72.7	-0.9	
八月一日	7.1	8.0	-0.9	
大河	6.7	6.6	0.1	
突发事件	11.5	10.5	0.9	
大灌篮	58.3	56.6	1.7	
哈利·波特与混血王子	48.3	46.6	1.7	
博物馆奇妙夜2	48.5	46.5	2.1	
赤壁（上）	74.7	71.4	3.4	
铁人	11.0	7.6	3.4	
超强台风	15.5	11.6	3.9	
高考1977	32.3	27.7	4.6	
南京！南京！	61.7	56.1	5.6	
功夫之王	68.2	61.0	7.2	
疯狂的赛车	70.4	62.3	8.1	
全民超人	47.1	36.9	10.2	
集结号	74.9	64.1	10.8	
木乃伊3	54.4	42.5	11.9	
终结者4	43.7	28.8	14.9	
007：大战量子危机	53.1	37.6	15.5	偏男性化影片
变形金刚2	73.1	57.2	15.9	
特种部队	44.2	27.6	16.6	
投名状	73.4	56.1	17.3	

3. 大学生观众的城乡来源差异分析

对大学生的城乡来源差异进行分析发现，来自城市学生群体观看电影比例总体上高于来自农村学生群体。差异最大的是《博物馆奇妙夜2》、《哈利·波特与混血王子》，城乡差距达到一成以上。

同时，不管是来自城市还是来自农村，只有一成左右的大学生看过2009年获得华表奖的电影。结果都表明不论大学生的成长背景如何，这些电影对他们的吸引力都非常小。具体数据见表2。

表2　　大学生观众的城乡来源差异分析　　（单位:%）

电影片目	城市	农村	城市—农村	特点
木乃伊3	47.0	51.4	-4.4	↓ 偏城市学生群体观看影片
功夫之王	63.4	67.7	-4.3	
超强台风	12.3	16.5	-4.2	
游龙戏凤	39.4	42.1	-2.6	
突发事件	10.6	11.7	-1.1	
投名状	64.3	65.2	-0.9	
沂蒙六姐妹	7.7	8.0	-0.3	
建国大业	72.6	71.8	0.8	
长江7号	81.2	80.3	0.9	
我的左手	7.7	6.8	0.9	
特种部队	36.2	34.7	1.5	
八月一日	8.0	6.5	1.5	
终结者4	36.5	34.6	1.9	
铁人	9.8	7.9	1.9	
大河	7.4	4.7	2.7	
南京！南京！	59.7	56.8	2.9	
非诚勿扰	86.5	83.2	3.3	
集结号	70.4	67.1	3.3	
画皮	81.6	77.6	3.9	
风声	66.2	60.9	5.3	
梅兰芳	61.2	55.3	5.9	
全民超人	43.9	37.7	6.2	
赤壁（上）	75.0	68.5	6.5	
大灌篮	59.2	52.6	6.6	
疯狂的赛车	68.4	61.6	6.9	
高考1977	32.3	25.1	7.2	
变形金刚2	67.7	58.9	8.8	
色戒	72.1	63.1	9.0	
007：大战量子危机	48.2	39.0	9.1	
博物馆奇妙夜2	51.4	39.1	12.3	
哈利·波特与混血王子	52.6	35.9	16.7	

（二）观影渠道分布

对于大学生观影渠道，问卷设计了电影院、电视频道、录像、网络、VCD/DVD 在电脑上、VCD/DVD 在电视上六条渠道进行考察。分析发现，首先，所考察影片的观影渠道特征非常明显，网络已经毫无争议地成为最大一条观影渠道，并远远高于电影院。最高的影片占了近八成比例，最低的也在一半左右。

其次，电影院已经不再是传统意义上的电影主要消费场所，最高的影片只占三分之一的观影比例，多数在一成上下。

最后，电视频道正在逐渐成为像《突发事件》这样的主旋律电影的一个重要观看渠道。有 9 部电影通过电视频道观看的比例超过了在电影院看的比例，这 9 部电影分别是《长江 7 号》、《投名状》、《功夫之王》、《大灌篮》、《沂蒙六姐妹》、《高考 1977》、《超强台风》、《我的左手》、《八月一日》，其中有 4 部是华表奖的获奖电影。具体数据见表 3。

表 3　　**观影渠道分布**　　（单位:%）

电影片目	通过网络在电脑上看的	电影院看的	电视频道上看的	通过录像看的	使用 VCD、DVD 在电脑上看的	使用 VCD、DVD 在电视机上看的	通过其他渠道看的	合计
高考 1977	78.0	5.4	7.2	1.8	4.7	1.1	1.8	100.0
木乃伊 3	76.8	6.8	4.6	3.5	5.9	1.8	0.7	100.0
终结者 4	75.8	13.7	0.6	2.4	6.3	1.2	0	100.0
疯狂的赛车	75.6	9.1	6.3	1.4	5.4	0.9	1.3	100.0
建国大业	75.4	11.8	3.0	1.8	5.7	1.1	1.1	100.0
007：大战量子危机	74.6	12.2	2.9	2.6	5.5	1.2	1.0	100.0
色戒	74.6	12.2	2.9	2.6	5.5	1.2	1.0	100.0
突发事件	72.5	5.9	4.9	2.0	10.8	0	3.9	100.0
游龙戏凤	71.6	12.5	4.8	2.1	5.3	1.9	1.9	100.0
全民超人	70.6	14.2	3.3	3.0	6.0	1.6	1.4	100.0
投名状	69.1	9.4	11.1	2.4	5.0	1.6	1.3	100.0
非诚勿扰	69.1	15.5	7.6	1.8	4.6	1.1	0.5	100.0
画皮	68.8	14.1	9.2	2.0	4.5	0.4	1.0	100.0
特种部队	68.1	15.7	3.3	4.2	6.9	0.6	1.2	100.0

续表

电影片目	通过网络在电脑上看的	电影院看的	电视频道上看的	通过录像看的	使用VCD、DVD在电脑上看的	使用VCD、DVD在电视机上看的	通过其他渠道看的	合计
梅兰芳	66.8	14.4	7.9	2.6	4.6	1.9	1.8	100.0
风声	64.7	24.8	1.3	2.4	4.2	0.6	1.9	100.0
长江7号	64.5	11.2	16.5	1.9	3.8	1.7	0.4	100.0
集结号	64.1	14.0	10.6	1.6	5.7	1.0	3.0	100.0
哈利·波特与混血王子	63.6	25.7	2.5	2.0	4.9	0.4	0.9	100.0
功夫之王	63.2	11.0	15.7	3.2	5.3	0.8	0.6	100.0
超强台风	62.1	8.9	13.7	4.0	5.6	1.6	4.0	100.0
大灌篮	61.7	10.2	17.5	2.6	5.0	1.7	1.3	100.0
赤壁（上）	60.7	23.4	9.6	1.0	3.3	1.2	0.7	100.0
变形金刚2	59.8	32.7	1.0	1.8	3.9	0.5	0.3	100.0
南京！南京！	58.9	28.6	2.9	1.6	4.8	1.1	2.1	100.0
大河	57.6	15.3	13.6	6.8	6.8	0	0	100.0
博物馆奇妙夜2	55.2	32.7	1.1	2.7	4.6	1.1	2.6	100.0
八月一日	55.1	11.6	13.0	7.2	7.2	4.3	1.4	100.0
铁人	52.4	23.8	16.7	1.2	6.0	0	0	100.0
沂蒙六姐妹	50.0	15.7	20.0	5.7	7.1	1.4	0	100.0
我的左手	47.8	10.4	14.9	7.5	14.9	1.5	3.0	100.0

（三）影片观众的评价

对于所考察的31部影片，进一步分析了大学生观众的评价。具体提问：“如果10分是满分，6分及格，0分最差，下面这些电影从‘好电影’的角度来打分的话，您觉得分别可以打多少分?”考察结果显示：

1. 大学生对所选的31部电影的打分均值都在6分以上（《八月一日》是5.9595，近似6分），整体都超过及格线。

2. 得分最高的前五名均是国产商业影片和合拍片。评价靠后的10部电影中有6部是华表奖获奖电影。进口影片的分数排在中间。

3. 《赤壁（上）》、《功夫之王》、《投名状》等几部当年大片在大学生观众中的评价不高。

表 4　　（单位:%）

电影片目	均值	标准差	N
风声	8. 0247	1. 85052	608
南京！南京！	7. 7444	1. 71468	540
集结号	7. 7265	1. 61107	702
疯狂的赛车	7. 6314	1. 57388	624
建国大业	7. 5327	1. 74769	704
变形金刚 2	7. 5272	1. 75256	607
高考 1977	7. 4000	1. 76667	285
梅兰芳	7. 2988	1. 68512	579
非诚勿扰	7. 2367	1. 73022	845
哈利·波特与混血王子	7. 1843	1. 73393	445
博物馆奇妙夜 2	7. 1712	1. 72222	438
007：大战量子危机	7. 1501	1. 77680	413
终结者 4	7. 0572	1. 57837	367
特种部队	7. 0116	1. 81399	345
画皮	6. 9280	1. 82027	792
木乃伊 3	6. 8867	1. 74628	450
色戒	6. 8223	1. 93196	692
沂蒙六姐妹	6. 7449	2. 28085	98
长江 7 号	6. 7030	1. 78605	788
全民超人	6. 6986	1. 82049	418
游龙戏凤	6. 6915	1. 89892	376
投名状	6. 6709	1. 79961	632
铁人	6. 6210	2. 04658	124
大河	6. 5765	2. 23807	85
我的左手	6. 5233	2. 32999	86
突发事件	6. 5083	2. 20769	120
超强台风	6. 4552	2. 11196	134
功夫之王	6. 3677	1. 89981	620
赤壁（上）	6. 2180	2. 03430	743
大灌篮	6. 0588	2. 09011	544
八月一日	5. 9595	2. 67120	74

四 结论

本研究通过抽样调查，考察了北京高校大学生对2007—2009年上映电影的接触以及评价情况。通过数据分析可以发现如下结论：

一是不同影片在大学生中的观看比例差异很大。《非诚勿扰》、《长江7号》等影片的大学生观影比例超过八成，但《沂蒙六姐妹》、《大河》等影片的大学生观众比例不足一成。

二是根据不同性别大学生的观影情况，可以从性别角度将影片分为三类：偏男性化影片、偏女性化影片、中性影片。具体电影举例如下表：

表5

偏男性化电影	偏女性化电影	中性电影
投名状	游龙戏凤	沂蒙六姐妹
特种部队	画皮	我的左手
变形金刚2	梅兰芳	建国大业
007：大战量子危机	非诚勿扰	八月一日
全民超人	风声	大河
集结号	色戒	突发事件

三是网络已经成为电影观看的最大渠道。换言之，目前已经进入全面的网络电影时代。考察大学生对31部影片的观看渠道发现，网络是最大的一条观影渠道，远远领先于电影院。最高的达到八成比例，最低的也有一半比例。从观影渠道来看，网络已经完全挑战了电影院的传统地位，即电影应该通过电影院来看的时代已经结束。电影院的功能正在面临一种新的转型，正在成为电影观众中的小众消费渠道。

电影院如何转型？如何与网络成为共赢？如何与新媒介渠道融合？这些问题将决定电影院未来的发展方向。对于政府管理部门来说，如何利用好网络来拓展电影产业？传统的管理手段如何适应新的形势？诸如此类问题的解决程度将影响我国电影产业的发展速度。

四是总体上影片的观众规模与评价之间有一定的相关关系。31部影片的观众规模与评价之间的pearson相关系数是0.393（在0.05水平上有显著性）。也就是说，观众越多的影片总体上会得到其观众更高的评价；反之，观众越少的影片，得到其观众评价就会越低。

五是华表奖获奖影片总体上在大学生群体中的传播范围很小，得到的评价也不高。在所考察的31部影片中，大学生观影比例最低的都是获得华表奖的影片。其中，还有五部影片的大学生观众比例在一成以下。同时，观众的评价也不高，除了《高考1977》评价在7分以上外，其余六部影片的评价都在7分以下，排位靠后，《八月一日》得分在31部影片中最低。

六是一些观影人数较多的影片也得到较低评价，也就是说，有些票房高的影片，得到其观众的评价并不高。《赤壁（上）》、《功夫之王》、《投名状》等几部当年大片在大学生群体中的观影比例很高，但在作为“好电影”的评价上面却偏低，只在及格线上一点，与排名前几位的电影之间差距明显。这就是说市场评价并不一定能准确反映影片的传播价值，票房高不一定得到高口碑。

（张洪忠　周　雯　王宜文　于　媛）

第二十六章

中国政府组织的对外演出和会展情况分析

——以中国对外演出公司1999—2008年的实践为例

对外文化交流是中国文化软实力的重要维度，它既包括政府的对外文化传播，也包括民间组织的相关活动，同时也和商业密切相关。中国对外演出公司（中国国家演出公司，简称中演公司，英文简称CPAA），是隶属中华人民共和国文化部的中国演出供应商，它负责中国与世界各国政府间官方演出交流项目在境内外的全部承办工作，正是综合考量政府行为与商业性质的对外文化交流活动的最佳样本。四十余年来，中演公司已组织中国艺术团、组和艺术家，在140多个国家和地区成功地进行了两千余起、上万场巡回演出，包括京剧、地方戏曲、曲艺、芭蕾、歌剧、交响乐、话剧、民族歌舞、杂技、民乐、木偶、皮影和魔术等，既有官方文化交流项目，同时又有商业性演出项目。改制转企3年来，中演公司共向海外派出演出、展览项目330多个；其中演出项目290余个，在全球近80个国家和地区演出15000余场，现场观众超过3000万人次。这些业务的开展及其取得的市场反响，使中演公司在中国政府对外文化交流活动中具有很强的代表性。

本文以中演公司1999—2008年的对外文化活动为例，尤其关注文化交流年活动，对中国政府的海外文化传播行为进行讨论；试图在个案分析的基础上，就中国文化软实力发展提出相关建议。

一　中演公司对外文化交流项目分析

（一）整体趋势

中演公司在1999—2008年举办了为数众多的文化活动，包括演出、会展等，其中面向海外的文化交流活动呈现出稳步前进的趋势。通过相关统计和方差分析，可以较为明显地看出这一点：

表 1　　**演出活动数据**　　（单位：个）

项目＼年份	1999	2000	2001	2002	2003	2004	2005	2006	2007	2008
活动项目数	10	14	25	17	10	11	14	8	22	14
省级及省级以下（或个人）活动项目数	5	6	19	10	5	7	5	5	6	3
中央级活动项目数	5	8	6	7	5	4	9	3	16	11
出访国家数	8	16	31	20	10	17	6	4	9	18
巡回演出项目数	0	0	0	2	3	2	1	0	1	1
国际合作项目数	0	0	0	2	3	0	1	0	0	1
文化年	0	0	0	0	0	0	0	0	1	1
交流年（交流会）	0	0	0	0	0	0	0	0	2	1
文化节（文化周、文化季）	0	1	1	1	1	1	1	1	0	0
艺术节	1	1	0	1	0	0	2	1	1	0
获奖项目	0	1	0	5	3	1	0	0	0	0

表 2　　**会展活动数据**　　（单位：个）

项目＼年份	1999	2000	2001	2002	2003	2004	2005	2006	2007	2008
展出项目数	11	10	16	24	17	10	10	6	6	9
省级及省级以下（或个人）活动项目数	0	2	1	4	2	3	3	0	0	1
中央级活动项目数	11	8	15	20	15	7	7	6	6	8
出访国家数	20	12	21	24	16	8	9	5	7	8
参加美术展（大赛）	0	0	2	3	2	0	2	0	0	0
合办项目数	0	0	0	0	0	0	0	0	0	1

针对分析以上数据，可以做相关统计分析如下：

表 3　　1999—2008 年演出活动项目数与出访国家数　　（单位：个）

项目＼年份	1999	2000	2001	2002	2003	2004	2005	2006	2007	2008
活动项目数	8	13	22	17	7	7	4	4	7	14
出访国家数	8	1 6	31	20	9	16	6	4	9	18

表 4　　1999—2008 年会展活动项目数与出访国家数　　（单位：个）

项目＼年份	1999	2000	2001	2002	2003	2004	2005	2006	2007	2008
活动项目数	11	10	16	24	16	10	4	3	4	9
出访国家数	20	12	21	24	15	8	6	2	5	8

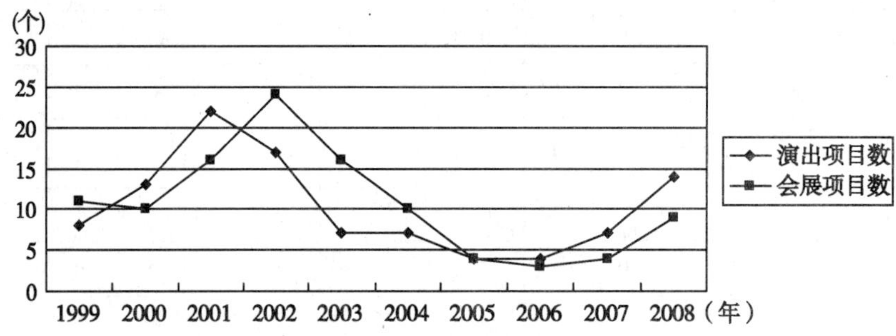

图 1　1999—2008 年演出活动项目数与会展活动数

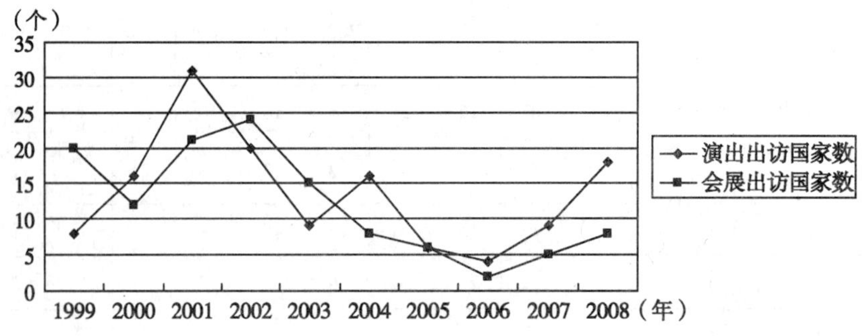

图 2　1999—2008 年演出出访国家数与会展出访国家数

将数据导入 SPSS13.0，以每 2 年的数据为一组，分为 5 组，进行方差分析。结果如下：

表 5　　单因素方差分析表

Oneway

ANOVA

		Sum of Squares	df	Mean Squares	F	Sig.
演出活动项目数	Between Groups	270.600	4	67.650	6.833	0.029
	Within Groups	49.500	5	9.900		
	Total	320.100	9			
演出出访国家数	Between Groups	438.600	4	109.650	3.437	0.104
	Within Groups	159.500	5	31.900		
	Total	598.100	9			
会展活动项目数	Between Groups	322.600	4	80.650	6.350	0.034
	Within Groups	63.500	5	12.700		
	Total	389.100	9			
会展出访国家数	Between Groups	441.400	4	110.350	7.507	0.024
	Within Groups	73.500	5	14.700		
	Total	514.900	9			

由结果可知，演出活动项目数的 sig 值 = 0.029 < 0.05，会展活动项目数的 sig 值 = 0.034 < 0.05 以及会展出访国家数的 sig 值 = 0.024 < 0.05，说明在 0.05 的水平上，二者随着时间的变化呈现出显著的差异。因此可以窥见，中演公司对外的演出和会展活动在近十年来变化显著。除了在 2001 年和 2002 年的活动高峰期之外，其他年间的活动状态均处于一个较低的水平。演出和会展的项目数与出访国家数在 2001—2002 年达到顶峰，之后因为筹办“文化年”数据开始下降，但从 2006 年起，“文化年”以外的演出和会展的项目数和出访国家数又开始呈现上升趋势。

从演出项目上看，出访国家数目在 2001 年到 2003 年达到顶峰，而在此之前，奔赴各地的巡回演出一直处于比较冷淡的状态，国际合作项目数则由 1999—2001 年的零合作实现了从 2002 年至 2008 年的长期合作。虽然说在此期间，各大文化年的筹办和策划影响了一些项目的正常运转，但是各大文化年的成功举办也带来了深远广泛的意义。从会展活动来看，出访国家数在 1999—2003 年一直保持着相对平稳的起伏状态，当然也由于随后对于各大文化年的筹办而稍微减轻了侧重。自 2001 年起到 2005 年，美术展成为了又一大会展活动。另外，合办项目在 2008 年才出现。

（二）精品项目分析

中国对外演出公司近十年承办和代理了许多国内外的项目，外派了很多艺术团体，并且赢得了世界广泛的关注，为提高我国在世界文化交流的地位并在一定意义上提升国家软实力作出极大贡献。这可以通过《龙狮》、《少林雄风》、《海盗》三个项目的个案分析，加以讨论。

1. 《龙狮》

截至2007年8月6日，《龙狮》在日本的演出已超220场，平均上座率达到98%。《龙狮》从1999年4月首演以来，一直在欧美主要发达国家演出，创下了一台以中国杂技艺术为主体的大型晚会在国际市场中，票房、上座率（99.5%）、演出场次（2838场）、观众人次（突破600万）、演出时间（9年）、演出地区（52个城市）6项最高纪录，更在中国海外商业演出中创造了全新的类型。同时，《龙狮》还获得了代表着当今电视艺术和电视科学最高成就的艾美奖的优秀演出奖、优秀导演奖、优秀服装奖3项大奖。它融合了东西方文化的内涵，将杂技与戏曲、舞蹈、音乐等各种艺术形式有机地结合起来，具有强烈的文化和视觉冲击。英文剧名取“龙”单词的前半部分与“狮”单词结合，新创“龙狮”（DRALION）一词。以欧美主流社会的高端文化消费阶层为目标，《龙狮》成为太阳马戏团20多年来赢利最多的国际巡演剧目。

2. 《少林雄风》

《少林雄风》取材于中国嵩山少林寺武僧日常生活，创排5年来，已三次赴北美巡演，两度赴澳。用“夏红，春绿，秋黄，冬白”的缤纷色彩装点少林武僧日常习武诵经，使观众在欣赏整台节目的同时也增长着对中国文化的认识，极大地显现了中国文化软实力的特征。据统计，它在欧、美、大洋洲演出200多场，演出场地基本上都是当地的主流剧场，累计观众总量已达到40余万人（不含中国国内观众）。

3. 《海盗》

中演公司2007年创排的《海盗》是中演公司、中国武汉杂技团和荷兰星辰公司共同投资制作的情景杂技新剧目，通过杂技与演技的结合，向观众们展示了西方海盗的传奇文化。以中外合作为方式，它推动了中国演艺团体走向国际。虽然仅仅出访过4个国家，且演出地区、演出场次、观众数量以及平均上座率均未查实，但其观众的最高领导级别达到了外国大使的程度，并且入选了2009—2010年度国家文化出口重点项目，很有可能成为近几年对外文化出口的王牌项目。

表6　　中演公司三个核心对外文化演出活动的数据

项目/核心活动	《龙狮》	《少林雄风》	《海盗》
活动开始时间	1999年4月	2000年	2007年
活动持续时间	至今	至今	至今
演出形式	舞台剧	功夫舞台剧	情景杂技
活动主题	传统杂技的创新	少林题材	海盗传奇文化
出访国家数	12	5	4
演出地区	52个城市	百余座城市	未查实
演出场次	3000余场	700余场	未查实（欧洲巡演）
平均上座率	99.5%	85%	未查实
观众数量	800万	65万	未查实
最高领导级别	国家前总统	国家总督、总理	外国大使
投资金额	1999年投资千万美元	未查实	未查实
获得奖项	艾美奖的优秀演出奖、优秀导演奖、优秀服装奖3项大奖；获文化部“优秀出口文化产品”奖励	获文化部“优秀出口文化产品”奖励	入选2009—2010年度国家文化出口重点项目目录

整体而言，这三项文化演出在对外交流上的成功得益于以下几点：（1）集中力量打造精品活动。在1999年之前，中演公司大多以小型项目演出为主，而《龙狮》成为一个明显的转折点，对中国文化软实力的塑造具有很强的代表意义，并开辟了其后的《少林雄风》等品牌。（2）通过中外文化交融，注重仪式化特征，使文化传播贴近海外观众心理。在研究者对中演公司的新闻总监王洪波的访谈中，这一问题得到了其充分肯定；他特别指出，将京剧表演的化妆后台搬到了前台，让海外观众看到演员画脸谱、戴头饰等过程，极大地提高了观众的兴趣。（3）丰富营销手段，通过与国外本土演出公司合作等方式，进一步促进中国文化软实力的深入。

二　文化年活动分析及其意义：以中俄文化年为例

在中法文化年的基础上，中演公司参与承办了2006—2007年的中俄文化年活动。这一活动对中国在政治、经济等硬实力领域的发展有很强的反作用，体现了文化软实力的重要价值。

这一活动是以国家形象出现的。2005 年 7 月，胡锦涛主席访问俄罗斯期间和时任俄罗斯总统的普京共同宣布，将于 2006 年在中国举办“俄罗斯年”，而在 2007 年，在俄罗斯举办“中国年”。中演公司对这一活动的组织进行了大量的工作。

表 7 2006 年中国的“俄罗斯年”和 2007 年俄罗斯的“中国年”对比分析

文化年 / 考察项目	2006 年中国的俄罗斯年	2007 年俄罗斯的中国年
启动时间	2006 年 1 月 1 日	2007 年 1 月 1 日
文化年持续时间	1 年	1 年
组委会	两国都成立了“国家年”组委会，中国国务院副总理吴仪任中方组委会主席，俄罗斯联邦政府第一副总理德米特里·梅德韦杰夫任俄方组委会主席	
活动项目数	300 多项	近 200 项
演出团体及个人	俄方派出 22 个演出团体和 6 个展览，仅两国文化交流框架内就派出 1000 余人次的艺术家访问中国。莫斯科交响乐团、俄罗斯国立模范大剧院、柴可夫斯基大交响乐团、俄罗斯全明星芭蕾、俄罗斯国立模范小白桦歌舞团、俄罗斯特瑞姆民族器乐四重奏、赫利孔山歌剧院等单位参加文化年相关活动	15 个艺术团体的近千名艺术家赴俄，中国人民解放军总政治部、中国对外文化集团公司、中国东方歌舞团、中央芭蕾舞团、中国交响乐团、中国杂技团、中国京剧院、成都军区战旗杂技团、广州军区战士杂技团、嵩山少林武僧团、沈阳军区前进杂技团等单位赴俄参与文化年相关活动。100 多位中国艺术家集中参加了“伏尔加河艺术之旅”
精品演出项目（列举）	中国俄罗斯年开幕式演出、歌唱家音乐会、俄罗斯少年天才音乐会、歌剧《沙皇的新娘》、《撼天动地——“俄罗斯日”大型激光歌舞秀》、苏俄流行歌曲音乐会《莫斯科郊外的晚上》、戏剧《智者千虑必有一失》、《小市民》、《狼与羊》	俄罗斯中国年开幕式演出《春天的交响》、藏族歌舞诗《神奇的家园》、芭蕾舞剧《小河淌水》、舞台剧《功夫传奇》、大型民族歌舞《多彩贵州风》、芭蕾舞剧《大红灯笼高高挂》、京剧《图兰朵》，民族交响乐《霸王别姬》、《梁祝》
精品会展项目（列举）	《俄罗斯艺术三百年——特列恰科夫画廊精品展》、《19 世纪下半叶俄罗斯现实主义作品展》、《太阳城——社会主义现实主义的辉煌》、《俄罗斯文学展——普希金、托尔斯泰、肖洛霍夫》、《克里姆林宫国家博物馆藏品展》	《故宫博物院藏珍品展》、《白色的金子——中国陶瓷精品展》、《上海博物馆精品展》、《丝绸之路——5000 年中国丝绸精品展》、《中国民俗灯展》、《中国邮票展》、《锦绣中华——中国少数民族服装服饰及工艺品展》、《中国印——李岚清篆刻艺术展》、《开放的中国艺术展》

续表

考察项目 \ 文化年	2006 年中国的俄罗斯年	2007 年俄罗斯的中国年
最高级别演出场所	人民大会堂	克里姆林宫
民众参与活动人数	中方直接参加“俄罗斯年”活动的人数约 50 万，现场观众近 5 万人，电视观众超过 2 亿人	现场观众 10 万余人
政府组织参与人数	俄罗斯 7 个联邦区的领导，65 个州长来华访问	中国各省市组织代表团赴俄参加文化年相关活动。国家贸促会组织县级以上政府及相关企业的领导赴俄罗斯参观、洽谈
参与活动最高级别领导	中国国家主席胡锦涛和俄罗斯总统普京	俄罗斯总统普京和中国国家主席胡锦涛
当年中俄经贸情况	2006 年，中俄双边贸易额创历史新高，达到 334 亿美元，比 2005 年增长 15%；中国对俄直接投资达到 4.7 亿美元，比 2005 年增长 131.5%；中俄边境贸易额达到 70 亿美元，比上一年增长 25%	2007 年 1 月至 9 月中俄贸易额已达到 349 亿美元，超过去年全年的水平。2007 年中俄双边贸易额已达到 481.6 亿美元的历史新高，全年贸易额的增长率达到 44.3%

与 2006 年开始的中国“俄罗斯”年相仿，2007 年在俄罗斯举办了“中国年”，有近 200 项的文化活动，有 15 个艺术团体近千名艺术家赴俄参演，包括中国对外文化集团公司。“中国年”为期一年，中国文化有机会较为系统地展现在外国人的面前。可以说，这个机会是双方的，既是对中华民族文化的一种鞭策和与时俱进的机调，对于俄罗斯来说，也是较为系统地体味中华文化的良好机会。在“中国年”中，中国向俄罗斯展现了诸如民族交响乐、藏族歌舞诗等富有民族气息的节目深得俄罗斯观众欢迎。与中国相类似，俄罗斯也是一个多民族国家，在这点上对于中国的各民族文化有一定的认同，建立在这样的基础上，俄罗斯的受众能够较为容易地接受中国文化的传播，演出也具有较好的效果。文化年活动充分显示文化交流的平衡性和文化软实力的意义。

进一步而言，中演公司将 2004—2008 年的侧重活动放在了文化年的筹备上，充分说明这项活动的重要性和工作的着重点；其中中法、中俄文化年具有很典型的特征。2005 年，法国共有约 200 万公众直接参与了中国文化年的活动；它不仅使两国民众有了“零距离接触”，而且为随后两国高层的对话和互访做了重要的铺垫。2007 年，俄罗斯“中国年”活动俄方现场观众就达 10 万人。综合考量中演公司所参与的文化年活动，可以说明其对中国文化软实力的重要意义。

首先，文化年活动推广效应具有全方位、多层次、立体式的特点。中法文化年促进了中法两国的交流，所涵盖的各类项目达到300多个，其中，三星堆文物展、中国中央民族乐团与巴黎国家交响乐团的合作演出、法国印象派画展和法国百年时尚展等都成为了活动的亮点。

其次，从文化软实力对硬实力的反作用来看，中国的“俄罗斯年”过程中，双方的双边贸易创下了历史新高。具体而言，2006年底，中俄双边贸易额达334亿美元，比2005年增长15%；中国对俄直接投资达到4.7亿美元，比2005年增长131.5%；中俄边境贸易额达到70亿美元，比上一年增长25%。2007年1月至9月中俄贸易额已达到349亿美元，超过去年全年的水平。可以说，通过文化软实力的作用，激发了中国与其他国家在经济贸易方面合作的潜能。

三　对我国对外文化交流活动的建议

现今，我国的对外文化交流活动亟须发展到一个新的境界。把文化交流活动做大做强，一方面体现的是中国和世界各国的友好相处，另一方面也是我国国力特别是软实力的表现。通过中国对外演出公司的个案，可以提出以下建议：

首先，应文化对外传播的主体范围，让群众和更多的团体有机会参与其中，不仅在大城市中举办活动，而且可以根据实际情况在一些有能力的中等城市开展和宣传，让普通老百姓也有机会作为活动的一分子参与其中，都可以为我国的对外文化交流事业做出努力和贡献。

其次，重要文化交流活动的创新。中演公司大部分的文化交流活动多是演出和会展，在交流形式上有些单一。应在这些活动的基础上予以总结，进而提供更多更好的精品项目。

最后，完善市场化的运作模式，让政府和市场双向结合，合力打造中国文化软实力。通过群策群力，在中外交流中取长补短、相互成熟。这不仅对我国文化软实力对外传播有重要意义，也对中国文化自身的发展、完善具有极大的价值。

（曾　晨　张　玮　陈航直　周宇飞　何　烨）

第二十七章

21 世纪中国民间对外文化交流演出及会展情况分析*

民间对外文化交流是中国文化软实力的重要显现。总体上而言，它代表了中国非官方立场的文化形象，尤以中国文联及各文艺家协会、团体为主要角色。本文尝试以 2002 年到 2009 年中国文联对外交流的情况为分析对象，讨论其发展趋势；并针对美国部分大学设计了问卷，以检验中国文化对外交流的效果和受众反响。

中国文联是由 11 个全国文艺家协会，33 个省、自治区、直辖市文联和 7 个全国性产业文联组成的人民团体，其所属的 11 个全国性文艺家协会会员总数超过 10 万人，各省市文艺家协会会员总数超过百万人，并以中国国际民间艺术节、"今日中国"艺术周、北京国际美术双年展等一批有较高知名度的精品对外交流项目，形成了较大规模和影响力的对外交流活动，为世界打开了了解中国的窗口，展示了中国的文化软实力。

一 2002 年至 2009 年中国文联对外交流演出及会展情况

（一）近年来中国文联对外交流发展概况

中国文联在开展对外交流活动中突出民间性和专业性等特点，以艺术交流为主，组织开展了多种形式的活动，据不完全统计，2002 年到 2009 年，中国文联及全国各文艺家协会共组织出访团组 692 个，接待来访团组 467 个，进出国总人数达 16845 人次，在国外举办展览及演出 224 项。具体情况如表 1：

表 1　中国文联及全国各文艺家协会 2002 年至 2009 年出访来访团组统计表

年份	组团数	总人数	派出组团数/人数	来访组团数/人数	展览、演出	重要活动
2002 年	137	1525	83/482	54/1043	16	“第八届中韩日戏剧节”；“波兰音乐周”；“中日书法作品交流展”等
2003 年	95	759	54/324	41/435	24	中国音协加入国际青年音乐联盟；中国杂协参加意大利“金色马戏节”并获得佳绩；中国影协在波兰举办了中国电影周；中国剧协组派团参加第十二届伊朗国际仪式戏及传统戏剧节和第十届 BESETO 戏剧节等
2004 年	136	2358	76/494	60/1864	21	举办第六届中国国际民间艺术节；在加拿大成功举办了“中国艺术周”；中国音协和巴黎中国文化中心共同主办、中国艺术研究院音乐研究所协办的“古乐精华——中国乐器展”，这是“中法文化年”的重要项目之一；中国剧协组派剧组参加第 11 届 BESETO 中韩日戏剧节等
2005 年	142	2182	76/715	66/1467	30	中国文联在希腊举办“中国艺术周”；中国戏剧家协会举办了第 12 届中韩日戏剧节；中国电影家协会举办“韩国电影周”；中国美术家协会成功举办了国际造型艺术家协会第 16 届代表大会，中国美协成为第 16 届主席国，刘大为当选为主席等
2006 年	182	1412	90/616	92/796	16	中国文联在澳大利亚举办了“中国艺术周”；中国文联、中国摄协及中国驻埃使馆联合举办了“中埃友谊见证百幅摄影图片展”；中国影协在俄罗斯举办了“中国电影周”等
2007 年	167	2897	125/825	42/2072	33	中国文联会同国务院新闻办、中国美协及常驻日内瓦代表团、驻墨西哥大使馆等单位，在联合国驻日内瓦办事处和墨西哥城举办“同一个世界——中国画家彩绘联合国大家庭艺术大展”及“艺术之旅”文艺演出；中国文联在维也纳举办“今日中国”艺术周；中国书法家协会举办第二届中日女书法家代表作品展等

续表

年份	组团数	总人数	派出组团数/人数	来访组团数/人数	展览、演出	重要活动
2008 年	142	1918	86/609	56/1309	50	中国文联、中国美协会同国务院新闻办、中国常驻联合国代表团在纽约联合国总部举办了“同一个世界——中国画家彩绘联合国大家庭艺术大展”；中国文联、北京市人民政府、中国美协共同主办了第三届中国北京国际美术双年展；中国文联会同中国驻日本大使馆、日本中国文化交流协会等单位在日本东京举办“今日中国”艺术周大型展演活动；中国剧协举办第十五届中韩日戏剧节等
2009 年	158	3794	102/624	56/3107	34	中国文联在埃及举办“今日中国”艺术周；中国文联在芬兰考斯蒂宁国际民间艺术节举办“中国主题演出”；在奥地利、法国、德国举办“中国美术世界行——中国当代美术精品展”；组派民间工艺家参加以色列国际手工艺博览会等
合计	1159	16845	692/4689	467/12093	224	

（二）近年来中国文联对外交流发展状况分析

根据以上组团数的变化，纵向分析中国文联对外交流情况，可以较为清晰地看出其发展趋势与整体状况：

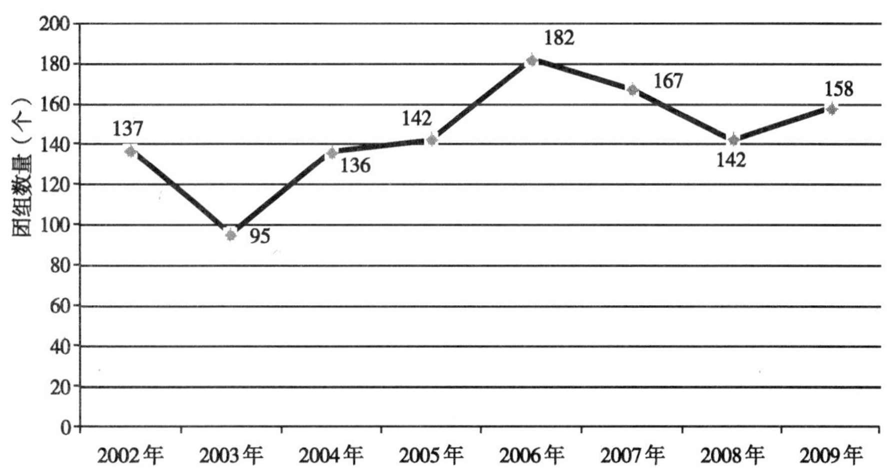

图 1　中国文联及全国文艺家协会 2002 年至 2009 年出访来访团组统计表

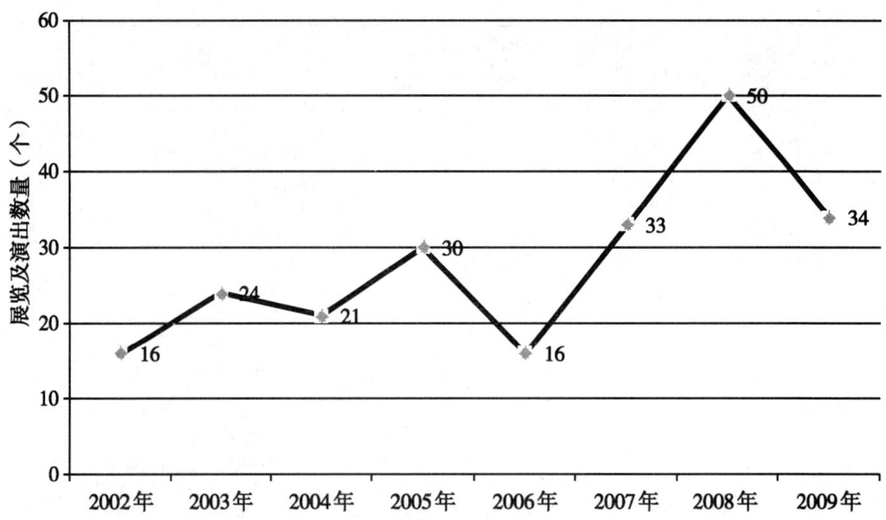

图 2　中国文联及全国文艺家协会 2002 年至 2009 年举办展览及演出统计表

中国文联对外交流活动总体而言处于逐步增长的态势，起伏并不大，在 2003 年出现小低谷，在 2006 年出现最高峰，2008 年有所下降，2009 年呈好转的趋势。

2003 年，由于“非典”的缘故，许多原本计划好在上半年进行的交流项目被迫取消或推迟，对外交流的开展受到影响。在受疫情影响的情况下，2003 年上半年中国文联开始加强调查研究，为对外文化交流提供最新的动态信息，为接下来的对外交流活动做准备。为了适应未来对外文化交流的需要和文化体制改革的需要，中国文联国际部对部分国家现行的文化运行机制模式进行了调研，在广泛收集资料和调查研究的基础上，完成了长达一万两千字的《关于部分国家文化/艺术理事会的调研报告》。该报告对目前多数国家普遍采取的文化/艺术理事会的性质、理论基础、目的、任务、作用、组织机构、运行机制、经费管理及其对于文化发展的利与弊等进行了全面分析。而当“非典”疫情稳定后，2003 年下半年，中国文联成功举办了首届中国北京国际美术双年展，开创了中国美术对外交流的新局面。可以说，即使是在“非典”肆虐的 2003 年，中国文联的对外交流活动依然开展得如火如荼，虽然在一定程度上受到了影响，出访和来访的团组都相对减少，但对于民间文化交流的热情始终高涨。

2006 年是中国文联近年来对外交流成果颇为丰富的一年，派出团组数量和来访团组数量较以前都有较大增长，尤其是接待的来访团组数，达到近年最高值。在交流活动的总人数上有所下降，说明2006年开展的对外交流活动中大型活动相对较少，以小型交流居多，保持了对外交流的活力。究其原因，首先，与中国文联和国际文化组织保持沟通，积极开展多边合作交流有密切关联。作为国际艺术理事会及文化机构联合会（简称IFACCA）的正式成员，中国文联于2006年10月在北京承办了该组织第18次执委会，这是继2003年中国文联加入IFACCA后第一次在中国承办该组织的执委会。执委会主席理斯托·罗赫说，IFACCA执委会在中国举行，对于中国文联了解IFACCA的工作，对于IFACCA了解中国文联的工作都是一个很好的机会；与会的各位外宾也表示，此次来到中国，对于中国的历史、文化有了更深入的认识，对于中国文联在中国国内文艺界以及国际文化交流领域中所起的作用也有了更多的了解。这种主动参与国际组织的行为，对中国文化软实力有重要意义。其次，与中国文联对外交流的常设项目逐渐走向品牌化有关。中国文联继2004年、2005年在加拿大、希腊成功举办"中国艺术周"之后，于2006年在澳大利亚成功举办这一大型活动，此次"中国艺术周"有效配合了我党和国家领导人对澳大利亚等国的正式访问，受到了澳大利亚社会和主流媒体的广泛关注，是中国文化软实力的一次集中展示。

2008年，由于"5·12"抗震救灾和北京奥运会的工作需要，2008年中国文联及各文艺家协会的出访和邀请来访项目和人数有一定程度的减少，但从统计数字和交流的实际情况看，对外交流工作更加务实和注重实效，尤其是对外演出和会展的数量，达到了近年来的最高值，呈现出集中力量办有影响有声势有规模的大型活动、加强对外交流活动的计划性针对性和目的性、更有效地参加国际组织事务活动的特点。另外，以北京奥运会为契机，中国文联举办了一系列与北京奥运会主题相关的大型活动，也有效地配合了北京奥运会的宣传。这种应用契机、整合各方力量打造中国文化软实力的做法，很值得加以重视。

（三）近年来中国文联对外交流活动开展采取的主要方式

近年来中国文联在开展对外交流活动中突出民间性和专业性，以艺术交流为主，组织开展了多种多样形式的活动。主要有如下几类：

1. 开展一系列有声势、有影响的常设大型对外交流活动。进入21世纪以来，举办大型活动，打造交流品牌已经成为中国文联对外交流的一个显著特点，中国文联主办的常设专项活动主要有中国国际民间艺术节和“今日中国”艺术周。中国国际民间艺术节每三年举办一届，是经国务院批准的唯一大型国际艺术节，自1990年创办以来，以“发展民间艺术，促进友谊和平”为主题，突出“国际性、民族性、民间性和群众性”的特点，迄今已经成功举办七届。“今日中国”艺术周是中国文联进入21世纪后创立的另一个对外文化交流品牌，每年在不同国家举办，自2004年起，已经相继在加拿大、希腊、澳大利亚、奥地利、日本和埃及六个国家举办。相比较而言，中国国际民间艺术节关注民间文化的多样性，以展示各民间民族艺术的大型演出和展览为主，而“今日中国”艺术周内容广泛，包括综艺晚会、美术展览、时装展示、电影展映、动画漫画等多个板块，集中展示的是当代中国文化艺术发展的最新成就和创意。与小型交流活动相比，开展大型常设活动有利于对外交流更深入、更系统地展开，其作用在于帮助世界了解中国，这种了解是纵深的，是有主题、有目的、有针对性地向世界介绍中华文化博大深厚的同时也兼具蓬勃的生命力。

2. 配合国家重要外事活动开展主题活动。2003年3月至6月，联合国人权会议期间，中国文联和美协、摄协、书协在瑞士日内瓦万国宫举办了“中国藏族服装服饰暨外国人眼里的中国”摄影展和“当代中国书画作品展”。这两个展览使国际社会更真实地了解了中国近年来在经济文化建设和人权保护等方面所取得的巨大成就；2006年，为配合温家宝总理访问澳大利亚，中国文联组派中央芭蕾舞团和中央民族乐团赴澳大利亚参加“中国文化澳洲行”活动；2005年及2006年，为配合胡锦涛主席访墨西哥和温家宝总理访问埃及，中国文联和中国摄协分别在墨西哥和埃及联合举办“中墨友谊见证摄影展”和“中埃友谊见证百幅摄影图片展”。类似这样配合国家重大外事活动进行的主题活动，有助于及时帮助世界正确地了解现在的中国国情，减少外交上的纷争，也是中国文化软实力与政治活动相配合的重要表现。

3. 借助国际组织平台举办的多边文化交流活动。2003年中国文联加入国际艺术理事会及文化机构联合会；2006年中国摄协在成都举办国际摄联代表大会期间举办各类展览11项，成为该组织历届代表大会参会国家、参会代表最多的一次世界摄影盛会；2007年，中国舞协在北京举办“点对点”第五届亚欧舞蹈论坛和中国—东盟舞蹈论坛，中国音协在北京举办了第二届世界音乐论坛；2008年，由中国文联等单位主办，中国剧协具体承办的第31届世界戏剧节在南京举办。随着文化软实力在国际上的竞争力被越来越多的领导人认识和认同，国际组织已经成为各国争相利用的重要舞台。利用国际组织平台开展对外文化交流，同时与多国艺术家代表进行交流，覆盖面更为广泛、效率更高、影响力更大。

二　问卷分析

针对21世纪中国民间对外文化交流演出及会展情况在国外产生的影响即对外交流活动实际在民间的收效，本研究设计了《新世纪以来中国民间对外交流活动影响力调查》的问卷。在美国南部中田纳西州立大学、北部的宾夕法尼亚州立大学和纽约大学进行发放，共投放问卷500份，回收479份。以下为问卷的简单分析：

您对中国民间在美国进行的交流活动了解吗？

A. 很了解　B. 比较了解　C. 一般　D. 不了解

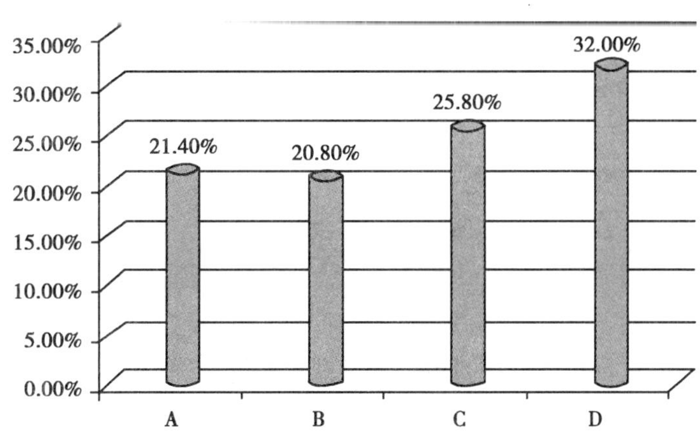

您对中国民间在美国开展的交流活动感兴趣吗？

A. 很感兴趣　B. 比较感兴趣　C. 一般　D. 不太感兴趣　E. 不感兴趣

在这些美国大学生中，总共有42.2%的人对中美民间交流活动有一

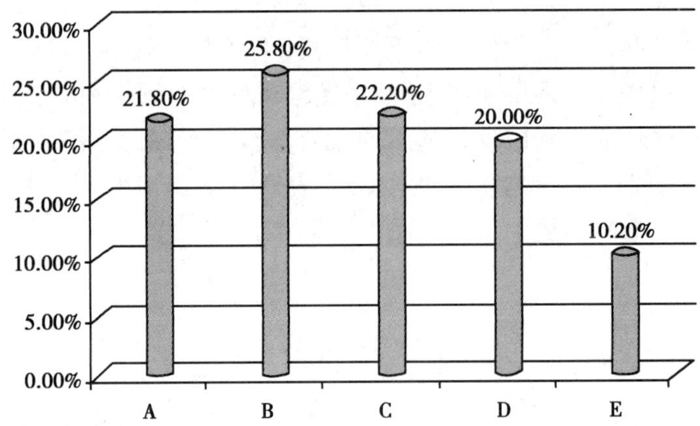

定了解，接近接受调查总人数的一半，这说明中国民间在美举办的系列活动有一定知名度；当然，另有32%的人也表示对这些交流活动几乎完全不了解，此外，在对中国民间开展的交流活动感兴趣程度的调查中，47.6%的大学生表示出他们对这类活动的兴趣，只有10.2%的大学生对此不感兴趣，这一方面说明，以往中国的文化软实力对美国大学生有较强的吸引力，另一方面也说明，在32%的对这些交流活动不了解的大学生中，其实有一半以上并非因为对交流活动不感兴趣而不愿去了解，这体现出了我们在对交流活动的宣传上的不足。这一点在以下的“您认为中国民间对美交流活动中应该改进的是什么?”这一问题中得到印证，有27.4%的人认为在宣传力度上应该加强，这是中国民间对美交流活动中最应改进的方面。

您认为中国民间对美交流活动中应该改进的是什么?

A. 表演水平　B. 活动内涵　C. 互动性　D. 宣传力度　E. 其他

中国民间对美交流活动是否综合加强了您对中国的了解?

A. 是　B. 不是

您认为中国民间对美交流活动是否深入大众?

A. 是　B. 不是

60%的人表示民间交流活动加强了他们对于中国的了解，这体现出民间交流活动增进国与国之间相互了解、促进友谊建立这一主要作用，超过半数以上的统计数据也体现出我国民间对外交流活动取得的成绩。而在中美民间交流是否深入大众的问题上，大学生们的回答是各占一半，46.6%

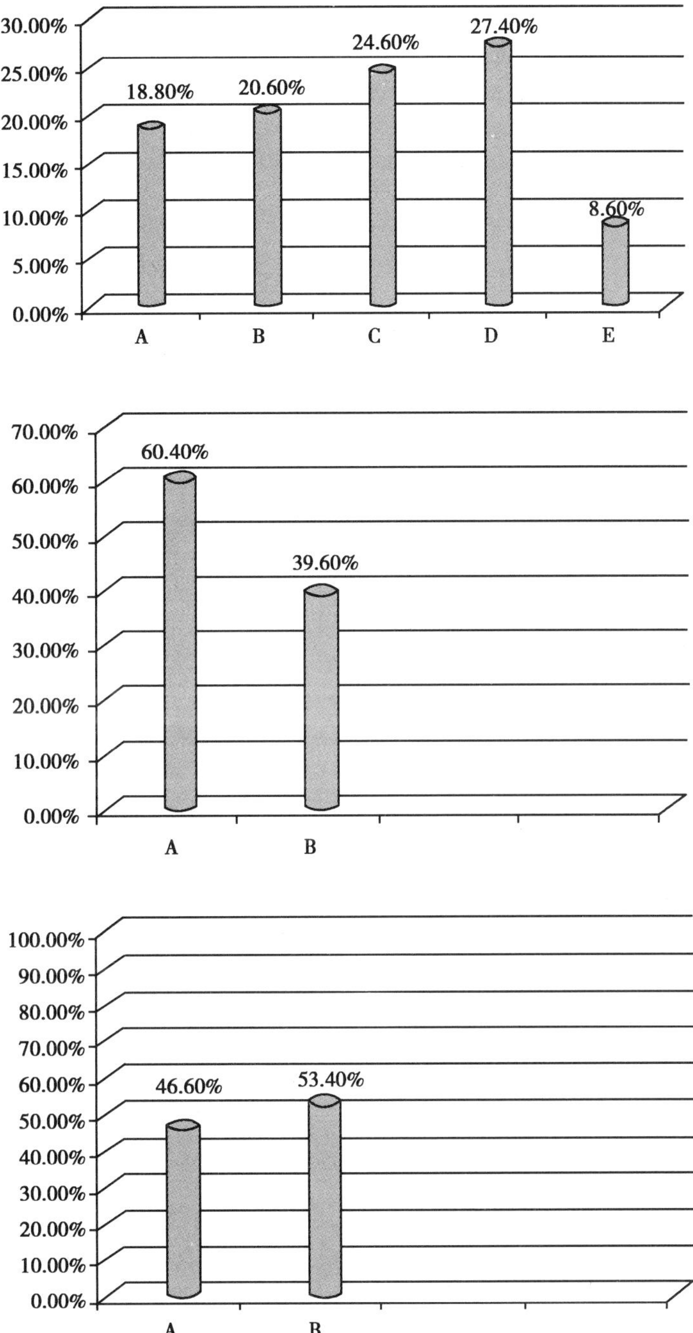

的人认为这些交流深入大众，53.4% 的人认为并没有，造成半数以上的人

认为交流并没有深入大众的原因肯定是多样的，首先，在开展交流活动的形式、内容上一定有需要改进的地方，其次在宣传力度和受众心理把握上也有要加强的部分。这对中国文化软实力发挥对外吸引功能的形式和渠道提出了新的要求与挑战。

您感兴趣或者喜欢参加哪种形式的中国民间对美交流活动？

A. 文艺演出、晚会　B. 文艺会展　C. 电影展映　D. 讲学讲座　E. 其他

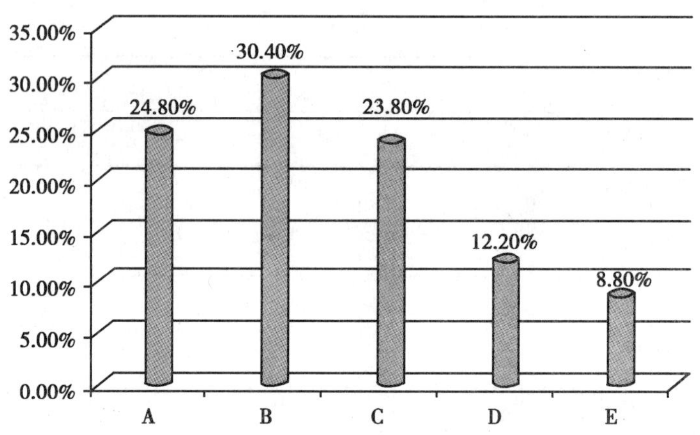

您认为中国民间对美交流活动做得比较成功的是哪种形式？

A. 文艺演出　B. 文艺会展　C. 学术讨论　D. 讲学讲座

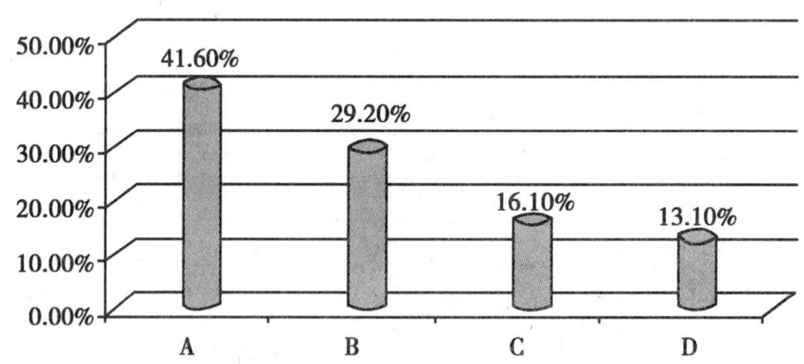

您对中国文化的哪些领域比较感兴趣？（可多选）

A. 民族歌舞　B. 民族风俗　C. 民族服饰　D. 传统文化思想　E. 中国影视作品　F. 中国书法国画艺术　G. 中国杂技艺术　H. 中国戏曲　I. 传统相声、小品　J. 中国民乐演奏　K. 美食文化

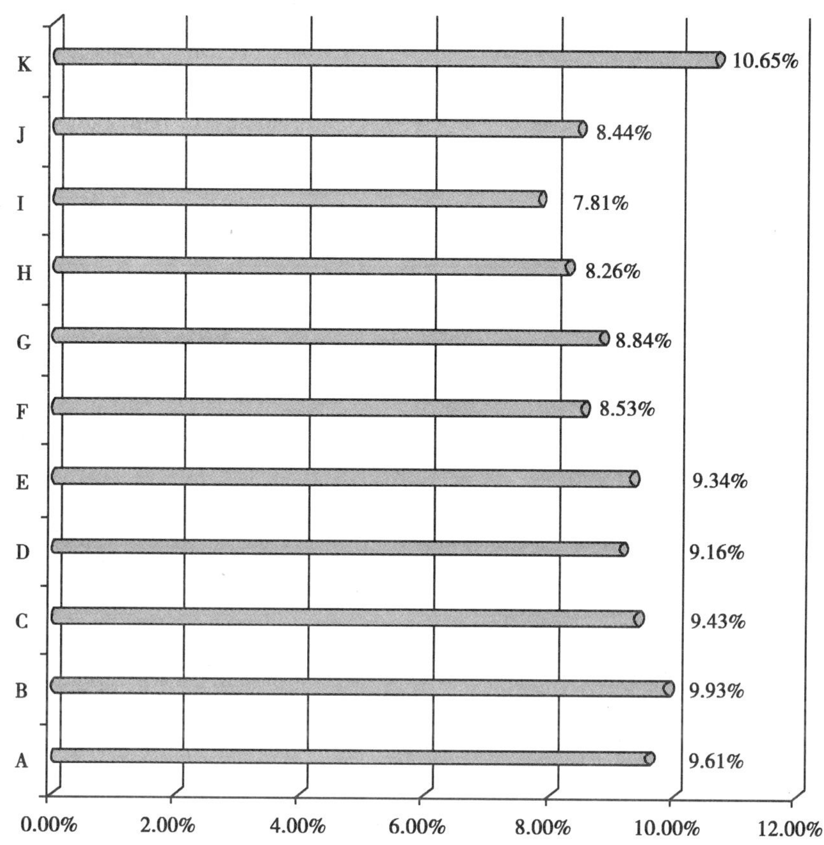

您认为中国民间对美交流活动中做得比较成功的是哪方面？

A. 节目表演生动　B. 活动内涵积极　C. 互动性强　D. 具有浓郁的中国特色　E. 宣传力度强　F. 知识性强，有助于了解东方文化　G. 其他

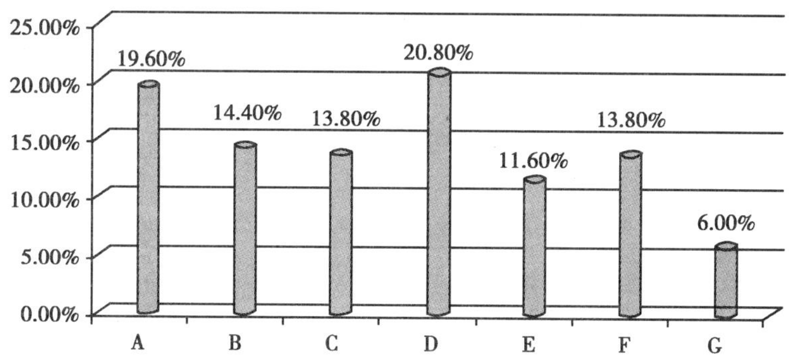

您喜欢参加中国本土的文化交流活动还是中国文化与美国文化融合的活动?

A. 中国本土的文化交流活动　B. 中国文化与美国文化融合的活动

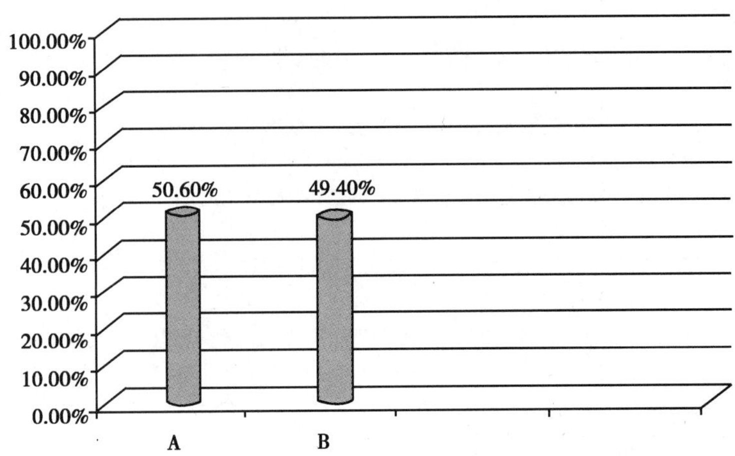

首先，就交流活动开展的形式上看，从调查结果可以发现，30.4%的大学生和24.8%的大学生分别对文艺会展和文艺演出感兴趣，并且认为这是中国民间交流活动中最为成功的两种形式。其次，从交流活动的具体内容上分析，美国大学生对中国文化最感兴趣的部分依次是美食文化、民族风俗、民族歌舞、民族服饰以及中国影视作品，一方面是最具民族特色的民俗传统文化，另一方面是时下流行的影视作品和中国美食，这体现出美国大学生对新事物的追求和对不了解的神秘东方的好奇。这恰恰可视为中国文化软实力需要展示的重要维度。另外，美国大学生对于富有中国本土民间特色的交流活动和中国文化与美国文化相融合的交流活动同样感兴趣，所占的百分比分别为50.6%和49.4%，而有20.8%的大学生认为具有浓郁的中国特色是做得比较成功的方面。可见，在继续发挥优势的同时，中国文化的对外传播应注重与时俱进，找到与美国当地文化相融合的视角，吸引更多人关注中美民间的交流活动。

经过此次调查，可以发现，在中国民间与美国民间的交流活动中，一定程度上达到了弘扬中华文化、增进友好的目的，让美国的大学生了解了中国文化的博大精深和发展的现状。文艺演出和会展是最受欢迎也是最为成功的两种活动开展形式，这既是美国大学生最愿意看到和最愿意参与的活动，也是能最直观展现中华民族文化的交流方式。另外，在对外交流活动的内容和主题上，关于具有浓郁的中国特色和传统文化的活动已经做得比较成功，但尤其还需要关注到文化的融合。最好，在对外交流活动的宣传上要加大力度，只有让更多人知道这些交流活动的存在，才能更好地达到交流的目的。

三　建议与对策

经过对 21 世纪中国民间对外文化交流情况的分析研究，本文提出以下几点建议：

首先，坚持以中国文联为主体，充分发挥其文艺家资源，便于开展各种高品质的大型活动，能最好地将中国传统文化和中国当代文化的发展水平展现出来。坚持“请进来，走出去”相结合，积极开展了形式多样、各具特色的对外交流活动。

其次，着力对不足之处进行弥补和调整，主要包括：（1）适当地加重小型文化交流活动。这些小型文化交流更能体现民间文化交流的活跃性，尤其是开展主题性强、个性鲜明的小型文化交流活动，为细分受众提供服务，使文化软实力的渗透纵深化。（2）注重宣传。宣传工作是否做足，直接影响到民间文化交流产生的效应，这是中国文化软实力对外传播的重要辅助。（3）民间对外交流的内容需要及时更新与调整。从对美国大学生的调查中我们了解到，这一代表着美国最新锐思想、最时尚文化的群体希望看到的不再仅仅是具有神秘东方色彩的中国传统文化的部分，他们一方面对于他们所不太了解的中国传统绘画、戏曲等有文化猎奇心理；另一方面，他们希望看到的是中西文化的共通共融，以此为主要内容的文化交流对于他们而言更易接受。

通过文化软实力塑造国家良好形象，对外文化交流活动作为文化外交和外宣工作的组成部分显得越来越重要。虽然目前中国民间对外文化交流活动已经取得不错的进展，并且处于稳步发展的态势，但只有进一步创新思维，弥补不足，才能实现对外民间交流的持续发展。

（罗　珊　陈泠予）

第二十八章

SSCI、A&HCI 刊物收录中国学者论文情况分析

——以 1995 年、2002 年、2008 年三个年份的社会、历史类论文为例

SSCI（Social Science Citation Index，社会科学引文索引）和 A&HCI（Arts & Humanities Citation Index，艺术与人文科学引文索引）是与 SCI（Science Citation Index，科学引文索引）同属于美国科学信息研究所（ISI，现“汤姆森科技信息集团”）的引文数据库。SSCI 与 A&HCI 主要收录在国际上较有影响力的人文社会科学及艺术类学科的论文和引文数据，“在选择期刊上遵从严格的选刊标准，主要包括基本的期刊出版标准、编辑和评委的意见、国际性与区域代表性、引文分析四条主要的原则”①，以涵盖学科领域广泛、涉及国家和地区众多、国际影响力和公信力大而著称。但在我国，与 SCI 相比，SSCI、A&HCI 的受重视程度较差，利用率也相对较低，这反映了我国对人文社会科学与艺术学科的关注力度远低于科学技术类学科的现状。

改革开放三十年来，中国从封闭走向开放。打破了自我循环的封闭半封闭经济状态，形成了全方位、宽领域、多层次的对外开放格局，我国全面融入世界经济体系，广泛参与全球经济一体化进程，充分利用两种资源、两个市场。中国的国际地位不断提高，综合国力日益加强，相应地，中国的国际影响力也逐渐提高。政治、经济两方面的成就显示出改革开放对中国的巨大影响和三十年中国在政治经济领域的巨大成就。随着开放的进一步深入，我国对文化软实力的提升有了更清楚、更深刻的认识，人文社会学科与艺术相关学科在这三十年内不断发展，对我国政治、经济、文化、国际地位、国际形象的影响力也在逐渐增大，促进人文社会科学与艺

① 张帆：《学会使用 SSCI 资源 促进人文社会科学研究》，载《新清华》网络版。

术相关学科发展的大环境已然形成。近几年，我国人文社会科学与艺术学科在各种国际间交流与研讨中都逐渐受到世界的关注。SSCI 和 A&HCI 作为最有代表性和国际影响力的针对人文社会科学与艺术类相关学科的数据搜索引擎，理应得到更多的重视和关注。

本研究以 1995、2002、2008 三个年份的检索数据为例，试图对从 1995 年到 2008 年 SSCI 和 A&HCI 收录中国论文及其转载情况进行大概的描绘。其中，社会学部分是 SSCI、A&HCI 收录中国论文受关注较多的学科，包括 SOCIAL ISSUES（社会问题，SOCIAL SCIENCES）、BIOMEDICAL（社会科学—生物医学，SOCIAL SCIENCES）、INTERDISCIPLINARY（社会科学—交叉学科，SOCIAL SCIENCES）、MATHEMATICAL METHODS（社会科学—数学方法）、SOCIAL WORK（社会工作）、SOCIOLOGY（社会学）六项学科分支。我国教育部学科分类一级学科社会学（0303）可供研究的学科门类有社会学（030301）、人口学（030302）、人类学（030303）和民俗学（030304）。

历史学部分是 SSCI 和 A&HCI 收录中国论文受关注程度较低的学科，包括 HISTORY 一个部分。我国教育部学科分类一级学科历史学（0601）之下可供研究的学科门类有史学理论及史学史（060101）、考古学及博物馆学（060102）、历史地理学（060103）、历史文献学（060104）、专门史（060105）、世界史（060108）。本研究数据来源为“北京大学新学科导航数据库”。

一　SSCI、A&HCI 收录中国学者论文概况

1995 年，SSCI、A&HCI 收录所有类型中国论文数据总数为 148 篇，其中英文论文 128 篇，中文论文 20 篇；收录所有类型日本论文数据总数为 712 篇，其中英文论文 587 篇，日文论文 125 篇；收录所有类型韩国论文数据总数为 101 篇，其中英文论文 101 篇，韩文论文 0 篇。

2002 年，SSCI、A&HCI 收录所有类型中国论文数据总数为 631 篇，其中英文论文 611 篇，中文论文 20 篇；收录所有类型日本论文数据总数为 833 篇，其中英文论文 774 篇，日文论文 59 篇；收录所有类型韩国论文数据总数为 260 篇，其中英文论文 260 篇，韩文论文 0 篇。

2008 年，SSCI、A&HCI 收录所有类型中国论文数据总数为 2004 篇，其中英文论文 1866 篇，中文论文 138 篇；收录所有类型日本论文数据总数为 1544 篇，其中英文论文 1481 篇，日文论文 63 篇；收录所有类型韩国论文数据总数为 705 篇，其中英文论文 594 篇，韩文论文 111 篇。

表 1　SSCI、A&HCI 1995、2002、2008 年收录中日韩所有类型论文数据

（单位:%）

年份	中国		日本		韩国	
	数量（百分比）	增长率	数量（百分比）	增长率	数量（百分比）	增长率
1995	148（15.40）	—	712（74.09）	—	101（10.51）	—
2002	631（36.60）	326.35	833（48.32）	16.99	260（15.08）	157.43
2008	2004（47.12）	217.59	1544（36.30）	85.35	705（16.58）	171.15

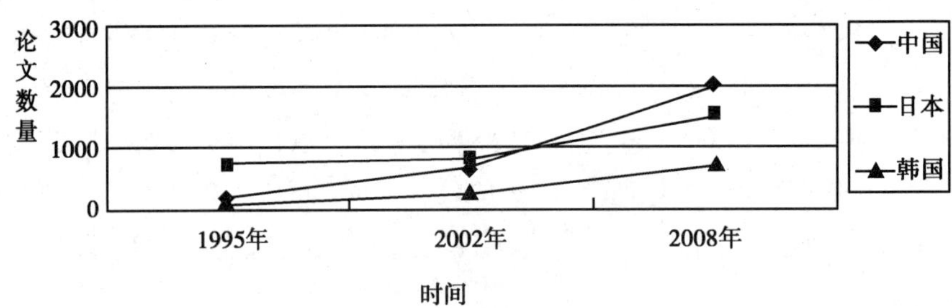

图 1　SSCI（社会科学引文索引）和 A&HCI（艺术与人文科学引文索引）1995、2002、2008 年收录中日韩所有类型论文折线图

1995 年 SSCI、A&HCI 收录的日本论文数量远远高于中、韩两国的论文数量，中、韩两国的论文总数相差不大，中国论文总数略大于韩国论文总数。但从增长率上看，中国论文的增长率达到了 326.35% 和 217.59%，是三个国家中增长速度最快的。从 1995 年的总 148 篇到 2008 年的总 2004 篇，中国论文总数在急速增长，这说明国内对 SSCI、A&HCI 论文收录的日益重视，是一个可喜的现象，也说明中国近几年来在人文社会科学方面的确取得了很多不错的成绩，得到了国际社会的广泛认可。增长率第二位的是韩国，达到 157.43% 和 171.15%，增长速度的提高也很明显。处于末位的是日本，只有 16.99% 和 85.35%，当然这也与日本 1995 年的收录数量基数较大有关系。可以看出，从 1995 年到 2002 年，日本的增长速度有所减缓，但是到了 2002 年到 2008 年，这一速度再次显著提升。

1995 年，中国的收录总数排在第二位，明显落后于日本，而到了 2008 年，从这一数据上看，中国的收录数量已经达到 2004 篇，日本则为 1544 篇，可以说从总数上中国暂时超过了日本，处于东亚地区的第一位。但是中国地理宽广，人才密集，如果从人均数量上看，还远远比不上日本和韩国两个国家。加强中国人均收录篇数较为重要的一点就是增强对 SSCI、A&HCI 收录文章要求的重视，并时刻把握国际学术关注的目光。国内很多优秀的论文没有被收录在 SSCI、A&HCI 期刊中也正是因为忽视了收录论文的要求或论文主题较为冷门或讨论过度。

1995 年 SSCI、A&HCI 收录所有类型中、日、韩三国论文数据总数为 961 篇，美国一国的所有类型论文数据总数就高达 43814 篇。2002 年前者为 1724 篇，后者为 41670 篇。2008 年前者为 4253 篇，后者为 36839 篇。虽然从绝对数量上来说东亚地区论文发表情况还完全无法与美国相比，但从增长趋势上看，东亚地区是在快速增长，而美国则在缓慢下降。可以看出东亚地区人文社会科学与艺术相关学科的发展呈现出良好势头，但仍需要继续在这一方面努力。而美国对人文社会科学和艺术相关学科的高度重视也值得东亚各国广泛地接收和借鉴。

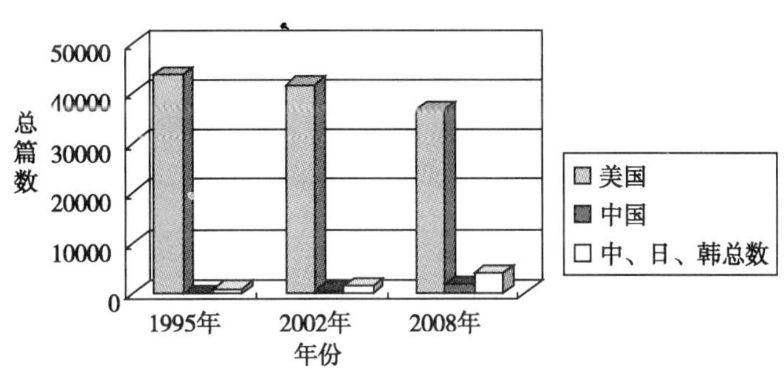

图 2　1995、2002、2008 三个年份 SSCI、A&HCI 收录论文总数情况对比

二　1995 年、2002 年、2008 年中、日、韩社会类论文收录情况

社会类论文从 1995 年至 2008 年间，一直是 SSCI、A&HCI 收录中国论文中数量较多、引用次数较多的门类，在国内人文社会学科中也一向能

够引起相对的重视。

1995年，SSCI、A&HCI收录所有类型中国社会类论文数据总数为19篇，其中英文论文19篇，中文论文0篇；收录所有类型日本社会类论文数据总数为31篇，其中英文论文24篇，日文论文7篇；收录所有类型韩国社会类论文数据总数为5篇，其中英文论文5篇，韩文论文0篇。

2002年，SSCI、A&HCI收录所有类型中国社会类论文数据总数为63篇，其中英文论文63篇，中文论文0篇；收录所有类型日本社会类论文数据总数为51篇，其中英文论文36篇，日文论文15篇；收录所有类型韩国社会类论文数据总数为7篇，其中英文论文7篇，韩文论文0篇。

2008年，SSCI、A&HCI收录所有类型中国社会类论文数据总数为87篇，其中英文论文87篇，中文论文0篇；收录所有类型日本社会类论文数据总数为86篇，其中英文论文74篇，日文论文12篇；收录所有类型韩国社会类论文数据总数为0篇。

表2　SSCI、A&HCI 1995、2002、2008年收录中日韩社会类论文数据

（单位:%）

年份	中国		日本		韩国	
	数量（百分比）	增长率	数量（百分比）	增长率	数量（百分比）	增长率
1995	19（34.55）	—	31（56.36）	—	5（9.09）	—
2002	63（52.07）	231.58	51（42.15）	64.52	7（5.78）	40
2008	87（50.29）	38.10	86（49.71）	68.63	0（0）	0

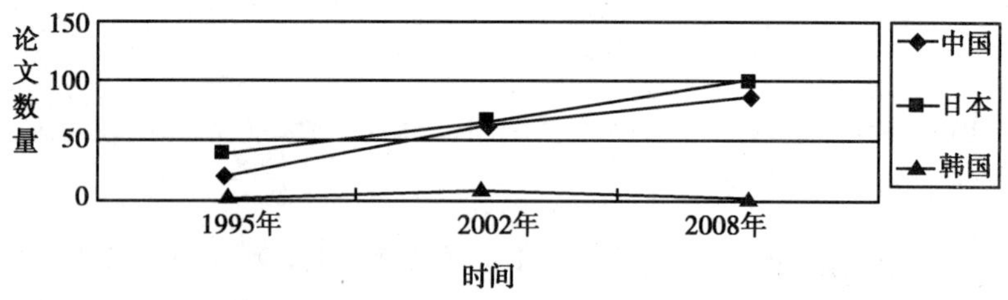

图3　SSCI（社会科学引文索引）和A&HCI（艺术与人文科学引文索引）1995、2002、2008年收录中日韩社会类论文折线图

从1995年的数据看，中国社会类论文为19篇，占当年度收录东亚三国论文总数量的 34.55%。在绝对数量上与日本、韩国相差不大，日本社会类收录论文的数量比中国和韩国略高。

从增长率看，1995 年到 2002 年中国社会类论文收录增长率高达 231.58%，中国社会类论文的收录数目为 63 篇，占当年东亚三国社会类收录论文总数量的一半以上（52.07%）。这一数据说明这几年间中国社会学研究方面有较好的发展。2002 年到 2008 年增长率为 38.10%，虽然不及前一阶段增长速度快，但仍维持着一个相对较高的增长速度。同时期日本的增长率分别为 64.52% 和 68.63%，增长速度相当稳定，其社会类学科研究应该已经处于稳步发展阶段。

到 2008 年，中国与日本在社会类论文收录数量上基本持平，两国的增长曲线也较为重合，而韩国被收录社会类论文数量则一直不多，2008 年为 0 篇。从三个国家社会类论文占总论文收录数的比例来看，中国和日本都在 50% 上下，而韩国所占的比率都在 10% 以下，且从折线图来看，韩国的曲线一直比较平直。在社会类学科的研究方面，中国和日本较多地领先于韩国。

当然在绝对数量上，东亚三国与美国的差距还是比较大的。美国 1995、2002、2008 三年收录数量分别为 3110 篇、2730 篇、2460 篇。但总体趋势仍是略为下降的。

对 SSCI、A&HCI 收录文章来说，文章的引用次数是衡量文章价值的重要因素，有时候比收录的绝对数量更有参考价值。

1995 年中国社会类论文引用总数为 230 次，日本社会类论文引用总数为 227 次，韩国社会类论文引用总数为 19 次；2002 年中国社会类论文引用总数为 765 次，日本社会类论文引用总数为 245 次，韩国社会类论文引用总数为 74 次；2008 年中国社会类论文引用总数为 36 次，日本社会类论文引用总数为 22 次，韩国社会类论文引用总数为 0 次。

表 3　SSCI（社会科学引文索引）和 A&HCI（艺术与人文科学引文索引）1995、2002、2008 年收录中日韩社会类论文引用率数据

（单位：%）

年份	中国	日本	韩国
1995	1210.53	732.26	380.00
2002	1214.29	480.39	1057.14
2008	41.38	25.58	0

这一数据能说明两个问题：首先，从引用数量上看，东亚三国——尤其是中国社会类论文引用率非常高，得到国际认可程度较高或争议性较强。其中中国 1995 年和 2002 年的引用率竟高达 1210.53% 和 1214.29%，远高于日本和韩国，这在一定程度上肯定了中国社会类学科发展取得了一定成效，在国际学术界有一定的地位。而韩国虽然在绝对数量上与中、日有所差距，但在引用频率上与中、日基本持平。可见东亚三国的社会类论文的含金量广泛得到认可。

其次，从引用率的变化趋势上我们也应该进行思考，在绝对数量持续增加的同时，中、日两国社会类学科论文的引用率却大幅下跌，从几倍于文章总数跌到百分之三四十，这是否也从一定程度上说明了在数量上升的同时，论文质量则有所下降？当然这种猛然下跌的情况背后肯定有非常复杂的原因，比如 2002 年有一篇文章的引用率非常高（“Evaluating goodness-of-fit indexes for testing measurement invariance”，作者 Cheung G. W.，Rensvold R. B.，被引频次：431 次），一下拉高了 2002 年度的引用频率，但 2002 年除了这 431 次引用，仍有 334 次引用，整体被引用的情况确实比 2008 年多很多。这提醒从事社会类研究的学者们应该在提高数量的同时把握好论文的含金量。

三　1995 年、2002 年、2008 年中、日、韩历史类论文收录情况

历史类论文的国际搜索频次其实高于社会类论文，但在中国，SSCI、A&HCI 收录历史类论文的情况一直不是很乐观，发展较为迟滞。

1995 年，SSCI、A&HCI 收录所有类型中国历史类论文数据总数为 21 篇，其中英文论文 4 篇，中文论文 17 篇；收录所有类型日本历史类论文数据总数为 12 篇，其中英文论文 5 篇，日文论文 7 篇；收录所有类型韩国历史类论文数据总数为 0 篇。

2002 年，SSCI、A&HCI 收录所有类型中国历史类论文数据总数为 26 篇，其中英文论文 10 篇，中文论文 16 篇；收录所有类型日本历史类论文数据总数为 10 篇，其中英文论文 10 篇，日文论文 0 篇；收录所有类型韩国历史类论文数据总数为 1 篇，其中英文论文 1 篇，韩文论文 0 篇。

2008 年，SSCI、A&HCI 收录所有类型中国历史类论文数据总数为 29 篇，其中英文论文 15 篇，中文论文 14 篇；收录所有类型日本历史类论文数据总数为 15 篇，其中英文论文 15 篇，日文论文 0 篇；收录所有类型韩国历史类论文数据总数为 18 篇，其中英文论文 18 篇，韩文论文 0 篇。

表 4　SSCI（社会科学引文索引）1995、2002、2008 年收录中日韩历史类论文数据　（单位:%）

年份	中国		日本		韩国	
	数量（百分比）	增长率	数量（百分比）	增长率	数量（百分比）	增长率
1995	21 (63.64)	—	12 (36.36)	—	0 (0)	—
2002	26 (70.27)	23.81	10 (27.03)	-16.67	1 (2.70)	—
2008	29 (46.77)	11.54	15 (24.19)	50	18 (29.03)	170.00

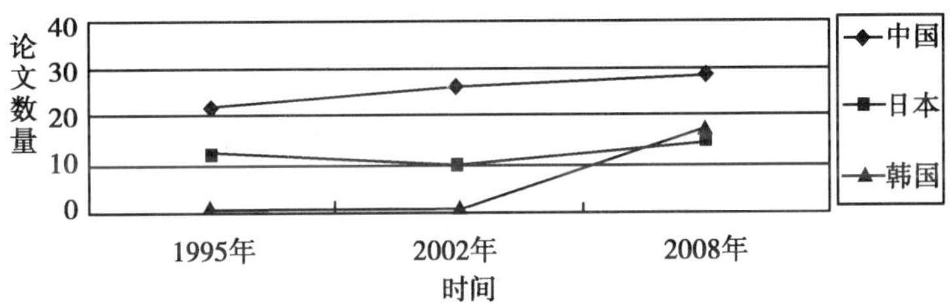

图 4　SSCI（社会科学引文索引）和 A&HCI（艺术与人文科学引文索引）1995、2002、2008 年收录中日韩历史类论文折线图

与中国社会类收录文章的数据相比，历史类收录文章从绝对数量和增长率两个方面都相差较远。1995 年到 2002 年中国社会类论文收录的增长率为 231.58%，而历史类仅为 23.81%，差了近乎十倍。在这么多年间，历史类论文收录的绝对数量几乎没有什么变化，一直是在二十几篇上下浮动。历史类文章收录可以算是我国人文社会科学类文章收录较为滞后的类别和学科。从这些图表可以看出其微弱的变化。

同时，我们可以看到，历史类论文收录的薄弱在东亚并非只发生在中国，从数据上看，虽然中国的绝对数量较少，但已经在日本和韩国之上了。其间日本还出现了逆增长。韩国历史类论文收录的增长率较高，2002 年到 2008 年有 170.00%，从 1995 年一篇也没有发展到 2008 年有 18 篇。

1995 年 SSCI、A&HCI 收录所有类型美国历史类论文数据总数为 4594

篇，社会类论文数据总数为3110篇；2002年SSCI、A&HCI收录所有类型美国历史类论文数据总数为4609篇，社会类论文数据总数为2730篇；2008年SSCI、A&HCI收录所有类型美国历史类论文数据总数为2839篇，社会类论文数据总数为2460篇。可见，美国对历史类研究方向的重视程度是在社会类之上的，而在东亚三国，对历史类与社会类的发展却不成正比，相差甚远。中国作为拥有5000年历史文化的文明古国，对历史类学科的忽视是很不应该的。

论者认为："对于以中国文化为主要研究对象的文、史、哲学科来说，SSCI的参考作用应是次要的，首要的评价标准应是在国内的顶级刊物上发表和被引用的记录"，"对于社会科学（经济学、政治学、社会学等）来说，SSCI在目前的参考作用也许略大一些"。① 这一观点不乏合理性，但就文化软实力而言，SSCI、A&HCI是一个重要的国际交流窗口，我们不仅要发展好各个文化学科，还要在发展好的基础上，利用好SSCI、A&HCI等国际性搜索引擎，把我国的优秀研究成果展示给世界学术界。这对于提高中国的国际学术影响力有着深远的意义。我们应该注意到，关心"中国文化"这一研究对象的早已不仅仅是中国国内的学者，很多国外的学者也把目光集中在极富魅力并且非常有研究价值的"中国文化"领域。

研究者指出："国外学者在SSCI和A&HCI中发表了大量关于中国问题的研究。1998—2004年仅论文标题中含有China或Chinese的文章共有11036篇，文章主要集中在区域问题、历史、亚洲问题、经济、国际关系以及政治科学等领域"；"2004年，被SSCI和A&HCI收录的、仅论文标题中含有'China'或'Chinese'的文章共有2184篇，而其中没有大陆以及台港澳机构参加的文章有1605篇，占发文总数的73.5%。2003年此比例为73.6%。"② 由此看来，我们对"中国文化"的研究不能故步自封，限于一国之内，而应该更多地走出去，更多地加强交流，才能更好地完善对"中国文化"的研究。所以无论是以中国文化为主要研究对象的学科，还是经济学、政治学、社会学的研究，都应该在学科发展的过程中

---

① 崔之元：《关于SSCI参考作用的定位》，《新清华》网络版。

② 赵呈刚：《社会科学引文索引（SSCI）和艺术与人文科学引文索引（A&HCI）简介》，《新清华》网络版。

充分考虑到 SSCI、A&HCI 的独特应用。

从引用频次看，历史类的引用频次与社会类的引用频次也相差很大。1995 年中国历史类论文引用总数为 0 次，日本引用总数为 8 次，韩国引用总数为 0 次；2002 年中国历史类论文引用总数为 6 次，日本引用总数为 2 次，韩国引用总数为 0 次；2008 年中国历史类论文引用总数为 0 次，日本引用总数为 3 次，韩国引用总数为 0 次。

表 5　SSCI（社会科学引文索引）和 A&HCI（艺术与人文科学引文索引）1995、2002、2008 年收录中日韩历史类论文引用率数据

（单位:%）

年份	中国	日本	韩国
1995	0	66.7	0
2002	23.08	20.00	0
2008	0	20.00	0

从数据看，中国 1995 年、2008 年历史类论文收录的引用率都为 0，韩国三个年份的引用率也都是 0，日本较中、韩两国略好一些，但由于收录文章的基数很小，所以实际引用次数也很少。

综合三个图表并与社会类收录情况进行对比可以清晰地看到学科发展之间的不均衡。这种不均衡势必影响人文社会科学与艺术相关学科整体发展的有序性和均衡性，对文化建设有不利的影响。但从好的方面看，无论是社会类学科还是历史类学科，无论是中国、日本还是韩国，在学科整体发展上都是不断前进的。

四　结论

通过对整体的概况式分析，对有代表性的局部的比较性分析，我们从 SSCI、A&HCI 收录中国、日本、韩国论文的情况中看到以下几个发展特点：1. 1995 年到 2008 年十年间，东亚三国的文化软实力都有不同程度的提升。中国基础较差，但发展十分迅速；日本基础较好，发展稳定；韩国基础差，匀速发展。2. 与美国等西方国家相比，东亚的人文社会科学与艺术相关学科的发展比较迟滞，有待于进一步加强对人文社会、艺术学科的资金投入，多多支持人文社会、艺术相关学科的发展，争取与西方逐渐同步。3. 中国人文社会与艺术相关学科的发展潜力很大，爆发力很强。如果有更适宜的条件，理应得到更好的发展。4. 学科发展不平衡。

一方面，中国作为一个有着5000年文化历史、地域宽广、物产富饶、人口密集的文明古国，其人文社会科学与艺术相关学科的发展有其得天独厚的优势，但由于一些历史与现实的因素，中国的人文社会科学与艺术相关学科的发展现状仍不够理想。改革开放为中国人文社会科学与艺术相关学科的发展带来了很好的契机和环境，使得这三十年中，人文社会科学与艺术相关学科都有了长足的发展。我们有理由相信，中国人文社会科学与艺术相关学科的发展后劲很大，发展空间也很宽广，但在现阶段仍存在"学科发展不均衡"等重要问题。只有解决好这些问题，才能加速中国人文社会科学与艺术相关学科的可持续发展，从而带动中国的文化软实力建设。

另一方面，SSCI与A&HCI是一个向世界展示中国学科发展水平和文化软实力的重要窗口，对一些学科来说，可能自身发展还是不错的，但因为忽视了SSCI、A&HCI的重要性而无法很好地展示自身的发展潜质和实力。也就是说，提升中国文化软实力，不仅要潜心研究，更要懂得合理的交流与展示，这就要求提高对像SSCI、A&HCI这样的世界性学术引文索引的重视程度。

总而言之，SSCI、A&HCI是衡量中国文化软实力的重要窗口，应该引起学界和政府管理部分的足够重视。从这个窗口看去，我们既可以看到改革开放三十年中国人文社会科学与艺术相关学科的不断发展、中国文化地位的不断提升、社会主义文化建设不断取得的新的成就，也能够发现在发展的过程中存在的种种不足。文化和谐发展是实现社会主义和谐社会的重要条件，只有在"知足"的同时"知不足"，才能促进文化的和谐发展。

（杨雪帆　李效宇）

第二十九章

海外华文网络媒体的现状与类型分布研究

而以互联网为核心的全球性传播系统，正掀起人类的传播文明和思维方式的一场重大变革。而作为一种传播媒介，互联网所具有的文化软实力已经受到的瞩目：海外华文网络媒体以前所未有的传播速度、海量信息和广泛的草根性、互动性，突破了地域和时间、空间的限制，传播着中华文化，改变了海外华人的社会生活方式，创造了全新的海外华人网络社区和网络文化，成为海外华人生活中不可缺少的一个组成部分。本文对美洲、欧洲、东南亚等地已形成一定影响力的华文网站以大洲分类，具体到国别，介绍各国华文网络媒体的基本发展状况。

一　海外华文网络媒体现状研究

根据美国网络评估公司 Alexa、全球中文排行榜等网站的统计①，目前全球浏览量排序在 800 万以内，依然活跃的海外华文网站有三百多个②，根据美国 Compete、Inc 等网络评估公司的不完全统计，海外华文网

---

① 备注：全球中文排行榜位于北美，1999 年初正式开通，是最早从全球范围的角度评选最佳中文网站。该网站是网友查询优秀中文网站的重要依据。公正，客观，不含政治色彩和色情成分为该网站的评选准则之一。秉持与国际接轨的原则，该网站的排名主要参照世界知名的网站排名机构 Alexa. com 的排名顺序，并经过适当的遴选，这包括：1. 网站的名次与中文主要搜索引擎的出现频度一致；2. 参照其他区域性的中文排行榜中的排名作参考校核；3. 尽量考虑所选网站的代表性，分三大地区排名，即中国大陆、海外，以及中国台湾和中国香港地区，分别遴选 100 名；4. 凡网站内容主要涉及色情和政治敏感者概不入选，无自身特色内容，纯为抄袭雷同的网站亦限制入选。

② 全球中文排行榜——海外排行，http：//www. cwrank. com/prime/rank. php？ geo = overseas&page = 1。

络媒体的网友远远超过平面媒体，是海外华人新移民最主要的信息传播与交流、表达意见的平台；其影响力和覆盖范围，都已超过了传统海外华文报纸。

本文研究的对象是中国大陆、香港、台湾、澳门以外的以汉语为传播语言的网络媒体。由于网络媒体本身具有超越时空限制的特点，对于像新浪有新浪北美等全球性网站，由于主要网络评级网站没有将这些网站的海外方网站与中国大陆浏览量分开，无法对其海外网站独立进行研究。很多外文媒体拥有中文网站，由于主要网络评级网站没有将该类网站的中外文浏览量分开，也不纳入本文研究范围。本文的对象为海外华文网络媒体，具体限定于在中国大陆、香港、台湾、澳门以外注册的中文网站；在中国大陆注册，浏览量70%以上来自海外的网站也纳入其中。由于网络媒体变化速度极快，本文统计资料以2008年为标准年，部分主要内容截止时间为2009年。

二 海外华文网站类型分布研究

本文依地域将海外华文网络媒体分为四大板块：（1）美国华文网络群不仅是海外华文网络媒体的领头羊，而且是多数海外中文网站新闻的主要来源；加拿大网站成功创建了新的网络社区，为旅居海外的华人拓展了日常生活空间，丰富了当地华人的精神生活与社会生活。（2）以英法德为主的欧洲网络群和澳洲网络群，因中国留学生人数上升而日益活跃，这些华文网站以论坛和各种生活服务信息为核心，成为旅欧华人和留学生之间相互交流的平台，以人气带动电子商务和广告，获得网站发展所需要资金。（3）东南亚地区网络群最大的特点是传统报业的网络版占据最主要的网络市场。新加坡联合早报网成功进入中国市场，马来西亚的中国报等传统媒体网络版的崛起为东南亚的传统华文报业注入了新的生命。（4）日本网络群以中文导报和在日华人论坛为代表，以新闻、生活服务信息、社区交流为主。很多旅日华人社团都开设了自己的网站，与日本的几家主要华文网站建立链接，进一步拓展了社团与当地华人社区的交流。

全球华人网络媒体的四大板块之间既相互独立又相互联系、相互影响，许多海外华文网站都设有网站导航功能，列入一些全球影响最大的网站的链接。而海外华人网络媒体的新闻相互转载，常常是一个帖子传遍全球。而中国国内的一些大型网站是海外华文媒体最大的稿件来源，因此中国国内网站对海外华人的舆论有着相当重要的影响。

表 1　Alexa 海外排名前 15 名中文网站　（单位:%）

	海外排名	全球排名	注册地点	读者分布一	读者分布二
1	留园网	674	英国	美国 17	英国 13.2
2	文学城	831	美国	美国 57.4	加拿大 15.6
3	联合早报	1015	新加坡	中国 89.3	新加坡 3.8
4	未名空间	2366	美国	美国 88.7	加拿大 3.9
5	万维读者网	4914	加拿大	美国 50.9	加拿大 20
6	倍可亲	5137	美国	美国 40.3	加拿大 20
7	约克论坛	5655	加拿大	加拿大 60	美国 30.2
8	世界日报	7628	美国	美国 83.6	加拿大 4.7
9	中国报	8392	马来西亚	马来西亚 62.8	新加坡 6.8
10	多维新闻网	8572	美国	美国 61.4	加拿大 15.2
11	苹果论坛	10018		英国 45.1	加拿大 21.7
12	德国热线	10200	德国	德国 80.6	中国 13.1
13	加国无忧	10791	加拿大	加拿大 83.6	中国 9.5
14	北美华人 e 网	10670	加拿大	美国 77.7	中国 15
15	新西兰咨询网	13999	新西兰	新西兰 66.1	中国 29.3

值得说明的是，上述排名为 Alexa 网站记录的 2008 年 11—12 月至 2009 年 1 月的三个月平均点击量和页面浏览时间综合评定；主要参考资料为全球中文排行网，剔除了英文媒体的中文网站和主要点击量来自中国国内的网站；未包括中国国内注册网站，也不包括新浪北美和海外英文媒体的中文网站，因为 Alexa 没有这些网站单独的统计数字。

（一）美国：海外华文网络媒体的引领者

美国是全球中文网络媒体的发源地，美国的华文网络媒体呈现出大型门户网与自由社区论坛并驾齐驱的类型分布特征。它的重要华文网站呈现出显著的世界性特点，网友几乎覆盖世界主要国家与地区。美国的华文网站对世界上其他国家的华文网站有着重要影响，各国网站所转帖的新闻或者网络资料多取材于美国的华文网站。

美国华文网络媒体发展的几个标志性事件对全球华文网络媒体的发展有着举足轻重的影响——1991 年诞生的《华夏文摘》是全球第一个中文网络媒体；1992 年诞生的 ACT 中文新闻组是全球第一个中文网络论坛；1993 年 3 月 29 日注册，1994 年开通的 cnd. org 是全球最早的万维网站。20 世纪 90 年代中后期至 21 世纪初，美国出现了华文网络媒体创业热潮，大大小小的门户网站、论坛像雨后春笋一般涌出，具有世界性知名度的网站约十多个，如文学城、倍可亲、未名空间、多维新闻网等。海外许多网站都有与美国主要门户网站的链接。美国华文网络媒体有着引领海外舆论潮流的作用，网站多为自由开放的论坛，提供了多元声音发音的广阔空间以及海量的信息源。

表 2　　美国主要华文网络媒体　　（单位:%）

	名称	排名	读者分布一	读者分布二
1	文学城	831	美国 57. 4	加拿大 15. 6
2	未名空间	2386	美国 88. 7	加拿大 3. 9
3	倍可亲	5137	美国 43	加拿大 20
4	世界日报网	7628	美国 83. 6	中国台湾 4. 7
5	多维新闻网	8572	美国 61. 4	加拿大 15. 2
6	未名交友	15878	美国 61. 4	中国大陆 31. 6
7	八阕	20311	美国 56. 7	加拿大 15. 2
8	世界论坛	25310	美国 60	加拿大 15. 6
9	东南西北论坛	25932	美国 50. 3	加拿大 20. 8
10	美国中文在线	36932	美国 62. 9	加拿大 12. 3
11	美国中文网	42379	美国 55	中国大陆 36. 7
12	华夏文摘	57201	美国 54. 9	德国 10. 9
13	亦凡书库	57799	美国 52. 9	美国 26. 8
14	侨报	61310	美国 43. 7	中国大陆 42. 6
15	新语丝	64339	美国 51. 6	澳大利亚 21

注：全球排名为 Alexa 网站记录的 2008 年 11 月、12 月和 2009 年 1 月三个月的平均值，根据点击量和页面浏览时间综合评定。

美国华文网站除文学城外，影响力最大的网站有：

未名空间 www. mitbbs. com　由 MIT 中国留学生 Look 创办并以 MIT 命名，全球有 169 个网络链接点。主要读者群来自美国占 87%。网站首页上半部为“置顶文章”，主要内容为新闻，中部为“十大热门话题”、“十大推荐文章”，展示博客和论坛精华。“未名海外人才网”提供最新的招聘信息。首页右边全部是新闻栏目，“新闻大杂烩”是综合性新闻，其次为中国新闻、海外新闻，科技、体育、娱乐等。比较特殊的是，未名空间设有移民板块，提供世界各国的移民新闻和移民咨询服务，由专业移民律师发表文章讨论有关移民问题并且答疑。为适应网友需要，未名空间曾经多次改版，逐渐形成目前这种以新闻、论坛、博客为主体，生活服务信息为辅，兼有未名网络电台、未名交友、未名人才、未名周刊多样化版块，还有电子商务板块。提供海外新闻、海外生活移民律师专栏、二手市场、房屋出租、招聘求职等信息。

倍可亲 backchina. com　全球有 367 个网络链接点。2000 年 2 月在得州休斯敦注册，是大型综合性门户网站，明确定位于服务中国大陆新移民，集新闻、网络论坛与电子商务为一体，包括情回中国、美国加拿大中文网站导航等，设有新闻及各种生活服务信息、论坛及娱乐板块。该网站网友遍及全球十个国家，其中美国网友占 39. 1%；加拿大占 27. 2%；德国占 4% 等。该网站的“回国发展”论坛讨论留学生学成之后的打算、回国感受、归国信息、创业艰辛或抒发心中的彷徨等；“活在海外”论坛包括美国、加拿大、法国、澳大利亚、日本、德国等板块。

世界日报网站 worldjournal. com　中国台湾联合报系世界日报网站，内容以平面媒体的新闻与生活资讯为主。该网站创建于 1999 年 1 月，全球有 292 个网络链接点。

多维新闻网 dwnews. com　全球有 420 个网络链接点。多维新闻网是海外最大的专业新闻网站，创办于 1997 年，属于多维媒体公司（Chinise Media Net，Inc.）。该网站声称“对意识形态的超越，对不同地域、不同立场观点的包容”，并且认为，“唯有如此，才能被全球华人认同”。该网站的新闻来源为编译英文主流媒体、两岸四地以及主流媒体的中文网站，也有部分该网站记者自己采写的新闻。多维媒体公司号称拥有多维新闻社、多维新闻网、多维时报、多维周刊、多维英文新闻网、多维广播网、多维电视网等多媒体分公司。以多维新闻网和多维时报影响较大。多维时报时报是美东地区大型中文时事周报，目前在新泽西、纽约、费城等地区发行。

美国中文网 Sinovision. net　2004 年注册，隶属于亚洲文化集团旗下的美国中文电视（Sino Vision Inc.），以服务社区为重点，影响力迅速提升，提供新闻、生活服务和娱乐信息。

美国侨报网 usqiaobao. com 是以侨报平面媒体为基础的网站。2007年9月2日，改版以后的侨报网在四川成都举行的第四届世界华文传媒论坛上宣布正式开通，新的侨报网以海外华文传媒领域目前技术最优、数据最新的电子报系统，提供纸质媒体同样的电子版《侨报》、《侨报周刊》、《侨报奥运周报》等系列产品。

（二）加拿大：打造生活化的华人社区

加拿大中文网站最显著的特征是网站社区化，其最早的中文网络媒体是加拿大学联的刊物“联谊通讯”，是继“华夏文摘”后全球第二个创刊的中文网络媒体。1997年建立的“万维读者网”，2000年以后创建的“相约加拿大”、“加国无忧”、“温哥华天空”等一批网站注重生活服务信息，强调社区化、生活化。

万维读者网的美国网民占五成左右，其他的中文网站多数读者群来自当地华人华侨。在多伦多地区很有影响力的“加国无忧（51. ca）”、“约克论坛（yorkbbs. ca）”都是将网站与生活服务信息相结合，通过社区化实现市场化成功的例子，这些网站的“跳蚤市场”、“无忧工作”等板块提供了各式各样的生活信息，成为社区化新人移民交友、买卖二手商品的便捷渠道。

温哥华地区最有影响力的中文网站有北美中文网站（westca. com）和温哥华天空（vansky. com）。其中，北美中文网84%的网友来自加拿大，12%的读者群来自美国，主要内容包括北美中文新闻、生活资讯、旅游、博客、视频、移民和留学生论坛；温哥华的天空最具特色的板块是信息版，其分类广告及二手买卖信息非常活跃。

卡尔加里地区的加西中文网（abchinese. com）、蒙特利尔地区网站蒙城华人（sinoquebec. com）、渥太华地区的CFC中文网（comefromchina. com）是多伦多、温哥华之外最主要的中文网站，与加拿大其他网站一样，注重生活服务信息和社区服务。

与美国的中文网站相比较，加拿大的中文网站在商业化运作，吸引广告商方面更为成功。究其原因，主要是美国的中文网站后美国主流媒体和中国港台平面媒体的影响，新闻的政治色彩浓厚，网站的主要内容为时政新闻以及与热门话题有关的时事政治讨论，而且由于美国华文报业长期在唐人街经营，多数广告华人广告客户与华文报业有着长期的、稳固的合作关系，很多华人广告客户不注重网络广告，除少数网站外，美国的中文网站还不具备与当地中文报业争夺广告客户的能力与实力。加拿大中文传统媒体的网站 Alexa 排名偏低，《星岛日报》网站和加拿大华人媒体新时代传媒集团的网站（fairchildtv. com）排名都在加拿大中文网站 30 名以外。

（三）欧洲：留学生的社区同盟

欧洲华文网络媒体最大的特点是多数网站创建于 2000 年以后，网友年轻化，以大学本科的中国留学生为主，中国国内的浏览量占相当大的比例。这一特征与 21 世纪以来，中国国内前往欧洲留学旅游的人口大幅度上升有关。欧洲几个主要网站分布于德国、法国、英国等地。这些网站定位于服务年轻的中国留学生，近年来欧洲的中文网站大幅度增加了旅游、商务等方面的信息。特别是在中国国内都有网友群，为前往欧洲留学、旅游、经商的中国人查询有关信息的重要来源。

英国注册的网站主要有留园网、FTP 吧、英华园 lkcn. net、人在英国等。

FTP 网吧 ftp. co. uk　2006 年在英国注册，主要是为年轻的旅欧留学生提供一个网上娱乐平台，包括各种音像制品、游戏下载和论坛等。

英华园　2000 年在英国注册。主要内容有网络社区，提供日常生活、留学咨询、工作居留方面信息，并发表散文、小说、诗歌、游记等。

爱尔兰华人论坛 Irelandbbs. com　2004 年 5 月在爱尔兰注册。该网站是爱尔兰地区最大的华人与中国留学生论坛，内容包括各种生活服务信息、交友、二手市场、租房等。

德国热线　欧洲最大的中文网站之一，2000 年在德国注册，是中国留德学生创办的公益性交流论坛，为留德学生提供生活服务性信息和交流平台。包括交通、住房、工作等实用信息，是欧洲最大的信息交流平台之一。自称为“开放性社区网站，社区内各图文内容均为网友自行上传，德国热线—德国实用信息网以及版主对其内容不声明或保证其内容之正确性或可靠性”。

德国开元网 kaiyuan. de　德国另一个重要网站，由开元信息商务有限责任公司 2002 年在德国注册，是集学术、信息服务、商务、休闲、娱乐于一体的综合性德国网站。

战斗在法国 revefrance. com 法国注册量最大的中文网站之一。由易能欧洲传媒法国公司2001年在法国注册。网站内容包括“淘宝”二手市场、旅游等欧洲的中文信息与生活服务，提供欧洲旅游线路和法国留学信息，以及全法中国留学生同盟会相关信息。其宗旨是为法国和欧洲华人提供一个前沿的文化和娱乐平台。

欧洲（北欧爱尔兰、荷兰、比利时、西班牙、波兰、捷克、匈牙利）华人及中国留学生之家 KINA. cc 2001年3月22日在沈阳注册，是北欧各国华人社区网站。包括爱尔兰、丹麦、瑞典、芬兰、挪威、荷兰等几个国家的留学生服务站。

战斗在荷兰 gogodutch. com 北欧的另一个影响较大的网站，2002年在荷兰注册。该网站为中国留荷基金会论坛，内容包括各种生活服务信息、交友等。

（四）澳洲：替年轻一代服务的华文社区

澳洲的华文网站最突出的特点是网民低龄化，以18—24岁的青年留学生为主，其次为24—34岁，网民以新西兰中国留学生为主体，年收入在3万美元以下。这种情况与美国网民的高学历、高收入和高龄形成巨大差异。主要原因是最近10多年，大批的中国留学生到澳大利亚、新西兰读高中、大学本科。澳洲这些新兴的华人群体以网络为家，他们除了经常上中国国内的几大门户网站外，澳大利亚、新西兰的华文网站也为他们提供了一个交流的平台。

新西兰最大的网站是新西兰咨询网（skykiwi. com），于2001年在新西兰注册，是大型综合性门户网站，包括即时新闻、论坛、生活服务信息、交友、二手市场等。新西兰主要华文网站还有180 - 网通（180. co. nz）、中文网（chinese. net. nz）、新西兰华人之家（168. co. nz）等。

澳大利亚的主要华文网站有：澳洲日报网—澳华网（ausdaily. net. au）、足迹网（austeps. com）、澳洲中文网（ozchinese. com）、自由澳洲论坛（freeoz. org）等，像新西兰的华文网站一样，澳洲地区的网站是以生活在澳洲的新一代华人为主体的网上社区。

（五）东南亚：网络传媒拓展传统媒体影响力

东南亚华文网络媒体最大的特点是由传统报业的网络版而非商业化门

户网站占据市场主流。东南亚是中国大陆、港台以外的海外中文报刊最集中的地区，网络版的创立突破了传统报业的地域局限，大幅度提升了传统报业的影响力，而传统报业又为网络版提供了最主要的资源。但报业网站在盈利模式方面陷于苦斗。

联合早报网 Zaobao. com　新加坡报业控股公司属下的网站。1995 年 8 月，《联合早报》在互联网推出电子版。《联合早报》电子版是新加坡继英文《商业时报》上网的第二家报纸。在上网后的一年半左右时间里，《联合早报》实行电脑自动上网，无须编辑加工处理。每日早晨，值班新闻主任选出当日上网新闻，然后电脑部工作人员从编辑部电脑中提出这些新闻，通过电脑程序自动上网。版面单调而且没有及时新闻。1997 年 5 月 12 日，联合早报网正式注册。

注册改版之后，联合早报网在首页转载当日早报的新闻照片，并且提供当日报纸的要闻标题和摘要。新版还开辟了重大新闻专题版，还开设了“早报电脑专版”、“早报图片库”、“早报交流站”等新板块。联合早报网的中国大陆港台时事报道立场中立，吸引了大量的中国国内和海外华人读者。改版之后的早报网很快成为新加坡访问量最高的传统报业的电子报。中国大陆读者大幅度上升，文章经常被中国的报纸杂志所转载或引用。据 Alexa 统计，截至 2008 年 2 月，阅读早报网的中国网民占 61.6%。随着早报电子版的声名鹊起，《联合早报》成为了一个有国际影响力的报纸。

2000 年初，联合早报网正式与《联合早报》分离，更名为早报网，加盟母公司新加坡报业控股公司属下，以英文报为基础，联合组建亚洲网（Asiaone）网络公司。早报网的主要目的是为《联合早报》和其他各地报纸提供网络服务和电子商务平台。

马来西亚中国报 chinapress. com. my　《中国报》为了拓展世界市场于 2000 年开通的网络版。经过近八年的发展，该报网络版在海外华文网络媒体中浏览量名列前茅，不仅提升了该报的国际影响力，而且进一步推动了该报印刷版的发展。

南洋网 nanyang. com　系南洋报业控股集团子公司南洋线上公司所有，1998 年在马来西亚注册，提供国内国际、经济娱乐体育等新闻以及其他综合信息，内容以报纸内容为主。

光华电子新闻 kwongwah. com. my　马来西亚的《光华日报》的电

子版。《光华日报》是全球历史最悠久的中文报纸之一，1910 年 12 月 20 日由孙中山先生一手创立，主要内容来自报纸，提供马来西亚地方新闻以及国际的即日新闻，还包括当地的专题报道和社团新闻。

除报业集团的网站外，东南亚最大的中文网站是服务于大陆新移民的狮城华人网（sgchinese. com）。2001 年创建于新加坡，2002 年注册。最初只是个简单论坛，逐渐发展为集交流、娱乐、互助为一体的综合信息交流和服务平台，是新加坡访问量最大的华文交流平台之一。内容包括最新资讯、教育留学、就业移民、狮城生活、美食、创业、文学、旅游、国际商务等；社区服务包括交流论坛、网络商城、二手市场、房地产、网上游戏、狮城交友、博客个人主页、留学生联谊会友录以及 37 个学院板块和 26 个同乡板块等。

（六）日本：中国网友“最捧场”的海外华文网络媒体

日本华文网站最大的特点是中国网友为第二大网友群。影响最大的几个网站的主要读者来自日本和中国国内。日本最早的华文网络媒体是中国留日学生创办的综合性半月刊《东北风》。中国留日学生、旅日华人、日本人、美国、中国等地学生、学者创建 COM（China on line magazined）编辑部，利用电子邮件发行日文周刊《华声和语》。同年 12 月 27 日，COM 编辑部一起创办了日本首家利用网络电子邮件发行的中文杂志《东北风》。此外还有 2006 年在中国注册的京都华人网（kyotocn. com）、1996 年在东京注册的中文导报网（chubun. com）等。中文导报网是日本中文报纸《中文导报》的网络版，是日本老一代网站的代表，提供日本新闻、国际关系新闻、中日关系新闻，日本华人生活相关信息等。1999 年创建的三个中文网站在日本都有一定的影响力：看了吗（kanlema. com）、东京热线（toyohotline. net）、中国留日同学总会（jcic. co. jp）。中国留日同学总会在新老留日同学中都有较大影响力。近年，日本又涌现出年轻留学生华人群体创建的网站。新一代网站更注重娱乐性和互动式参与，色彩更丰富，从内容到页面设计都更适合青年留学生的胃口。如日本小春留学网（xiaochuncnjp. com），是以留日学生为主要对象的网络论坛，包括赴日留学讨论、在日生活区、各地留学区、综合交流区、虚拟商业街等板块。

华文互联网越来越成为影响西方主流媒体的重要舆论力量。2008 年 3 月西方主流媒体对当时的西藏问题进行了大量失实的报道。而海外华文网络传媒则发表了大量有关西藏问题的文章、帖子和自制录像。它不仅成为世界华人团结一致抗议西方错误倾向性言论的阵地；同样也是中国文化软实力的重要体现。在网络媒体成为凝聚言论、表达情感的主流媒体时代，中国文化软实力的发展应该更为重视对海外华文网络的支持，通过相关信息交流和物质帮助，使大量（尤其是东南亚国家）华文网站能够更为从容进行意识形态引导。同时，国家文化软实力对海外华人的凝聚作用，也可以通过华文网站得以彰显，进而向世界展示中国形象。充分地利用海外华文网络媒体，是不断提升广大华人的话语权和中华文化世界地位的重要手段。

（段文韬　谭逸丹　王凌沛）

第三十章

海外华文报纸的实力分析

进入21世纪之后，随着留学生和移民的大量增加，海外华文传媒得到了进一步的发展。华人族群经济实力日益增长、对自身权益的重视程度日益提高，海外华文报纸的影响越来越大，不仅为华侨华人、留学生提供了解中国最新信息的途径，更成为向世界其他国家传递中国和平发展信息的重要平台，也是中国文化软实力的重要象征。本研究尝试以出版质量、经济运营情况、社会影响力等指标因素，通过报纸的数量、类型、覆盖力、发行量、出版周期、资金规律、政治倾向、影响力人群来分析海外华文报纸的实力水平。综合使用文献研究法、调查研究法，并注重对海外华文报纸一线从业者的访谈。值得说明的是，本文所谓“海外华文报纸”是指在中国境外创办的、以华语为传播语言的、在所在国家正式注册的报纸。

一　欧洲华文报纸的实力分析

进入21世纪后，欧洲华文传媒出现了前所未有的繁荣期，但也因近年的经济危机承受着巨大挑战。

1. 数量、类型分析

海外华人华侨是华文报纸的生存基础，目前华人人数占欧洲各国人口数量的比例非常小（表1），华文报纸的数量与欧洲各国的华人数量大体上成正比，但各国华人人数与华文报纸数量并未成比例性增长。华文报纸在欧洲的生存基础薄弱，规模不大，且不易进入当地主流社会。

表 1　**欧洲各国华人人数比例统计**　（单位：%）

国家	华人人数①	该国总人口	华人占该国人口比例	华文报纸数量②
法国	40 万	6380 万	0. 63	7
英国	25 万	6094 万	0. 41	9
德国	15 万	8211 万	0. 18	8
意大利	10 万	6011 万	0. 17	5
西班牙	10 万	4520 万	0. 22	7
俄罗斯	20 万 （也有人称 50 万）	1. 41 亿	0. 14 （或 0. 35）	12
奥地利	3 万	811. 8 万	0. 37	4
比利时	3 万	1035. 6 万	0. 29	4
葡萄牙	1. 5 万	1084. 9 万	0. 14	1

华人多于 10 万的国家，华文报纸数量少而质量优，实力较强。绝大多数华文报纸是综合性报纸，涉及时政、财经、娱乐、生活、体育等方面，规模较大，所需的人力、物力、财力也较大，资源整合情况较好。在欧洲华人人数较多的国家，华文报纸数量并没有大量出现，这以华人人数在 10 万以上的国家为典型。在这 6 个国家共有华文报纸 48 家。

在欧洲华人人数少的国家，华文报纸也少，办综合性报纸的条件稍差，华文报纸的总体实力不如大国。在表 1 中，人数低于 10 万的 3 个国家中，共有华文报纸 9 家，以社区性报纸为主。与人数大于 10 万的欧洲国家的华文报纸相比，社区性报纸的比例上升。

2. 覆盖力及发行量分析

多数华文报纸都是国内报纸或区域性报纸，仅能覆盖创办国国内或延伸至周边国家的华人华侨群体，覆盖力较弱；读者规模覆盖全欧洲的华文报纸只有 3 家，分别是法国的《欧洲时报》、英国的《星岛日报（欧洲版）》和《新侨时报》，占总数的 7. 3%，比例极少，且创办地均位于英国、法国两个西欧发达国家。

从单份报纸的发行量来对比，在英国发行量名列前茅的华文报纸《星岛日报（欧洲版）》日发行量 14 万份，对比处于同一水平上的英文报

① 华人人数的数据参见彭伟步《海外华文传媒概论》，暨南大学出版社 2007 年版，第 95 页。

② 华文报纸数量的数据来自夏春平编《2009 年世界华文传媒年鉴》中的统计，中国新闻社、世界华文传媒年鉴社 2009 年版。

纸，英国《泰晤士报》的日发行量在68.8万份，《星岛日报（欧洲版）》占《泰晤士报》发行量的20.3%；在英华人数量为25万人，英国总人口6095万人，华人人数占英国人口的0.41%，以这种简单的算法来看，《星岛日报（欧洲版）》的发行量在英国所占比例是相当大的。

表2 欧洲各国最大华文报纸与最大外文报纸发行量对比

（单位：万、%）

华文报纸	发行量	外文报纸	发行量	华文报纸与外文报纸发行量比例
《星岛日报（欧洲版）》	14	英国《泰晤士报》	68.8	20.3
《欧洲时报》	10	法国《世界报》	44	22.7
《新天地》	2	德国《图片报》	360	0.55

但在欧洲内陆和东欧的一些地区，发行量小，覆盖力弱。华文报纸的发行量则远远达不到西欧发达地区的水平，大部分报纸的单周发行量只能达到500—3000份。

3. 出版周期分析

欧洲华文报纸以周报、双周报为主，有少量日报生存，信息滞后，新闻时效性个别较好、整体较差。以《2009年世界华文传媒年鉴》的“海外华文报纸基本状况一览表”为依据，欧洲华文报纸以周报为主要的出版周期类型，出版周期在一周以上报纸的约占1/4，而日报仅在少部分发达国家的大城市存在，但那些周报、半月刊等又以日报的形式出版。

4. 资金规律分析

欧洲华文报纸的资金来源总体上不稳定，缺乏资金在市场中的运转，对华文报纸的长期生存发展不能够提供有力的保证。资金来源对其报纸的规模、发展前景起决定性作用，目前欧洲大部分华文报纸的资金来源可分为新闻传媒集团、海外华人侨团社团、个人以及当地华人与外国资本共同出资四个方向。其中，有投资方/隶属集团数据的欧洲华文报纸居多，其次是海外华人侨团社团出资。“华文报纸创办之初大多由华侨团体集资创办，但运行不久就转为个人、公司接替，因此目前欧洲的华文报纸中由个人出资的情况较多。”① 由个人和外国资本共同出资的情况较少，“由于意

① 梁源法：《欧洲华文传媒发展综述》，载《世界华文传媒年鉴2009》，中国新闻社、世界华文传媒年鉴社2009年版。

大利政府对外国人在意大利从事新闻业的限制和歧视……大部分华文报纸不能以中国人自己的名义在意大利政府注册……名义上出版的是华文报纸，而在法律上实际上是以大利人所注册的报纸，因为报社法人是意大利人"①。但这种集资方式容易遗留下归属权的问题，华文报纸由外国人注册所有，华人报纸是在为外国人打工。

5. 政治倾向分析

目前欧洲华文报纸的政治取向上，大多数是持中立态度，进行客观的报道、分析。在涉及国家统一、民族尊严等大问题上，欧洲大部分华文报纸立场坚定、态度鲜明，支持中国统一大业。华文报纸也会联合华侨社团和旅欧华人，在当地举办传承中华文化、维护国家声誉的社会活动；个别的华文报纸有右倾倾向，"如于1997年在德国创办的《华商报》，一些想在德国得到政治庇护的政治难民或非法偷渡者常常在该报刊发所谓的抗议书、声讨信、结社游行通知等"。②

6. 影响力人群分析

从整体来看，欧洲的华文报纸仍然停留在华人族群当中，没有能够进入当地的主流报业。少部分进入市场的大规模发行的华文报纸，如《欧洲时报》、《星岛日报（欧洲版）》能在当地主流人群中产生一定的影响。欧洲华文报纸的读者基本以在当地工作、留学、居住的华人华侨为主，也有少部分热爱中华文化、学习汉语的外国人，大多数欧洲华文报纸是以在华人聚集区和中餐馆免费赠送为传播途径。华文报纸在当地的影响力就取决于华人在当地社会的地位及影响力上，在华人多、华人地位较高的国家和地区，华文报纸的影响力就相对广泛，如在英国、法国、匈牙利；而在相反的情况下，华文报纸的影响力则微乎其微，主流话语权仍无可动摇地在外文报纸上。

二　亚洲华文报纸实力分析

该节讨论除中国大陆、港澳台以外的亚洲其他国家和地区的华文报

---

① 杨光：《意大利华文媒体现状及展望》，载《2001年世界华文传媒论坛论文集》，中国新闻社香港分社2001年版。

② 彭伟步：《海外华文传媒概论》，暨南大学出版社2007年版，第108页。

纸。亚洲华文报纸历史悠久，因地理上距中国近，所以华文传统较其他洲更为深厚，华人移民相对较多，因此华文报纸的质量较高，对当地社会的影响力较大。

1. 数量、类型分析

海外华人华侨是华文报纸的生存基础，华人人数占亚洲各国人口数量的比例不均（表3），华文报纸数量与亚洲各国的华人数量大体上成正比。在华人人数少的国家，华文报纸的生存基础薄弱，规模不大，且不易进入当地主流社会，在华人人数多的国家，如新加坡，华文报纸的生存基础较强，规模较大，能进入当地主流社会。

表3　　亚洲各国华人人数比例统计　　（单位:%）

国家	华人人数（万）	该国总人口	华人所占比例	华文报纸数量
印度尼西亚	731	2.15 亿	3.4	8
马来西亚	625	2717 万	23	15
泰国	610	5400 万	11.3	8
新加坡	272	498.7 万	74.7	3
缅甸	200	5700 万	3.5	1
越南	190	8700 万	2.2	2
菲律宾	100	8400 万	1.2	5
日本	70	1.27 亿	0.55	15
韩国	10	5008.7 万	0.19	5
印度	0.5	11.66 亿	0.0004	1
蒙古国	0.4 万	279.1 万	0.14	1

亚洲华文报纸的发展受到所在国新闻政策的影响较深，在一些国家，规定新闻机构必须归为国有，或明确不允许外国人办报，这些政策上的原因使得华文报纸在亚洲各国的数量起伏较大。亚洲华文报纸的数量与华人人数的比例在各国的大小参差不齐。在华人人数大于 100 万的亚洲国家里，如菲律宾有华人 100 万人，创办了 5 家华文报纸，而比菲律宾的华人数量多一倍的缅甸，只有 1 家华文报纸。

在目前存在的华文报纸的数量上，亚洲的实力不如欧洲。与欧洲相比，分布在亚洲各国的华人数量明显比欧洲多，欧洲各国的华人数量以超过 10 万为数量大，而在亚洲超过一百万华人的国家就有 7 个，但在华文报纸的数量上，并没有相应比例多数的华文报纸存在。从报纸类型来看，以综合性报纸为多，专业性报纸其次，社区型报纸最少。

2. 覆盖力及发行量分析

在亚洲的新加坡，华文报纸的发行量较大，能覆盖本国大部分人口及东南亚其他国家。而在除新加坡以外的其他地区，华文报纸的发行量没有随着华人数量的增多而占覆盖力优势。

新加坡因其独特的华人传统非常浓厚的特点，华语曾一度是新加坡的官方语言，华语学习者、使用者较多，华人移民较多，因此华文报纸有很大的发行量。在亚洲现有的 42 家华文报纸里，读者规模庞大、覆盖力占绝对强势的有 1 家，是来自新加坡的《联合早报》，该报创办在新加坡境内，由新加坡报业控股集团创办，属于新加坡国有的新闻集团。

而在其他亚洲国家，华语只是作为第三、第四语言的国家和地区，华文报纸的发行量就不容乐观。“在东马，华人人口约 70 万人，华文报日销量约 10 万份，读者大概只有 30 余万人。这样计算，每份报纸平均只发行 8000 份。销量最高的《星洲日报》，发行量也仅有 30000 份左右，但其他报纸的发行量普遍比较少，有些报纸发行仅有 2000 多份”①。

虽然在亚洲，尤其在东南亚，华文报纸的发行量和覆盖力在全球华文报纸中占领先地位，但在区域内来看，华文报纸的覆盖力仍远不及英文报纸，尚有提高的空间。从单份报纸的发行量来对比，在新加坡发行量第一的英文报纸《海峡时报》的日发行量在 40 万份左右，对比处于同一水平上的华文报纸，新加坡《联合早报》日发行量 20.6 万份，是《海峡时报》的一半，而新加坡华族人口占新加坡总人口的 74.7%，华文报纸发行量的优势达不到华人族群在新加坡的人口优势。这是由于现在新加坡社会普遍对英语的重视程度比华语要高，需要特别予以重视。

表 4　　亚洲各国最大华文报纸与最大外文报纸发行量对比　（单位:%）

华文报纸	发行量（万）	外文报纸	发行量（万）	华文报纸与外文报纸发行量比例
《联合早报》	20.6	新加坡《海峡时报》	40	51.5
《留学生新闻》	3	日本《读卖新闻》	1400	0.2

① 崔贵强:《东南亚华文日报现状之研究》，南洋学会（新加坡）2002 年版，第 115 页。

3. 出版周期分析

亚洲华文报纸信息新闻时效性总体来说较好，实力较为雄厚，采编人才虽然少，但也能够维持每日出报，比较能够满足海外华人对华文信息的需求，实力较强，日报居多，周报其次。

4. 资金规律分析

亚洲的华文报纸大部分资金归属于当地国，因此海外华人对华文报纸拥有的自主权较弱。

目前大部分亚洲华文报纸的资金来源可分为所在国新闻传媒集团、海外华人侨团社团、所在国政府或军方三种形式存在。投资方/隶属集团居多，所在国政府或军方出资其次。

大部分亚洲华文报纸拥有的资金投资方式是以所在国的新闻传媒集团出资的方式进行，一般的新闻传媒集团旗下有英文报、华文报、当地语种的报纸多份，能够互相调节，相互维持，能够较有力地保证报纸的长期生存。但由于它属于当地国家的集团，不归属于海外华人，因此在主权属性上华人不占优势，并且在报道的倾向上华人没有自己的发言权。部分亚洲华文报纸由当地的华人华侨社团出资创办、维持运营。在越南、菲律宾和印度尼西亚等国，大部分华文报纸都直接由当地政府或军方操办，并且是附属于当地英文报纸的华文版，报道的内容也都需要完全符合所在国政府的利益。

5. 政治倾向分析

在亚洲的华文报纸有中立、亲中和所在国政府控制三种政治倾向。由于亚洲各国普遍对媒体的管控力度较强，华文报纸能够自主决定政治倾向的较少，大多数华文报纸的报道都取决于当地政府的对华政策，整体来看，亚洲的华文报纸在表达华人自己的声音方面实际拥有的能力较弱。

6. 影响力人群分析

在亚洲，由于华人移民较多，华语传统较为深厚，使用华语的人群涵盖了华人移民、留学生、懂华语的当地民众等成分较丰富的读者人群。74.7%的新加坡人口是华人族群，25.3%马来西亚人口是华人，华人人数众多的且分布在各行各业，随着在学习、工作、生活中华人不断与其他族群打交道，华文报纸的影响力就从华人本身扩散到与华人有关系的其他族群中，影响力人群扩大到华人之外。并且随着华人移民在当地居住、生活的时间增长，对当地的社会作出了一定的贡献，华人逐渐进入亚洲一些国家的主流社会，因此华文报纸也随之开始影响所在国的主流思想，华语信息的影响力逐渐增强。亚洲的华文报纸在影响力人群方面较全球华文报纸相比，实力相当雄厚。

三 非洲华文报纸的实力分析

当今，非洲华文传媒发展较不均衡。仅仅是在非洲、毛里求斯等少数华人较聚集的国家才拥有华文报社。

1. 数量、类型分析

在非洲的华文报纸较少，只有少数几个国家有华文报纸。华人人数占非洲各国人口数量较少（表 5），华文报纸的生存基础较为薄弱，规模不大。

表 5 **非洲各国华人人数比例统计** （单位：万、%）

国家	华人人数	该国总人口	华人所占比例	华文报纸数量
南非	20	4900	0. 41	8
毛里求斯	4	127	3. 1	15

这些报纸主要类型都为社区报。

2. 覆盖力及发行量分析

从覆盖面看，两个国家面积都不大，华文报纸基本覆盖了各自所在国家，而其发行量也大体维持在 1000—5000 份左右。在毛里求斯华人人口仅 4 万而《镜报》的发行量达到了 2000 份，这足以看出小的发行量背后却隐藏着巨大的文化软实力及其影响力。

3. 出版周期分析

非洲华文报纸既有以《镜报》为代表的周报，有以《非洲时报》每周发行三份为代表的报纸，而日报较少。

4. 资金规律分析

非洲华文报纸的资金来源有两类：一种是当地华人出资创办，《南非华人报》、《非洲时报》都是这一类型的代表。另一种是采取联合办报的方式，“《福建侨报》南非版由中国福建侨报社和南非中华福建同乡会共同采编，采取国内编辑排版、南非印刷发行的方式于每周五出版”。[①] 联合办报的方式，为非洲华文传媒的发展开辟了新的途径。

5. 政治倾向分析

非洲华文报纸偏向大陆与持中立态度基本平分秋色。由于历史原因，非洲的华人多为大陆移民，新中国成立后与非洲各个国家发展友好关系。所以非洲的华文报纸报道多倾向大陆。

6. 影响力人群分析

非洲华文报纸虽然发行量偏少，但仍然对非洲的华人社会甚至是非洲社会产生了较大的影响。近年来非洲的“汉语热”，更为非洲的华文报刊得到发展提供了新的契机。

四　大洋洲华文报纸实力分析

在大洋洲，华人人口众多，地区经济发达，华文报纸基本上存在于澳大利亚、新西兰、斐济三个国家，大洋洲的华文传媒发展水平高，发展均衡。

1. 数量类型分析

在大洋洲的华文报纸较少，华人人数占大洋洲各国人口数量较少（表6），华文报纸的生存基础较为薄弱，规模不大。

华文报纸在大洋洲分布较集中，这为大洋洲华文报纸的发展提供了很好的条件。

表6　　大洋洲各国华人人数比例统计　　（单位：万、%）

国家	华人人数	该国总人数	华人所占比例	华文报纸数量
澳大利亚	70	2118	3	17
新西兰	16	400	4	12
斐济	4	82	4	2

① 彭伟步：《海外华文传媒概论》，暨南大学出版社2007年版，第197页。

大洋洲华文报纸中不乏历史悠久影响力较大的综合性报纸。其中，澳大利亚主要的华文报纸有《星岛日报》、《澳洲新报》、《华人日报》、《澳洲日报》，每天发行量约 8 万份，都是综合性的收费报纸。“这四家日报形成了互为补充、各有特长的格局，因此在激烈的市场竞争中能各出奇招，共同生存，显示了收费华文日报市场强大的潜力。”①

大洋洲也有部分以社区报为代表的免费报纸，近年来由于澳大利亚、新西兰等经济较发达的国家有大量大陆移民涌入，在这些地区华文已经成为仅次于英语的第二语言，特别是大陆移民经济实力的增强，使大洋洲华文报纸的广告市场越来越大，所以以服务当地华人为办报宗旨的社区报纸在大洋洲发展越来越迅速。

2. 覆盖力及发行量分析

《星岛日报》、《澳洲新报》、《华人日报》、《澳洲日报》4 份澳大利亚主要华文报纸，每天发行量约为 8 万份。这四家报纸在澳洲发行量大、覆盖范围广。

在澳大利亚，华文收费日报与免费周报是比较主流的华文报纸的发展形势。免费报纸发行量较少，基本销量只有两三千份。在大洋洲有 40 多份这样类型的报纸存在，并集中在悉尼等华人聚集较多的城市。

3. 出版周期分析

大洋洲的华文报纸以周报、月刊为主，日报较少，出版周期较长，新闻时效性较差。

4. 资金规律分析

20 世纪 80 年代后，许多有港台背景的华文报纸纷纷在大洋洲创刊。在随后的竞争中这些报刊进行了优化组合，形成了一些较大的传媒集团。如澳洲中文报业集团已拥有《澳洲日报》、《华声地产》、《华人社区报》、《澳周刊》、《百家信息》和《澳洲日报电子版》五报一刊，形成多元化经营。同时，伴随着移民热潮的到来，许多留学生和新移民同样筹措资金创办报刊。伴随着中国经济的快速发展，很多大洋洲的华文传媒把目光投向了大陆，开始与国内报社联合办报，一方面大洋洲的华文报纸向大陆提供版面，另一方面大陆报刊向大洋洲的华文报刊提供内容。大陆传媒与大

---

① 单仁谷：《澳大利亚华文传媒发展综述》，载《世界华文传媒年鉴 2007》，世界华文传媒年鉴社 2007 年版，第 87 页。

洋洲的华文媒体合作，实现了优势互补，互惠互利，实现了国家文化软实力的多元化发挥。

5. 政治倾向分析

在大洋洲，除了少数几份报纸由台湾商人扶持或是台湾偏绿政党扶持，有强烈台湾本土意识，鼓吹台独的报刊，绝大多数华文传媒都站在维护中国，反对台湾独立的立场，而且相当拥护中国的政策。“由于大陆与台湾尚未统一，支持新中国和支持台湾国民党的政治倾向依然存在，但随着形势的发展和中国国际地位的提高，具有明显政治倾向性的亲台报纸意识越来越少。”①

6. 影响力人群分析

在大洋洲，华文传媒不断发展。特别要提到的是记者和编辑的收入得到了一定程度的改善，有较高的收入。在大洋洲有越来越多的华人新移民集资办报，培养了相对固定的报纸受众，一些留学生自力更生办报纸，培养了一批素质较高的受众。特别要提出的是，不仅私人公司在华文报刊上做广告，澳大利亚联邦及州政府也注意到华人数量的增多带来的对政府信息的需要，华文传媒上出现了不少政府广告。② 这种特殊文化现象对中国文化软实力的影响有待进一步研究。

五　美洲华文报纸实力分析

在美洲，由于各国华人数量有较大的差异，且在北美以留学生为代表的新移民为主，而在拉丁美洲主要是以老华人和土生华人为主，所以在美洲华文报纸的发展差异性较大。

1. 数量、类型分析

海外华人华侨是华文报纸的生存基础，而目前，华人人数占美洲各国人口数量的比例非常小（表7），因此华文报纸在美洲的生存基础薄弱，规模不大，且不易进入当地主流社会。

---

① 程曼丽：《海外华文传媒研究》，新华出版社2001年版，第251页。

② 单仁谷：《澳大利亚华文传媒发展综述》，载《世界华文传媒年鉴2007》，世界华文传媒年鉴社2007年版，第85页。

表 7　美洲各国华人人数比例统计　（单位：%）

国家	华人人数	该国总人口	华人所占比例	华文报纸数量
美国	300 万	3 亿	1	40
加拿大	70 万	4000 万	1.75	26
巴西	100000	1.9 亿	0.052	2
阿根廷	30000	4000 万	0.075	4
秘鲁	60000	2800 万	0.21	5
巴拿马	150000	311 万	4.8	2
巴拉圭	10000	280 万	0.36	2
委内瑞拉	5000	2681 万	0.018	4
苏里南	1.35 万	45 万	3	2

在美国、加拿大这样经济较发达的北美国家，华文报纸的数量是较大的，类型同样是多样的。“在美国，凡是有华人生活的城市，都有至少一种甚或是多种华文报纸，在大中城市尤为典型。像纽约、洛杉矶、芝加哥、旧金山、休斯敦等城市，大大小小的中文报纸多达十几种甚至几十种。纽约作为美国的经济中心、文化中心、人口第一大城市和华人最多的城市（约有 50 万华人），目前拥有《侨报》、《世界日报》、《星岛日报》、《中华经济时报》、《华美日报》、《明报》等约 20 种华文报纸。在美国第三大城市芝加哥，有华人近 10 万，就有 5 份华文报纸，《芝加哥华人论坛报》、《芝加哥时报》、《文化与生活》、《辰报》、《美中新闻》。在全美这些华文报纸中，《侨报》、《世界日报》、《星岛日报》等报纸的影响力最大，发行量也占了华文报纸总发行量的半壁江山。”① 当前美国华文报纸大约有五十多家，可划分为三大市场。一是当地华人在人口 30 万以上的城市，如纽约、旧金山、洛杉矶等地，是日报的市场，也是《世界日报》、《星岛日报》、《侨报》等全国性华文报纸的兵家必争之地。二是当地华人在人口 10 万—20 万的华盛顿、新泽西、芝加哥、休斯敦等地，有 4—7 家地方华文报纸。如大华盛顿地区就有四家地方华文报纸。三是当地华人在人口 3 万—8 万的费城、底特律、丹佛、佛罗里达、亚特兰大、

① 人民网：《美国华文报纸生存策略》，见 http：//media. people. com. cn/。

波士顿等地，有1—3家地方华文报纸。

在南美洲的巴西有2家较大规模的华文报纸，即《南美侨报》和《美洲华报》。阿根廷有《新大陆周刊》等4家华文周刊。巴拿马有《拉美快报》和《拉美侨声报》等新办华文报纸。巴拉圭也有2份华文报纸：《传薪日报》和《城市新闻》。从类型上看，偏重于综合型，社区报纸并不是很发达。

2. 覆盖力及发行量分析

从单份报纸的发行量来对比，在美国发行量较大的华文报纸《明报》日发行量14万份，对比处于同一水平上的英文报纸，美国《华尔街日报》的日发行量在68.8万份，《明报》占《华尔街日报》发行量的20.3%；在美华人人数占美国人口的1%，以这种简单的算法来看，《明报》的发行量在美国所占比例是相当大的。

表8　　美洲华文报纸与外文报纸发行量对比　　（单位：万、%）

华文报纸	发行量	本国报纸	发行量	比例
《明报》	5	《华尔街日报》	179	2.8
《华盛顿新闻》	1	《纽约时报》	100	1

北美洲华文报纸的发行量，一直缺乏精确的统计。不仅以《世界日报》、《星岛日报》为代表的大的综合性收费报纸发行量较大且覆盖范围广；在华人聚集较密集的社区，免费的社区报纸也有很好的发行量，如《华盛顿新闻》的发行量已经达到了10000份。在拉丁美洲，华文报纸的发行量就相对较少，即使是一些面向全国范围的报纸，其数量也仅仅保持在1500—2000份左右。

3. 出版周期分析

在北美影响力较大的报纸多为日报，在拉丁美洲近八成华文报纸是周报。这与当地经济发展程度和华人数量密切相关。

4. 资金规律分析

北美华文报纸资金来源丰富多样。既有传统中国港澳台地区的传媒集团对美国华文报纸的投资，例如《世界日报》、《明报》等；也有中国大陆新移民特别是留学生创办的华文报纸。“随着中国大陆移民不断增多的趋势，许多华文报纸采取与大陆报纸合作办报的方式。1994年，《新民晚报》获准在美国印刷发行；1996年，《新民晚报》又在美国设立记者站，创办了美国版以后又扩大到北美地区、港澳地区发行。”① 而拉丁美洲多数华文报纸多为老一代移民创办，且多为中国台湾同胞。

5. 政治倾向分析

“美洲生活着为数相当多的老华侨、老华人，这些老华侨、老华人都是在新中国成立前移民过去的，他们当中大多数支持中国统一，反对‘台独’，就是一些原来顽固反大陆的华侨华人现在也改变观念，转到支持中国大陆的立场上来了。这种华侨华人观念的转变，也使华文传媒逐渐偏向中国大陆，拥护中国的完整统一，反对‘台独’。”②

此外美洲海外华文态度的转变，还反映在他们与中国大陆的合作上。采取联合办报的方式，对海外华文传媒和中国大陆来说，都是相当有利的。大陆可以借助海外华文传媒这一平台，树立中国政府开放、开明、积极进取的形象，增强文化软实力。

6. 影响力人群分析

在北美，随着中国在全球影响力日增，掀起了学习华语的热潮，学习人数增长之快超越了所有外语，这客观上为美洲的华文报纸的发展提供了契机。在中国大陆移民持续大量增长的刺激和支持下，华文传媒的发展将会更大，其影响力也将远远超过华人范围本身。

在拉美，由于区内所在国家多为发展中国家，华人比较少，大陆新移民更少。华文传媒所需的经济、受众、从业人员基础相当薄弱。拉丁美洲华文报纸的运作较艰难，影响力也较小。

六　结论

在全球范围内，除中国和新加坡以外的国家和地区，海外华文报纸以非主流媒体的地位在世界各地生存，维护当地华人利益，弘扬中华文化。海外华文报纸的实力在不断提高，在华人较多、经济发展水平较好的地区，华文报纸的实力较强，如亚洲、欧洲、北美洲、澳洲；相反在华人较少，或经济欠发达地区，华文报纸的质量、发行量、市场运作能力较弱，

---

① 彭伟步：《海外华文传媒概论》，暨南大学出版社 2007 年版，第 164 页。

② 同上书，第 186 页。

如非洲、拉丁美洲的部分国家。在整个世界传媒格局中，华文报纸仍占弱势。

随着中国国家实力的日益增强和国际地位的不断提高，世界越来越关注中国，海外华文报纸对当地社会的影响力也越来越强，并且越来越受到重视。在一些国家，如新加坡、马来西亚，华文报纸对于当地国家的政治生活也能起到巨大影响，在政治选举前夕，华文报纸的舆论导向把握着大部分华人华裔选票的方向，因此华文报纸的报道格外受到当地政治力量的重视。

从创办时间来看，于20世纪70年代以前创立且目前仍然在运营的华文报纸分布于东南亚等华人较多、华文传统浓厚的地区。目前仍进行出版活动的华文报纸大多数创办于20世纪90年代之后。历史上，许多报纸创刊后不久便停刊，随后又纷纷有新的报纸出现。在华文传统不强的地区，华文报纸维持运转的能力不佳，资金来源及市场运作不稳定。

从报纸类型来看，在各种类型的报纸中，社区性报纸最为发达。在美国、澳大利亚这些华文传媒发展较成熟的地区这一特点也最明显。这些小型的华文报纸在社区免费发行，报道内容与当地华人日常生活的联系比较密切，在华人圈中有很强的生命力，起着无法替代的作用。

从资金来源看，世界各地华文报纸的地域差异较大。在东南亚地区，大部分华文报纸归属于由当地政府支持的传媒集团，性质上是属于该国的报纸，而非华人创办。在北美及欧洲的全球性大城市，如伦敦、巴黎，许多发展状况较好的华文报纸是由中国香港、中国台湾等华人资本的跨国传媒集团出资创办，资金运转顺畅、来源稳定，有较好的市场经验。在欧洲大陆、拉丁美洲、大洋洲及非洲，绝大多数华文报纸的资金来源依靠当地华人华侨社团及个人，资金来源不稳定，是许多华文报纸生存时间较短的重要原因。还有一些地区，如东亚的日本，一些华文报纸是由当地华人留学生共同创办，也得到了较好的发展。

从出版周期来看，海外华文报纸以周报、双周报为主，出版周期较长，报纸时效性较差，因此许多报纸以半月刊、月刊的形式出版。日报仅在少数经济发展水平高、华文使用范围广且水平较高的地区存在。如英国伦敦、法国巴黎和俄罗斯莫斯科等发达国家的大型城市有华文日报；新加坡、马来西亚等华人较多、华文传统较强的地区，在当地政府的支持下，华文日报能够得到较好的发展；在日本等华人留学生较多的地区，由留学生创办的华文报纸也能够每日出报。

从覆盖力及发行量来看，各地根据华人数量的不同和当地经济发展水平的不同，地域差异较大。发行量最大的华文报纸诞生在东南亚的新加坡和马来西亚等华文传统较为深厚的地区；发行量位居其次的是欧洲、北美等发达地区能覆盖全洲的华文大报；而发行量能够上万的华文报纸分布在华人移民、留学较多、经济发展水平较高的国家。

从政治倾向来看，随着大陆对外开放的深入，经济政治实力的增强，特别是"一国两制"政策在香港、澳门的成功实施，越来越多的海外华人华侨和华文报纸支持国家统一，反对"台独"。这种态势在北美、澳大利亚等新移民较多的地区尤为明显。近年来，越来越多的华文报纸改竖排为横排的编排方式，弃繁体为简体，增多了中国新闻的版面，更加深入地报道大陆新闻，报道倾向也越来越客观。特别需要指出的是，海外华文传媒采取与大陆联合办报的方式，对于海外华文传媒和中国大陆来说都是相当有利的。海外华文传媒可以利用大陆信息资源，弥补华文传媒内容的不足，而大陆则可以借海外华文传媒传播中国最新的社会发展动态，增强中国文化软实力。

（高一然　王玮玮）

第三十一章

我国文艺类图书在海外出版情况的分析及对策探究

图书作为负载文化信息的媒介之一，其在世界翻译、出版、发行、传播与接收的情况，反映着一国文化产业在国际市场中的拓展实力，同时关系到本国文化在世界范围内寻求理解与认同，即国家文化软实力的重要命题。文艺类图书是世界性与本土经验的结合，它可以通过对人类普遍情感的介入的方式，来表达自身的文化立场。研究我国文艺类图书在海外的出版情况，并且寻求其改进与推广的策略，是传播中国文化、塑造中国形象，发展文化外交功能，进一步打开国际文化市场，以“软实力”促进“硬实力”的有效途径之一。

近年来，我国的经济发展取得巨大成就。自 2004 年起，进出口贸易总量稳定在世界第三的位置。但我国一直存在“文化入超”的现象。以图书贸易为例，近十年我国图书进口与出口总额之比大约是 2∶1，而版权引进与输出的比例大约为 7∶1。文艺类图书的逆差更为惊人。这与我们文化大国的形象极不相称，也阻碍着我国文化软实力的发挥。如何促进我国图书走向世界，提升我国文化影响力，成为一个越来越需要重视和思考的课题。

一 我国文艺类图书在海外出版的三种方式

我国文艺类图书在海外的出版，主要依靠以下三种方式：实物出口、版权贸易以及合作出版。

1. 实物出口

严格地来说，在国内已成为一种最终成品的文艺图书出口到国外，事实上并不符合我们的题目——“在海外出版”——的要求，因为出版活动意味着由编辑、复制、发行三个环节构成的整体①，而实物出口仅仅是在海外完成了“发行”。但在我国有关图书输出的公开统计数据中，图书的进出口情况是唯一按图书类别进行区分统计的（这方便我们择取出“文学”、“艺术”的单项数据进行分析）。② 因此，这一类型的图书出口成为了重要衡量指标。

从十年的平均情况来看，文艺类图书在我国图书出口总量中约占19.2%，在进口中约占24.1%。相比自然科学类图书出口仅占9.0%、进口占23.6%而言，文艺类图书的进出口结构应该算是较为平衡的。十年来我国文艺类图书出口情况如表1所示。从种数、数量、金额三项指标来看，文艺类图书近十年呈上升趋势，但在2008年遭遇了“强降温”；从“金额”指标来进行走势分析并与进口情况相对照（图1），结果会更清晰。

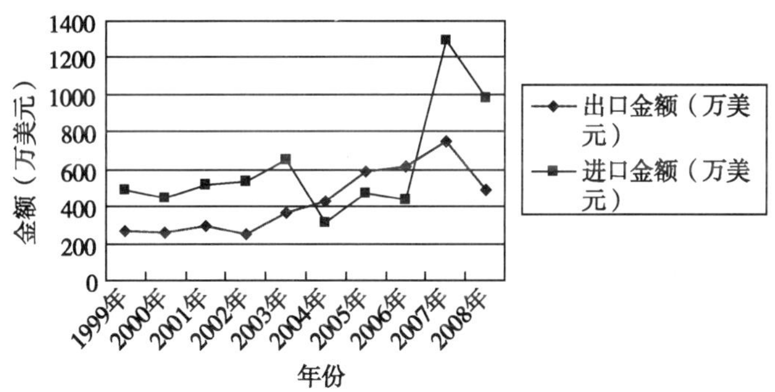

图1　1999—2008年我国文艺类图书进出口情况走势图

资料来源：据《中国图书年鉴》、《中国新闻出版统计资料汇编》及新闻出版总署网站数据整理。

1999—2002年出口存在轻微波动，自2003年开始，经历了持续增长，并于2004—2006年实现了文艺类图书贸易的顺差。进入2007年后，虽然出口额继续增长，但图书贸易又恢复了逆差，且差距陡然扩大。2008年，文艺类图书的进出口都明显地下降，这与当年我国图书整体贸易情况

① 汪启明主编：《出版通论》，四川大学出版社2008年版，第3页。

② 与此相对照的，国家对版权贸易的统计是以引进/输出国别为区分的。仅在2003年国家版权局公开了按图书类别统计的版权贸易情况。见表三、表四。

是一致的。因此，文艺类图书出口的实际情况并非一成不变，而是曲折地向前发展。

表1　　1999—2008年我国文艺类图书出口情况统计

年份	1999年	2000年	2001年	2002年	2003年	2004年	2005年	2006年	2007年	2008年
种数（种次）	167691	182246	141714	190974	196473	181606	251353	355647	253035	166603
数量（万册）	56.53	43.14	60.78	54.67	89.72	81.66	108.18	155.95	157.8	105.54
金额（万美元）	266.47	256.13	290.28	252.55	369.11	430.91	584.63	618.82	749.8	494.14

资料来源：据《中国图书年鉴》、《中国新闻出版统计资料汇编》及新闻出版总署网站数据整理。

以模糊的语态对我国文艺类图书的出口情况下概括性判断，可以说我国十年来的整体情况是入超的。许多研究文章对这种入超的状态表示了极大的忧患。但对图书贸易的评价并不能以一般产业价值来衡量。“出版业与其他行业的最大差异在于它兼具文化属性和产业属性，而前者一直是这个行业得以生存和发展的核心竞争力所在。”① 甚至可以这样看待，我们追求经济效益的最终归宿就是用于文化的投资与繁荣。如果以面貌不同而具有相同旨趣的话来表述，就是：“无论是发展‘硬实力’的问题，还是运用‘硬实力’以实现最终目标的问题，都是‘软实力’发展的问题。”② 如果以时间向度为思考轴，那么我们应该是乐观的，因为我们需要广泛地接纳各国的先进文明，经历一个认真咀嚼的过程之后使之转化为我们可以利用的精神资本，并且我们也应当不断在他国文明的比照之下更好地完成中国文化的自省与更新。但是，一些学者的担忧是以空间向度为思考轴的结果，他们并非关注于图书贸易带来的经济入超，而是它的“文化入超”。其实，一国文化影响力的深浅并非由其文化产品经济金额的大小来圈定的，但是人们的思维惯性普遍认为资本的实力决定了文化的发言权，并由此而推动了假想转为真实。

2. 版权贸易

自从中国加入《世界版权公约》以来，版权贸易已发展为图书输出的一种最为经典的形式。它可以克服实物出口所牵涉的一系列人力、物力

---

① 郝振省主编：《国际出版业发展报告（2008版）》，中国书籍出版社2008年版，第23页。

② 韩勃、江庆勇：《软实力：中国视角》，人民出版社2009年版，第2页。

与财力的周转与耗损，通过一种抽象的权力的让渡，以最小的资本付出达到跨国传播文化的目的。

对于我国文艺类图书的版权贸易情况，国家年度公布的“全国新闻出版业基本情况”中对此没有明确统计。国家对版权贸易的统计习惯是以国别为区分的。只有2003年是例外，国家分别按照图书类别与引进/输出国家两种分类方式进行了统计。仅就这一年来观察，文艺类图书引进种数与输出种数的比例为17：1（1809：109）。纵观近十年我国图书整体版权贸易的情况（表2）：1999—2008年我国图书版权引进与输出种数一直存在巨大逆差，但逆差明显有缩小趋势。2004年国务院新闻办公室与新闻出版总署启动了“中国图书对外推广计划”，为鼓励出版社打开国际视野而提供一系列政策、资金以及组织上的支持，有力地促进我国优秀图书的对外翻译。近几年，我国版权输出的“亮点”有相当一部分是由文艺类图书制造的，例如《狼图腾》、《碧奴》、《淘气包马小跳系列》，以及漫画版四大名著等。

我国文艺类图书版权输出短板密集于新加坡、韩国和日本，而在欧美国家受到冷落。与此形成鲜明对比的，是我国版权引进的主角一向锁定欧美。另外，中国文学作品虽在亚洲国家市场上占据一席，但数量上仍和西方作品存在差距。

表2　1999—2008年我国图书版权引进/输出种数统计

年份	引进（种数）	输出（种数）	比例
1999	6461	418	15.5：1
2000	7343	638	11.5：1
2001	8250	653	12.6：1
2002	10235	1297	7.9：1
2003	12516	811	15.4：1
2004	10040	1314	7.6：1
2005	9382	1434	6.5：1
2006	10950	2050	5.3：1
2007	10255	2571	4.0：1
2008	15776	2440	6.5：1

资料来源：据《中国图书年鉴》、《中国新闻出版统计资料汇编》及国家版权局网站数据整理。

我国图书的版权输出，大部分是通过法兰克福书展（Frankfurt Book Fair）和北京国际图书博览会（Beijing International Book Fair）的平台而实现的。在2009年第61届法兰克福书展中，我国首次作为主宾国参与其中，通过展览、演出、作家演讲等多种形式向世界展现了当代中国对于民族文化精神的理解。但书展仅是短期平台，缺乏市场的快速反应机制。过分依赖书展进行版权输出，从侧面反映了我国版权贸易的常态机制尚未建立。

3. 合作出版

合作出版指："不同国家的出版机构共同在世界范围内开展出版物编辑、排版、印制、发行等活动，在这全过程中合作完成其中某一环节或某几个环节。"① 是一种先进的优化资源配置的图书打造方式。我国的文艺类图书，目前已经开展了一些与海外出版社合作出版的项目，如人民文学出版社与英国柯林斯出版社合作出版的"中国当代文学精品丛书"；上海新闻出版发展公司与法国拉格代尔公司签署了合作协议，销售推广以文学作品为主的《文化中国丛书》；中国外文局与耶鲁大学出版社合作出版的"中国文化与文明"丛书等。

对于我国而言，这是一种外向型的图书出版方式。它多是双方共同策划确定选题，由中方提供作品素材，外方进行本土市场评估、翻译、印刷出版以及销售推广的工作。可以说，这是一种促进我国图书成功、有效地输出的方式，并且解决了我们在选题上的盲目、翻译的不足、海外销售网络的不畅等问题。但其容易出现过分依赖外方的眼光、思路与力量。就文艺类图书而言，我方提供的作品素材，经历了外国出版者的取裁、重译与包装之后，是否会变为一种外国式的表达，在信息编码时融入过多的当地元素，从而与我方所要达到的文化诉求构成矛盾呢？外方选择与我们合作，许多时候并不是出于对传播中国文化的兴趣与分享人类文明的责任意识，而往往是基于利益的判断。曾经有这样的事例，美国一位翻译家为迎合当地读者习惯，把老舍《骆驼祥子》最后一章进行修改，颠覆了悲剧结局。

---

① 衣彩天：《国际合作出版的意义、形式及原则》，《编辑之友》2005年第2期。

二　近十年我国文艺类和相关图书海外出版的官方统计数据

表 3　　**1999—2008 年我国文艺类图书出口情况统计**　　（单位:%）

年份	1999	2000	2001	2002	2003	2004	2005	2006	2007	2008
种数（种次）	167691	182246	141714	190974	196473	181606	251353	355647	253035	166603
数量（万册）	56.53	43.14	60.78	54.67	89.72	81.66	108.18	155.95	157.8	105.54
金额（万美元）	266.47	256.13	290.28	252.55	369.11	430.91	584.63	618.82	749.8	494.14
占种次的百分数	23.79	25.88	23.55	22.13	19.10	21.72	21.89	24.74	22.91	18.51
占数量的百分数	25.21	17.95	19.87	17.03	19.29	17.43	20.90	21.20	22.10	16.15
占金额的百分数	21.35	20.76	21.18	18.52	19.77	20.67	20.02	19.39	22.73	15.78

资料来源：据《中国图书年鉴》、《中国新闻出版统计资料汇编》数据编制，并参考新闻出版总署网站数据整理，网址：http：//www. gapp. gov. cn/。

表 4　　**1999—2008 年我国文艺类图书进口情况统计**　　（单位:%）

年份	1999	2000	2001	2002	2003	2004	2005	2006	2007	2008
种数（种次）	115082	104966	51357	74977	104642	72690	90189	64543	130027	76552
数量（万册）	57.19	71.38	76.95	58.08	59.43	43.6	66.43	59.92	87.77	108.71
金额（万美元）	486.42	442.97	517.48	538.8	651.99	313.42	470.46	440.33	1292.56	977.84
占种次的百分数	25.83	23.13	12.86	14.64	16.13	12.07	16.29	11.53	16.85	11.80
占数量的百分数	37.57	34.29	30.90	22.50	20.83	12.90	16.46	16.62	23.96	24.84
占金额的百分数	21.49	18.23	18.31	20.55	17.39	8.10	11.21	10.18	16.54	11.99

资料来源：据《中国图书年鉴》、《中国新闻出版统计资料汇编》数据编制，并参考新闻出版总署网站数据整理，网址：http：//www. gapp. gov. cn/。

表 5　　**2003 年全国版权输出图书类别情况统计**

类　别	数量（种）	类　别	数量（种）
A. 马列主义	0	E. 军事	0
B. 哲学	19	F. 经济	10
C. 社会科学	13	G. 文、科、教、体	148
D. 政治、法律	58	H. 语言、文字	54

续表

类　别	数量（种）	类　别	数量（种）
I. 文学	**93**	U. 交通运输	3
J. 艺术	**16**	V. 航空、航天	8
K. 历史、地理	179	X. 环境科学	0
N. 自然科学	39	Z. 综合性图书	38
O. 数理科学、化学	2		
P. 天文学	1	其中：大学课本 GK1	0
Q. 生物科学	5	中专课本 GK2	0
R. 医药、卫生	93	中学课本 GK3	0
S. 农业科学	24	小学课本 GK4	0
T. 工业技术	8	合计	811

资料来源：中华人民共和国国家版权局网站，网址：http：//www. ncac. gov. cn/。

表 6　　2003 年全国版权引进图书类别情况统计

类　别	数量（种）	类　别	数量（种）
A. 马列主义	11	Q. 生物科学	126
B. 哲学	220	R. 医药、卫生	734
C. 社会科学	997	S. 农业科学	88
D. 政治、法律	604	T. 工业技术	2382
E. 军事	30	U. 交通运输	48
F. 经济	1896	V. 航空、航天	4
G. 文、科、教、体	1463	X. 环境科学	44
H. 语言、文字	982	Z. 综合性图书	546
I. 文学	**1288**		
J. 艺术	**521**	其中：大学课本 GK1	37
K. 历史、地理	217	中专课本 GK2	0
N. 自然科学	166	中学课本 GK3	0
O. 数理科学、化学	138	小学课本 GK4	48
P. 天文学	11	合计	12516

资料来源：中华人民共和国国家版权局网站，网址：http：//www. ncac. gov. cn/。

合作出版对于外方最大的依赖来自语言的转换（艺术类图书因为直接诉诸于感官，因此对于翻译的依赖相对较小）。文学翻译在引领异国读者走进中国作家精神世界的过程中，扮演着向导的角色。我国文艺类图书在海外成功推介的案例显示，翻译大多依靠国外汉学家。瑞典汉学家马跃然认为："中国文学作品翻译成英文，需要文学修养很高的英国人。"① 诚然，我国还未建立多语种翻译人才库，国内大多数译者的水平还不能达到贯通中外语言文化的境界。但中国作家的英文写作也可以打动外国读者，如林语堂的《京华烟云》。中国人的翻译能力应当树立自信，其有能力承担语言间的互译。而片面依赖于外国翻译有可能使语言转换成了文化话语权的争夺。

三　我国文艺类图书输出难的文化探究

我国文艺类图书在亚洲国家市场上也远不能与美、英等西方国家相抗衡。以日本 2006 年图书、杂志进出口额统计为例，在日本的图书、杂志进口结构中，我国相对于美、英、德等国家处于劣势地位。而日本对美、英、德、法等国的图书杂志贸易同样存在巨大的逆差（表 7）。西方国家所施加的"文化入超"，是亚洲国家共同面临的沉重问题。

表 7　　2006 年日本图书、杂志进出口额统计　（单位：万日元）

出口排名	出口国家/地区	出口金额	进口排名	进口国家/地区	进口金额
1	美国	448643	1	美国	1880376
2	中国台湾	223910	2	英国	1297469
3	韩国	183720	3	德国	289669
4	中国香港	120880	4	中国内地	231134
5	中国内地	80694	5	中国香港	209519
6	新加坡	53648	6	荷兰	152686
7	澳大利亚	38690	7	法国	135873
8	英国	37272	8	新加坡	133118
9	德国	34432	9	韩国	128823
10	法国	25520	10	巴西	50661

资料来源：郝振省主编：《国际出版业发展报告》2008 年版。

① 引自 http：//news. 163. com/08/0909/21/4LE99LEM00011229. html（2010 年 3 月 7 日）。

这种现象反映了跨文化传播的“不对称”性。所谓“不对称”性，是指“文化传播强国（地区、民族）与文化传播弱国（地区、民族）之间在文化交流中的不平衡状况，即引进文化要素的数量大于输出文化要素的数量，外来文化对本国、地区和民族的影响大于本国、地区和民族文化对外国（地区、民族）的影响的现象”。[①] 这一现象的起源，可以归结为当代国际政治、经济交往的不平等。马丁（Martin）和那卡雅马（Nakayama）曾指出：“在跨文化的相遇中，我们不是平等的，也永远不会平等。长久以来的帝国主义、殖民主义、剥削、战争、屠杀等问题使文化群体在交流时无法保持平衡。”[②]

以此为鉴，我国图书、文化交流失衡的深层原因来自近代以来所承受的西方文化冲击，及其所造成的自我认同危机。近代以来，西方国家凭借其强劲的资本实力而操纵了对文化的发言权，他们将自己的文化奉为优越的典范，并且以此来对其他民族的文化进行削足适履的评价。在西方所操控的话语霸权中，东方并非真实的面貌，而只是作为一种衬托西方优越的“他者的东方”而存在。这种历史心态至今仍然在影响和塑形着西方人的判断，成为一种文化心理的“幽灵”，从而对他国文明常常采取一种边缘化做法。而当今世界的文化格局，确实与政治、经济格局存在轮廓的大致重合，这其中必然包含种种错位与误解。西方价值作为中心的观念不仅是西方的想象，同时是一些东方国家的潜意识。

这或许在一定程度上可以作为我国文化输出难的客观原因。而对于我们来说，最需要反思和矫正的，是避免萨义德所提示的“自我东方化”。正如学者所言：“现代中国文化主体的构建的过程，是在特定的中西之间、自我—他者之间的想象域完成的。”[③] 对于从事文化出版的当代中国人，尤其需要对自己的文化保留着一份清醒的自我判断。固然，我们在输出图书时，应当顾虑到当地的文化心理与接收期待，但我们在做任何适应性的调整时，都应该始终保持一份民族文化的尊严。

在微观的层面上，当代论者普遍认同这样一个看法，认为汉语的相当一部分词汇包含独特的文化历史基因，这些“文化负载词”在外语中找

---

① 庄晓东主编：《文化传播：历史、理论与现实》，人民出版社2003年版，第183页。

② 转引自【美】拉里·A. 萨默瓦、理查德·E. 波特《跨文化传播》，闵惠泉等译，中国人民大学出版社2004年版，第330页。

③ 周宁主编：《世界之中国——域外中国形象研究》，南京大学出版社2007年版，第1页。

不到对等的概念，与外语无法对话。当汉语被转译为另一种语言时，势必要承受语义的流失和风格的异化。我们图书输出的最大障碍，来自文化差异与翻译困难。这种意见是深刻的，但存在单向度的偏见。外国难道不是同样地在历史中积淀出属于自己的独特的语汇吗？当我们译介外国图书的时候，对于这种意蕴特别的语词符号以各种方式进行了有效处理，或音译、或意译、或音译意译结合，并辅以注释和说明。这种文化的对接处理不仅成为域外文明的引介，同时也丰厚了汉语的表达能力。对外译介同样也可以如此进行。

我国的文艺类图书输出在地域分布失衡之外，还存在一个历史向度上的瓶颈，就是表现中国传统文化题材的文艺书籍可以引起海外读者的兴趣，而这些图书与其说是为海外读者勾勒和描绘着中国形象，毋宁说是在印证着他们对于中国已有的文化想象。如果说西方对于中国传统文化还存在一份难以割舍的留恋，那么对于近代以来的中国文化就很少付出观察和思考的耐心了。

近十年我国当代文学在国际中的生存境况有所改善，中国当代文学的生命姿态逐渐在世界展开。当代作家如余华、苏童、莫言、阿来、扎西达娃、王蒙、贾平凹、方方、冯骥才、刘恒、卫慧、曹乃谦、麦城等人的作品被陆续译介到国外，并引发了国外媒体的各种解读与评价。但声音还是过于微弱。当代文艺类图书在西方的冷落，固然有西方的“偏见”，而中国出版自身也常乐于回顾和推广过去的辉煌文明，而对当代中国的文学艺术成就视而不见。“我们不仅有一个古代文化传统，而且有一个近代文化传统。”① 关键在于对自身的发展脉络与精神变迁拥有平视的心态与明确的把握。作为担负文化传播责任的出版人，需要对中国的当代文艺怀抱信心，并尝试为它在国际上争取一片生存和生长的空间。

四　促进我国图书输出的策略和建议

近十年我国文艺类图书的海外出版取得了一些突破，但仍然没有脱离整体的输出困境，这其中存在深刻的历史文化渊源。如何改善这种情况，

① 童世骏：《文化软实力》，重庆出版社2008年版，第98页。

是必须解决的问题。它构成了我国文化软实力的有机部分，在树立我国文化大国形象方面起到助力作用，并且为我国融入世界多文明之中的对话发挥力量。以下尝试提出若干策略与建议：

制定长期发展规划

着力于制定“五年发展规划纲要”，使图书输出拥有一个整体的行动方向，避免盲目。这份规划应当包括指导原则、发展目标、职责分配、监督机制等内容。由于是专注于图书输出的规划，所以可以在宏观的战略指导之下按照图书类别、目标市场、出版单位等不同的分类评价体系进行细分并区别对待。规划应与出版科研相结合，不断调整、完善，并进行评估和考量。

（1）对外信息的整合与完善

世界性的书展活动提供了一个各国之间洽谈版权贸易的平台，而大多数书展也将自己的平台搭建到网上，为各国出版商提供电子目录与信息服务。北京国际书展（BIBF）同样建立了网站查询的业务，通过 e-BIBF 为各国出版商提供信息。这种网上书目信息服务是由各书展主办方来建立的，其目的是为国际出版交流提供一个服务中介。以国家为主体层面推广图书的海外传播，可以建立专业网站，依托庞大的数据库，将我国优秀图书的信息以几种国际通用语言分别地进行介绍和描述，并且制定一系列不同角度的信息分类与筛选标准，便于各国书商缩小信息范围，检索到心仪的书目。网站同时应提供配套的咨询和信息服务，成为沟通国内外出版商的网上中介。

（2）组织稳定的研究团队，及时为海外出版把脉

在过去的十年中，学术界的意见对我国的海外出版事业形成良好的促进作用。但目前，相关研究信息冗杂重复、甚至互相矛盾，对政府有效吸取学术意见制造了负担。因此，形成专业、稳定的研究队伍，为我国图书的海外出版事业进行长期的考察和评估，并对国内学界的信息进行整合以及向政府和业界反馈，是重要任务。学者间应形成良好的协作关系，定期交流意见并总结成果，向政府部门提交发展报告。而政府部门也应承担向专家及时准确地提供出版信息的义务。

（3）探索立足于图书对外推广的人才培养体系

图书推广包括从事创作、编辑、翻译、版权贸易等一系列相关专业，这些人才的培养需要尤其重视。这对我国现有专业人才教育模式提出了挑

战，需要对一些专业学科的定位与培养方案进行重新的修订。目前高校对出版人才的培养，往往缺乏宏通的视野和专业对外推广人才；因此，可以在相关院校通过成立一个部门或松散组织，将分散在不同院系的、有志于从事我国文化对外推广的、其兴趣和专业与对外出版事业密切关联的学生向心地凝聚在一起，通过定期的课程教育以及培训，来拓展视野，培养其对于我国文化传播的责任意识，促进学生对于专业兴趣的深入，影响其对待学业的日常态度以及未来的工作方向。

（4）跨媒介发展，满足读者对不同图书形式的要求

在数字化浪潮的推动之下，图书已从传统的纸质文本发展到各种各样的新形式，如网络电子书、手机电子书、可听读物等。许多年前曾有人预言纸质图书会消亡，而事实证明，纸质文本至今保持着不可取代的地位。“新的阅读方式目前还存在一些技术障碍（屏幕上的可读性）和心理障碍（人们习惯了图书）。”① 图书的主流媒介仍然存在于传统的纸张，而新兴的多媒体阅读是对于传统方式的有益补充，将继续得到发展。并且如意大利符号学家艾柯所预言的，“供阅读的书”永远不会过时，而一些“供查阅的书”（如百科全书）将走向消亡，互联网和超文本完全可以更有效率地帮助人们确定检索条目②。有鉴于此，我们在图书推广时固然应做强纸质媒介，同时也应考虑跨媒介的发展，满足读者对不同图书形式的要求。

（柴慈瑾　黄园袁　齐天琪）

① ［英］保罗·理查森：《英国出版学》，袁方译，世界图书出版公司 2006 年版，第 115 页。

② 参考 http：//news. xinhuanet. com/book/2004 - 02/23/content_ 1326958. htm（2010 年 3 月 7 日）。

后　记

汇集在本书中的，是国家社科基金重大课题“我国文化软实力发展战略研究”（项目批准号07&ZD037）的中期成果，分理论与动态、现象与对策、实践与调研三编，共计三十一章。

衷心感谢全国哲学社会科学规划办公室及评审专家的信赖、鼓励与支持！

本书中的大部分文章，已交由相关学术期刊发表以征求意见，感谢这些期刊为课题组提供了学术交流的空间。

本书的作者分工，以章节为序，具体如下：王一川（第一章、第十章、第十四章、第十五章、第十六章、第十七章、第二十一章），沈湘平（第二章），孙亮（第二章、第三章、第九章），董晓萍（第四章、第十二章、第二十三章、第二十四章），周星（第五章、第十一章），李怡、杨华丽（第六章），陈雪虎（第七章），郭必恒（第八章、第十章、第十八章），张洪忠（第十章、第十三章、第二十二章、第二十五章），唐建英（第十章），于丹、杨东菊（第十三章），刘佳（第十九章），林玮（第二十章），刘彦榕（第二十二章），王宜文、周雯、于媛（第二十五章），曾晨、张玮、陈航直、周宇飞、何烨（第二十六章），罗珊、陈泠予（第二十七章），杨雪帆、李效宇（第二十八章），段文韬、谭逸丹、王凌沛（第二十九章），高一然、王玮玮（第三十章），柴慈瑾、黄园袁、齐天琪（第三十一章）。郭必恒、林玮、孟隋和赵娜承担了作者文稿的校对工作，这本结集的完成，要归功于课题组团队的集体付出，大家怀着对国家重大文化建设项目的高度责任感和社会使命感，开展跨学科研究，克服各种困难，积极探索前沿问题和创新问题，拓展社会应用研究，直至完成任务。

北京师范大学艺术与传媒学院艺术学系郭必恒主任为本书的组稿和统

编做了大量的前期工作，特向他致谢！

中国社会科学出版社任明编审为本书的出版倾注了心血，谨此诚恳致谢！

董晓萍　王一川

2013 年 5 月 9 日